新民説

成为更好的人

文字设计术语表

Typography Glossary

GUANGXI NORMAL UNIVERSITY PRESS
广西师范大学出版社

目 录

文字设计术语表

（按英文字母排序）

在字体设计中，字号、字重和风格自成一体，且使用范围广泛，故将字号术语表、字重术语表与风格术语表在后方单独列出。

A

accent 【名词】变音记号。参见 diacritical mark。

Agate 【名词】（美）五点半。

Albertus typeface 【名词】艾伯塔斯体。

alternative glyph 【名词】替用字形。

American 【名词】（美）一点。

ampersand 【名词】与号。即符号“&”。

anchor 【名词】锚点。轮廓的端点。

  corner anchor 【名词】折线锚点，角点。也作 corner point、corner。

  curve anchor 【名词】曲线锚点，弧点。也作 curve。

  extreme anchor 【名词】极值锚点。也作 extreme point、extremum point。

  tangent anchor 【名词】切线锚点。也作 tangent。

anti-aliasing technology 【名词】抗锯齿技术。

Antique typeface 【名词】古体。参见 Roman typeface。

aperture 【名词】开合度。

apostrophe 【名词】撇号，省字号，所有格号。即符号“’”。

arch 【名词】字肩。参见 shoulder。

arm 【名词】字臂。

Arrighi typeface 【名词】阿里吉体。

ascender 【名词】上伸部。

Association Typographique Internationale（ATypI） 【名词】国际文字设计协会。

axis ①【名词】字轴，轴线。通过笔画细部的轴线。也作 modulation axis。

②【名词】轴。可变字体中的一个变化的自由度。

B

Bézier curve 【名词】贝齐耶曲线。利用贝齐耶函数定义的曲线，常见的贝齐耶曲线有二次贝齐耶曲线和三次贝齐耶曲线。部分文献易将“贝齐耶函数”（Bézier function）与“贝塞尔函数”（Bessel function）混淆，故而也作“贝塞尔曲线”。

  quadratic Bézier curve 【名词】二次贝齐耶曲线。参见 Bézier curve。

  cubic Bézier curve 【名词】三次贝齐耶曲线。参见 Bézier curve。

baseline 【名词】基线。

Baskerville typeface 【名词】巴斯克维尔体。

Bastarda typeface 【名词】巴斯塔尔达体。

beardline 【名词】下伸部参考线，下边线。拉丁字母下伸部底边对应的参考线。

Bembo typeface 【名词】本博体。

Beneventan script 【名词】贝内文托手写体。

bespoke font 【名词】定制字体。

bespoke typeface 【名词】定制字体。

bitmap font 【名词】点阵字体，点阵字库。

black 【形容词】超粗。也作 heavy。

blackletter 【名词】哥特手写体。参见 Gothic script。

block letter 【名词】正体大写字母。手写时不连笔的字母，有文献特指无衬线体字母。

block quotation 【名词】段间引用。

body 【名词】字身。铅字时代，字身是一整块铅字；数字时代，字身是一个矩形。

body width 【名词】字身宽。

bold 【形容词】粗。

bollatica hand 【名词】诏书手写体。

book 【形容词】常规。参见 regular。

bounding box 【名词】字身框。

Bourgeois 【名词】（英、美）九点。

bowl 【名词】字碗。

brace 【名词】花括号。

bracket ①【名词】括号。

angle bracket 【名词】尖括号。

round bracket 【名词】圆括号。也作 parenthesis。

square bracket 【名词】方括号。

②【名词】字撑。笔画与其衬线之间弧形的过渡性连接。

Brevier 【名词】（英、美）八点。

Brilliant ①【名词】（英、美）四点。有文献指美制三点半。

②【名词】（德）三点。

broad-edged nib 【名词】平尖。

broad-edged pen 【名词】扁头笔。也作 edged pen、flat pen。

broad-nib pen 【名词】平尖笔。

C

calligraphy 【名词】书法。

Canon ①【名词】（美）四十四点。

②【名词】（英）四十八点。

cap height 【名词】大写字高。参见 capital height。

capital height 【名词】大写字高。基线到大写参考线的垂直距离。也作 cap height。

capital letter 【名词】大写字母。也作 majuscule letter、uppercase letter。

capitalis script 【名词】民间大写体。参见 rustic capital script。

Carolingian hand 【名词】加洛林手写体。也作 Carolingian minuscule，即加洛林小写体。

cast 【动词】铸字。

chancery hand 【名词】秘书处手写体。

character 【名词】字符。

character map 【名词】字符映射。

character palette 【名词】字符面板。

character set 【名词】字符集。

Charlemagne typeface 【名词】查理曼体。

chase 【名词】版框。

Chinese brush 【名词】毛笔。

circular rotary machine 【名词】轮转印刷机。

Civil Service hand 【名词】公务员手写体。

Clarendon typeface 【名词】克拉伦登体。

code 【名词】代码。

coding 【名词】代码编写。早期文献不区分“代码编写”与“编码制订”，因此有时也用该术语指“编码制订”。

colon 【名词】冒号。

Colonel 【名词】（德、荷）七点。

colour 【名词】版面灰度。参见 typographic colour。

Columbian 【名词】（美）十六点。也作 Columbian Exchange。

Columbian Exchange 【名词】（美）十六点。参见 Columbian。

comma 【名词】逗号。

component 【名词】构件，部件。

composing room 【名词】排字间。

composing stick 【名词】手盘。

compositor 【名词】排字员。

computer-to-plate (CTP) 【名词】计算机直接制版。

condensed typeface 【名词】窄体，长体。

conjunct 【名词】合字。多个字形结合形成的新字形，字宽变化大，如招财进宝合字、ß 合字、ゟ合字等。

contrast 【名词】笔画粗细对比度。

control character 【名词】控制字符。

copperplate engraving 【名词】铜版体。

corner 【名词】折线锚点，角点。参见 anchor (corner anchor)。

corner point 【名词】折线锚点，角点。参见 anchor (corner anchor)。

counter-counter-

punch 【名词】字腔－字腔字冲。用于形成字腔字冲的字腔（字腔字冲内的凹部）的钢条。

counter 【名词】字腔。如 n 中部的字腔和 a 中上部的字腔都是近闭合字腔，o 中部的字腔和 p 中部的字腔都是闭合字腔，c 中部的字腔和 z 左右字腔都是开放字腔。

counterform 【名词】负形。

counterpunch 【名词】字腔字冲。制作字冲时，用于成块地、最终形成字腔（字冲内的凹部）的钢条。

crossbar 【名词】横画。

cursive script ①【名词】连写文字。字母之间存在固有连接的文字，如阿拉伯文字、蒙古文字。
②【名词】草写书体。运笔时，因草写而简化字形的书体。

Cursive script 【名词】（汉字书法中的）草书。

curve ①【名词】弯笔。
②【名词】曲线锚点。参见 anchor（curve anchor）。

custom font 【名词】定制字体。也作 bespoke typeface、custom font、bespoke font。

D

dash 【名词】连接号。常见连接号有一字线、半字线、二字线（破折号）和三分线。

deboss 【动词】压凹凸。

demibold 【形容词】半粗。参见 semibold。

descender 【名词】下伸部。

desktop publishing (DTP) 【名词】桌面出版。

destructive typeface 【名词】解构体。

Deutschland typeface 【名词】德意志体。

diacritic 【名词】变音记号。参见 diacritical mark。

diacritical mark 【名词】变音记号。表示字母音调变化的记号，如 á、á、ǎ、à 上面的记号。也作 diacritic、accent。

Diamond ①【名词】（英、美）四点半。
②【名词】（法）三点。
③【名词】（德、荷）四点。

Didot typeface 【名词】迪多体。

digit 【名词】数字。参见 figure。

dingbat 【名词】装饰符号。

display typeface 【名词】标题字体。为展示大字号而设计的字体。

dot 【名词】句号。参见 full stop。

dot leader 【名词】导点。

Double Columbian 【名词】（美）三十二点。

Double English 【名词】（英、美）二十八点。

Double Great Primer 【名词】（英、美）三十六点。

Double Paragon 【名词】（美）四十点。

Double Pica 【名词】（英、美）二十四点。

double prime 【名词】角秒号。即符号“″”。

Double Small Pica 【名词】（英、美）二十二点。

drop cap 【名词】下沉式大写字母。参见 dropped capital letter。

dropline paragraph 【名词】落排段落。

dropped capital 【名词】下沉式大写字母。参见 dropped capital letter。

dropped capital letter 【名词】下沉式大写字母。也作 dropped capital、drop cap。

dry transfer sheet 【名词】干式转印纸。

ductus 【名词】（运笔的）轨迹。

dumb quote 【名词】直引号。

dummy text/copy 【名词】假文。

dutching 【名词】达奇法。制作羽毛笔时，将羽毛浸水加热以去除表层油脂，并使笔尖硬化的操作。

E

E-Ink 【名词】电泳墨。参见 electrophoretic ink。

edged pen 【名词】扁头笔。参见 broad-edged pen。

Egyptian typeface 【名词】埃及体。参见 slab serif typeface。

electrophoretic ink 【名词】电泳墨。也作 E-Ink。

Element typeface 【名词】埃勒门特体。

elevated cap 【名词】升降式大写字母。参见

elevated capital letter。

elevated capital letter 【名词】升降式大写字母。也作 elevated cap。

ellipsis 【名词】省略号。也作 ellipsis dots、suspension points、omission mark。

ellipsis dots 【名词】省略号。参见 ellipsis。

em ①【名词】全身。一个全身的字身宽相当于一个字身高。
②【名词】全身块。也作 mutton、mutton quad、quad。

em dash 【名词】全身线。

em space 【名词】全身空格。

Emerald 【名词】（英）六点半。

en ①【名词】半身。一个半身的字身宽相当于半个字身高。
②【名词】半身块。也作 nut。

en dash 【名词】半身线。

en space 【名词】半身空格。

encode 【名词】编码。为字符指定编码单元序列的过程。Unicode 标准以后，为字符指定编号的过程也称为编码。

encoding scheme 【名词】编码方案。

encoding unit 【名词】编码单元。

engineering typeface 【名词】机械体。也作 engineers' font。

engineers' font 【名词】机械体。参见 engineering typeface。

English 【名词】（英、美）十四点。

English round hand 【名词】英式圆手写体。

eszett 【名词】ß。

Excelsior 【名词】（美）三点。

exclamation mark 【名词】感叹号。

expanded typeface 【名词】扁体。

expansion 【名词】扩展（式）。使用点尖笔书写的过程，其中运笔时笔尖宽度受压扩张。

extender 【名词】延伸部。延伸部包括上伸部和下伸部。

external character 【名词】集外字符。未被字符集收录的字符。

extrabold 【形容词】更粗。也作 ultrabold。

extralight 【形容词】更细。也作 ultralight。

extreme point 参见 anchor（extreme anchor）。

extremum point 参见 anchor（extreme anchor）。

eye 【名词】字眼。小写字母的字碗。参见 bowl。

F

Fangsong style 【名词】仿宋体。也作 Fangsongti。

felt-tip pen 【名词】毡尖笔。

figure 【名词】数字。也作 digit、numeral、number。digit 偏重构成数字的单元，numeral 偏重数值或编号，number 偏重数字的概念。

figure space 【名词】制表空格。早期计算机制表使用的空格，其字宽与等宽数字的字宽相同。也作 tabular space。

first central line 【名词】第一中心线。

First-line indent 【名词】首行缩排。

First-line outdent 【名词】首行伸排。

fist 【名词】右指号。也作 manicule。

Five-line Nonpareil 【名词】（美）三十点。

Five-line Pica 【名词】（美）六十点。

flag 【名词】字旗。

flat pen 【名词】扁头笔。参见 broad-edged pen。

flatbed proof press 【名词】平版打样印刷机。

flourish 【名词】字饰。用于装饰字母的笔画。

folding 【动名词】折页。也作 folio。

folio ①【动名词】折页。也作 folding。
②【名词】对开页。

font ①【名词】成套铅字。按某种设计规则统一制作的一套同字号铅字。
②【名词】（数字时代的）字库，字体。

font family 【名词】字体家族。参见 typeface family。

font file 【名词】字库文件，字体文件。

font metrics 【名词】字库参数，字体参数，字体度量。

foot 【名词】字足。哥特体字母底部的菱形笔画，若无字足则称"无足字母"（textus sine pedibus）。

foundational hand 【名词】基础手写体。

Four-line Pica 【名词】（美）四十八点。

Fournier typeface 【名词】富尼耶体。

Fraktur typeface 【名词】弗拉克图尔体。

French Canon 【名词】（美）四十八点。

French Canon hand 【名词】法国正典手写体。

full stop 【名词】句号。也作 period、period dot、dot。

fullwidth 【形容词】全角的，全宽的。字身宽相当于一个方块字。

fullwidth dash 【名词】一字线。

fullwidth space 【名词】全角空格。

G

gally 【名词】铁盘。用于排版和呈现版面的托盘。

Garamond typeface 【名词】加拉蒙体。

Gem 【名词】（英）四又四分之一点。

German 【名词】（美）一点半。

German Kurrentschrift 【名词】德国聚特林手写体。

Gill Sans typeface 【名词】吉尔无衬线体。

glyph 【名词】数字字形。字符在特定字体下呈现出的样貌，通常用于数字时代。

Gotenburg typeface 【名词】哥德堡体。

Gothic ①【名词】哥特手写体。也作 blackletter。在美国也作"无衬线体"。
②【名词】哥特文字。
③【名词】无衬线体。参见 sans serif typeface。

Great Primer 【名词】（英、美）十八点。

grid 【名词】网格。

gros-romain typeface 【名词】大罗马体。

grotesque typeface 【名词】怪诞体。参见 sans serif typeface。

grunge typeface 【名词】垃圾摇滚体。

H

hair space 【名词】二十四分之一铅空，廿四分空。字身宽相当于字身高二十四分之一的铅空。

hairline 【形容词】超细。参见 thin。

half-uncial script 【名词】半安色尔手写体。

halftone ①【动词】施加半色调技术。利用系列墨点再现连续色调图像的技术。
②【名词】半色调图。用半色调技术处理过的图片。

halfwidth 【形容词】半角的，半宽的。字身宽相当于半个方块字。

halfwidth dash 【名词】半字线。

halfwidth space 【名词】半角空格。

hand mold 【动词】手拍铸字器。

hanging capital letter 【名词】悬挂式大写字母。

hard space 【名词】不移行空格。参见 no-break space。

heavy 【形容词】超粗。参见 black。

Hei style 【名词】黑体。也作 Heiti。

Helvetica typeface 【名词】赫尔威提卡体。

height to paper 【名词】铅字高。参见 type height。

hemibold 【形容词】半粗。参见 semibold。

hinting 【名词】小字号低解析度屏幕显示优化信息，渲染提示。在栅格化过程（渲染过程）中，用于提示像素着色的信息。

humanist typeface 【名词】人文主义体。

hyphen 【名词】连字符，连接号。

hyphenation 【名词】移行断词。

I

illuminate 【动词】彩饰。

illuminator 【名词】彩饰师。

imperial charter hand 【名词】帝国约章手写体。

initial 【名词】段首大写字母。参见 initial capital letter。

initial capital 【名词】段首大写字母。参见 initial capital letter。

initial capital letter 【名词】段首大写字母。也作 initial、initial capital。

ink trap 【名词】挖角工艺。

inkhorn 【名词】牛角墨水瓶。

inline typeface 【名词】空心体。

Insertio 【名词】（德、荷）六点半。

instance 【名词】生成。家族字体、可变字体领域用。

insular half-uncial script 【名词】岛国半安色尔手写体。

interlinear spacing 【名词】（数字时代的）行距。参见 leading。

iron press 【名词】手扳架印刷机。

Italic typeface 【名词】意大利体。

J

jobbing printer 【名词】印散件的印刷工人。

jobbing type 【名词】小批量字体。

K

Kai style 【名词】楷体。也作 Kaiti。楷体（Kai style）是一种风格，而楷书文字（Standard script）是一种文字。

kern 【动词】字偶调距。

kerned letter 【名词】紧排字母（用于铅字时代）。

kerning 【名词】字偶调距。

knotwork 【名词】结饰。

L

laser typesetting 【名词】激光照排。

leading ①【名词】行间铅空。也作 white line、lead。②【名词】行间距（用于铅字时代）。行间铅空的高度。也作 interlinear spacing。③【名词】行距（用于数字时代）。两行基线间的垂直距离，即行高与行间距之和。也作 line increment。

legibility 易读性。衡量字体的一种标准，看字体是否容易辨认。

letter-spacing 【名词】字间距。参见 spacing。

Lettera Francese script 【名词】法国手写体。

Lettera Longobarda formata script 【名词】伦巴第正式手写体。

Lettera Napolitana script 【名词】那不勒斯手写体。

Lettera Notaresca script 【名词】公证手写体。

Lettera Spagnola script 【名词】西班牙手写体。

Lettera Tedesca script 【名词】德国手写体。

letterfitting 【名词】字间距调整。包含字间距调整与字偶间距调整。

letterform 【名词】字形。

lettering ①【名词】绘制，绘制文字。②【名词】美术字。

letterpress 【名词】活版印刷。泛指凸版印刷。

letterspacing 【名词】字间距。参见 spacing。

ligature 【名词】连字。多个字形连接在一起形成的新字形，字宽变化小。如 fi 连字、ffi 连字等。

light 【形容词】细。

line breaking 【名词】移行。

line height 【名词】行高。

line increment 【名词】（数字时代的）行距。参见 leading。

lining figure 【名词】等高数字。也作 ranging figure。

link 【名词】字连。如双层小写字母 g 上部环形笔画和下部环形笔画之间的连接部。

Linotype ①【名词】莱诺。②【名词】莱诺整行铸排机。

lithography 【名词】石版印刷。

live matter 【名词】备用活版。参见 standing type。

lobe 【名词】字叶。

Long Primer 【名词】（英、美）十点。

loop 【名词】字环。closed loop【名词】闭合字环。open loop【名词】开放字环。

lowercase figure 【名词】不等高数字。参见 non-lining figure。

lowercase letter 【名词】小写字母。参见 small letter。

M

majuscule letter 【名词】大写字母。参见 capital letter。
makta 【名词】象牙切割垫。
manicule 【名词】右指号。参见 fist。
manuscript 【名词】手抄本。
margin ①【名词】外边距。网页文件中，页面元素边框外的空间。
②【名词】页边距。图书内页中，版心外的空间。
master 【名词】基准。家族字体、可变字体领域用。
matrix 【名词】铜模，母型。
medium 【形容词】中粗。
Merovingian script 【名词】墨洛温手写体。
Metafont 【名词】一种描述字形信息的编程语言，也指相应的设计字体的系统。
Microscopic 【名词】（法、德、荷）二点半。
middle dot 【名词】间隔号。也作 midpoint。
mimeograph 【名词】镂空版印刷机。参见 stencil press。
Minikin 【名词】（英）三点。
Minion 【名词】（英、美、法、荷）七点。
Minionette 【名词】（美）六点半。
minuscule letter 【名词】小写字母。参见 small letter。
modulation 【名词】笔画粗细对比调节。调节笔的角度，使得写出的文字纤浓有度。
monogram 【名词】花押。
monolinear typeface 【名词】等线体。
monospacing typeface 【名词】等宽体。
Monotype ①【名词】蒙纳。
②【名词】蒙纳单字铸排机。
Multiple Master technology 【名词】多基准技术。
mutton 【名词】全身块。参见 em。
mutton quad 【名词】全身块。参见 em。

N

Nastaliq script 【名词】波斯手写体。
National typeface 【名词】国家体（德）。
Neuland typeface 【名词】诺伊兰体。
new Roman cursive script 【名词】新式罗马草写体。
nib 【名词】笔尖。
no-break space 【名词】不移行空格。也作 nonbreaking space、hard space。
non-lining figure 【名词】不等高数字。也作 non-ranging figure、old-style figure、lowercase figure、text figure。
non-ranging figure 【名词】不等高数字。参见 non-lining figure。
Non Plus Ultra 【名词】（德、荷）二点。
nonbreaking space 【名词】不移行空格。参见 no-break space。
Nonpareil 【名词】（英、美、法、德、荷）六点。
normal 【形容词】常规。参见 regular。
Norse 【名词】（美）二点半。
number 【名词】数字。参见 figure。
numeral 【名词】数字。参见 figure。

O

oblique typeface 【名词】机械斜体。
offset press 【名词】平版印刷，胶印机印刷，胶印。也作 offset printing。
offset printing 【名词】平版印刷，胶印机印刷，胶印。参见 offset press。
old-style figure 【名词】不等高数字。参见 non-lining figure。
old-style typeface 【名词】古典体。
old Roman cursive script 【名词】旧式罗马草写体。
omission mark 【名词】省略号。参见 ellipsis。
opening quote 【名词】前引号。
OpenType 【名词】OpenType。国际标准 ISO/IEC 14496-22 定义的一种字体文件格式。
OpenType feature 【名词】OpenType 特性。也作 OpenType Layout。

OpenType font 【名词】OpenType 字库，OpenType 字体。
OpenType Layout（OTL） 【名词】OpenType 特性。参见 OpenType feature。
optical size ①【名词】视觉大小。②【名词】视觉字号。
overshoot 【名词】视错觉溢出补偿。调整字母，使其在视觉上大小接近的行为。字形超出参考线的高度与大写字高（对大写字母而言）或 x 高（对小写字母而言）的比值。

P

page cord 【名词】捆版线。
page description language（PDL） 【名词】页面描述语言。对文字、图形、图像等页面元素的属性及其在页面中的特征和相互关系进行描述的计算机语言。
papier-mâché slab 【名词】纸型。
Paragon 【名词】（英、美）二十点。
parchment 【名词】羊皮纸。
parenthesis 【名词】圆括号。参见 bracket（round bracket）。
Parisian 【名词】（法、荷）五点。
Pearl ①【名词】（英、美、德、荷）五点。②【名词】（法）四点。
period 【名词】句号。参见 full stop。
period dot 【名词】句号。参见 full stop。
Perpetua typeface 【名词】佩尔佩图阿体。
photocomposition 【名词】照相排版。参见 phototypesetting。
phototypesetter 【名词】照排机。
phototypesetting 【名词】照相排版。也作 photocomposition。
Pica 【名词】（英、美）十二点，派卡。
pigeon-hole 【名词】铅字格。
pilcrow 【名词】段落号。即符号“¶”。
platen press 【名词】圆盘机。
point 【名词】点。一种字号单位。
pointed nib 【名词】点尖。
pointed pen 【名词】尖头笔，点尖笔。
PostScript 【名词】一种通用编程语言，通常用作页面描述语言，以代码形式描述页面构成。目前有 PostScript Level 1、PostScript Level 2、PostScript 3 三个主版本。
prime 【名词】角分号。即符号“′”。
proportional figure 【名词】不等宽数字。
punch ①【名词】字冲。②【动词】冲孔。
punchcutter 【名词】字冲雕刻师。

Q

quad 【名词】全身块。参见 em。
question mark 【名词】问号。
quill cutter 【名词】羽毛笔钳。用于将羽根处剪成笔尖的钳形工具。
quill pen 【名词】羽毛笔。
quotation mark 【名词】引号。也作 quote。
quote 【名词】引号。参见 quotation mark。

R

raised cap 【名词】上升式大写字母。参见 raised capital letter。
raised capital letter 【名词】上升式大写字母。也作 raised cap。
ranging figure 【名词】等高数字。参见 lining figure。
rasterizing 【名词】栅格化。
rationalist axis 【名词】垂直轴线，垂直字轴。参见 vertical axis。
readability 【名词】可读性。衡量排版好坏的标准之一，看版式是否方便阅读文本。
Redondilla hand 【名词】雷东迪利亚手写体。
regular 【形容词】常规。也作 normal、book。
revival typeface ①【名词】复刻字体。铅字直接轮廓化得到的数字化字体。②【名词】覆刻字体。将铅字字形进行微调得到的数字化字体。

③【名词】改刻字体。对铅字设计进行提升后，得到的数字化字体。

river 【名词】行间连续白空间。

rolling press 【名词】圆压平印刷机。

Romain du Roi 【名词】国王罗马体。

Roman Imperial capital script 【名词】罗马帝国大写体。

Roman typeface 【名词】罗马体。也作 Antique typeface。

Rotunda typeface 【名词】罗图恩达体。

rubbing type 【名词】干式转印字。

Ruby ①【名词】（美）三点半。
②【名词】（英）五点半。
③【名词】（荷）四点。

run-in quotation 【名词】段内引用。

running indent 【名词】连续缩排。

rustic capital script 【名词】民间大写体。

S

sans serif typeface 【名词】无衬线体。也作 Gothic。

Saxon 【名词】（美）二点。

Schwabacher hand 【名词】施瓦巴赫手写体。

script ①【名词】文字，文种。
②【名词】脚本。一串可被计算机识读的命令。
③【名词】书体，手写体。

scriptura actuaria 【名词】法案手写体。

second central line 【名词】第二中心线。

secretary hand 【名词】秘书手写体。

Sedanosis 【名词】（法）五点。

semi-quadratus 【名词】半菱足体。

semibold 【形容词】半粗。也作 demibold、hemibold。

semicolon 【名词】分号。

serif ①【名词】衬线。
②【形容词】衬线体的。

abrupt serif 【名词】急式衬线。指衬线突兀地进入字干，通过夹角与字干连接。如迪多体具有急式衬线。

adnate serif 【名词】缓式衬线。指衬线平缓地进入字干，通过字撑与字干连接。如加拉蒙体具有缓式衬线。

bilateral serif 【名词】双边衬线。

reflexive serif 【名词】反式衬线。收笔时反向运笔（拉回）形成的衬线，罗马体字形常见反式衬线，且多为双边衬线。

transitive serif 【名词】顺式衬线。收笔时顺着原书写方向运笔形成的衬线，意大利体字形常见顺式衬线，且多为单边衬线。

serif typeface 【名词】衬线体。

Seven-line Nonpareil 【名词】（美）四十二点。

shading 【名词】按笔。尖头笔用力书写时产生的粗笔画。

shoulder 【名词】字肩。也作 arch。

sidebearing 【名词】侧空间。字形两侧的白空间。

signature 【名词】折帖，折手。

Six-line Pica 【名词】（美）七十二点。

sixth space 【名词】六分之一铅空，六分空。字身宽相当于字身高六分之一的铅空。

size 【名词】字号。也作 type size。

slab serif typeface 【名词】板状衬线体，粗衬线体。也作 Egyptian typeface，即埃及体。

slight-pause mark 【名词】顿号。

slug 【名词】铸条。参见 type slug。

small cap 【名词】小型大写字母。参见 small capital。

small capital 【名词】小型大写字母。与小写字母大小相近的大写字母。也作 small cap。

small letter 【名词】小写字母。也作 minuscule letter、lowercase letter。

Small Pica 【名词】（英、美）十一点。

small text 【名词】小字号正文字体。参见 small text typeface。

small text typeface 【名词】小字号正文字体。也作 small text。

smart quote 【名词】弯引号。

smoke-proof 【名词】烟熏校样。

Song style 【名词】宋体。也作 Songti。

sort 【名词】（一枚）铅字。参见 type。

space 【名词】空格。

spacing 【名词】字间距。字母之间的距离。也作 letterspacing、letter-spacing、letterfitting。

Spencerian script 【名词】斯宾塞手写体。

spine 【名词】字脊。

standing matter 【名词】备用活版。参见 standing

type。

standing type 【名词】备用活版。也作 live matter、standing matter。已组版并印刷过的活字经清洗后从版面上逐页取下，用捆版线固定并用纸包裹，形成备用活版。

stem 【名词】字干。

stencil press 【名词】镂空版印刷机。也作 mimeograph。

stencil typeface 【名词】模板体。

stereotype ①【动词】铅版浇铸。
②【名词】铸制铅版。

stroke 【名词】笔画。

stylus 【名词】刻蜡笔。

superfamily 【名词】超大字体家族。

suspension points 【名词】省略号。参见 ellipsis。

swash 【名词】笔饰。笔画的装饰，起笔处或收笔处的装饰性部分。在连笔或草写的文本中，笔饰主要出现在单个字母、词组、句子等的首尾两端。

T

tabular figure 【名词】等宽数字。

tabular lining figure 【名词】等宽等高数字。也作 tabular ranging figure。

tabular non-lining figure 【名词】等宽不等高数字。也作 tabular non-ranging figure、tabular old-style figure。

tabular non-ranging figure 【名词】等宽不等高数字。参见 tabular non-lining figure。

tabular old-style figure 【名词】等宽不等高数字。参见 tabular non-lining figure。

tabular ranging figure 【名词】等宽等高数字。参见 tabular lining figure。

tabular space 【名词】数字。参见 figure space。

tangent 【名词】切线锚点。参见 anchor (tangent anchor)。

Tannenburg typeface 【名词】坦嫩堡体。

terminal 【名词】字梢，笔画端点。不加衬线的起笔或收笔。ball terminal 【名词】球状字梢。beak terminal 【名词】喙状字梢。lachrymal terminal、teardrop terminal【名词】泪状字梢。

text 【名词】正文字体。参见 text typeface。

text figure 【名词】不等高数字。参见 non-lining figure。

Text Secunda 【名词】（德）二十点。

text typeface 【名词】正文字体。也作 text。

Textura typeface 【名词】泰克斯图拉体。

textus prescisse 【名词】匀织平足体。也作 textus sine pedibus。

textus quadratus 【名词】匀织菱足体。

textus sine pedibus 【名词】匀织平足体。参见 textus prescisse。

thick space 【名词】三分之一铅空，三分空。参见 third space。

thin 【形容词】超细。也作 hairline。

thin space ①【名词】五分之一铅空，五分空。字身宽相当于字身高的五分之一的铅空（用于铅字时代）。
②八分之一空格。字身宽相当于字身高的八分之一的数字字形（用于数字时代）。也有文献称其为六分之一空格。

third space 【名词】三分之一铅空，三分空。字身宽相当于字身高的三分之一的铅空。也作 thick space。

Times New Roman typeface 【名词】时报新罗马体。

tracking ①【名词】字距。
②【动名词】字调距。

Trajan typeface 【名词】图拉真体。

translation 【名词】平移（式）。使用平尖笔书写的过程，其中运笔时笔尖角度不改变。

TrueType 【名词】指 TrueType 字体技术及其字体标准。包括描述字体文件数据结构的标准（TrueType 字体文件）和识读字体文件并输出点阵图的程序（TrueType 栅格化工具）。

TrueType rasterizer 【名词】TrueType 栅格化工具。

Tuscan typeface 【名词】托斯卡纳体。

Twelve-line Pica 【名词】（美）一百四十四点。
type-casting machine 【动词】手摇铸字机。
type ①【名词】（一枚）铅字。也作 sort。②【名词】字体。参见 typeface。
type founder 【名词】铸字师。
type foundry ①【名词】铸字厂（用于铅字时代）。②字库厂（用于数字时代）。
type height 【名词】铅字高。也作 height to paper、type high。
type high 【名词】铅字高。参见 type height。
type size 【名词】字号。参见 size。
type slug 【名词】铸条。也作 slug。
typeface 【名词】字体。
typeface family 【名词】字体家族。也作 font family。
typesetting 【名词】排字，排版。
typesetter ①【名词】排版工人。②【名词】排字机。
typographer ①【名词】文字设计师。②【名词】排版工人。
typographic colour 【名词】版面灰度。一段文本的整体灰度。也作 colour。
typography ①【名词】广义上指文字设计，狭义上指铅字时代的活字排印。②【名词】印刷字体。

U

ultrabold 【形容词】更粗。参见 extrabold。
ultralight 【形容词】更细。参见 extralight。
umbilicus 【名词】轴芯。古本手卷所缠绕的卷轴内端的木棍。
uncial script 【名词】安色尔手写体。
Unicode 参见 Unicode Standard。
Unicode Standard 【名词】《Unicode 标准》。规定通用字符集、字符编码模型、字符属性数据库、字符算法的行业标准。其通用字符集（UCS）部分与国际标准 ISO/IEC 10646 动态等价。
Unified Font Object（UFO） 【名词】UFO。一种独立于平台和应用，用户可读并且可以编辑的字体文件格式，目前有 UFO 1、UFO 2、UFO 3 三个版本。
uppercase letter 【名词】大写字母。参见 capital letter。

V

variable font 【名词】可变字体，可变字库。
vellum 【名词】犊皮纸。
versal 【名词】下沉式段首彩饰字母。
versatile typeface 【名词】万能字体。
vertical axis 【名词】垂直轴线，垂直字轴。也作 vertical stress、rationalist axis。参见 axis。
vertical stress 【名词】垂直轴线，垂直字轴。参见 vertical axis。
Visigoth script 【名词】西哥特手写体。
wax tablet 【名词】蜡板书。用木框固定蜡板做成的书，可复写。
Web Open Font Format（WOFF） 【名词】网络开放字体格式。
weight 【名词】字重。
white line 【名词】行间铅空。参见 leading。
woodblock printing 【名词】雕版印刷，木版印刷。
wooden type 【名词】木活字。也作 wood type。
workhorse typeface 【名词】重载字体。在艰苦环境（小字号、低质量显示、低质量印刷）下使用的字体。
writing ①【名词】写制。②【动名词】书写。
x-height 【名词】x 高。拉丁字母 x 的垂直高度。

Z

Zhonggong 【名词】中宫。

字号术语表

（按英文字母排序）

本表列举了使用点数制之前，不同地区对字号的描述。因当时所用语言、字号来源及命名规则各不相同，因此此表并未提出统一的对译方案（无论音译或意译），这里只是列出了文献中字号与点数制字号之间可能存在的对应关系。按当前点数制标准，每 72 点 折合 1 英寸（约 25.4 毫米），从而每 1 点折合约 0.353 毫米，依此类推。

另，字号前使用“-line”（若干行）修饰时，对应的点数为字号点数乘以行数。如美制 Five-line Nonpareil 即为五倍的美制 Nonpareil，即 5×6=30 点。“Double”相当于“Two-line”。

Agate	（美）五点半。
American	（美）一点。
Bourgeois	（英、美）九点。
Brevier	（英、美）八点。
Brilliant	①（英、美）四点，有文献指美制三点半。 ②（德）三点。
Canon	①（美）四十四点。 ②（英）四十八点。
Colonel	（德、荷）七点。
Columbian	（美）十六点。也作 Columbian Exchange。
Diamond	①（英、美）四点半。 ②（法）三点。 ③（德、荷）四点。
Double Columbian	（美）三十二点。
Double English	（英、美）二十八点。
Double Great Primer	（英、美）三十六点。
Double Paragon	（美）四十点。
Double Pica	（英、美）二十四点。
Double Small Pica	（英、美）二十二点。
Emerald	（英）六点半。
English	（英、美）十四点。
Excelsior	（美）三点。
Five-line Nonpareil	（美）三十点。
Five-line Pica	（美）六十点。
Four-line Pica	（美）四十八点。
French Canon	（美）四十八点。
Gem	（英）四又四分之一点。
German	（美）一点半。
Great Primer	（英、美）十八点。
Insertio	（德、荷）六点半。
Long Primer	（英、美）十点。
Microscopic	（法、德、荷）二点半。
Minikin	（英）三点。
Minion	（英、美、法、荷）七点。
Minionette	（美）六点半。
Non Plus Ultra	（德、荷）二点。
Nonpareil	（英、美、法、德、荷）六点。
Norse	（美）二点半。
Paragon	（英、美）二十点。
Parisian	（法、荷）五点。
Pearl	①（英、美、德、荷）五点。 ②（法）四点。
Pica	（英、美）十二点，派卡。
Ruby	①（美）三点半。 ②（英）五点半。 ③（荷）四点。
Saxon	（美）二点。
Sedanosis	（法）五点。
Seven-line Nonpareil	（美）四十二点。
Six-line Pica	（美）七十二点。
Small Pica	（英、美）十一点。
Text Secunda	（德）二十点。
Twelve-line Pica	（美）一百四十四点。

字重术语表

（按字重细粗排序）

本表按CSS标准早期字重的可能取值（100至900的整百数）分为九类。若有必要再细分，更大值用更、甚、特、超、极、至来描述，更小值用稍、略、微来描述。本部分术语均为形容词，成词时（如thin typeface或thin weight）译作“某体”或“某字重”。

thin	超细。也作hairline。
extralight	更细。也作ultralight。
light	细。
regular	常规。也作normal、book。
medium	中粗。
semibold	半粗。也作demibold、hemibold。
bold	粗。
extrabold	更粗。也作ultrabold。
black	超粗。也作heavy。

风格术语表

（按英文字母排序）

本表列举了文献中提到的字体风格，所列术语均为名词，均译作“某体”。以 script 或 hand 结尾的术语为手写体风格或书体风格，以 typeface 结尾的术语为铅字风格，以 engraving 结尾的术语为铭文风格。

Albertus typeface	艾伯塔斯体。
Antique typeface	古体。参见 Roman typeface。
Arrighi typeface	阿里吉体。
Baskerville typeface	巴斯克维尔体。
Bastarda typeface	巴斯塔尔达体。
Bembo typeface	本博体。
Beneventan script	贝内文托手写体。
blackletter	哥特手写体。
bollatica hand	诏书手写体。
capitalis script	民间大写体。
Carolingian hand	加洛林手写体。
chancery hand	秘书处手写体。
Charlemagne typeface	查理曼体。
Civil Service hand	公务员手写体。
Clarendon typeface	克拉伦登体。
condensed typeface	窄体，长体。
copperplate engraving	铜版体。
destructive typeface	解构体。
Deutschland typeface	德意志体。
Didot typeface	迪多体。
display typeface	标题字体。为展示大字号而设计的字体。
Egyptian typeface	埃及体。参见 slab serif typeface。
Element typeface	埃勒门特体。
engineering typeface	机械体。也作 engineers' font。
English round hand	英式圆手写体。
expanded typeface	扁体。
Fangsong style	仿宋体。也作 Fangsongti。
foundational hand	基础手写体。
Fournier typeface	富尼耶体。
Fraktur typeface	弗拉克图尔体。
French Canon hand	法国正典手写体。
Garamond typeface	加拉蒙体。
German Kurrentschrift	德国聚特林手写体。
Gill Sans typeface	吉尔无衬线体。
Gotenburg typeface	哥德堡体。
Gothic	①哥特。也作 blackletter。在美国也作“无衬线体”。②哥特文字。③无衬线体。参见 sans serif typeface。
gros-romain typeface	大罗马体。
grotesque typeface	怪诞体。
grunge typeface	垃圾摇滚体。
half-uncial script	半安色尔手写体。
Hei style	黑体。也作 Heiti。
Helvetica typeface	赫尔威提卡体。
humanist typeface	人文主义体。
imperial charter hand	帝国约章手写体。
inline typeface	空心体。
insular half-uncial script	岛国半安色尔手写体。
Italic typeface	意大利体。
Lettera Francese script	法国手写体。
Lettera Longobarda formata script	伦巴第正式手写体。
Lettera Napolitana script	那不勒斯手写体。
Lettera Notaresca script	公证手写体。
Lettera Spagnola script	西班牙手写体。
Lettera Tedesca	

script 德国手写体。
Merovingian script 墨洛温手写体。
monolinear typeface 等线体。
monospacing typeface 等宽体。
Nastaliq script 波斯手写体。
National typeface 国家体（德）。
Neuland typeface 诺伊兰体。
new Roman cursive script 新式罗马草写体。
oblique typeface 机械斜体。
old-style typeface 古典体。
old Roman cursive script 旧式罗马草写体。
Perpetua typeface 佩尔佩图阿体。
Redondilla hand 雷东迪利亚手写体。
Romain du Roi 国王罗马体。
Roman Imperial capital script 罗马帝国大写体，罗马帝国大写手写体。
Roman typeface 罗马体。也作 Antique typeface。
Rotunda typeface 罗图恩达体。
rustic capital script 民间大写体。
sans serif typeface 无衬线体。也作 Gothic。
Schwabacher hand 施瓦巴赫手写体。
scriptura actuaria 法案手写体。
secretary hand 秘书手写体。
semi-quadratus 半菱足体。
slab serif typeface 板状衬线体，粗衬线体。也作 Egyptian typeface。
Song style 宋体。也作 Songti。
Spencerian script 斯宾塞手写体。
stencil typeface 模板体。
Tannenburg typeface 坦嫩堡体。
Textura typeface 泰克斯图拉体。
textus prescisse 匀织平足体。也作 textus sine pedibus。
textus quadratus 匀织菱足体。
Times New Roman typeface 时报新罗马体。
Trajan typeface 图拉真体。
Tuscan typeface 托斯卡纳体。
uncial script 安色尔手写体。
Visigoth script 西哥特手写体。

致谢

谨向以下对术语翻译无私地提出宝贵意见的专家们表示感谢。

（按姓名或译名的拼音首字母排序）

中国专家有：

陈其瑞、陈嵘、陈慰平（中国香港）、陈一玮、陈永聪、陈月、蔡星宇、程训昌、
杜钦、
冯小平、
郭毓海、
胡阿提·吾兰、黄克俭、黄晓迪、
姜兆勤、
梁海、林金峰、刘钊、罗琮、
齐立、仇寅、
苏精（中国台湾）、孙明远、
谭达徽、谭智恒（中国香港）、
汪文、吴帆、
邢立、
杨林青、
张暄、张文龙、
朱志伟。

外国专家有：

［荷兰］弗雷德·斯迈尔斯（Fred Smeijers）、
［阿根廷］何塞·斯卡廖内（José Scaglione）、
［美国］黄陈列、
［墨西哥］克里斯托巴尔·埃内斯特罗萨（Cristobal Henestrosa）、
［西班牙］劳拉·梅塞格尔（Laura Meseguer）、
［希腊］杰瑞·利奥尼达斯（Gerry Leonidas）、
［英国］罗宾·金罗斯（Robin Kinross）、
［加拿大］罗伯特·布林赫斯特（Robert Bringhurst）、
［葡萄牙］宋乔君（Sérgio Martins）、
［美国］王敏、
［德国］韦罗尼卡·布里安（Veronika Burian）、
［日本］小宫山博史、
［荷兰］扬·米登多普（Jan Middendorp）、
［美国］约书亚·法默（Joshua Farmer）、
［英国］尤安·克莱顿（Ewan Clayton）。

中文打字机：一个世纪的汉字突围史

The Chinese Typewriter: A History

[美] 墨磊宁 著

张朋亮 译

GUANGXI NORMAL UNIVERSITY PRESS
广西师范大学出版社
·桂林·

ZHONGWEN DAZIJI: YI GE SHIJI DE HANZI TUWEISHI
中文打字机：一个世纪的汉字突围史

出 品 人：李闰华　　特约审校：刘　钊　朱　奎
策划编辑：梁桂芳　　装帧设计：XXL Studio 马庆晓
责任编辑：周丹妮　　责任技编：伍智辉

The Chinese Typewriter: A History

著作权合同登记号桂图登字：20-2018-017 号

图书在版编目（CIP）数据

中文打字机：一个世纪的汉字突围史 /（美）墨磊宁著；张朋亮译. --桂林：广西师范大学出版社，2023.1（2024.6 重印）
书名原文: The Chinese Typewriter: A History
ISBN 978-7-5598-5354-7

Ⅰ. ①中… Ⅱ. ①墨… ②张… Ⅲ. 汉字—汉语史②打字机—制造 Ⅳ. ①H12②TS951.43

中国版本图书馆 CIP 数据核字（2022）第 161898 号

广西师范大学出版社出版发行
（广西桂林市五里店路 9 号　邮政编码：541004
网址：http://www.bbtpress.com）
出版人：黄轩庄
全国新华书店经销
北京盛通印刷股份有限公司印刷
（北京经济技术开发区经海三路 18 号　邮政编码：100176）
开本：880 mm × 1 240 mm　1/32
印张：15.25　　字数：330 千字
2023 年 1 月第 1 版　　2024 年 6 月第 6 次印刷
定价：98. 00 元

如发现印装质量问题，影响阅读，请与出版社发行部门联系调换。

献给基娅拉

"文字无罪。"

——

周厚坤，1915 年

我们可以理解汉字本身是充满故事的，《中文打字机》则向我们展示了汉字文本制造的现代化进程中发生的种种，讲述打字机从一个看似荒谬的想象到最终实现，汉字是如何独自穿越世界语言丛林踏上现代之路的。本书以令人信服的研究思路和史料向我们表明了此过程的万相。作为设计师我们也关注设计的物质与制造现象，但本书向我们提出了汉字背后更深层的问题，如输入意识、信息过载、人机交互、用户体验分析等，为设计开辟了更广阔的汉字文化研究场域，极具启发意义。

——王子源　中央美术学院教授

国际设计联合会（ico-D）前副主席

中文打字机是中国人20世纪伟大的文化机械发明，中文打字机与照相技术结合产生了第一代手动照相排字机，是象征“告别铅与火”的第四代汉字激光照排机（计算机–激光汉字编辑排版系统）的源头。

——邢　立　纪录片《中文打字机》顾问和撰稿人

本书以2008年北京奥运会国名排序问题作为引子，从作者与中文打字机之间的连结出发，追溯了从晚清到新中国成立初期关于中文打字机的一段历史，在美国技术史学界引发热议。作者透过技术语言学的视角，将中文打字机作为一种语言技术纳入中文信息技术现代化发展史中，认为中文打字机的发展保全了汉字。作为关于中文打字机的首部史学专著，本书基于丰富多元的史料，通过诸多精彩故事展示了西方学者对于“现代性在中国”的一种诠释。

——姚妙峰　美国明尼苏达大学博士候选人

序 一

徐 冰

可以说，墨磊宁教授这本书中的每一页内容，都是我感兴趣的。他从“中文打字法”百年来在全球的尴尬处境入手，从技术语言学视角分析了打字机演化史，使思想的触角探到人类文明分歧的深处。这对反思当下不同文明之间撕裂的根源也具有重要意义。

全书围绕中文打字机在不同历史阶段的技术发展细节变化展开论述，暗示了一种观念：文明分歧，不仅是各文明之间或东西方文明之间的问题，还有一种更具原发性的分歧，即汉字文化圈与整个世界文明之间的错位。书中以各种生动事例告诉我们，汉字文化圈长期“被另类”于全球文明之外的怪异文化之列。

确实，汉字在过去几百年里，都不能融入以“雷明顿”为代表的全球打字系统，而游离于所有语言系统之外。深究其原因，其实是与人种生理发音的不同有关。世界上主要语言大都是黏着语或屈折语，发音一串一串的，词性由音的变化规定着。而唯有汉语（也包括中国个别少数民族语言）是孤立语，单音节发音。这让中文成为一个音对位一个字符的体系。其实世界上许多原始文字的雏形都是象形的，但由于发音的变化，只能发展成拼音文字的形式。别小看这一点不同，它把“方块中文”与其他所有文字区别开来，从而开始了汉字文化圈与其他语言文化圈的分道扬镳，也就有了围绕打字机功能设计上说不尽的故事。

由于上述原因，汉字成为了唯一（除水书等中国民族文字外）至今仍在使用的古老文字。长时间来，这使包括我在内的使用这一古老文字的人，在为此自豪的同时，又有负重之感，似乎我们拉了世界文明的后腿，也制约了本民族现代化的进程。但今天人类已步入了 AI、硅基、太空时代，而我们仍然使用着古老的“图纹符号”在交流，一写字，就在画“小图”。我们真的生活在穿越时间的情境中，这又常给我带来一种喜悦感。

确实，汉字方块书写的特别，塑造了中国文化的独特内涵。由于方块字的整齐，中国人看重对称的美感，就有了对仗、律诗的品味，以及中文写作的独有魅力。汉字音、意、形的丰富关系，使中文写作与阅读，成为一种多维的体验。写一句话：“一个人感觉寒冷，……”这故事里的“寒”字又套着一个故事：屋中宀，由于冷，一个人人用草茻把自己裹起来，地上是冰仌——寒(篆书“寒”字)。

由于中文众多的字符，使每一个开始接受教育的人，都要用几年时间摹写几千个字形，这使中国形成了特有的拷贝文化。古体诗中讲究的“用典”，与现代版权法是冲突的，就像图形文字与字母文字，在打字机原理上反映出的冲突一样。中国人写了几千年的方块字，一定影响着这个民族的性格、文化特性和看待事物的方法，甚至今天的中国是这个样子的原因。

庞大的中华帝国千年维系在一起，不能不说与模块化的、顽固的方块字有关。读这种文字，不仅是获取信息的“读”，更多的是“悟”，这反映在它拥有的大量“四字成语”上。四个字，几乎就是一段故事、一幅画、一个道理或一个概念。它不代表事物的细节，只代表这一类事物。从而这种文字具有概括性与包容性，适用于世界上最大的人群和它的多样文化，每种文化都能用它表示并注入各自的内容，又在大一统之下和谐交流。

书中讲述了历史上对方块字多次的破除运动，都没有较过方块字的执拗。文字学家、发明家的努力，始终纠缠于完整字义的方块中文与无意义的字母之间的不能和解。许多人曾试图把汉字字素作为字母，拼在方块中，能像西文字那样重复使用。但哪知，汉字几千年形成的图形的复杂与审美的讲究，几乎成了品味最精要的艺术。机械打字将字素（偏旁部首）在一个方形区域内的散乱摆放，在视觉上是不可接受的。中文笔画之间的穿插，就像树枝在枝干间的生长，已似自然天成的结果，而非机械排列所能及。

活字印刷术在中国很早就出现了，却没有被成规模使用。因为中国人不可能为了方便去牺牲书写的美感。(活字印刷对汉字的不便还有更多原因，我在《天书的过程》一文中有所论述。)汉字不可拆解，是由于构成汉字的每一个字素都有含义，不同于外文字母在词语中的作用，因个人的创作实践，我对此深有体会。我在1993年开始创作“英文方块字”，试着把英文字母写成中国书法用笔的风格，硬是把线性书写的西文与方块中文字弄在一起，出现了一种中文外表英文内里的表里不一的书体。我那时曾与日本计算机专家尝试输入英文字母，由电脑组成方块字。当时的电脑技术不能胜任汉字书写的复杂与敏感，出来的字不好看……几十年过去了，电脑字体专家们仍在为此努力着，就更不用说打字机时代的机械拼装了。

我对此另外的体会，是1987年的《天书》创作。不少人都不明白这些“字”如此像汉字却没有内容。其实是因为，这些“伪汉字”的字素是携带内容的：我把类似“木”的符号与“水”的符号拼在一起，你一定会说这个字是表示自然的；把“工”与“刀”部拼在一起，你一定认为这个字是说人造物的。这让你自己首先相信，明明有这个字。这就像看到一张熟面孔，却叫不出他的名字。我利用了汉字的本性，让这些字更像它们自己。这是方块汉字与字素之间特有的“秘密”。

读到此书结语，我高兴地看到，墨磊宁教授将有下一本关于数字时代汉字输入的写作。独特的中文，在全球技术一体化的语境下，又将是一种怎样的特殊角色与作用？汉字在全球文明进程中，似乎总是承担着对机体健康生长有益的“怪基因”的作用；对整体文明推进起着调节或弥补缺失部分的作用；是“杠精”的角色，以使文明在被反问中，更平衡地往下走。

就像墨磊宁教授书中提到的：“随着中文计算机时代的来临，常用字法、拼合法和代码法这些曾经相对独立的模式之间本已松动的边界如今完全消融了，各种以其为基础的策略和实体也开始走向融合，汇聚成为新的技术语言形态。……中文输入是一种检索—组合过程，而非打字的打字—组合过程。……从某种意义上说，计算机时代的中国就是一个速记员的国度。”从技术结果的表现上看，西文还在打字，中文已摆脱了“打字机”的体系，进入了看不见的电脑语言的运营中。

在机械时代，中文的复杂无疑成为一种“阻碍”，数字时代却成为一种可用因素，为“算法”识别、“算力”提升，提供了更多有用的识别信息。这体现在如今拼音、联想、词块、五笔等丰富多样的输入手段上，使中文的输入速度快捷于拼音文字。

可以说，在数字时代的今天，按键写作才开始交到了汉语圈所有需要写字的个人手里，之前只是行政公文才有权使用。上世纪90年代初，我的一位作家朋友曾组织过一次“作家换笔大会”，许多“爬格子”的作家从此扔掉了手中的笔。现在想来，这事还真具有历史节点性意义——打字机出现200多年后，汉语圈才摆脱了个人手写的历史。

7年前我与团队开始了“AI电影项目”的实验，这个项目是艺术家与人工智能科学家合作开发的一个没有电影人（如导演、编剧、摄影师或演员等）参与的电影生成系统。在此提到这个项目，我是想分享工作中的一次经历，有一回，我对电脑生成的剧本不满意，程序员说：“没关系，两天后电脑给你提供200个剧本。”这就是今天的“打字机”，它不仅帮你查错、修正语法，还替你写作。

人们很容易从手写中判断是谁的字迹；母亲可以从三个女儿的三封打字信件的节奏与轻重中分辨出，哪一封信是哪个女儿写的；到了电脑时代，就只剩下根据字体选择的不同，来判断写者的偏好了。我相信，将来连按键的动作都不需要，连字体选择的机会都没有了。

对一段历史的分析与陈述，可帮助人们对未来走向作出判断。这，正是墨磊宁教授这本书的意义所在。

2022 年 10 月 8 日

序 二

中文打字机与汉字现代性

王 敏

在从旧金山去威尼斯的飞机上，开始读《中文打字机》，我立即被它吸引住。第一章开篇以臆想的中文打字机漫画为引子，以此来展示百年前中文汉字现代性所面临的困境，“中文的现代性就面临着一个两难的抉择：是去模仿字母文字世界形成的这种技术语言现代性，还是完全自绝于字母文字世界，走一条自力更生的技术语言发展道路”。

这难题导致百年前废除汉字，改用字母文字的呼声不断，发声者既有西方学者，也包括中国著名的学者与政治家。但百年以来，也有众多前辈披荆斩棘，寻求汉字技术语言现代性的探索，这本书所介绍的中文打字机发展所走过的崎岖之路正是其最好的印证。

不仅文字研究者，信息技术领域与设计领域的学者与专业人员也应该会从《中文打字机》一书中受益良多。书中提到远早于计算机时代的明快打字机“是一种全新的人机交互的例证，时至今日仍然与各种中文信息技术有着密不可分的关系”。书中就汉字检索方法，就输入法，就技术语言环境，就预测文本等等的研究，对今天中文语境下的信息技术很有启发。

此书记载的历史故事引人入胜，发人深省，既有翔实的史料，也带来深刻的学术观点，对学者和普通读者都十分有可读性。它成为我从旧金山去威尼斯的漫长旅程中有趣、有益的读本，更是让我从中学到很多东西。

飞机在威尼斯降落，进入马可波罗机场，目之所及的导视标识上都有中文汉字，它们与意大利语、英语标识共存，似乎在证明保留汉字与否在今天已经不是问题，本书作者所提出的汉字技术语言的现代性问题在信息时代也似乎已经不是问题了。

但困扰我的一个问题是，这样一个有关汉字的重要的研究课题，这样一本有关中国历史的有价值又十分可读的书是出自一位西方的学者之手，而不是我们中国学者，这令我汗颜。是我们觉得中文打字机题目太小，太窄？还是难以找到史料？这与本书中涉及的众多问题一样值得我们去思考。

这本书是中央美术学院刘钊老师团队参与审校的文字技术史著作。中央美术学院近20年来为推动中国字体设计的研究与教学做了大量工作，形成了丰厚的学术积淀，培养了一批文字设计研究与实践人才，刘钊老师为此书花费了很多心血。相信这本书会对中国信息设计与汉字的文字设计发展起到重要的推动作用。

2022年10月10日

目 录

致 谢

“你的问题是什么?”在你一生中所可能提出的种种问题中，哪个问题决定了你头脑中的前进航路?哪个问题是你一直在追寻的，即使在别人(甚至你自己)看来你的话题好像一直在变?为何是这个问题?回答这些问题是艰辛而美好的。这会让你倾尽一生。

至于外部世界，不论是从社会还是资金的角度看，我们都有必要让这一求索过程显得安定而有序，显得尽在掌握。在一项新事业启动之初，我们会在附信和经费提案中，以及在研讨会和鸡尾酒会上说些冠冕堂皇的话，但现实会告诉我们到底如何。千里之行，靠信念驱使，不是相信你将找到答案，而是相信辛劳本身所带来的快乐，相信一种微弱但持续的感觉：只要能坚持下去，一些有价值的东西在等待你去发现。

如果我没能得到适时而平衡的批评和鼓励，如果没有这么多亲密的朋友和同事，那么我很可能会失去这种内在感觉。亚历克斯·库克(Alex Cook)一直是我最珍视的朋友之一，没有他的洞见、友善和冷幽默，我不知道自己能走多远。我也想向马特·格利森(Matt Gleeson)表达感谢，他不仅是亲切的朋友、优秀的作家、长期的音乐搭档，也是我所共事的编辑中在帮助作者成长方面最有天赋的。和以前一样，我再次感谢玛蒂·泽林(Mattie Zelin)

对我一如既往的支持和教导，她永远是我的老师。感谢我的家人，他们既是我的亲人，也与我志趣相投：汤姆（Tom）、梅里（Merri）、索尼娅（Sonia）和已故的詹卡洛（Giancarlo[IK3IES]）、斯佩兰扎（Speranza）、斯科特（Scott）、莫甘（Mojgan）、卡梅伦（Cameron）、劳拉（Laura）、萨曼莎（Samantha）、马里奥（Mario）、法比亚纳（Fabiana）、阿莱西奥（Alessio）、安迪（Andy）、萨利（Salley）、奥利维娅（Olivia）、卡里（Kari）、安纳莉丝（Annelise）、凯蒂（Katie）、鲁本（Ruben）、萨拉（Sarah）、丹尼斯（Dennis）和凯利（Kelley）。

我在斯坦福大学的同事们可能不知道，但我在中期续聘后与他们在午餐时间的交谈在相当程度上推动了我决定写这本书。我最为敬佩的几位资历较老的同事专门对我的整个研究思路做了深入细致的分析和检查。这会让人不安，但我喜欢这种不安。虽然我当时已经对中文打字机这一课题有了很深的兴趣，但很大程度上是与他们的交谈，让我下定决心忠于自己的想法——对于我之前所说的那种内在感觉报以无条件的、彻底的和毫不妥协的忠诚。

我要特别感谢凯伦·威根（Kären Wigen）、塔马·赫尔佐克（Tamar Herzog）、葆拉·芬德伦（Paula Findlen）和苏成捷

（Matt Sommer）的慷慨和批评，你们是我的导航员，帮我避开暗礁和浅滩。同样感谢章家敦（Gordon Chang）、朗达·席宾格（Londa Schiebinger）、罗伯特·普罗克特（Robert Proctor）、西弗·弗兰克（Zephyr Frank）、杰茜卡·里斯金（Jessica Riskin）、史蒂夫·季波斯坦（Steve Zipperstein）、埃丝特尔·弗里德曼（Estelle Freedman）、理查德·罗伯茨（Richard Roberts）和弗雷德·特纳（Fred Turner），你们同我进行了多少次走廊交谈，可能你们自己也记不清了（但对我来说是十分难忘的）。感谢吉姆·坎贝尔（Jim Campbell）建议我亲自举办收藏品展览，感谢贝姬·费施巴赫（Becky Fischbach）在这方面给予的指导。我也十分感谢博闻多识的同行者井上三彦、弓野有未、内田润和苏成捷，你们对整本初稿进行了审读，同样也要感谢李海燕和莫妮卡·惠勒（Monica Wheeler）。我也要对我的学生表示深深的感谢，在本项研究中，要特别感谢谭吉娜（Gina Tam）、安德鲁·埃尔莫尔（Andrew Elmore）、本·艾伦（Ben Allen）和谢若铃（Jennifer Hsieh）。

还有很多人对我的帮助可能我永远无法予以报答，只能特此一一鸣谢，他们是：斯坦福大学的薛兆辉、丽甘·墨菲·卡奥

(Regan Murphy Kao)、格蕾丝·杨（Grace Yang）、查尔斯·福塞尔曼（Charles Fosselman）、杨继东、阮丽莎（Lisa Nguyen）、林孝庭和卡罗尔·莱德纳姆（Carol Leadenham）；亨廷顿图书馆的杨立维和比尔·弗兰克（Bill Frank）；（法国）打字机博物馆的雅克·佩里耶（Jacques Perrier）；费城档案局的大卫·鲍（David Baugh）；尼亚加拉县历史学会的安·玛丽·林纳伯里（Ann Marie Linnabery）；（法国）工艺和贸易博物馆的西里尔·福阿索（Cyrille Foasso）；（美国）国家档案和记录管理局的特里纳·耶克利（Trina Yeckley）和凯文·贝利（Kevin Bailey）；丹麦国家档案馆的乌尔夫·基尼布（Ulf Kyneb）和安妮特·詹森（Anette Jensen）；法国国家图书馆的塔斯－赫莱恩·哈尼（Taos-Hélène Hani）；班克劳福图书馆的大卫·凯斯勒（David Kessler）；国家密码逻辑博物馆（National Cryptologic Museum）的勒内·斯坦（Rene Stein）；好利获得档案室的恩里科·班迪耶拉（Enrico Bandiera）、阿尔图罗·罗尔福（Arturo Rolfo）和马尔切洛·图尔凯蒂（Marcello Turchetti）；米特霍夫打字机博物馆的玛丽亚·迈尔（Maria Mayr）；宾夕法尼亚大学档案馆的南希·米勒（Nancy Miller）；（台湾）“中央研究院”的王宪群；史密森尼学会的克雷格·奥尔（Craig Orr）、凯西·基恩（Cathy Keen）和大卫·哈伯斯蒂奇（David Haberstich）；李约瑟研究所的约翰·莫菲特（John Moffett）；国际商业机器公司档案室的斯泰西·福特纳（Stacy Fortner）；耶鲁大学图书馆手稿和档案处的黛安·卡普兰（Diane Kaplan）；普林斯顿大学图书馆珍本和特殊藏品处的本·普里默尔（Ben Primer）；北美学术影像档案馆的杰夫·亚历山大（Geoff Alexander）；卡内基学院的约翰·斯特罗姆（John Strom）；卫斯理大学的帕特里克·道迪（Patrick Dowdey）；商务历史和技术博物馆的托马斯·拉索（Thomas Russo）；科学和工业博物馆的简·希尔史密斯（Jan Shearsmith）；波斯科诺电报博物馆的艾伦·伦顿（Alan Renton）和夏洛特·丹多（Charlotte Dando）；机器翻译档案馆的约翰·哈钦斯（John Hutchins）；谢菲尔德大学的 G. M. 戈达德（G. M. Goddard）；剑桥大学图书馆的查尔斯·艾尔默（Charles Aylmer）；费城历史（PhillyHistory）的德布·博耶（Deb Boyer）；哈格利博物馆和图书馆的卢卡斯·克劳森（Lucas Clawson）和卡罗尔·洛克曼（Carol Lockman）；印刷博物馆的弗兰克·罗马诺（Frank Romano）；美国国会图书馆的潘铭燊；赛珍珠国际组织的唐娜·罗兹（Donna Rhodes）；哥本哈根的亨宁·汉森（Henning Hansen）；（德国）德罗尔斯哈根的罗尔夫·海嫩（Rolf Heinen）；维多利亚和阿尔伯特博物馆的维多利亚·韦斯特（Victoria West）；（伦敦）科学博物馆的罗里·库克（Rory Cook）；（纽约）联合国档案处的雷米·迪比松（Remi Dubuisson）；夏威夷大学马诺阿分校的谢尔曼·塞基（Sherman Seki）；特拉华大学的丽贝卡·约翰逊·梅尔文（Rebecca Johnson Melvin）；远东国际广播公司（FEBC International）的吉姆·鲍曼（Jim Bowman）；麻省理工学院的迈尔斯·克劳利（Myles Crowley）；哈佛商学院的凯瑟琳·福克斯（Katherine Fox）；哈佛大学的林希文（Raymond Lum）；打字机虚拟博物馆的保罗·罗伯特（Paul Robert）；计算机历史博物馆的达格·斯派塞（Dag Spicer）、徐汉声、戴维·布罗克（David Brock）、江瑞莲（Marguerite Gong Hancock）和波普伊·哈拉尔森（Poppy Haralson）；以及北京市档案馆、上海市档案馆、上海图书馆、天津市档案馆、清华大学和复旦大学的同行们。考虑到中国当前在档案管理方面的状况，以及在查阅和人员方面的敏感，我就不再列出诸位的姓名了。

研究19和20世纪历史的历史学家们所享有的一大乐趣是我们很多同事无法企及的：与一些重要历史人物的家庭成员和子孙后

代交流，甚至与他们本人交流。不过在撰写本书的过程中，我在这方面所得到的成全是任何人想象不到的，对此我尤为感激。我要感谢露丝·约翰逊（Ruth Johnson）和凯洛格·S. 斯特尔（Kellogg S. Stelle），他们分别是第一台中文打字机发明者谢卫楼（Devello Sheffield）的甥孙女和曾孙；舒冲慧，中国第一台量产中文打字机的共同发明者舒震东之孙；俞硕林，俞式中文打字机发明者和生产者俞斌祺之子；约翰·马歇尔（John Marshall）、斯坦·梅田（Stan Umeda）和克里斯蒂娜·梅田（Christine Umeda），他们与我分享了很多关于渡边久一和他的日文打字机的资料；安德鲁·斯洛斯（Andrew Sloss，罗伯特·斯洛斯［Robert Sloss］之子）；詹姆斯·叶（James Yee）和乔伊·叶（Joy Yee）牧师，他们联系到我，为我提供了我的第一台中文打字机藏品（本书对相关经历有所简述）；以及栗山托尼（Tony Kuriyama）牧师和栗山英子，他们捐献了自己漂亮的日文打字机。还有几次殊为感人的经历，就是之前曾通过电子邮箱对我进行回复的人，在本书的调研和写作过程中，有几位却与世长辞了。特别感谢 IPX 系统的发明者叶晨晖（Chan Yeh），他曾多次和我亲切交谈，愿您一路走好。

很多学者对本书的初稿以及整个研究过程做出了重要贡献。当然，本人要对于书中剩下的所有错误和缺点担责，但同时，我也要特别感谢安纳莉丝·海因茨（Annelise Heinz）、井上三彦、高哲一（Rob Culp）、韩嵩文（Michael Gibbs Hill）、横田佳彦和玛拉·米尔斯（Mara Mills），他们通读了本书的初稿，并提供了宝贵的反馈意见；感谢芮哲非（Christopher Reed）、丽莎·吉特尔曼（Lisa Gitelman）、魏根深（Endymion Wilkinson）、舒喜乐（Sigrid Schmalzer）、林郁沁（Eugenia Lean）、陈江北（Roy Chan）、丽贝卡·斯莱顿（Rebecca Slayton）、安德鲁·戈登（Andrew Gordon）和拉贾·阿达尔（Raja Adal）审读了本书初稿的大部分章节。同时也非常感谢杰夫·鲍克（Geof Bowker）、马克·埃利奥特（Mark Elliott）、华志坚（Jeff Wasserstrom）、宝克（Erik Baark）、叶文心、谭凯（Nick Tackett）、梅维恒（Victor Mair）、克里斯·莱顿（Chris Leighton）、范发迪、谭安（Glenn Tiffert）、约翰·凯利（John Kelly）、翟淑敏、英格丽德·理查森（Ingrid Richardson）、西里尔·加兰（Cyril Galland）、保罗·斐格费尔德（Paul Feigelfeld）、库尔特·雅各布森（Kurt Jacobsen）、金·布兰特（Kim Brandt）、吉姆·赫维亚（Jim Hevia）、冯珠娣（Judith Farquhar）、何若书（Denise Ho）、季家珍（Joan Judge）、傅佛果

(Josh Fogel)、陈利、沈迈克（Michael Schoenhals）、考希克·孙达尔·拉詹（Kaushik Sunder Rajan）、白杰明（Geremie Barmé）、邓津华、鲍梅立（Melissa Brown）、迈克尔·费希尔（Michael Fischer）、林涛（Toby Lincoln）、江松月（Nicole Barnes）、克莱尔－明子·布里塞（Claire-Akiko Brisset）、艾约博（Jacob Eyferth）、布莱恩·罗特曼（Brian Rotman）、斯蒂芬·田中（Stefan Tanaka）、包筠雅（Cynthia Brokaw）、刘禾（Lydia Liu）、柯伟林（Bill Kirby）、大永理沙（Lisa Onaga）、拉米康·奥维斯特（Ramekon O'Arwisters）、约翰·威廉斯（John Williams）、金泰浩（Tae-Ho Kim）、韩哲夫（Zev Handel）、郝瑞（Steve Harrell）、伊佩霞（Pat Ebrey）、朱玛珑（Marlon Zhu）、小林剑（Ken Lunde）、乔·卡茨（Joe Katz）、高艮（Kees Kuiken）、埃利泽·王（Elize Wong）、毕永峨、曹南屏、安·布莱尔（Ann Blair）、杰娜·里米（Jana Remy）、斯蒂金·凡奥比克（Stijn Vanorbeek）、毕鹗（Wolfgang Behr）、让－路易斯·鲁伊特尔斯（Jean-Louis Ruijters）以及三位不具名的外部评审。在打字机字盘数据的可视化方面，我要感谢阿尔贝托·佩佩（Alberto Pepe）、吕睿和乌兰娜所给予的协助。在此也对斯坦福大学几位才能出众的研究助理

表示感谢，包括萨曼莎·杜（Samantha Toh）、黎又嘉、莫娜·黄（Mona Huang）、徐川、安娜·波利修克（Anna Polishchuk）、杜鲁门·陈（Truman Chen）和罗宇晴。要特别感谢苏珊娜·穆恩（Suzanne Moon）及其在《技术与文化》（*Technology and Culture*）杂志社的同事们，既感谢他们很早就对本项目给予支持，也感谢他们允许复印本书第七章所涉及的部分内容。同时也感谢本·艾尔曼（Ben Elman）和石静远（Jing Tsu）允许复印本书第二章中涉及的部分内容，资料原文见于《科学与民国》（*Science and Republican China*, Leiden: Brill, 2014）修订版，标题为《符号主权：全球史视角下的1871年版〈中文电码本〉》（"Semiotic Sovereignty: The 1871 Chinese Telegraph Code in Global Historical Perspective"）。最后，我要感谢华志坚和詹妮弗·芒格（Jennifer Munger）允许复印本书第五章提到的部分内容，原文资料见于2016年8月刊的《亚洲研究杂志》（*Journal of Asian Studies*），标题为《掌控汉字圈》（"Controlling the Kanjisphere"）。

如果没有众多机构的慷慨相助，本书的研究工作是无法完成的。我希望向赫尔曼教师基金、斯坦福大学弗里曼·斯波利研究所中国基金、美国国家科学基金会、斯坦福大学东亚研究中心表示感谢，向斯坦福大学及历史系对我的休假年安排表示感谢。我要特别向美国国家科学基金会的弗雷德·克朗兹（Fred Kronz）表达由衷的感谢，要不是他的耐心帮助和鼓励，我可能无法完成最后的修改和重新提交程序（更不用说度过一场匪夷所思的政治迫害了）。我也想感谢麻省理工学院出版社，特别是凯蒂·赫尔克（Katie Helke）。感谢艾米·布兰德（Amy Brand）、凯蒂·霍普（Katie Hope）、迈克尔·西姆斯（Michael Sims）、马修·阿巴特（Matthew Abbate）、科琳·拉尼克（Colleen Lanick）、贾斯汀·基欧（Justin Kehoe）、井口安修和大卫·赖曼（David Ryman）。特别感谢韦瑟赫德东亚研究中心的卡罗尔·格卢克（Carol Gluck）和罗斯·耶尔西（Ross Yelsey）。

至此，我终于可以说了。为何作者们总是将最重要的人留在致谢的最后，这个惯例我一直没搞明白——不过我也只能照做了。当我试着回忆自己写作本书的过程——那些真正被我记住的东西——脑海中浮现出来的是千千万万碎片化的瞬间，散布在我人生的真实片段之间。基娅拉（Chiara），我写作本书即是与你对话，从海茴香谈到圣艾夫斯（St. Ives），从 scala quaranta 卡牌游戏谈到意大利的南蒂罗尔（Südtirol），从“战星”（Battlestar）谈到黑熊汽车旅馆（Black Bear Inn），从使命派（Mission Pie）餐厅谈到门多西诺（Mendocino），从馅饼店谈到雪地计划（Project Snow），从公路旅行谈到玫瑰奶茶，从生日蛋糕谈到北京，从德罗尔斯哈根（Drolshagen）谈到蒲公英，从林肯谈到乐高模型，从市政厅谈到《厨师与火焰》（*Cuochi e fiamme*），从托尔切洛（Torcello）谈到《爱情风暴》（*Tempesta d'amore*），从紫竹（Purple Bamboo）谈到普奇尼（Puccini），这些只属于我们夫妻二人。谨将本书献给你。你教会了我勇敢和沉着。你趋人之急、疾恶如仇。我对你的爱超乎言表，连我自己都无法说清。不论他人有时如何感想，我确实不知道自己在生活中在做些什么，而且终日焦虑不安。但只要有你陪在身边，我就感到一切风轻云淡。你驱散了我的伤痛。

0 引言：中文里没有字母

吾等中国人欲言：夫打字机之区区长处，未足以引吾等弃吾国四千余年其秀异之经典、文学、历史于不顾。打字机乃适乎英文之发明，而非英文适乎打字机者也。

——

《以西方视角看待东方》，

载《中国留美学生月报》，1913 年

我们正在见证中国的辉煌崛起，2008 年北京奥运会开幕式又成为这一历程的一个新节点。观察者们已很熟悉过去 20 年中国在经济上取得的巨大成就，对其在科学、医学和技术等方面的进步可能也有所了解。然而之前从未有一个场合，能让中国向世界全面展现其在 21 世纪的实力和自信。8 月 8 日是一个绝好的舞台。此次的圣火传递是奥运会历史上时空跨度最长的一次（全程约 13.7 万公里，历时 130 天）。此外，仅开幕式当天，就有大约 1.5 万名表演者参与，耗资 3 亿美元。[1] 如果把整个奥运会考虑在内，包括在北京以及其他城市大规模修建的基础设施，总预算将达到 440 亿美元。[2]

人们津津乐道于这一奇观的巨大成本——演员开支、电费、食宿费、服装设计费、场务以及张艺谋导演的薪酬等等——这么说或许有些奇怪，但这场盛会可能只有一个真正具有颠覆意义的时刻，它耗资最少，也最容易被人们忽视。那就是在“鸟巢”田径赛场的跑道上进行的各国代表团的入场式。

按照奥运会的传统，第一个入场的是希腊代表团。希腊是奥运会的发源地，这项活动最初是为了致敬古希腊社会，及其作为西方民主、科学、理性和人文精神发源地的崇高地位。此外，奥运会入场式还以另一种巧妙的方式表达了对希腊的敬意：各国代表团入场时所遵循的字母顺序。在《西方文化的起源》(*Origins of Western Literacy*)一书中，埃里克·哈夫洛克(Eric Havelock)将希腊字母称为一项具有革命性意义的发明，优于所有既往的书写系统，包括作为希腊文和其他所有字母文字起源的腓尼基文。[3]著名历史学家、哲学家、美国现代语言协会(Modern Language Association)的前主席沃尔特·翁(Walter Ong)认为，希腊人对腓尼基字母的采用和改造是一种民主化的力量，因为“年龄尚小、词汇量有限的孩童也能学会希腊字母”[4]。也有一种争议较大的观点是从神经学角度出发的，认为希腊字母的发明激活了人类一直处于休眠状态的左脑，从而开辟了人类自我实现的新纪元。[5]鉴于希腊为人们带来了“我们伟大的字母”，每隔两年，人们都会在夏季奥运会和冬季奥运会的开幕式上向其致敬。

1921年，国际奥林匹克委员会首次以书面形式确定了各参赛国的入场规则。[6]该章程提到：“参赛的各国代表团在入场时，必须在队首展示带有国家名称的标牌以及国旗。”同时还有一条附注：“(参赛各国按照字母顺序入场)”[7]。直到1949年，为了进一步彰显奥运会的世界性理念，人们对相关章程稍做调整，并一直沿用至今。修订后的章程规定，主办国有权按照主办国语言的字母顺序组织开幕式的入场式。[8]这次修订表明，国际奥委会用实际行动让这一国际盛会的规则变得相对化，从而实现了一种普遍化。

在1964年东京奥运会上，假如当时日本决定采用日语汉字(日文里一种来源于中国汉字的字符)或假名(日文的表音部分，包括平假名和片假名)的顺序，全球的电视观众或许就能目睹一种非西方的、非字母文字的入场顺序，不过他们当时还是采用了

英文字母顺序。直到 1988 年的汉城奥运会，这一庄严的奥林匹克传统仪式才首次采用了非西方的字母顺序。韩语中第一个音节是가(ga)，所以排在希腊之后是加纳（가나，Gana），然后是加蓬（가봉，Gabong）。[9]

2008 年，希腊代表团按惯例首先进入“鸟巢”。电视解说员鲍勃·科斯塔斯（Bob Costas）、马特·劳尔（Matt Lauer）、汤姆·布罗考（Tom Brokaw）以及其他嘉宾对这次开幕式做了全程讲解。他们滔滔不绝，谈论的话题非常广泛，诸如儒学、唐朝的世界主义、太极、明朝的航海家和探险家郑和、书法、中国西北部敦煌石窟群的佛教壁画，以及丰富的少数民族文化，等等。[10] 谈话中偶尔也会跳出一些不合时宜的措辞。虽然有些可爱的失误，但紧跟实况的解说员还是不多见的。

然而，这种热闹的解说和第二个国家代表团——几内亚代表团入场时那段长达 45 秒的彻底宕机形成了鲜明对比。解说员们突然乱了阵脚。

科斯塔斯： **接下来入场的是几内亚代表团。因为中文里没有字母，所以，如果以为各国代表团会按照以往通常的顺序依次入场的话，您可能需要再琢磨一下了。**

劳尔： **是的，不好使了。这次是根据每个国名的汉字笔画数来定的（轻声一笑），所以你可能会看到一个以“A”开头的国家后面跟着一个以“R”开头的国家，反之也有可能。因此，我们将在屏幕下方提供图示，帮助大家理解……哪个国家即将入场。**

希腊（Greece）、几内亚（Guinea）、几内亚比绍（Guinea-Bissau）、土耳其（Turkey）、土库曼斯坦（Turkmenistan）、也门（Yemen）、马尔代夫（Maldives）、马耳他（Malta）。

G，T，Y，M？

中文里没有字母。

这也难怪科斯塔斯在解说时无所适从。2008 年北京奥运会是奥运史上第一次不按照任何字母顺序组织各国代表团入场的奥运会，因为主办国的语言里根本就没有字母。

100 多年来，世人眼中的国际奥委会规则只是看起来广博而包容文化差异，或者说是普适的。而到了 2008 年，国际奥委会规则的伪普适性终于暴露了出来。基于自主原则和文化相对主义的理念，该规则的基础——“按照主办国语言的字母顺序”这一理念，使 2008 年奥运会及其主办国中国陷入了一个尴尬的境地。根据国际奥委会的规则，中国“获准”去做一件从定义上来说不可能的事情：按照“中文字母”的顺序来安排入场式，然而所谓的“中文字母”并不存在。

不过，2008 年奥运会入场式的顺序并不是随机的。中国选择用自己的“道”来实现希腊的“逻各斯”，一种中国人非常熟悉的二层排序系统。首先，按照笔画数给汉字排序，它作为一种基本的排序法在中国已经有几个世纪的历史。在希腊后面入场的是几内亚（Guinea），它的中译名由三个汉字构成，其中第一个字“几”写起来非常简单，只有 2 画。相比之下，土耳其（Turkey）的第一个汉字是“土”，由 3 画构成。因此，几内亚在土耳其之前入场。

不过，由于很多汉字的笔画数是相同的，单凭笔画数还不足以

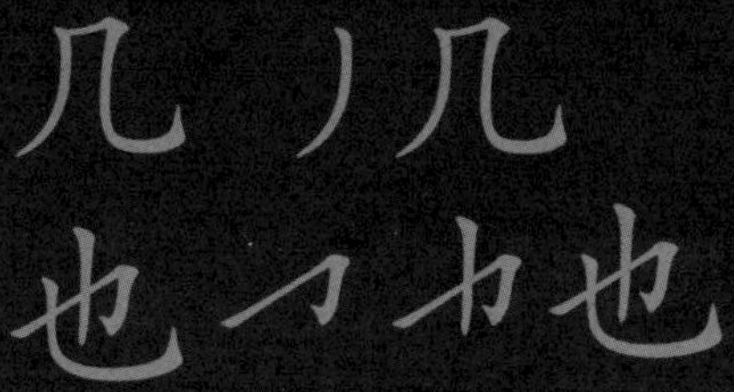

0.1
“几”和“也”的笔顺。

0.2
“永”字的八个基本笔画。

得出一个明确的顺序。例如，也门（Yemen）的第一个字“也”的笔画数也是 3。（见图 0.1）那么，到底谁先进入“鸟巢”，是土耳其代表团还是也门代表团?

第二层级的排序方式同样基于一个历史悠久的中文书法规则，至少可以追溯至中国晋代书法家王羲之（303—361）。根据该规则，所有汉字都由 8 个基本的笔画构成，依次为：点、横、竖、撇、捺、挑、折、钩。（图 0.2）回到土耳其和也门谁先入场的问题，我们会发现，土耳其的“土”是由“横 / 竖 / 横”（或者按照笔画排序记为 2-3-2）构成的；而也门的“也”是由“下折 / 竖 / 上折”（或记为 7-3-7）构成的。2-3-2 排在 7-3-7 之前，因此土耳其先于也门入场。

由于不了解中文的正字法传统，一些西方的电视观众转而诉诸阴谋论。2008 年 8 月 9 日晚，奇客[1]网站用户“techmuse”发表了一则帖子：《美国全国广播公司（NBC）篡改了奥运会开幕式

[1] 奇客（Slashdot），一个资讯科技网站。该网站每天会数次更新其主页的新闻，网站用户可以对公布在该站的新闻发表评论。——译者注

吗？》，该帖在 48 小时内得到了将近 500 条回应。[11] 很快，有人撰文称，不论从哪个角度看，这种顺序都不像是一个有序的安排，一定是电视主管部门在某种利益的驱使下把各国代表团的入场顺序打乱后重新编排播出的。他认为，由于预料到美国的电视观众会在看完美国代表团入场后换台，NBC 于是对原入场式视频加以剪辑，将美国代表团的入场顺序往后排，从而延长观众的收看时间。“美国媒体为提高收视率篡改现场实况！典型的 11 点新闻 [1]。”在“techmuse”打头炮后不久，一个名为“kcbanner”的网友也嘲讽道。

尽管有零星网友努力强调中文里没有字母这一明显事实，因此可能有另一种解释，但观众们似乎对科斯塔斯那句“再琢磨一下”过于较真，网络评论一步步陷入猜疑的泥潭。还有网友基于一种坚定而厌世的犬儒心态，相信这种说法，但觉得可以原谅。网友“wooferhound”说：“在延时转播中对奥运会实况视频重新编排是常有的事。”“我早就料到了，但有何不可呢？因为连美国作为主办国的那次奥运会都没有按照正确的顺序播放。”网友“Minwee”的评论则更加极端和荒唐，他将所谓的这种操作比作“1936 年柏林奥运会时纳粹德国媒体的一种颠倒黑白的做法：当时德国的新闻媒体在报道田径赛事时用底片为现场配图，因此呈现出来的画面是白皮肤的杰西·欧文斯（Jesse Owens）把其他众多黑皮肤的运动员远远甩在身后”。

直到第二天，这一欺骗性的阴谋论才开始得到澄清和纠正。人

[1] 11 点新闻（Movie at 11/Film at 11），美国电视新闻领域的习语，即事先告知观众稍后会播送一条突发新闻的镜头，以提高节目的收视率。（晚间）11 点是美国东部和太平洋时区午夜新闻的传统时段。——译者注

们终于相信 NBC 并未篡改 2008 年奥运会的入场式视频，各国代表团的入场顺序不过是遵循了一套独特的组织逻辑而已。这场阴谋论起先以愤怒和兴奋的猜测开始，最终以网友“smitth1276”的感叹收场：“难道你们从来没有怀疑过，这种说法完全是子虚乌有的吗？入场顺序根本就没有变，之前这么说的人吃错药了吧。”这场风波持续了整整两天，直到 8 月 11 日晚上才终于平息。

2008 年 8 月 8 日晚 8 时 08 分，北京奥运会盛大开幕，争奇斗艳的灯光、焰火，现场观众的齐声高呼，缓缓升起的 LCD 画卷，身着少数民族服装的儿童，由人力驱动的中文活字印刷演示，以及由中国童星林妙可登台表演的《歌唱祖国》（这天使般的童声其实是由多才多艺却形象稍逊的女孩杨沛宜提前录制的）等等，一切都让人叹为观止。与这些相比，那个非字母顺序的入场式更像是一个狡猾的班克西式[1]小玩笑，精心设计出困惑和颠覆：

> 希腊、几内亚、几内亚比绍、土耳其、土库曼斯坦、也门、马尔代夫、马耳他。
>
> G，T，Y，M。
>
> **中文里没有字母。**

其实中国本可以简单地按照拉丁字母顺序来安排入场，从而顺应国际奥委会规则的伪普适性，如此看来，北京奥运会的这个小玩笑就更加耐人寻味了。至少有 40 多年，中国大陆很少有汉语字

[1] 班克西式（Banksy-esque），形容类似于英国街头艺术家班克西（Banksy，1974— ）的风格，即出人意料的、黑色幽默的。——编者注

表 0.1　2008 年奥运会各国代表团入场顺序（前 10 个国家）

入场顺序	国家	中文名	拼音	中文名里第一个字和第二个字的笔画数
1	Greece	希腊	Xī là	7，12
2	Guinea	几内亚	Jǐ nèi yà	2，4
3	Guinea-Bissau	几内亚比绍	Jǐ nèi yà Bǐ shào	2，4
4	Turkey	土耳其	Tǔ ěr qí	3，6
5	Turkmenistan	土库曼斯坦	Tǔ kù màn sī tǎn	3，7
6	Yemen	也门	Yě mén	3，3
7	Maldives	马尔代夫	Mǎ ěr dài fū	3，5
8	Malta	马耳他	Mǎ ěr tā	3，6
9	Madagascar	马达加斯加	Mǎ dá jiā sī jiā	3，6
10	Malaysia	马来西亚	Mǎ lái xī yà	3，7

典、参考书或索引系统采用这种基于笔画数的编排方式。相反，在 20 世纪 50 年代，中国大陆开发和推广了一种基于拉丁字母的音标系统，被称为“汉语拼音”，或简称为“拼音”。1949 年中华人民共和国成立后不久，中国的语言学家设计出了拼音，它如今在中国已十分常见，作为一种平行文本技术，辅助基于汉字的中文书写，并没有取而代之。不过，拼音并不是“中文字母”，是为满足种种需

要而对拉丁字母的借用。例如，当中国幼童开始学习读写汉字的时候，家长和老师会先从拼音教起，从而帮助他们识记标准的、非方言的读音。此外，中国大陆的计算机用户使用的键盘也是标准的QWERTY 键盘，但在电脑屏幕上打出来的却是清一色的汉字（后文会做详述）。[12]

北京奥运会本可以避免让科斯塔斯和劳尔经历这种尴尬，避免使世界各地的观众感到困惑，却没有这么做。显然，中国的组织者们不想轻易放过我们，这就是北京奥运会中一个巧妙的反抗，它成就了 2008 年奥运会开幕式中一个真正具有革命性的时刻，或许也是唯一不会增加其巨额预算的举措。

字母时代的中文

笔者计划写两本书，以详细描绘现代中文信息技术的全球史，本书是其中第一本。全书分为 7 个章节，时间跨度约一个世纪，即从 19 世纪 40 年代电报技术的出现到 20 世纪 50 年代计算机技术的出现。在第二本书中，我们将聚焦于以电子计算机和新媒体为依托的当代中文的历史。在这一历史进程中，我们将会看到，中文书写与国际奥委会规则之间的交锋并不是孤立事件，而是它与各种形式的字母伪普适主义之间的交锋之一。不论是莫尔斯电码、盲文、速记法、打字术、莱诺整行铸排（Linotype）、蒙纳单字铸排（Monotype）、穿孔卡片存储、文本编码、点阵式印刷、文字处理、美国信息交换标准代码（ASCII）、个人电脑处理、光学字符识别、数字排版，还是过去两个世纪以来出现的其他各种信息处理技术，这些系统最初都是基于拉丁字母开发的，尔后逐步“拓展”至非拉丁字母乃至非字母文字的中文。

随着这些信息技术在世界范围内得到广泛传播（这是一种由欧洲殖民主义和美国后来的全球霸权极大促进的全球化进程），许多人将它们视为在语言上无分别的、中立的和“普适的”系统，对任何人、任何语言都有效。然而，只有把中文排除在外，这种“普适性”的神话才能成立。正如我们将在后文中看到的，默根特勒莱诺整行铸排机公司（Mergenthaler Linotype）和蒙纳铸排机公司（Monotype）宣称其铸排机如何具有普适性，雷明顿公司（Remington）、好利获得公司（Olivetti）亦宣称其打字机具有普适性，尽管这些公司都未成功地打入中文市场——在它们的胜利故事中，这无疑是一个相当大的遗漏。每当中文出现，例如在2008年奥运会开幕式上，尴尬局面总是难以避免。每当中国以及其他地方的技术人员使得中文与某项现有技术实现融合的时候，新的字母文字处理技术的诞生和传播又会引发新的对抗，使中文再次面临无法进入和参与“下一件大事”的风险，因为新技术会进一步改变经济、政治、战争、国策、科学以及其他众多领域。正因如此，我们经历了一段长达150年的“中文信息危机不断重现”的历史。

在本书的研究过程中，我们将重点关注那些工程师、语言学家、企业家、语言改革者以及日常实践者，他们努力将基于汉字的中文书写纳入全球信息的现代化进程当中，他们有一个共同的信念，正如其中一个历史人物所言：“文字无罪。”[13] 对于他们来说，现代中国在技术语言（technolinguistic）层面遭遇挑战并不能归咎于汉字本身，而在于人：一方面，面对这一看似可以解决的难题，工程师们却迟迟找不到诀窍；另一方面，为了使中文书写在现代社会里生存下去，中文的日常使用者就需要愿意以前所未有的，也许是全新的方式来与它打交道。虽然任务艰巨，但这一难题必须尽快破解，因为它对一个文明构成了考验：中文是否能与大写的现代性相容。

我们应该如何命名这段伪普适性的漫长历史呢？我首先想到的是语言帝国主义（Linguistic imperialism），初看起来还是很贴切的，毕竟这段历史也是更广义的中国同欧美帝国主义的交锋史中不可或缺的一部分。我们将会看到，自 19 世纪初开始，中文被卷入一个全新的全球信息秩序中，而中文并不具备这一秩序的根基，因此也无法简单地加以“适用”——那就是，一种字母。不过，我们很快就能发现“语言帝国主义”的说法并不准确，一个关键原因是，这一问题并不涉及某种特定语言的支配性或霸权地位，不论对于英语、法语，还是其他语言来说。这不同于我们在现代的某些殖民地语言政策中看到的情况，即把一种支配性语言强加给一个从属性群体。

西方帝国主义（Western imperialism）和欧洲中心主义（Eurocentrism）的提法也不够准确。毕竟，假设国际奥委会选择开罗、埃里温、曼谷或仰光作为 2008 年奥运会的举办地，国际奥委会规则中的这种伪普适主义（至少在语言层面上）是行得通的。阿拉伯语和亚美尼亚语都属于字母文字。泰语和缅甸语属于音素音节文字或元音附标文字（alphasyllabary/abugida），因此入场式可以按照国际奥委会目前的规则安排。但这样的话，这种普适主义神话就将继续蒙混过关。

因此，这里起作用的霸权并不是东洋与西洋、东方与西方、本地与外地，抑或欧洲与亚洲的问题。它不能被简单归纳成以上任何一种泛泛的二元论。更准确地说，这种分界所造成的，是所有的字母文字和音节文字，同一种不属于这二者的世界主要文字的对立：基于汉字的中文书写。这是一种新的文字等级制度，它告诉我们：某些字母文字和音节文字比其他文字更符合现代性，而所有字母文字和音节文字都可以凌驾于中文之上。以上讨论未触及一对术语，通过它们，我们不仅可以近距离考察欧美帝国主义的霸权体系的历史起源，还可以明白这一霸权是如何将西方和非西方的各种文字统统纳入其权力结构之内的：真正起作用的断层线并不在西方世界与其他地区之间，而在（文字类型的）实义（pleremic）与虚义（cenemic）之间。只要一种文字属于虚义（cenemic，源于希腊词语 kenos，意为"空的"）文字——即该书写系统的字素是无意义的语音成分——那么国际奥委会所宣称的普适性就能成立，同时，雷明顿公司、安德伍德公司（Underwood）、好利获得公司、默根特勒公司、国际商业机器公司以及奥多比系统公司等等所创造的产品都将是普适的；而当一种文字属于实义（pleremic，源于希腊词语 plērēs，意为"满的"）文字——即该书写系统的字素是有意义的语言成分，例如中文——这种所谓的普适性就会崩溃，就像 2008 年 8 月 8 日北京奥运会开幕式时那样。因此，虽然这种霸权的起源无疑与现代帝国主义的历史相关，但它却呈现为另一种形式的二元对立：一边是形式多样、为数众多的虚义文字，一边是形单影只，却覆盖广袤地域、跨越漫长历史的实义文字——中文。

生存还是毁灭，不是这个问题

在过去的500年里，中国经历了翻天覆地的变化。在上一个千年的中叶，明朝时的中国是世界经济的引擎之一，也是世界上最大的人口中心之一，其文化、文学和艺术生产更是无与伦比。在之后的几个世纪里，来自北方草原的少数民族入主中原。随着横跨欧亚的军事活动覆盖到今天的蒙古、新疆以及其他地区，帝国的疆域扩展了一倍。18世纪，中国的经济和人口取得了前所未有的增长，而生态与人口危机的出现引发了人类历史上规模最大、破坏性最强的内战。此外，西方列强的殖民主义入侵导致了全球权力结构的重组，在中国延续了2000多年的封建制度宣告瓦解。之后，中国又经历了广泛的政治与社会变革，进入一个动荡的时期。

特别是在充满焦虑情绪的19和20世纪，中国各政治派别的改革者对中华文明进行了彻底的、批判性的重新审视，以期找到中国困境的根源，找出中华文化中有待变革的部分，从而确保中国平稳过渡到新的全球秩序之中。受到批判的对象有很多，包括儒家思想、政府体制以及父权制的家庭单元，等等。

当时有一群规模较小但积极发声的现代主义者，他们的某些极为猛烈的批判瞄准了中文。陈独秀（1879—1942），中国共产党创始人之一，他以呼吁进行“文学革命”著称，号召推倒“雕琢的、阿谀的贵族文学”，提倡建设“平易的、抒情的国民文学”。[14] 语言学家钱玄同（1887—1939）写道：“欲废孔学，不可不先废汉文。欲驱除一般人之幼稚的、野蛮的思想，尤不可不先废汉文。”[15] 著名作家鲁迅（1881—1936）也是反对汉字的一员。他认为：“汉字也是中国劳苦大众身上的一个结核，病菌都潜伏在里面，倘不首先除去它，结果只有自己死。”[16]“汉字不灭，中国必亡。”[17]在这些改革者看来，废除汉字是中国走向现代化的根本举措，可以将中国从浩渺而僵固的过去中解脱出来。

不过，废除以汉字为基础的中文也有极大的风险。中国浩如烟海的哲学、文学、诗歌和历史文献都是用汉字写成的，如果废除汉字，它们又将何去何从？除了在未来的金石学家和专家学者那里，这无法估量的遗产岂不是就此遗失了？此外，如果废除了汉字，这个国家显著的语言多样性又将变成什么样子？粤语、闽南话以及其他中文“方言”之间，就像葡萄牙语和法语那样，存在很大的差别。实际上，很多人认为，中国的政体、文明和文化的连贯性和持久性在很大程度上得益于统一文字。如果中国要走拼音文字的道路，那么一旦书面化，汉语在口语上的巨大差异岂不更加难以逾越，进而可能引发政治上的分歧？废除以汉字为基础的中文是否会让这个国家随着语言的断层线而陷入分裂？中国是否将不再统一，成为一块像欧洲一样由多个国家组成的大陆？

如此说来，中文的现代性问题似乎是一个死结。汉字维系了中国的统一，也抑制了中国的进步。汉字使中国保持了与其历史的联系，同时也使中国远离了黑格尔式的历史发展进程。那么，中国到底该如何实现这一看似不可能的变革呢？

在21世纪的今天，鲁迅和陈独秀的文章仍然装点着无数有关中国近现代史的本科课程大纲（和相关学术写作），这对于20世纪初的人们来说是意想不到的。汉字并未消失，而中国也并未灭亡。显然，汉字不但仍与我们相伴，构成了中文信息技术世界的语言基底，其活力甚至超过了当时最狂热的汉字拥护者的想象：汉字在电子媒介广泛存在且增长惊人，读写能力普及，同时，随着外国人将汉语作为第二外语的学习兴趣不断上升，孔子学院和浸入式汉语早教课程也在世界各地推广开来，甚至有不少人出于对汉字的喜爱而将其文在身上。中文前所未有地成为一门世界文字。在 20 世纪的大部分时间里，大多数人都认为只有抛弃汉字，实现彻底的字母化，中文才能取得上述成就。然而事实并非如此，之前被认为不可能的事，如今已成为现实。这是怎么做到的？我们忽略了什么？

要回答这一问题并不容易。不过，显而易见的一点是，与“历史是由胜利者书写的”这一流行说法形成鲜明对比的是，在现代中国文字改革这件事上，它记载的是“失败者”的历史；这些失败者包括陈独秀、鲁迅和钱玄同等人，是他们引起了研究者的极大关注。我们醉心于这些积极发声的少数人所高举的轻巧的反传统大旗：用炽热、传播力极强、但本质上很天真的呼吁，号召人们废除汉字，用英文、法文、世界语或是某种罗马字母化的书写方案全面取代中文。同时，对于那些最终使得中国当代信息环境成为可能的人，我们几乎一无所知：他们也是一群反传统者，其热情不亚于前者，但其工作主要属于技术层面，面对着一系列棘手的挑战，但最终取得了空前成功，且意义重大。与那些著名的废除派人士不同，现代中文信息架构的建设者和使用者从未出现在课程大纲上，他们的著作甚至未被列入中国近现代史的史料汇编中。而且实际上，他们即使在自己的时代里也大都默默无闻——仅留下一些关于他们所做工作的残缺史料，只有极个别人获得了名望。

对这些语言改革者来说，中文语言之现代化问题绝不像鲁迅和陈独秀所言，是一种严格的二元对立：在现代，汉字应当生存还是毁灭？相反，他们看到的是一个更广博，更开放，因而也更复杂的问题：在现代，特别是现代信息时代下，汉字会变成什么样子，而“信息时代”本身会在这一进程中发生什么变化？不论“生存还是毁灭？”这一问句多么引人注意，它都绝不是中文语言之现代化的首要问题。真正的问题应当是：要生存，如何做？

当我们将目光从这些汉字废除派人士过分简化的反传统主义移开，一部全新的汉语历史便进入我们的视野。在儒家伦理和道家形而上学（有人将汉字斥为这些守旧思想的大容器，例如在陈独秀的废除论中，就将汉字说成是“腐毒思想之巢窟”[18]）之外，有一个固然不够吸睛但显然更具活力的中文世界：图书馆索引卡片、电话簿、字典、电码本、速记机、铅字盘、打字机等——作为书面文字的基础构件，这些机械书写、检索、复制、分类、编码和传输系统使处于上层的“中文经典”得以运作。我们身处一个铺设了中文之管道和电线的空间之中。

在 20 世纪初期，就在一些语言改革者批判儒家经典的同时，很多出版商和教育家对当时主流字典的平均检字用时诟病良多；图书馆学家感叹于翻查中文索引卡片的耗时之长；政府机构也苦于在庞大且不断增长的人口中检索姓名或人口信息的效率之低。“所有人都知道汉字的难识，难记，难写，”1925 年一位评论家写道，“但除了这三难之外，还有一个第四难，那就是难找。”[19] 而且，这些问题是诸如普及文字、简化汉字、推行白话文或其他一系列被视为“语言改革”的工作所无法解决的。如果这些问题被证明是无解的，或者说，如果最终无法设计出一台中文电报机、中文打字机或中文计算机，那么不论如何努力普及文字和推行白话文，也不足以实现其最终目标：让中国走进现代世界。

奇特的延续性

关于“要生存，如何做？”，人们对汉字进行了有限的探索。其中最著名的并非来自学术界，而是概念艺术领域。1988 年，艺术家徐冰推出了作品《天书》，一本由 4000 个“假字”构成的作品。虽然与汉字形貌相似，但没有人能够读懂，它们与现有汉字的音、义、形毫无关联。[20]

“音—义—形”三要素在中国有着非常古老的起源，它构成了汉字的三个基本维度，经由此，我们可以从结构、风格、音位和启发性等层面定义和理解汉字。对于古文字学家和书法家来说，三要素中最重要的部分是“形”，围绕字形衍生出汉字在不同历史时期的形态差异（例如公元前 1000 年到公元元年的篆书、秦汉时期的隶书）和不同的书法风格（例如行书、草书）。相较而言，对于诗人和文献学家来说，或许最重要的当数“音”，因为可以以其为本体论的根据推断汉字的古音，或是创作出韵律优美的诗词。对于新闻工作者和作家而言，“义”是其关注的核心，根据字义可以找到“最恰当的字”，甚至可以“为新概念创造新词”。[21] 当然，这些要素是相辅相成的：诗人在注重字音的同时也会关注“义”和“形”；而作家关心“义”的同时，也关心“音”。对于我们来说，重要的不是区分三者，而是认识到，从通常的意义上讲，这三要素似乎穷尽了人们对中文是什么以及可以成为什么的所有可能的理解。

然而，徐冰的《天书》推翻了这一认识。他完全脱离了“音—义—形”的维度，在他的假字与任何试图从字音、字义或字形的角度解读的人——不论是诗人、作家、书法家、文献学家，还是普通读者——之间挖出了一道深不见底的鸿沟。从根本上讲，它们完全不应该算“中文”了。不过，似乎有些不对劲。如果说《天书》是同“音—义—形”三要素完全断裂，而这三个要素又构成了中文之所以为中文的全部特质，那么我们为何还能肯定地将《天书》认作某种意义上的中文呢?

实际上，“音—义—形”三要素并没有穷尽汉字的全部意涵，虽然长期以来，我们关注到的汉字的面向都是从中衍生出来的，但这三维空间嵌套于更多的，基本上是不可见、不可闻且与意义无关的书写维度中。在本书中，我将把以上这些统称为“技术语言学”维度。

在开启我们关于技术语言领域的讨论之前，我想借鉴一下排版专家兼字体历史学家哈里·卡特（Harry Carter）的一个启发性观点。他曾经让昏昏欲睡的世界想起这样一个基本事实：

> 字模是一种可以拣起来抓在手里的东西。在书志学家等一班人眼里，字体是抽象物：是将其印记留在纸面上的一种无形的东西。为了方便，长期以来人们谈论的字态，指的既不是单个字模的表面，也不是编排起来的众多字模组成的表面，而是在字模表面涂墨然后在纸面上压印出来的记号。[22]

与《天书》这一作品本身相比，其创作过程同样引人注目，通过徐冰的讲述，我们可以更清楚地了解这些维度的含义。他说："我要求这些字最大限度地像汉字而又不是汉字。"为实现这一目标，徐冰首先对真正的汉字进行了细致入微的分析，以从中提炼出一些特质，融入他的假字当中。他最初想创造的假字数量（4000个，而不是数百个或数百万个）并不是随机设定的，而是参照了中文常用字的统计数目。徐冰解释道："我决定造四千多个假字，因为出现在日常读物上的字是四千左右，也就是说，谁掌握四千以上的字，就可以阅读，就是知识分子。""我要求这些字最大限度地像汉字而又不是汉字，这就必须在构字内在规律上符合汉字的规律。"为此，徐冰仔细研究了《康熙字典》，总结出汉字笔画的平均数，以及它们在笔画数从少到多的汉字中的分布情况，这些为他的创作过程提供了有用的信息。同时，在风格和美学上，徐冰并没有为他的《天书》设计"假"字体，而是沿用了最常规的中文字体之一——宋体，这种字体广泛用于中文的印刷材料，直到今天依然如此。他解释说："至于字体，我考虑用宋体。宋体也被称为'官体'，通常用于重要文件和严肃的事情，是最没有个人情绪指向的、最正派的字体。"[23] 徐冰甚至还将这种逼真度拓展到了分类学层面。他创立了自己的活字编排系统，从而在印刷过程中可以对这些假字进行检索——就像真正的排字工人一样。

因此，当把《天书》置于"音—义—形"的框架之下时，我们会感受到一种强烈的分裂和脱节。但如果我们从分类学、工具性、统计学和物质性等技术语言层面来看，就会发现《天书》截然不同的一面：它体现了延续性，或者更准确地说，它是一种探索，关于人可以将技术语言上的延续性推到多远，同时生产一种汉字，它违反了任何“音—义—形”三要素对汉字的经典定义。

我们的研究并不从“音—义—形”三要素的传统假想角度——按这个假想，文字“从金属［铅活字］中松脱出来”（再次引用卡特的话）——考察汉字的历史，而是聚焦于使“音—义—形”三要素得以可能的技术语言层面。[24] 我们将爬进这座中文之建筑的人孔、槽隙和通风孔，探究所有这些复杂而迷人的，使汉字具有意义的无意义内容。

具体而言，当把目光聚焦于技术语言学时，我们能够发现什么？根据卡特的观点，如果我们不让字形从金属中松脱出来，情况又会怎样？我们首先会发现自身准备得还不够充分。中国的学者们往往训练有素，非常善于从“音—义—形”的角度来挖掘文字的内涵，探查当中的微末转换。实际上，只要一提到“中国文字改革”，历史学家的思路就会本能地转向熟悉的主题：从其他语言派生而来的大量新词；20 世纪初发起的白话文运动以及要求中文更适应于口语的呼声；中文在不同领域内（例如古生物学、美学、法学、宪政改革、民族学、女权主义等）日益呈现出专门化和专业化的发展趋势；在彼此不通的众多方言中打造出一个“国语”的努力，等等。其他常见的研究对象还包括为普及文字而提出的中文罗马化和简化汉字的主张。

如果说中国的学者们习惯于批判地思考上述变革，那么对于技术语言学领域之变革的研究，我们的准备还远远不够。中文电话簿在编排上的变化，西式标点在中文文本中的运用，中文文本的书写方向由竖排到横排的调整，运用数字编码法实现汉字的电信号传输，通过对字符频率的统计学分析为计算机从内存中检索汉字提供优化参数等——简言之，使中文系统得以“运作”的毫不起眼却体量庞大的信息架构——似乎都构成了这门语言的历史中的一种“非破坏性”的编纂。变化肯定是有的，但不论从结构、音值还是语义上看，这些变化都不造成对汉字的任何实质性改变。中文文本的书写和阅读方向由之前的“从上到下”改成“从左到右”，这有何妨？在其中添加西式标点、索引、页码或条形码等内容，又有何妨？一度仅见于纸面的中文文本如今出现在 PDF 等专有的数字格式中，又有何妨？只要汉字的结构、音值和语义保持不变，那么汉字岂不也维持了原貌——伴随着绵延了 5000 多年的世界上“最古老的连续文明”？[25]

然而事实并非如此。技术语言领域并不独立于“音—义—形”三要素之外；实际上，发生在该领域的历史变革，特别是那些使其陷入危机的变革，可以说比在音、义、形层面的变革更为关键。举例而言，如果我们从技术语言角度看待同被中国历史学家视为“中国文字改革”的三个主题——简化汉字、推广白话文和普及文字，将会如何？诚然，从认知主义和社会文化的角度看，它们构成了语言改革的核心，解决语言危机的问题似乎就是围绕这三项举措展开的。然而，当我们将目光转向那些对语言改革同样充满热情，其目标包括创立中文电码、中文打字机、中文盲文、中文速记法、中文信息处理技术、中文光学字符识别技术、中文计算机、中文点阵式印刷技术等事物的历史人物时，情况又如何呢？对于这些改革者来说，我们通常提到的那些语言改革议题实际上使得中文的现代性问题更加难以解决，或者至少对他们所追求的事业无甚推动。

简化汉字便是如此。虽然将一个汉字从16画简化成5画（比如将“龍”简化为“龙”）对于文字普及和语言教学工作来说无疑是有帮助的，但与“传统”字形相比，简化后的汉字并不会使中文的电信号传输、活版印刷或利用中文打字机打字变得更简单。从这个意义上讲，这种“简化”并没有起到任何简化作用。

同样地，白话文实际上也明显让情况变得更糟了。同一个信息，用白话文表达，必然会比用文学语言或文言文更长，因此20世纪初的白话文运动实际上加大了中文在传输、机械书写和检索上所面临的挑战。以白话文的形式发送就意味着文段会变得更长，这反而加剧了那个根本问题，即首先要找到合适的方法来传输、键入、保存或检索一个（及任何）汉字。

最反常识的是，作为语言改革重头戏的文字普及工作，其实也在最大程度上使中文信息技术的问题变得更棘手了。由于不能再局限于某些旧有的文化主体（例如古代文人和科举考生），现代中文信息架构的开发者不仅要建立起新的、充满挑战的技术语言系统，还要在这一过程中理解和归纳这个新系统的数百万新用户的特征，而他们的面貌往往是模糊的、不完整的和处于变动中的。他们的受教育程度和受教育形式如何？讲什么方言？有怎样的职业背景和教育背景？是男人还是女人，男孩还是女孩？适用怎样的技术环境？这些问题会影响正在建立的新系统，但在当时，没有人能得到一个可靠的答案。

那么到底谁才有权做出相关决策？随着民众的身份逐渐从清朝的臣民向中华民国开化（且多闻）的公民转换，中国知识分子和政治精英们自身也在经历着一段曲折的转变。在19世纪末20世纪初，特别是 1905 年科举制的废除，使国家和守旧的知识分子对中文的控制权不断瓦解，这引起了人们的焦虑：新的语言机制何时产生？如何产生？会是何种形式？谁又将居于这一新的机制的顶峰？与此同时，文化企业家阶层的兴起加剧了这一时期的不确定性，他们急于抢占国家政权瓦解后留下的真空地带，希望能够建立私有的、盈利的文化企业。正当人们对现代信息管理问题的关注到达白热化之时，国家控制力的丧失和“文化产业”的兴起，使得这一时期更加躁动和不安。[26]

总之，通过聚焦于技术语言层面，我们开始认识到这种延续性是何等奇特——这也让我们回到徐冰和他的《天书》。它的奇特在于，尽管人们对于延续性不乏常识性的理解，它也绝不等同于保守主义。延续某种事物（这里是指延续基于汉字的中文书写）可以是前卫的、反传统的、激进的，甚至破坏性的。我们习惯于用“破坏”一词来描述各种创造性活动，但很少能够静下心来思考居于延续行为核心的破坏。此外，延续性和非延续性并不是两个对立的概念，正如我们在徐冰和他的《天书》中看到的那样。问题不在于延续与否，而在于延续什么，以及为了延续它需要接受哪些非延续性。如果说参与这一历史进程的各界人士都有一个共同的世界观，那么这段历史可以借 20 世纪著名小说《豹》（*Il Gattopardo*）中的一句名言概括，那便是作者朱塞佩·托马西·迪·兰佩杜萨（Giuseppe Tomasi di Lampedusa）借主人公的外甥——西西里一个贵族家庭的年轻王公坦克雷迪·法尔科内里（Tancredi Falconeri）之口说出的。相关情节发生于意大利文艺复兴运动如火如荼之时，面对纷乱的社会状况和意大利统一运动的冲击，他深刻思考了如何在其中保全自己家族的地位：

想要一切保持不变，就必须改变一切。

虽然作者兰佩杜萨并非处于世纪之交的中国文字改革者，但这句话完美地概括了在我们这部历史中激励众多人士奋进的信念和动力。和坦克雷迪一样，他们也相信：想要一切保持不变，就必须改变一切。当然，这里重复出现的关键词——“一切”（tutto），前后所指并不相同。第一个“一切”（即我们希望保持不变的东西）指的是前文讨论的“音—义—形”三要素，也就是文字呈现在表面的部分，通过它，大量的中文语言资料得以机械书写、识读、鉴赏，等等。这也是那些天真的废除派想要摒弃的部分，按照他们不切实际的方案，这部分需要用世界语、法语或其他字母方案取而代之。而第二个“一切”指的是另外一些全然不同的东西，通过将其整体转换，“音—义—形”三要素就能够得到保留。这个“一切”指的就是我们所说的技术语言学的部分：它作为语言的基础建构，以其适度的广大使语言得以开始运作。如果第二个“一切”（也就是实现对汉字的分类、检索、传输、物化、本体化，甚至概念化的方式）可以被剥离、分解和重构，那么中文就可以继续生存，甚至可以在当前字母霸权的时代下蓬勃发展。

鸿沟中的现场记录

本书将聚焦19和20世纪中文技术语言创新方面极重要也极具说服力的领域之一：中文打字机。中文打字机不但是现代信息技术史上最重要却被误解最深的发明之一，它（不论是作为实体还是隐喻）还是一面无比清晰的历史透镜，我们可以通过它来审视技术的社会建构、社会的技术建构，以及中文与全球现代性之间充满矛盾的关系。

如果我们能在中文打字机的故事，以及更广泛的现代中文信息技术的故事中，加入大量成功和胜利的情节，那么在讲述它时就会显得更为轻松愉快。如果西文打字机真如一位历史学家所赞美的那样，是一个"革命性的创造"，"在极大地提高书面文件产出速度的同时，大大降低了其成本"[27]，那么我们希望也能这样讲述中文打字机，把它作为与更知名的西文打字机平分秋色却未获认可的同行推出。或许也可以采用另一种叙述策略，即遵从由时兴的"物品史"（object histories）所开辟的道路，将其完全视为一种家庭手工业，按照布鲁斯·罗宾斯（Bruce Robbins）的说法，"制造者会将特定的商品吹得神乎其神"[28]。如果说郁金香、鳕鱼、甘蔗和咖啡都改变了世界，那么我们或许有理由说，中文打字机也改变了世界。

然而，读者们将要看到的并不是这样一则胜利故事。虽然我们也尽可以将本书中的某些历史人物比作"中国的查尔斯·巴比奇（Charles Babbage）"、"中国的格雷丝·霍珀（Grace Hopper）"或是"中国的史蒂夫·乔布斯"，这也充其量是一种回避重点的说辞。虽然中文打字机确实成功进入了各大中国企业，以及大城市和地方政府部门，但它没有改变现代中国企业和中国政府部门的运行方式。中文打字机的历史根本就算不上“冲击”，不论是从正面的还是负面影响来说。

由此，一个合理的批评是：中国真的需要打字机吗？如果不需要，我们为何还要书写它的历史？就像世界上某些地区“跨越”了固定电话时代，直接进入手机时代一样，我们说中国“跳过”了打字机时代，直接进入了计算机时代，岂不是更加准确？[29]

从某个方面来看，答案是肯定的。我们只是想要一种技术工具——但不先入为主地将其归入“打字机”一类，一种可以改写现代商务通信和信息存储之历史的工具，一种令文秘工作女性化的重要工具，一种超出了商业设备的角色，而能对主流文化产生重要影响的文化符号——从这个角度看，我们所要探讨的中文打字机就与“打字机”相去甚远了。如果我们直截了当地承认汉字不适应打字机技术，在字母文字和非字母文字之间存在着一道所谓的“技术鸿沟”，岂不是一了百了？[30]

但从另一个更为重要的方面来看，答案又是否定的。不论从规模上还是从中心地位上讲，中文打字技术可能都不及其他文字的打字机技术，然而中国确乎比字母文字世界更深入地经历和参与了打字机时代（乃至电报时代和计算机时代）。早在 19 世纪 70 年代，这项新奇的文字技术就为中国人所知，并备受称赞。中国海关官员李圭在一本游记中记述了 1876 年费城美国独立百年博览会，其中就提到了这样一件“巧妙的”设备：

> **置方几上，高仅尺许，宽约八寸，以铁为之。中有机括**

嵌墨汁，设铁板，下列洋文字母二十六，若棋子然。以一女工司之［即打字机］。将纸置铁板上，再如西国鼓琴法，印某字以手按某字母，内则推上一字印之，联接而成句，颇极灵捷。办公处各置一具，用处颇多，价仅百数十元。惜不能印华文。[31]

通过李圭在文章结尾的感叹可以看出，人们希望创造一台中文打字机，但这并非易事。为了将一种非字母文字引入一个基于字母文字的技术领域，工程师、语言学家、企业家和日常使用者们只能将文字和技术置于一个共同的批判性空间之中，提出在今人看来犹如禅宗公案般无解的，但在当时来说却非常现实的问题：没有字母的莫尔斯电码是怎样的？没有按键的打字机是怎样的？键入非输出的计算机是怎样的？中文打字机既不是新式的矿井钻机，也不是新式火炮，更不像现代时期从外国引进的任何技术——因为那些技术虽然承载了来自外国的无形的文化、政治经济特征和世界观，但当它们被运抵中国后，至少还是可以直接"启用"的。作为一种根植于语言且以语言为中介的技术类型，中文的电报、打字机和计算机问题超出了有关"技术转化"和"技术扩散"的传统叙事，这种叙事长期以来都主导着我们关于如何将西方的工业、军事及其他设备和操作方式传播到非西方地区的理解。[32]相对而言，打字、电报、速记法和计算机等技术语言学系统实现这一过程的条件要更加苛刻，因为这些系统都是直接在字母文字的基础上构思和发明出来的，所以中文打字机或中文电码即便想发挥最基础的功能，都需要相关发明者、制造者和操作者将中文和这些技术本身进行前所未有的分析和重构——不仅是对中文，也要对打字机、电报机、计算机等技术进行仔细审视。也就是说，想要让汉字的一切保持不变，就必须改变关于汉字，以及现代信息技术的一切。

显然，有些东西确实发生了改变——根本性的改变。在当今世界，中国不仅是全球最大的IT市场，还是电子化书写时代发展最迅猛、最成功的文字的发源地，尽管这种语言是一种非字母文字。即使我们承认自19世纪以来在字母世界和非字母世界之间确实存在着一道“技术鸿沟”，那么也可以说，在鸿沟之中发生了一些我们从未关注到的事情。实际上，如果说本书有一个基本主张，那就是我们必须冒险潜入这一技术鸿沟，去重现那些在其中形成的、不为世人所知却极为重要的东西——那是我们无法用传统的、歌功颂德式的、关注“冲击力”的技术史来描述的。不过，在开始这次考察前，我们需要摆脱汉字废除派的轻巧的反传统主义，同时放弃任何关于“所有技术史都是胜利史”的幻想。我们的这个故事将由一系列短命的实验、原型和失败构成，即使是里面最成功的发明，也没过多久便湮没无闻。没错，很多中文电报码、汉字检索系统和中文打字机，只是对汉字如何在字母霸权时代可能生存下去并发挥作用的猜想和狂想。不过，与直觉相反，正是在这些不成熟的推想、短暂的成功和彻底的失败中，我们能最清楚地看到中国所遭遇的技术语言现代性问题的强度，而且正是在这一进程中，现代中文语言信息基础架构的物质和符号基础才得以缓慢地、潜移默化地奠定。因此，现代中文信息技术史的重要性和现实性并不在于其所产生的即时影响力的大小，而在于这种遭遇的强度和持久度。

我们能否听到中文打字机说了什么？

当我们站在鸿沟的边缘，为这次考察做最后的安排和准备时，有个问题仍然困扰着我们：假如我们最终与鸿沟中的大量物品（例如各种奇异的编码和设想出的机器）相遇，我们是否有能力正视它们，而不是将其简单视为对世界上其他地方的对应“本体”的拙劣模仿？比如，当我们知道20世纪30年代一个普通中文打字员一分钟所能打出汉字的数量时，我们是否会不由自主地将其与当时利用雷明顿打字机和安德伍德打字机所能达到的速度相比较？当我们看到中文打字机的机身时，我们的美学意识是否会不自觉地将其同好利获得公司发明的外形优美、赏心悦目的莱泰拉22型打字机（Lettera 22）相提并论？当我们首次听到中文打字机的声音时，我们能否抛开头脑中由QWERTY键盘“嗒嗒嗒”（rat-a-tat）的节奏构成的现代韵律，不抱成见地去倾听？问题不在于**中文打字机能否说话**，而在于**当它说话时**，**我们能否听到**。

1950年，美国现代主义作曲家勒罗伊·安德森（Leroy Anderson）创作了一首名为《打字机》（*The Typewriter*）的乐曲，在这首欢快的乐曲中，他将这种西方商业设备变成了乐器。演奏时，独奏者（很可能是交响乐团的打击乐手）坐在舞台的最前端，身后是管弦乐队，面前摆着一台机械式打字机。这位打字员兼打击乐手演奏出一串密集而连贯的三十二分音符，嵌套于伴奏音乐中，中间点缀以巧妙的休止符，同时为了达到强烈的喜剧效果，以打字机铃铛的声音表示这一行字快要打完了。这首乐曲以“活泼的快板”演绎，每分钟160拍的超快节奏让人不禁联想到里姆斯基－

科萨科夫（Rimsky-Korsakoff）的《野蜂飞舞》(*The Flight of the Bumblebee*)。虽然《打字机》的知名度不如作者的另一作品《切分音时钟》(*Syncopated Clock*)，但还是进入了公众的视野，成为文化剧目中虽不常出现但颇受欢迎的一首乐曲（最近由维也纳施特劳斯节日乐团［Strauss Festival Orchestra Vienna］在德国的路德维希港和墨尔本艺穗节上演出过)。不过，对打字机最有力的一次宣传来自交响乐界之外：在 1963 年的电影《乘龙快婿》(*Who's Minding the Store?*）中，喜剧演员杰瑞·刘易斯（Jerry Lewis）滑稽地模仿了使用打字机的动作。

安德森的《打字机》很有启示意义，它让我们从更广的维度认识到字母文字打字机如何作为 20 世纪现代性的一个标志。打字机是作为一种书写机器和商业设备发明出来的，但它又兼职出演了大众现代性的可听性之一：这个由十六分音符和三十二分音符构成的声音景观已经伴随我们超过一个世纪，并且在当今电子计算机时代下，继续作为这个世界一个理所当然的部分，萦绕在我们耳畔。此外，这一声音景观的形成也由来已久。在 1928 年，也就是在安德森创作《打字机》20 多年前，就有人试着描述王牌武器汤普森机关枪（Thompson machine gun）那可怖的声音。有人根据它的发明者的名字，将其称为“汤米枪”(Tommy Gun)，也有人给它起了“芝加哥打字机”(Chicago Typewriter）的绰号，因为枪械发射子弹的声音与打字机那“嗒嗒嗒”的声音如出一辙。这一绰号不经意间构成了一个历史的循环，当第一种批量化生产的打字机从美国内战时期武器制造商雷明顿公司组装下线时，弗里德里希·基特勒（Friedrich Kittler）不无感慨地将这种打字机比作“说话的机关枪”（discursive machine gun）。到了 20 世纪 30 年代，人们不再用机关枪给打字机起绰号，而开始用打字机给机关枪起绰号了。[33]

可听性只是打字机意象的一个层面。在影视发展史上，打字机也很早就从单纯的布景物件晋升为无偿演员了。在《女友礼拜五》（*His Girl Friday*, 1940）、《四百击》（*The 400 Blows*, 1959）、《闪灵》（*The Shining*, 1980）、《总统班底》（*All the President's Men*, 1976）、《血网边缘》（*Jagged Edge*, 1985）、《巴顿·芬克》（*Barton Fink*, 1991）、《裸体午餐》（*Naked Lunch*, 1991）、《危情十日》（*Misery*, 1990）、《辛德勒的名单》（*Schindler's List*, 1993）、《窃听风暴》（*The Lives of Others*, 2006）等电影中，打字机已成为叙事的媒介，有时甚至构成整个场景和故事的核心支点。对打字机最大胆的呈现当数《孟买之音》（*Bombay Talkie*, 1970），其中有一个镜头是几位演员在一个巨大的打字机上舞蹈，构成了电影音乐剧的高潮部分。在其中，打字机被称为“命运机器”（fate machine），电影解释了这一夸张的绰号，因为“打字机的按键代表生活的按键，我们在按键上舞蹈。当我们舞蹈时不断踩下按键，便写出了我们的人生故事”。电影中著名的宝莱坞曲目《打字机哒哒哒》（*Typewriter Tip Tip Tip*）也通过拟声法唤起人们同样的感情：

> 打字机哒哒哒
> 书写着每个人的人生。[34]

不过我们在本书中所要见到的中文打字机听起来既不像安德森的艺术演绎，也不是“哒哒哒”的声音，也没有影响任何著名的中文作家——没有哪本中文的咖啡桌读物会将鲁迅、张爱玲或茅盾描绘成像颓废的詹姆斯·迪恩（James Dean）那样，嘴里叼着烟，谈论着他们如何喜爱中文打字机。同样，（目前）也没有以中文打字机为专题的博物馆，即使有，也远远达不到全球收藏者和怀旧者对字母文字打字机的收藏规模。在不止一个方面，中文打字机给我们的印象都不太像一个打字机。

当我们准备研究和认识这一机器，乃至更广阔的现代中文信息技术史时，我们要不断地问自己：我们有这个能力吗？再次回到关于声音的隐喻上：如果一提到中文打字机的声音我们就联想起安德森的乐谱、汤米枪和宝莱坞的“哒哒哒”，那我们还能听到它说了什么吗？这是本书在方法论上面对的主要挑战。

根据读者的不同立场，本书给出的答案可能要么乐观得天真，要么悲观得过分。我的确相信能够书写一部中文打字机的历史，并触及更广阔的中文技术语言现代性的历史，但前提是必须抛开一切听到它“本身”的声音的幻想。从来不存在这样的听觉空间——一个独立的、不受干扰的录音棚等待历史学家去重建。而一旦我们能重新发现中文打字机，它就将借此得到正名，恢复自己应有的地位。中文打字机的可听性曾经是，而且一直都是一个妥协的频域，它始终与西方“真正的”打字机存在着千丝万缕的联系，甚至完全被裹挟其中，但又与其全球声音景观区别开来。在倾听中文打字机时，我们无法奢求将自己隔绝于一间和平宁静的隔音室中，通过高保真的音响来仔细分辨它的声音质感。相反，我们更像是身处一个嘈杂的咖啡馆，乐声此起彼伏，我们在其中努力分辨它那微弱的声音。现实中根本就不存在一部“以中国为中心的”中文打字机史——或者中文现代性史。[35]

从方法论上讲，我在本书中的态度可以被表述为“抗争性的”（agonistic）：我们的最终目的并不是写出一部单一的、和谐的、无争议的、盖棺论定的中文打字机历史，而是希望为不和谐、矛盾甚至不可能性留出足够的空间，甚至将其视为富有成效的、积极的，更贴近人类历史实际形成的方式。因此我认为，如果要听到中文打字机说了什么，我们就必须对自己长期以来关于技术语言学现代性的种种预设进行审视和解构（目前这项工作对历史学家来说已经习以为常了），同时放弃只要有了批判性反思就可以使我们摆脱这些预设的念头。在过去的 10 年里，不论我如何专心地倾听中文打字机，不论我如何努力地避免将萦绕脑际的、由雷明顿打字机和 QWERTY 键盘发出的音律视为自然，我始终无法听到纯粹的中文打字机的声音。

当然，中文打字机会发出声音。甚至也有与《孟买之音》的“哒哒哒”相对应的拟声词，但找起来并不容易，在流行文化里也没有前者那么广为人知。对于中文打字机声音的相关描述，我是从尘封的档案当中找到的（来自那些真正使用和接触过的人），我发现，中文打字机所发出的这种特殊的节律和音调，有点类似于马蹄声般的“嘎哒嘎哒嘎哒”（gada gada gada）声。其中，“嘎”形容的是打字机的一系列初始动作的声音，即按下撳手杆，金属活字便被输送到卡字杆，撞击滚筒；“哒”形容的是第二个动作的声音，即卡字杆回归原位，金属活字被送回字盘阵列的原位。

不过，声音和可听性是两回事。即使当我亲耳听到中文打字机“嘎哒嘎哒”的节奏，在我头脑中回响的还是由安德森的打字机所构成的背景音。虽然这种“嘎哒嘎哒”的声音有它自己的节奏，但就速度而言，我的头脑仍然会忍不住认为它是由“真正的”打字机发出的一段时长30秒的“哒哒哒”当中的一个半音或全音。

在这一研究过程中，我逐渐意识到，安德森式的乐曲并不是本书中的历史人物或我本人可以“提出看法”或“产生感受”的东西——这是因为人和物之间存在着某种至关重要的距离。更准确地说，我们关于现代技术语言学的全部认识就是雷明顿打字机，因此始终都只能在雷明顿的范围之内谈论中文打字机。如此，为了使讨论更具批判性和有效，我们就必须解决前面提到的抗争主义问题，为此，我们要从一个基本认识出发：对于我们头脑中种种预设和分类的解构，就其本身而言，并不能使我们摆脱这些预设和分类。将某事物解构，或将其历史化，都只能暂时破坏其稳定性，相当于打开微小的、暂存的时间之窗，在这时间之窗里，可能会发生一些事情——任何事情，但如果有一些先入为主的观念乘机蛰伏进来，上述情况就不会发生了。而解构并不可能持久，它只能为一种集体的、有时令人疲惫的努力贡献一次微小的脉动，这种努力旨在令固有观念或构型再多“停留”一刻。在解构中，我们尽力将这些观念拉回，以防止其滑入悬崖之下——悬崖一边是批判性思维的领域，一边是固有观念的蛮荒之地。虽然听起来有些悲观，但我认为，这一不屈的斗争性体现了批判性思维最重要的意义，而且也是我所能给出的最率直的答案之一，特别是在当前——当人文思想被置于审讯之下，被质疑其在当前这个技术至上、反智主义盛行的年代里存在的合理性。此外，我也认为，若是逃避或放弃这种抗争过程，那么历史主义和解构主义的唯一的、真正的力量将会遭到极大削弱。因为有些学者证明了某事物的被建构性，并以各种方式假装已经超越了被解构之物或已取消其真实性；有些学者宣称自己的研究方法是去中心化的，并以各种方式假装已经将这一中心从我们的地图上抹去；有些学者通过把“主流叙述”泛化或复数化（例如将“现代性”[modernity]说成是“各种现代性”[modernities]，将“启蒙思想”[enlightenment]说成是“各种启蒙思想”[enlightenments]）的方式来掩盖“主流叙事”，并认为其做法丝毫没有在变相地强化主流叙事……他们这么做就相当于从认知斗争的战场上完全撤退，放弃立场，陷战友于“独木难支”的更危难的局势之中。在理解中文打字机和中文信息技术的历史的过程中，我们必须同我们的“雷明顿自我”保持批判性的关系，同时，还需要时时提醒自己，单靠批判性的自我意识是不足以让我们摆脱这个启发式的、经验主义的思维框架的。我们不是雷明顿打字机，但我们的头脑是。

关于史料来源

本书的研究基于 10 年来收集整理的各种史料，包括口述历史、实物资料、家族史和档案资料，来自近 20 个国家的 50 多所档案馆、博物馆、私人收藏和特色馆藏。这些资料以其全球性和多样性，值得我们从至少两个方面关注。首先，它体现了我们在编写现代中文信息技术史时所面临的挑战和不平等，特别是要建构相关的历史，就必须先建立起相关的档案。关于西方信息时代的历史，有无数的博物馆和档案藏品，而关于中国的，或者从更广泛意义上讲，关于非西方世界的信息时代的历史，情况却完全不同。因此，我只得从头开始建立一套档案，我探访了中国、日本、美国、意大利、德国、法国、丹麦、瑞典、瑞士、英国等地，通过五花八门的、散布于不同国家的、差不多被忽略掉的只言片语来拼凑现代中文信息架构的历史，而它们构成了一个庞大、复杂、协调的技术语言系统，这一系统如今正通过各种方式，包括索引、列表、目录、字典、盲文、电报、速记法、排版、打字和电子计算机技术等方式，支配着这个以汉字为基础的信息环境。

第二，这一档案的规模和多样性反映出了现代中文信息架构的历史在本质上具有跨国性的特点。虽然我们讨论的是“中文打字机”（Chinese typewriter），但这里的“Chinese”不能被理解成对书中主要人物的国籍、母语或种族上的定义。书中出现的人物无法简单分类，他们来自世界各地，形形色色又与众不同，但都在设法解决中文书写的现代性难题。因此，在讲述中文打字机的历史时，我们不但要提到中国的上海、北京、通州等地区，还会涉及曼谷、开罗、纽约、东京、巴黎、波斯科诺、费城和硅谷。由此可见，在书写中文打字机的历史时，我们必然要从信息时代的全球史开始。

实际上，为了探索中文技术语言现代性，我们首先要前往旧金山，在那里，我们将研究一件中文打字机的发明，它享誉全球，改变了人们对现代中文信息技术的主流认识——尽管这台特殊的中文打字机从未真实存在过。

注 释

1 出于攀比的心理，2010 年温哥华奥运会的火炬传递里程再次刷新纪录。见 Yvonne Zacharias, "Longest Olympic Torch Relay Ends in Vancouver," *Vancouver Sun* (February 12, 2010); Thomas K. Grose, "London Admits It Can't Top Lavish Beijing Olympics When It Hosts 2012 Games," *U. S. News* (August 22, 2008)。

2 这一数额是 2004 年雅典奥运会的 10 倍。

3 Eric A. Havelock, *Origins of Western Literacy* (Toronto: Ontario Institute for Studies in Education, 1976), 28, 44.

4 Walter J. Ong, *Orality and Literacy* (New York: Routledge, 2002 [1982]), 89.

5 Leonard Shlain, *The Alphabet Versus the Goddess: The Conflict between Word and Image* (New York: Penguin, 1999).

6 奥运会入场式的历史可追溯至 1906 年，但我尚未找到 1921 年之前的任何相关书面规定。如今，1906 年的那场奥运会不再被视为正式的奥运会，而是"届间"运动会。

7 原文为："Chaque contingent en tenue de sport doit être précédé, par une enseigne portant le nom du pays correspondant et accompagné de son drapeau national (les pays figurent par ordre alphabétique)"。见"Cérémonie d'ouverture des jeux olympiques" in "Règlements et Protocole de la Célébration des Olympiades Modernes et des Jeux Olympiques Quadriennaux," 1921, 10。

8 "Les nations défilent dans l'ordre alphabétique de la langue du pays qui organise les Jeux" (rule 33, "Ceremonie d'ouverture des Jeux Olympiques," CIO, Régles Olympiques [Lausanne: Comité International Olympique, 1949]), 14. "Les délégations défilent dans l'ordre alphabétique de la langue du pays hôte, sauf celle de la Grèce, qui ouvre la marche, et celle du pays hôte qui la clôt" (rule 69, "Cérémonies d'ouverture et de clôture," Charte Olympique [1991], n.p.).

9 在 1972 年德国主办的奥运会上，跟在希腊代表队后面出场的是埃及（德文 Ägypten）和埃塞俄比亚（德文 Äthiopien），这种排序对于拉丁字母世界的人们来说是相当熟悉的。而在 1980 年的莫斯科奥运会上，西里尔字母引起了新的风波，按照这种顺序，希腊后面跟着的依次是澳大利亚（Australia）和阿富汗（Afghanistan），人们不免感到奇怪，为什么"Au"跑到了"Af"之前？很简单，这是因为俄文字母表的第三个字母是"в"（澳大利亚的俄文为"Австралия"），第二十二个字母是"ф"（阿富汗的俄文为"Афганистан"）。

10 关于中国的民族多样性以及中国政府在塑造当代人对于该话题的理解上的作用，见 Thomas S. Mullaney, *Coming to Terms with the Nation: Ethnic Classification in Modern China* (Berkeley: University of California Press, 2010)。

11 "Did NBC Alter the Olympics Opening Ceremony?" *Slashdot* (August 9, 2008), http://

news.slashdot.org/story/08/08/09/2231231/did-nbc-alter-the-olympicsopening-ceremony（2012 年 3 月 1 日访问）。

12 假如中国的组织方选择使用拼音作为出场顺序的依据，那么开幕式当晚的出场情景将会截然不同。在希腊国家队后面，帆船帆板运动员基娅拉·皮洛（Ciara Peelo）将有幸率领爱尔兰国家队率先出场，而不用一直等到近乎天荒地老的第 159 位。而埃及和埃塞俄比亚的代表队也可以紧随爱尔兰出场，而不用一直排到第 146 和第 147 位。不过，出场顺序的备选方案远非拼音一种，正如我们将在本书后面看到的，中文汉字还有几十种可资使用的编排方案。

13 周厚坤、陈霆锐 :《新发明中国字之打字机》,《中华学生界》第 1 卷第 9 期（1915），第 6 页。

14 陈独秀 :《文学革命论》,《新青年》第 2 卷第 6 号（1917）。

15 钱玄同 :《中国今后之文字问题》,《新青年》第 4 卷第 4 号（1918），第 70—77 页。

16 鲁迅 :《关于新文学——答问》,《鲁迅全集》第六卷，北京 : 人民文学出版社，1981，第 160 页。

17 芬君 :《前进思想家——鲁迅访问记》,《救亡情报》1936 年 5 月 30 日。

18 钱玄同引陈独秀语。见《中国今后之文字问题》,《新青年》第 4 卷第 6 期（1918），第 76 页。

19 查修 :《编制中文书籍目录的几个方法》,《东方杂志》第 20 卷第 23 期（1923），第 86—103 页。

20 Simon Leung, Janet A. Kaplan, Wenda Gu, Xu Bing, and Jonathan Hay. "Pseudo-Languages: A Conversation with Wenda Gu, Xu Bing, and Jonathan Hay," *Art Journal* 58, no. 3 (Autumn 1999): 86-99.

21 Michael Lackner, Iwo Amelung, and Joachim Kurtz, eds., *New Terms for New Ideas: Western Knowledge and Lexical Change in Late Imperial China* (Leiden: Brill, 2001).

22 Harry Carter, *A View of Early Typography up to About 1600* (Oxford: Oxford University Press, 2002 [1969]), 5. 哈里·卡特（1901—1982）是一位排版师和字体历史学家，毕业于牛津大学法律系，在莫诺铸排机公司的绘图室工作，并在牛津大学出版社担任档案员。

23 徐冰 :《从天书到地书》。2013 年 5 月 15 日由徐冰通过电子邮件提供给作者。本段中引文即这本书中与我们对技术语言学的讨论最明显相关的段落。

24 Carter, *A View of Early Typography*, 5. 在研究中国的技术语言现代性问题时，我从伯纳德·西格特（Bernard Siegert）、德尔菲娜·加尔代（Delphine Gardey）、马库斯·克拉耶夫斯基（Markus Krajewski）、本·卡夫卡（Ben Kafka）、井上三彦、玛拉·米尔斯、马修·赫尔（Matthew Hull）等人的学术研究中得到启发，如卡夫卡所言，他们致力于"将官僚科室拉回到官僚体制之下"（to put the bureau back in bureaucracy）。正如赫尔提醒我们的那样，公文"不只是官僚机构的文书，更是由官僚的规则、意识形态、知识、实践、主体、对象、产出构成的，甚至还包括这些机构本身"。同时，卡夫卡认为，即使在极端的历史经验下（如在纳粹控制下的欧洲），也正是像编制索引这样的琐碎甚至乏味的过程，"使得汉娜·阿伦特所说的'平庸'之恶成为可能"。见 Ben Kafka, "The State of the Discipline," *Book History* 12 (2009): 340-353, 341 ; Delphine Gardey,

"Mécaniser l'écriture et photographier la parole: Utopies, monde du bureau et histoires de genre et de techniques," Annales: Histoire, *Sciences Sociales* 3, no. 54 (May–June 1999): 587–614 ; Ben Kafka, *The Demon of Writing: Powers and Failures of Paperwork* (Cambridge, MA: MIT Press, 2012); Markus Krajewski, *Paper Machines: About Cards & Catalogs, 1548–1929* (Cambridge, MA: MIT Press, 2011) ; Matthew S. Hull, "Documents and Bureaucracy," *Annual Review of Anthropology* 41 (2012): 251–267 ; Hull, "Documents and Bureaucracy," 251 ; Kafka, "The State of the Discipline," 341。

25 当然，这番论断也有一些重要而显著的例外，主要源于前现代中国的技术通信方面的著作。见 Francesca Bray et al., eds., *Graphics and Text in the Production of Technical Knowledge in China: The Warp and the Weft* (Leiden: Brill, 2007)。相对而言，关于现代时期的同类研究非常有限，其中最有名的是芮哲非、韩嵩文、白莎（Elisabeth Kaske）、高哲一和米列娜（Milena Dolezelová-Velingerová）等人的著作。

26 Christopher Rea and Nicolai Volland, eds., *The Business of Culture: Cultural Entrepreneurs in China and Southeast Asia, 1900–65* (Vancouver: University of British Columbia Press, 2015).

27 JoAnne Yates, *Control through Communication: The Rise of System in American Management* (Baltimore: Johns Hopkins University Press, 1993 [1989]), 41.

28 Bruce Robbins, "Commodity Histories," *PMLA* 120, no. 2 (2005): 456.

29 José Goldemberg, "Technological Leapfrogging in the Developing World," *Georgetown Journal of International Affairs* 12, no. 1 (Winter/Spring 2011): 135–141.

30 Havelock, *Origins of Western Literacy*, 15.

31 李圭：《环球地球新录》。引自 Charles Desnoyers, *A Journey to the East: Li Gui's A New Account of a Trip Around the Globe* (Ann Arbor: University of Michigan Press, 2004), 121。衷心感谢梅尔清（Tobie Meyer-Fong）向我提供了这一段令人惊叹的史料。

32 Daniel Headrick, *The Tentacles of Progress: Technology Transfer in the Age of Imperialism, 1850–1940* (Oxford: Oxford University Press, 1988); Everett M. Rogers, Diffusion of Innovations (New York: Free Press, 2003 [1962]).

33 Friedrich A. Kittler, *Gramophone, Film, Typewriter,* trans. Geoffrey Winthrop-Young and Michael Wautz (Stanford: Stanford University Press, 1999), 190–191. 关于听觉在西方打字历史当中的核心重要性的一个更晚近的介绍，见"The History of the Typewriter Recited by Michael Winslow," http://www.filmjunk.com/2010/06/20/the-history-of-the-typewriter-recitedby-michael-winslow/（2010 年 9 月 5 日访问）。

34 莫谦特 - 艾佛利（Merchant Ivory）导演的电影《孟买之音》中的片段。此处歌曲由尚卡尔 - 贾基山（Shankar-Jaikishan）作曲，哈斯拉特 · 斋浦里（Hasrat Jaipuri）作词。感谢安德鲁 · 埃尔莫尔（Andrew Elmore）提醒我注意这部电影。

35 关于"以中国为中心的历史"的研究中，最经典的是 Paul Cohen, *Discovering History in China: American Historical Writing on the Recent Chinese Past* (New York: Columbia University Press, 1984)。

1

第一章 格格不入

中文打字机该是什么样子？光是想想就让人头疼。

——

《远东共和国杂志》，1920 年

要操作一台中文打字机可不是开玩笑的，它本身就是个玩笑。

——

《发条橙》作者安东尼·伯吉斯，1991 年

假如把一台标准的西文打字机扩大，以至于能包含所有的汉字，那么它的尺寸将达到 15 英尺长，5 英尺宽——相当于把两张乒乓球桌拼在一起。

——

美国游记、科普作家比尔·布莱森，1999 年

最早的可批量生产的中文打字机只存在于大众的想象中。1900年1月，《旧金山观察家报》（*San Francisco Examiner*）上有文章称，在该市唐人街附近的杜邦街（Dupont Street）上，一家报社的库房里存放着一台新奇的机器。它配有一个长达12英尺（约3.66米）的键盘，其上有5000个按键。文章的作者描述道："把两个房间打通，才摆得下这台大家伙。"它如此巨大，以至于操作它的"打字员"看上去活像一位坐在高处朝下面的人发号施令的将军。（图1.1）这篇文章旁边还有一幅漫画：发明者坐在凳子上，手里举着一只大铁皮扩音器，对着"四个因长期敲击键盘而手指粗壮的人"喊着类似粤语发音的胡言乱语[1]："Lock shat hoo-la ma sho gong um hom tak ti-wak yet gee sam see baa gow!!"[2]

一年后，在旧金山以东约1700英里（约2735.9千米）的地方，《圣路易斯环球民主报》（*St. Louis Globe-Democrat*）也刊登了类似的图片。图中那台中文打字机，从外形上看与当时正流行的雷明顿打字机颇为相似，只是尺寸要大很多——它配置了两组台阶，样子跟北京紫禁城里的很像。（图1.2）[3]而"打字员"循着键盘台阶爬上爬下，苦苦寻找着他想要的字符。

1903年，人们终于为这种假机器的假想发明者起了一个名字。

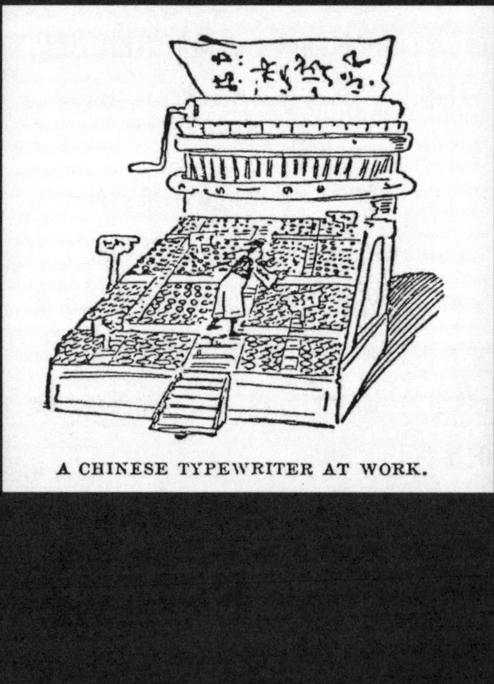

1.1 ∧
《旧金山观察家报》上的漫画，1900 年。

1.2 ∨
《圣路易斯环球民主报》上的漫画，1901 年。

摄影师兼专栏作家路易斯·斯特尔曼（Louis Stellman）将其称为“嗒记”[1]（Tap-Key），这是一个巧妙的双关，它听起来既像粤语，又像敲击键盘的声音。[4] 斯特尔曼写道：“我曾在报纸上看到，一个中国佬发明了一台打字机，打出的字就像天书一般。”旁边附有一张插图，图中的机器同样大得出奇。（图 1.3）有不下 5 名打字员同时坐在这个大键盘前打字，同时另有 5 名工人通过一个工业级尺寸的巨型滚筒将纸张送入打字机。显然，与三年前这种机器的首次亮相相比，操作这台中文打字机所需的人员数量又增加了一倍。

“嗒记”和他那巨大的机器其实从未真实存在过，仅存在于外国人的想象中。不过，从某种意义上讲，这种假想的机器也算是历史上最早的“可批量生产”的中文打字机了，不论在空间上还是在时间上，它的流传度都比之后出现的很多真实存在的中文打字机更广。自 1900 年首次出现以来，这种巨大的中文打字机很快就频繁出现在各种流行文化作品中，比如书刊、音乐、电影和电视节目，而且每次都是为了体现以汉字为基础的中文书写在技术上的荒谬感。针对中文和中国人的这种充满挫败感的幻想和描述，并不仅仅是过去那段苦涩历史的残迹，它还一直延续到如今。对中文打字机的一个更奇特的想象，出现在 1979 年上映的一部电视电影《中文打字机》（*The Chinese Typewriter*）中。剧情围绕主角汤姆·波士顿（Tom Boston）——由演员汤姆·塞莱克（Tom Selleck）饰演的一个风流不羁、由武器专家转行的私人侦探[5]——试图找回一架失窃

[1] “嗒记”，原无中文，试译如此。——编者注

1.3

关于中文打字机的讽刺漫画，1903 年。

的客机展开。窃贼唐纳德·德夫林（Donald Devlin，由威廉·丹尼尔斯［William Daniels］扮演）是一位神通广大的公司高管，在窃取公司数百万美元的资产后，逃到了南美洲。在察知德夫林的贪婪本性后，为了将这个八面玲珑、滴水不漏的罪犯从藏身处引诱出来，波士顿和他的搭档吉姆·基尔布赖德（Jim Kilbride，由小詹姆斯·惠特莫尔［James Whitmore, Jr.］扮演）设下圈套，声称有一个新商机：实用的中文打字机。

基尔布赖德：唐纳德·德夫林，他要的就是钱，对吧？如果你能想办法让他发财，刀山火海他都会铤而走险的，对吧？不过，必须是一种……一种巨大的、奇特的、让人想入非非的东西，而且还没有被发明出来，能够带来巨大产业利润。比如……一种对外出口的产品。

镜头切到他办公桌上的一台 QWERTY 键盘打字机，又切回基尔布赖德，只见他笑了起来。

基尔布赖德：中文打字机。

波士顿：中文打字机？

基尔布赖德：是的，是的。没错，一台中文打字机。

场景转到基尔布赖德的办公室，这里有一群特立独行的天才（类似于硅谷 IDEO 公司[1]的智囊团），正在研发一种尚未被命名的东

[1] IDEO 公司，世界著名的设计公司，以产品开发及创新见长。——译者注

西，只见他们在忙着处理各种复杂的模型、设计图和公式。基尔布赖德继续解释他的想法。

基尔布赖德：你知道的，中国没有打字机。因为他们有上百种不同的方言，而且中文字表里有3000多个汉字。所以如果一个中国人想打一封信，他就必须去找另一个人，让他站在一个巨大的字盘前面，把字一个一个地挑出来，一段话要打上半天。

波士顿：所以呢？

基尔布赖德：所以，他们多年以来一直想设计一种低成本的、电子化的中文打字机，每台的生产成本最好能控制在50至100美元。然而，这该死的机器实在太大了，最少也得花费数千美元。成本太高，根本不可能量产。（基尔布莱德找出了一堆中文打字机的设计图。）但这些设计根本没用，因为全都行不通。

然而，对中文打字机的调侃，最令人印象深刻的作品来自美国奥克兰市的说唱歌手斯坦利·伯勒尔（Stanley Burrell），他的艺名更为人所知——MC哈默（MC Hammer）。在他1990年发行的歌曲《你无法企及》（*U Can't Touch This*）的MV中，哈默首次表演了他独创的舞步，这种舞步随后成为那个时代最著名的舞蹈动作之一。这种舞步就叫作“中文打字机”，这个名字似乎并不是歌手原创，不过意外地流行开来，它的特点是急速而狂乱的侧步跳跃动作。显然，有人认为这是在模仿一位中文打字员奇异的精湛技巧——操纵一台由成千上万个按键组成的超大键盘。与“嗒记”循着台阶爬上爬下相似，哈默舞步中这位假想的中文打字员也在打字机上急速奔走，这也体现了这一工作令人绝望的低效率。他的精力被这台笨重的巨兽吞噬，却成效甚微。

除了哈默和塞莱克在流行文化的舞台上借用了假想的中文打字机意象之外，还有人将它引入了通俗文学和学术领域。1999 年，知名作家比尔 · 布莱森（Bill Bryson）在他著名的英语研究中断言："中文打字机的尺寸巨大，即使最熟练的打字员一分钟所能打出的汉字也超不过 10 个。"[6] 由于只了解以字母为核心的信息处理技术，而对中文打字技术一无所知，布莱森凭借其丰富的想象力描绘了一台庞大的打字机，它占地约 75 平方英尺（约 6.97 平方米）——"相当于把两张乒乓球桌拼在一起"。面对这台大家伙，即使训练有素的打字员也只能缓慢地蹒跚而行。沃尔特 · 翁的看法与之类似，在《口语文化与书面文化》（*Orality and Literacy*）这部具有里程碑意义的著作中，他强调："一旦所有中国人都使用同一种汉语（'方言'）——也就是目前正在大力推广的普通话，汉字就会被罗马字母取代。……（这）对文学造成的损失将是巨大的，但即便如此，也大不过一台容纳着 40000 多个汉字的中文打字机。"[7]

回到"嗒记"和他的怪异机器。我们立马就会想到这种非人化和异域化的讽刺漫画，但我们真正要关注的并不是这一意象中的种族主义色彩，而是另一个非常容易被忽视的问题：在众多相关描述中，这种假想的中文打字机总是配有集结了成千上万个**按键**的巨大**键盘**。本章将要提出的问题非常简单：**为什么总是提到按键**（keys）？为什么斯特尔曼会把他假想的角色称为"嗒记"？为什么一提到中文打字机，比尔 · 布莱森的脑子里就会构想出一个 15

英尺（约 4.57 米）长、5 英尺（约 1.52 米）宽的键盘？为什么自 1900 年至今，人们一听到“中文打字机”这个词脑海就会浮现一个巨型鲁布 · 戈德堡装置 [1]，上面的巨大键盘为数万个汉字逐一分配专属按键？如果说“中文打字机该是什么样子？光是想想就让人头疼”，那么让我们如此“头疼”的到底是什么呢？

在回答这一问题时，我们很容易诉诸“常识”：打字机，顾名思义是一种配有按键和键盘的机器，因此，在设想一台中文“版本”的打字机时，我们会想当然地认为也是如此。实际上，我们在不经意间为打字机赋予了很多微妙的特征，而沿着这个逻辑前进，我们可以逐一检视它们。可以设想一台机械式英文打字机，当我们按下标有“A”的按键时，打字机会将相应的小写字母印在纸面上。之后，滑动架会自动向左平移一格。当我们按下标有“L”的按键，滑动架会再次平移，虽然字母“l”和“a”的宽度不同，但两次平移的距离是完全相同的。同样值得注意的还有我们悬置于键盘上方的双手及手指。打字机的外形设计直观地体现了不同手指在“力量”上的差异：小指较弱，食指较强。当我们按下回车键，打字机的压纸滚筒也会随之旋转一定的角度，滑动架会再次平移，当然这次是向右。这就是打字机的“本质”。

无论这些特征现在看来多么合理，我们都不应通过它们去想当然地理解打字机。如果我们把视角拉回到 1880 年左右，也就是打字技术方兴未艾的时期，我们会看到各种各样的打字方式，而其中

[1] 鲁布 · 戈德堡装置（Rube Goldberg contraption），美国漫画家鲁布 · 戈德堡（Rube Goldberg）在其漫画作品中发明的装置，它们被设计得过度复杂，以极为繁复迂回的方式去完成一些实际上非常简单的工作，例如倒一杯茶，打一只蛋等，运作过程往往给人以荒谬、滑稽之感。——译者注

大部分设计最终未能被世人铭记。正如我们将在后文谈到的，在欧美打字技术的早期，涌现出很多不同形式的打字机，而它们未必有我们如今视为打字机固有本质的某些特征。有的打字机是单手操作的，例如由丹麦发明家拉斯穆斯·马林－汉森（Rasmus Malling-Hansen，1835—1890）发明的马林－汉森球形打字机（Malling-Hansen Writing Ball）。在 19 世纪 80 年代，著名哲学家弗里德里希·尼采就拥有一台，在健康状况迅速恶化时，他便利用这种球形打字机来写信。有的将字母排列于一个可旋转的圆盘上，例如 1904 年的兰伯特打字机（Lambert Typewriter）。还有的打字机根本就没有按键或键盘，如 1891 年的美国可视打字机（American Visible Typewriter）。实际上，只有一种打字机具备我们如今视为打字之必要元素的全部特征。[8] 它就是基于键盘的单切换（single-shift）机器，相关产品有雷明顿打字机、安德伍德打字机和好利获得打字机。

回过头来再次审视“嗒记”和这种假想的中文打字机，本章得出一个反直觉的论点：当我们在阅读那些关于巨型中文打字机的带有贬低意味的漫画，或者那些讨论中文技术语言之“低效”的看似中立的陈述时，我们实际上是在凝视我们过去蓬勃的技术语言想象的死亡面具——看着机器本身及设想机器的方式的丰富生态瓦解，消失在一元化的雷明顿世界里。在这种背景下，除了按键和键盘，我们越来越难想象出其他形式——也因此只能想象出有上千个按键的荒谬巨兽。而且，我们头脑中的这只中文巨兽并不是一个静态形象，不是相册中的一张照片，供我们时不时翻出来凝视几许，而是我们大脑运行的产物，可以随时从休眠状态中激活，然后按照其程序运行：

> **打字机是一种带有按键的物体。**
> **每个按键对应着一个字母。**
> **中文里没有字母表，只有一种被称为“汉字”的实体。**
> **中文里有上万个汉字。**
> **所以中文打字机一定是有成千上万个按键的巨大机器。**

每运行一次，这种概念算法（conceptual algorithm）都会导向一个不变的结论，同时让人相信，这个结论完全是我们自发且独立得出的。我们很少会反思关于中文打字机体型巨大的想法，相反，由于总是得出这个结论，我们会觉得它是真实可靠的。所以，真正让我们“头疼”的并不是中文这门语言，而是这种概念算法。

从这个角度讲，“中文打字机”作为巨型的他者，是 20 世纪的西欧和美国技术语言想象力坍缩的产物。这种想象虽然也源于中文具有异域性（exoticness）和他异性（alterity）的流行观念，但更多是来自字母文字世界的人们即时的、无意识的观点，他们认为语言和打字机之间有一些所谓“正常”的关联。因此我认为，想要理解这种假想的中文打字机，我们就必须减少对“中文”这个部分的关注，而把更多注意力放在西方人关于“打字机”本身的早期构想上，因为欧美世界的许多人对于他们自己的语言，以及非西方、非拉丁，特别是非字母文字语言的很多根深蒂固的认识，都是通过打字机之类的机器形成的。我们必须深挖历史，追究“键盘”和“按键”是如何成为我们对“打字机”的理解中不可或缺的部分的。

一旦弄清楚巨大怪物般中文打字机的观念来自哪里，我们就能够理解这一漫长的认知过程背后的意识形态机制。虽然在研究中国或全球的现代信息技术史时，路易斯·斯特尔曼、比尔·布莱森、汤姆·塞莱克和 MC 哈默等人并不是我们经常需要涉及的人物，但对于为何这些不同行业的人一提到“中文打字机”就不约而同地构想出一个大同小异的畸形而荒诞的造物，我认为值得深究。研究这种概念算法是极为重要的，因为正是从这种算法中，我们得以洞察整段历史的核心问题：19 世纪长达一个多世纪的对中文书写的批判，是以进化论和社会达尔文主义学说为基础的，而当这类学说没落之后，这种批判并没有随之消失。因此，关于中文键盘的这种荒诞想象绝不是无意义或无害的，它是对 20 世纪深深植根于种族等级和进化论的这套论述的继承。实际上，这一技术巨兽不仅仅是继承，还复兴甚至翻新了某些东方论述。正如对于废除汉字的呼声，如今已经不再需要以 20 世纪时笨拙、残酷的方式从西方文化优越性或中文对进化的不适应性上着手，而仅需通过一个净化的、中立的和据说客观的说法——技术适应性比较研究（comparative technological fitness），就能提出更为有力的论据。毕竟，如果一台中文的打字机真如两张乒乓球桌拼起来那么大，那么汉语的缺陷岂不是显而易见吗?

我们将在下一章考察中文信息技术的真实情况，但在此之前，我们有必要先考察一下假想的中文打字机的历史，因为在这段时间中出现了一个普遍而强大的解释框架，而真实的中文信息技术，特别是真实的中文打字机，在其实际的发展过程中始终无法摆脱这一框架的束缚。我们技术语言想象力的坍缩过程，大致可以分为四个阶段：第一阶段是19世纪末在西方呈现出的多元化和流动性阶段，当时有各种各样的机器，而工程师、发明家和使用者大可通过它们来设想打字技术，以及设想打字技术会如何拓展到非英语和非拉丁字母的书写系统；第二阶段是可能性坍缩阶段（period of collapsing possibility），大致发生在19和20世纪之交，当时一种特定的打字机——切换键盘（shift-keyboard）打字机取得了前所未有的主导地位，从而将此前的众多设计形式从市场上一扫而光，继而也吞噬了人们关于打字机的想象力；第三阶段是快速全球化阶段，从20世纪初开始，切换键盘打字机在技术语言上的一元化地位扩展到了全球范围，成为衡量越来越多世界文字的“效率”和技术语言现代性的标杆；到了第四阶段，打字机终于遭遇了中文——这个自成一体、极难拉拢的文字。纵观这段历史，我们将会看到雷明顿打字机的崛起如何改造了后来对世界上各种语言的打字技术之思考的物质、概念及财政方面的出发点。雷明顿打字机征服了世界，这种征服并不是以任何抽象意义上的“这种打字机”遍及全球各个角落，而是特指单切换键盘渗透到了全球。这种独特的打字机成为世界上各种书写系统的衡量标尺，对所有被它同化的（甚至那个无法被它同化的）书写系统造成了深远的影响。

雷明顿时代之前的亚洲

关于“嗒记”和假想的中文打字机的历史，我们并不从中国或美国，而是从暹罗讲起。1892年，埃德温·亨特·麦克法兰（Edwin Hunter McFarland）发明了第一台暹罗文打字机。埃德温是塞缪尔·甘布尔（Samuel Gamble）与简·海斯·麦克法兰（Jane Hays McFarland）的第二个孩子。[9] 生育儿女前，麦克法兰夫妇便已在暹罗扎根，并作为传教士、医生、教师和慈善家，与暹罗精英社会高层交往密切。[10]1884年，埃德温从华盛顿与杰斐逊学院（Washington and Jefferson College）毕业，然后回到暹罗，担任丹隆·拉差努帕亲王（Prince Damrong Rajanubhab）的私人秘书，丹隆亲王是暹罗国王蒙固拉玛四世（Mongkut King Rama IV）之子，与后来继位的朱拉隆功拉玛五世（Chulalongkorn King Rama V）是同父异母的兄弟。[11]1891年，丹隆亲王派埃德温前往美国，他的任务非常特殊：开发一台暹罗文的打字机，这是当时暹罗王朝众多现代化改革的内容之一。[12]

埃德温的资源得天独厚。他跟父亲学过印刷术，并且可以借鉴由他父亲制作的第一部印刷本暹罗语字典。[13] 更为重要的是，与几十年后的情况相比，埃德温有更多关于打字技术的思路。当时的西文打字机尚未定型成如今这种形式，有各种形式的打字机可供埃德温选择，每一种都可能为解决外国的、非拉丁字母文字的打字问题提供不同的思路。

暹罗文中有44个辅音字母、32个元音字母、5个声调符号、10个数字符号和8种标点符号，在对该语言深入研究的过程中，埃德温可能遇到了3种打字机范式，每种各有其优点和不足。第一种是指针式打字机（index typewriter），这种打字机没有按键或键盘，字母被蚀刻在一个浅平盘或环形盘上。操作方式是，打字员先将指针移到目标字符上，然后按下打字装置。[14]已知最早的指针式打字机包括供盲人使用的休斯打字机（Hughes Typewriter，1850）、轮盘指针式打字机（Circular Index，约1860，发明者不详）、1881年由美国发明家和企业家托马斯·霍尔（Thomas Hall）设计的霍尔打字机（Hall Typewriter）。指针式打字机最大的优势就是可以实现字符、字体的切换，因此也可以实现语言之间的"切换"，这是指针式打字机的发明者和商家最引以为豪的一点，也是他们向潜在用户推广的一大卖点。与同时期的发明家一样，霍尔也有志于将其发明推向世界，在他于马萨诸塞州的塞勒姆（Salem）发布自己的第一代设计后不久，他便着手推动其国际化。早在1886年，霍尔便开始将其打字机的可替换字盘适用于亚美尼亚语、荷兰语、法语、德语、希腊语、意大利语、挪威语、葡萄牙语、俄语、西班牙语和瑞典语。

不过，就埃德温要实现的目的来说，霍尔的设计仍存在局限。与其他美国发明的打字机一样，霍尔的设计几乎完全基于西欧的文字系统（拉丁文、希腊文或西里尔文），他的可替换式金属字盘均采用相同的8×9阵列格式。因此霍尔打字机最多可容纳72个字符，这对于意大利语和俄语来说完全够用，但离暹罗语需要的数量还相差甚远。[15]

第二种是单切换键盘打字机，以雷明顿打字机公司的产品为代表。该公司由伊利法莱特·雷明顿（Eliphalet Remington）于

1816年成立，其前身是美国内战时期的武器制造商，总部位于纽约的伊利昂（Ilion）。随着内战的结束，美国进入战后时期，雷明顿转换了市场，合并了约斯特（Yost）和登斯莫尔（Densmore）两家打字机公司，并将发明家克里斯托弗·肖尔斯（Christopher Sholes）、卡洛斯·格利登（Carlos Glidden）和塞缪尔·刘易斯（Samuel Lewis）等人招入麾下。1873年，雷明顿公司推出了肖尔斯和格利登打字机（Sholes and Glidden Type-Writer）。这是一种单键盘系统设计，键盘上的每个按键都对应着一个打字杆，其上的字母有小写形式和大写形式两种。操作者可以通过如今众所周知的"切换"键实现大小写的转换。

不过，在埃德温看来，雷明顿打字机也有明显的局限。在英文中，小写字母和大写字母在字母频率上存在显著差异，在所有的印刷材料中，大写字母仅占2%至5%，而小写字母占绝大部分。因此该打字机将大写字母设置为较难按到的"切换"档，就显得非常合理。例如，简·奥斯汀的小说《傲慢与偏见》，通篇2641527个字母当中，大写字母只有14177个，占比仅为2.56%。在赫尔曼·梅尔维尔的小说《白鲸》中，大写字母占比稍高一些，为2.91%。而在詹姆斯·乔伊斯的《尤利西斯》和莎士比亚的《哈姆雷特》中，大写字母的占比在文学作品中算是最高的，也只达到4.58%和5.61%。[16] 通过将使用率较低的大写字母下放到次级的"切换"键，就能使打字机的尺寸变得更小，而不影响其使用和输出的便利。

但暹罗语的情况不同，其字母没有大小写之分。如果按照单键盘打字机的"切换"功能设置，埃德温需要将暹罗文一半的字母下放到更加繁琐的两步式操作中，这虽然可行，却完全不合适。

而第三种打字机，也是埃德温最终选用的，是由史密斯高级打字机公司（Smith Premier Typewriter Company）设计的双键盘（double-keyboard）打字机。该公司由来自纽约科特兰（Cortland）的发明家亚历山大 · T. 布朗（Alexander T. Brown）于 1880 年成立，和雷明顿公司一样，他也与武器制造商莱曼 · C. 史密斯（Lyman C. Smith）结成合作伙伴。他们在位于锡拉丘兹（Syracuse）的机械厂里研发打字机，并最终将其发展成公司的主要产业。由于他们在锡拉丘兹的沃特东街 700 号（700 East Water Street）建造了一座大型的打字机制造厂，锡拉丘兹后来也被很多人称为“打字机之城”（Typewriter City）。当时该公司的旗舰机型是“四号”（Number 4），凭借这一机型，史密斯高级打字机公司成为双键盘打字机（也被制造商自称为“全键盘”[complete keyboard] 打字机）领域的佼佼者。[17] 这种双键盘打字机共有 84 个按键，正如该公司在广告中宣传的“为每个字母分配一个按键”，因此，它比切换键盘打字机更加精准，为操作节省了时间，也延长了机器的使用寿命（因为后者的切换键使用率非常高，容易在使用过程中发生磨损或损坏）。史密斯高级打字机公司解释说 :“在使用切换键盘打字机时，操作者需要频繁地将手指从自然状态中的打字区移开，去按切换键，因此增加了出错的风险。”[18]

埃德温发现这种打字机最符合暹罗的现代化需要，因此最终与史密斯高级打字机公司在锡拉丘兹的工厂签订了生产协议，而非霍尔或雷明顿公司的工厂。（图 1.4）暹罗将成为采用史密斯高级打字机的国家。

在选好技术语言起点后，埃德温接下来要同工程师们一起，重新审视这种打字机的一些整体设计原则，使其符合暹罗文的特殊需求。他们首先要做的，就是在其中加装大量“静止键”（dead keys）——也就是在按压后不推动打字机的压纸卷轴进位的按键。配备了这些“静止键”后，打字机就可以处理暹罗文中的声调，即先印声调符号，再加印字母。[19] 印好字母后，滑动架才会推进一格，准备打下一个字符。

不过，暹罗文本身也需要有所改动，这也提醒我们，这种技术语言上的转换绝不可能是无损的。据埃德温的弟弟乔治（George）后来回忆，史密斯高级打字机“即使有多达 84 个按键，却仍然缺少书写完整的暹罗文字母表所需的 2 个按键。不论（埃德温）怎么尝试，他都无法将所有的字母和声调符号纳入这台机器”。（图 1.5）“于是他做了一件非常大胆的事：弃用了暹罗文字中的两个字母。”“而现在，”他补充道，“这两个字母已经完全被弃用了。”[20]

1895 年，暹罗王室和麦克法兰家族接连遭遇不测。先是暹罗王储玛哈·哇集鲁那希（Maha Vajirunhis）死于伤寒，玛哈·瓦栖拉兀（Maha Vajiravudh）作为拉玛五世国王的长子继承了王位。[21] 同年，令麦克法兰家族无比悲痛的是，埃德温也英年早逝，他将麦克法兰暹罗文打字机交付给了弟弟乔治。乔治回忆道：“从 1895 年起，这台打字机就成了我生命的一部分。埃德温去世后，推广暹罗文打字机的重任就落在了我的身上。埃德温发明了这台打字机，但它当时尚未被认可和需要。”

乔治·麦克法兰并不是发明家，他是一名牙科医生。和家族其他成员一样，乔治全然融入了暹罗社会，他经营着暹罗的诗里拉吉

1.4 ∧
史密斯高级打字机公司的双键盘打字机。

1.5 ∨
暹罗文打字机的键盘。

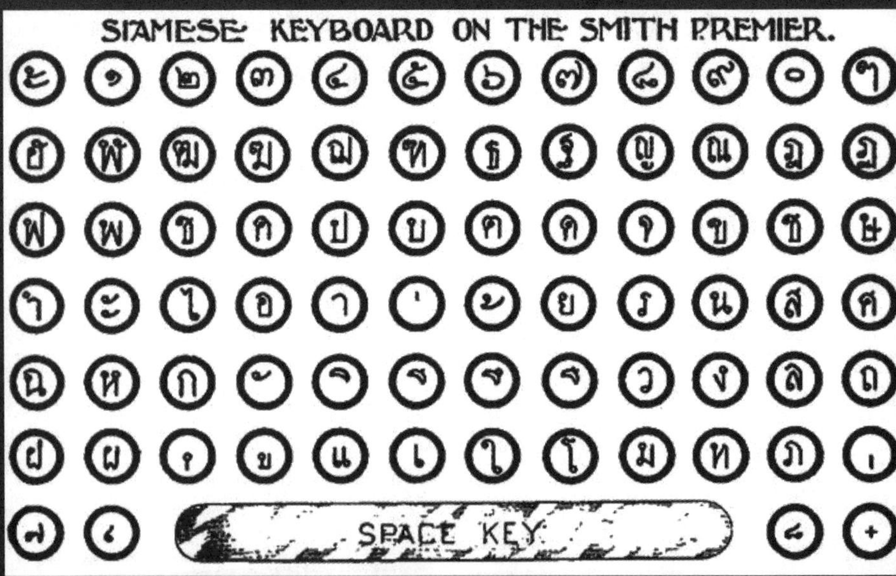

医院（Siriraj Hospital），并于 1891 年左右在曼谷建立了第一家私人牙科诊所。[22] 乔治将亡兄的打字机摆在诊所里，作为一种极具个人特色的博物馆展品，供前来就诊的患者参观。人们对这台打字机充满好奇，或许是受此鼓舞，或许是为了缅怀埃德温，两年后，乔治迈出了更大胆的一步：他在曼谷开了一家史密斯高级打字机专卖店，从而延续了锡拉丘兹与暹罗首都之间那看似不大可能的姊妹情谊。[23] 乔治回忆道："在之后的几年里，我们进口了数千台史密斯高级打字机，到后来，政府部门的任何工作都离不开它了。"[24]

技术语言想象力的坍缩

1915 年成为暹罗文打字技术史上的第二个转折点，它最终导致麦克法兰家族彻底退出打字机行业。这一变故并不是发生在暹罗内部，而是源于地球另一端的美国的一些企业策略。1893 年，史密斯兄弟加入了联合打字机公司（Union Typewriter Company），后者是一家囊括了卡利古拉夫（Caligraph）、登斯莫尔、雷明顿和约斯特等打字机制造商的托拉斯企业。当时，安德伍德公司推出了新发明的"可视化打字技术"，这对史密斯兄弟的经营利润造成了威胁。当时主流的打字机结构是，纸张的打印面朝里对着打字杆（type bars），因此打字者是无法看到打印面的。要检查打出的文字，只能提起打字机的机架（chassis）。安德伍德公司的新机型为人们提供了一个完全可视化的选择，得到了广泛认可，销量也大幅提升。

根据当时的托拉斯条例，史密斯兄弟不能对自己的打字机进行重大的结构性改造，因此，他们出售了其在史密斯高级打字机公司的所有股份，退出了托拉斯，重新组建了一个公司，名为 L. C. 史密斯与兄弟打字机股份有限公司（L. C. Smith & Brothers Typewriters Inc.）。新公司推出的第一个机型——“标准”型打字机，采用了可视化打字的设计，并且放弃了其原有的双键盘形式，逐步转向日益占据市场主导地位的单切换键盘打字机。从此，双键盘机的全球供货量日益萎缩——这一转变对于英语市场的影响或许不是很大，但对于采用双键盘的暹罗文打字机来说，无疑是灭顶之灾。

1915 年，雷明顿公司收购了史密斯高级打字机公司，这一改变得到巩固。据乔治回忆，“当时下令不得继续生产非切换键盘打字机”[25]。我们可以通过该时期拍摄的两张照片看到这一转变：第一张照片显示的是乔治的打字机店被收购前的门面，第二张则是当时雷明顿公司全球连锁店的最新店面。（图 1.6）乔治感叹道：“对于暹罗来说，那是至暗的一天，因为史密斯高级打字机特别适用于（暹罗文）这种字符较多的语言。”[26] 至于新形式的打字机，“没人愿意用它”——“没人知道该怎么使用切换键盘打字机：大家都嚷着换回原来的‘四号’和‘五号’打字机。当时我也是一筹莫展，不知该如何是好。”[27]

乔治的选择只有两个：要么转向切换键盘打字机业务，要么干脆退出这个行业。休假期间，乔治协助雷明顿公司研制了其第一台便携式暹罗文打字机。他后来承认：“这台小机器非常好看和方便，人们禁不住想要用上这种切换机。”[28] 最终，暹罗文打字机的所有制造商都采用了雷明顿公司的键盘，与此同时，和其他语言的打字机的发展路线一样，暹罗文打字机的型号和款式也开始变得丰富起来。

1.6
原麦克法兰打字机店和被雷明顿公司收购后的店铺。

1.7
雷明顿公司生产的暹罗文打字机，约 1925 年美国制造，收藏于彼得 · 米特霍夫打字机博物馆、打字机博物馆（意大利，帕尔奇内斯）。

很快，雷明顿公司开始推广暹罗文便携式打字机、暹罗文标准款打字机和暹罗文会计专用打字机，同时，他们也建立起一个以“体验式教学法”（Touch Method）为核心的暹罗文打字培训学校网络，乔治自己也开办了至少一所这样的学校。（图 1.7）[29] 由雷明顿公司捧红的这种打字机形式赢得了暹罗文打字机市场的未来。

随着打字机向单键盘设计转变，一度被认为与打字技术兼容的暹罗文字顿时被贴上了“问题”的标签。“字符太多了。”阿贝尔 · 约瑟夫 · 康斯坦 · 库赞（Abel Joseph Constant Cousin，1890—1974）曾如此评价暹罗文。库赞是一位法国牧师和发明家，他与雷明顿公司的竞争对手——安德伍德公司合作，研发了一种新式暹罗文打字机。[30]他认为，不仅暹罗文如此，“亚洲语系（Asiatic groups）的其他语言”字符都太多。在专利申请书中，库赞说：“如何将暹罗文改编到一台只有42个按键的标准打字机键盘上，仍然是个问题。”想解决这一问题，就需要“解决94个字符的输入需求与42键打字机的输入能力之间的不匹配问题，因为每个按键最多只能操作两个字符，整个键盘最多也只能执行84个字符”。不过，有些局限还有待观察。“制造足以供应市场的少量扩充版打字机，”他解释道，“即包含许多额外字符和按键的打字机，成本将高到难以承受，因为扩充键盘将涉及对整个打字机的重新设计，这就需要投入大量成本为这种新设计制造新的生产模具、模型和设备。”只有进一步精简暹罗文，才能“从根本上使暹罗文打字与现代欧洲语言打字处于同一层次”。

我们可以从库赞的这段话中得到三点启示。第一，我们看到了暹罗文在当时是如何成为一个“问题”的，该问题又如何在打字机的世界里构成了暹罗文正字法（orthography）与技术语言想象力不断变化的根基之间关系的一部分。第二，我们注意到库赞在为这个新“问题”分配责任时的奇特角度。在库赞看来，不是安德伍德打字机无法兼容于暹罗文，而是暹罗文无法兼容于安德伍德打字机。第三，库赞在谈论暹罗文时引入了一个更大的范畴：暹罗文的问题并不仅限于暹罗文，而是更大的“亚洲语系”问题中的一个实例——这里的“亚洲语系”实际上指的是那些拼字构件超出了安德伍德打字机承载限度的语言。

当乔治·麦克法兰在1938年出版他的回忆录时，情况已经发生了很大的变化。[31]一小叠照片见证了这一转变，这些照片只

1.8
雷明顿牌暹罗文打字机宣传活动现场照片。

有邮票大小，采用鲜明的黑白印刷，目前作为麦克法兰文稿的一部分，被保存于加利福尼亚大学伯克利分校的班克罗夫特图书馆（Bancroft Library）。其中一张照片里，前排两个年轻的女孩双膝跪地，一起托着一块写着“雷明顿”（Remington）字样的招牌，招牌两侧有另外两个打着领带的女孩，一起托着一台由翅膀和花环装饰的雷明顿打字机，这台打字机仿佛正在振翅高飞。（图 1.8）

在这些女孩身后则站着不下 25 个学龄儿童，他们簇拥着这台打字机，而更远处的背景是拉玛五世的骑马雕像以及阿南达沙玛空皇家御会馆[1]。[32]

至此，暹罗成了雷明顿帝国的一部分。

[1] 阿南达沙玛空皇家御会馆（Ananta Samakom Throne Hall），亦称“（泰国）旧国会大厦”。——译者注

“雷明顿的全球版图”

被雷明顿公司收购的这家麦克法兰打字机零售店位于曼谷的布拉法路（Burapha Road）与石龙军路（Charoen Krung Road）交会处，它不过是雷明顿公司更加宏大的、历时数十年之久的全球战略的一部分。雷明顿公司首次向世界展示它的新产品是在美国1876年费城世界博览会上，不过反响不大；它当时被亚历山大·贝尔（Alexander Graham Bell）发明的电话机抢去了风头。直到19世纪80年代和90年代初期，雷明顿公司在国内外市场的知名度才得到较大提升。它在1881年销售的打字机数量不过1200台，然而到了1882年，威科夫公司（Wyckoff）、西曼斯公司（Seamans）和贝内迪克特公司（Benedict）开始作为雷明顿公司的销售代理商，将其生产的打字机推向了全球市场。[33]很快，雷明顿公司便在德国（1883）、法国（1884）、俄国（1885）、英国（1886）、比利时（1888）、意大利（1889）、荷兰（1890）、丹麦（1893）和希腊（1896）设立了直销代表。早在1897年，雷明顿公司就宣布其在欧洲多个城市建立了分公司，包括巴黎、波尔多、马赛、里尔、里昂、南特、安特卫普、布鲁塞尔、里斯本、波尔图、马德里、巴塞罗那、阿姆斯特丹、鹿特丹和海牙等地；此外，其销售代表也遍及南北美洲、亚洲、非洲和中东地区（地点包括阿尔及尔、突尼斯、奥兰、亚历山大港、开罗、开普敦、德班、东伦敦、约翰内斯堡、贝鲁特、孟买、加尔各答、马德拉斯、西姆拉、科伦坡、新加坡、仰光、马尼拉、大阪、香港、广州、福州、澳门、汉口、天津、北京、胶州、西贡和海防）。[34]

1897 年，雷明顿公司开始将“七号”打字机作为该公司的全语种（omnilingual）旗舰机型加以推广，声称其包含“使用罗马字母的所有语言”以及俄文、希腊文、亚美尼亚文、阿拉伯文，它还拥有“可生产多国语言键盘的全套生产线”。[35]10 年后的 1907 年，雷明顿公司推出了最先进的可视化打字机“十号”机型，并于 1915 年成为在旧金山举办的巴拿马太平洋万国博览会的“官方打字机”（博览会在展馆内设有一个精美的雷明顿公司展厅，而且所有打字形式的公务交流均采用雷明顿公司的打字机）。[36]

与雷明顿公司产品的步步高升相对应的就是其他打字机机型的节节败退，包括之前埃德温·麦克法兰所构思的机型。早期多元的打字机技术生态正在逐步收缩，取而代之的是完全被各种单切换键盘设计占据的一元技术语言生态。之前由埃德温和乔治等人发明和推广的双键盘打字机完全退出了市场，至于那些“无键盘”的指针式打字机则更是消失得无影无踪。[37] 更为重要的是，随着麦克法兰那代人逐渐从历史上淡出，新一批发明家在构思外语机型时，几乎无一例外地选择单切换键盘机作为其机械学起点。单切换键盘打字机俨然成了一个磁芯，吸引着数量空前的专利申请，而雷明顿公司和其他一些公司则成为全球销售、营销和推广网络的中心。

打字机的全球化为这些公司带来了巨大的荣耀和声望。在雷明顿公司的一幅广告海报中，一队骑着大象的阿拉伯商人穿行在一片不知名的沙漠里，象背上驮着一些未标注唛头的小木箱，下方写着一句精辟的广告语：“出门在外，带一台便携式（打字机）在行李箱中。”（图 1.9）[38]1930 年，《华尔街日报》有文章写道：“可能有人还不知道蒙古有政府组织，但雷明顿公司已经完成了一笔该国政府

1.9 <
雷明顿的全球版图：一则关于雷明顿打字机的广告。

1.10 >
关于好利获得阿拉伯文打字机的广告。

采购 500 台雷明顿打字机的订单。”[39] 总部位于意大利伊夫雷亚的打字机制造商好利获得公司（成立于 1908 年）也参与到这场更广泛的全球打字技术交流当中。在《好利获得公报》(*Rivista Olivetti*)中，读者可以看到该公司向越南、柬埔寨和老挝的市场渗透。正如它在《好利获得公报》中提到的，这些国家的人们还保持着相当古老的社会风貌，但也已经“适应了现代生活”。文中谈道：“好利获得公司通过向这些国家供应打字机，为其发展进步做出了贡献，我们为此感到自豪。”[40] 此外，好利获得公司还对其发明的阿拉伯文打字机大加赞赏，认为这对于阿拉伯世界而言堪称一次文明的转型。好像生怕读者不相信，《好利获得公报》中的一篇文章说道：“是的，阿拉伯人也有了他们的打字机，如果他们能够摆脱最后一个和欧洲人之间的真正差异，那么这绝对要归功于他们每天都在使用的打字机。”（图 1.10）[41]

打字技术的全球化，与技术语言一元化的崛起一道，深刻地影响了对文字、技术和现代性的文化想象。如今一台开罗的打字机看起来、摸起来、听起来都和曼谷、纽约或加尔各答的打字机一模一样——就只有键盘上的符号不同。单切换键盘打字机（很快就被简称为“打字机”）所发出的这种整齐划一的“嗒嗒嗒”声，将构成新的全球现代性背景音的一个声部。

在一些世界上规模最大的打字机博物馆和私人收藏中，人们可以发自内心地欣赏单切换键盘打字机的辉煌。不论是在帕尔奇内斯（Partschins）的彼得·米特霍夫打字机博物馆（Peter Mitterhofer Schreibmaschinenmuseum）、洛桑（Lausanne）的打字机博物馆（Musée de la Machine à Écrire），还是米兰的打字机博物馆（Museo della Macchina da Scrivere），人们都必须将脸贴在展柜玻璃上，才能分辨出这些藏品曾是用于哪种语言的。对于单切换键盘打字机来说，无论是希伯来语、俄语、印地语、日文假名、暹罗语、爪哇语还是其他什么语言，它们之间基本没有太大区别，以至于让人产生一种错觉，似乎语言本身反而成了打字机的特点或适配物。[42]这造成的结果是，让我们以为有一台全语种的、全能的打字机原型，它“具有”缅甸语、朝鲜语、阿拉伯语、格鲁吉亚语或切罗基语的各种型号，就像它“具有”黑色、灰色、红色或绿色的不同外形一般。

值得注意的是，要达成这种效果绝非易事。实际上，单切换键盘打字机的全球化需要极高的工程学智慧。尽管《雷明顿通讯》

(*Remington News*）和《好利获得公报》上的文章模糊了阿拉伯文打字机、希伯来文打字机、俄文打字机、法文打字机和意大利文打字机之间的界限，说它们除了键盘以外没有什么不同，但工程师们知道单靠键盘是造不出这些打字机的。将英文打字机的物质性改造成能够处理其他语言和文字的形式，这需要一个技术含量极高的转化过程，而按键和键盘则是对这一过程最直观，也可以说是最肤浅的体现。真正“承载”或“具有”语言功能的是打字机的内部结构，在于不同部件之间的协同配合，包括滑动架进位机制、间格机制、对静止键的选择性运用等。而在工程师和制造商看来，语言甚至不存在于打字机本身中，而存在于铸字厂的各种铸字、模具、铸字设备、印刷、车床和组版工艺上。组装出英文的不只是雷明顿打字机，还包括雷明顿公司的打字机工厂。将英文雷明顿打字机转化为阿拉伯文、高棉文、俄文或希伯来文打字机的过程，实际上是在转化雷明顿工厂本身。

就像埃德温·麦克法兰一样，发明者们在这一过程中需要放眼全球，应对各种困难和挑战。每一个“问题”，甚至每一次微小的调整和看似不成问题的问题，都属于目标文字到其技术语言起点之间的辩证关系的一部分，这种辩证并不涉及书写系统或打字机本身的任何基础属性，而是源于两者之间的张力和难以捉摸的适配性。

在雷明顿时代，各种文字并不是与“英文”或“拉丁文”做任何抽象的比照，而是与为英文制造的单切换键盘打字机的具体的、技术语言维度的构造做比照：有限的按键、有限的字符叠加容量，以及一个等距离左移的滑动架。所有这些特性，在英文打字的情况下也许是“隐性的”或“自然的”，在其他语言打字的情况下却变得或有用或构成障碍，需要逐一重新构思和重新设计。

英文书写系统与其他外语书写系统并不是简单的二元对立，不是自我对他者，或字母文字对非字母文字。它们涉及一个复杂的光谱，在其中，世界上各种类型的字母文字和表音文字可以按照其与现代的兼容性高低排序，一端是被认为“理所当然”的英文，在它附近的语言对于英文打字机的改造要求不过是换换键盘和键面。例如，法文、西班牙文和意大利文的字母表恰巧与英文字母表高度重合，因此顶多只需按照各自语言的字母频率将键盘上的字母布局略加调整。俄文对打字机的调整要求稍微复杂一些，需要将键盘改成包含 33 个字母的西里尔字母键盘。

而位于光谱另一端的文字，其技术语言表现对打字机的改造要求则更加具有挑战性。例如，希伯来文和阿拉伯文对打字机形式的可塑性和普遍性来说，就是更大的考验。所涉及的改造中，相对容易的有重新分析字母频率，设计新字体，调整键盘布局等。此外还有一些更加复杂的改造。拿希伯来文来说，令工程师们感到棘手的并不是其字母表与英文字母表的差异，而是希伯来文从右向左的书写方向。从机械学的角度讲，希伯来文是反向的英文，这就需要改造英文打字机中被工程师视为最重要的部分——滑动架进位机制。1909 年，塞缪尔 · A. 哈里森（Samuel A. Harrison）向专利部门提交了一份名为“东方打字机”（Oriental Type-writer）的专利申请，是以美国生产的约斯特打字机为基础设计的。[43] 哈里森解释道 :“通过一定的调整，同一操作会使滑动架的前进方向……逆转，从而使纸张向相反的方向移动。”“由此，打字杆或铅字搭载装置就可以搭载两种或更多种不同类型的字母，包括自左向右打印的英文……还有自右向左阅读的文字，例如希伯来文。”[44]1913年，伦敦发明家理查德·A. 斯珀金（Richard A. Spurgin）也完成了类似的发明，并将该技术转让给哈蒙德打字机公司（Hammond Typewriter company）。从哈蒙德打字机开始做起，理查德致力于创造一种“可切换方向的滑动架”，应用于“希伯来文等语种，它们需要机器的运转方向与我们语言的打字机不同”。[45]

在创造这种略加改动的打字机的过程中，西方的设计者和制造商们再次打开了英文打字机的结构和性能当中的某些“黑匣子”——也就是被认为理所当然的滑动架向左进位机制。从此，打字机需要再次进化，就像它的镜像版本一样，在按下一个按键后，所引发的进位不再向左而改成向右，而“回车”键引发的动作也与原来的方向相反。从法律上看，这就需要提交新的专利，并重新撰写简介以恰当地阐释这一机制。从机械制造领域看，这就需要调整模具、模型和负空间[1]，用以制造新的希伯来文“版本”的打字机形式。不过，在这些调整的过程中，工程师需要格外小心。工程师可以对初始“打字机本身”（typewriter-self）进行各种拉伸和扭转，但他们必须严格掌握好分寸，以免使这种拉伸和扭转变成“砍削”或“撕扯”，换言之，从根本上违背它的起始条件。标准英文打字机的基础属性必须保持不变：希伯来文不能要求对英文打字机进行全方位的重新构想，仅能换一种表现形式。

巧合的是，希伯来文问题的解决，也使阿拉伯文的问题解决了一半，因为阿拉伯文也是从右向左书写的。不过，阿拉伯文还需要

[1] 负空间（negative spaces），美术和设计专业术语，指物体周围或物体与物体之间的空间。——译者注

对英文打字机形式做另一个调整，也就是解决阿拉伯文书写当中的连笔问题。虽然阿拉伯文字母在总个数上是比较“经济的”，令打字机工程师感到欣慰，但很多阿拉伯字母有四种写法，需要根据其在单词中的相对位置进行选择。一个字母不但可以出现在词首（首字母）、词中（中间字母）和词尾（尾字母），还可以独立成词（独立字母），这就需要工程师想办法把阿拉伯字母的所有字形“改适”到一台承载能力有限的打字机上。

世界上最早的阿拉伯文打字机之一是1899年由开罗的塞利姆·哈达德（Selim Haddad）设计的，他自称是艺术家。[46]他在专利申请文件中解释说，虽然阿拉伯文里只有29个字母，但它们不同的字形和连接方式“使字符或铅字的数量攀升至638个之多”。[47]哈达德提出了一个巧妙的解决方案：对于每个阿拉伯字母，他只采用两种变体，一种用于处理所有的首字母和中间字母，一种用于处理所有的尾字母和独立字母。他解释说：“我设计新的字母字形都是右侧不连笔的，而中间字母和首字母只在左侧连笔，这使我发明的打字机在设计上具有了至关重要的优势。”[48]“这样就可以让位于中间字母和首字母共用同一个字形，让词尾和单独字母共用另一个字形。”[49]他解释说，通过这种创新，就可以将字形的总数量从600多个大幅削减至58个，从而使得单键盘打字机可以胜任。[50]

不过，并非所有的发明者都认为以单键盘打字机为基础的改装是实现这种技术语言表现的最佳方式。后来，俄国圣彼得堡的保罗·切尔卡索夫男爵（Baron Paul Tcherkassov）和芝加哥的罗伯特·欧文·希尔（Robert Erwin Hill）也重新审视了阿拉伯字母字形变体的问题。[51]切尔卡索夫和希尔将他们研制的打字机称为“通用东方字母打字机”（Universal Eastern alphabet typewriter），适用于被他们整体描述为“比如阿拉伯文、土耳其文、波斯文和印度斯坦文”的文字。他们坚持认为，“阿拉伯文的问题”可以通过一组特制的、无语义的字符加以解决，这些字符能与真正的阿拉伯字母结合起来，产生所需的连笔形式。简单来说，他们发明的这种阿拉伯文打字机是利用常规的单键输入动作来打印某些字母，同时利用组合键（有的是阿拉伯字母，有的是无意义的“连字符”）来“构建”其他字母。[52]

无论 20 世纪的众多打字机发明者在设计理念上有怎样的分歧，他们都赞成这样一则强有力的正统信条：在设法解决外国语言的打字问题时，决不能从底层质疑单键盘打字机形式本身。一位发明者简明扼要地阐述了这一信条：“在设计特种打字机时，最理想的结果就是能够设计出一台尽可能符合常规标准形式的打字机，而且在保证可用的前提下，它得尽量符合工厂生产组织形式和生产工具配备情况。”[53] 再结合前文关于“语言存在于工厂中”的说法，想必我们会更深刻地理解这种动机。雷明顿、安德伍德、好利获得、奥林匹亚（Olympia）等公司所建立的打字机工厂在金属构件的压铸和组装上已经做得相当精细，通过精确组装这些构件，一台台精良的打字机被运往世界各地，并获得丰厚的利润。虽然打字机公司受到经济利益的驱动，希望生产更多不同类型的外文打字机，但当时它们所遵循的准则也相当合理，那就是改动最小化。[54]

到 20 世纪中叶，单切换键盘打字机基本上征服了整个世界，其自身的历史特殊性痕迹几乎被抹去。在兼容暹罗文、希伯来文和阿拉伯文的过程中，单切换键盘打字机可能遭受了一些挑战，要求它超越英语甚至是拉丁字母的溯源，促使工程师们重新打开“黑匣子”，如滑动架向左进位、启用静止键等，但所有这些调整都未对单切换键盘打字机的核心机械原理构成威胁。不论哪种语言的打字机形式，其最初的基本设计始终未变，这些打字机背后的铸模和组装工艺也是如此。单键盘打字机不仅征服了全球的打字机市场，似乎还征服了文字本身。

单切换键盘打字机的全球化深刻地影响了那些被它吸纳进其不断扩大的家族的书写系统。然而，其最深刻的影响留给了一种它无法吸纳的世界文字：中文。

“嗒记”和中文巨兽

汉字避开了雷明顿公司，始终引人注目又令人沮丧地缺席于雷明顿公司不断拉长的发展名册。虽然也有数千台西式键盘打字机在中国市场上出售，但这些都是供西方侨民以及西方殖民主义国家在中国通商口岸和布道站的事务部门使用的。虽然各大打字机公司都广泛宣称其产品具有普适性，可以处理所有的语言，但这些宣言都悄悄地将世界人口中一个相当大的部分排除在外了。打字机的“普适性”名不符实。

当我们回顾那些工程师和发明者的做法，就不难推测出这种缺席的原因了。希伯来文要求工程师们让打字机实现左右两向书写，相较而言，竖写的中文则对他们提出了新的挑战，需要其构想一种滑动轴方向与之前完全不同的打字机。如果说暹罗文、俄文、阿拉伯文和希伯来文让键盘设计者深陷于统计分析，那么中文那完全非字母的文字系统，就更是他们需要面对的难题。虽然并非有意为之，但中文书写确乎充当了一个警醒的见证者，见证了这种打字机形式的伪普适性，见证了这个假冒的超然存在。但需要指出的是，中文绝非命中注定要扮演这一角色。要不是“阿拉伯文打字机问题”或“暹罗文打字机问题”在原有的打字机形式中找到了相应的解决方案，可能就会有一种或更多种的语言游离在这种打字机的虚伪怀抱之外。这一种或多种语言的地位可能会发生变化，不再被简单称为“别的”，而是“他者”：它们所具有的他异性如此尖锐，以至于西式打字机再也无法独善其身，只能历经剧烈的蜕变，甚至在这一过程中抹杀自我。不过，人们还是为这些难题找到了对应的解决方案，有的比较优雅，而有的比较笨拙：希伯来文变成了“反向”的英文，阿拉伯文变成了“连写”的英文，俄文变成了“采用另一种字母”的英文，暹罗文变成了“有过多字母”的英文，法文变成了“带音调”的英文，等等。虽然与英文非常不同，但阿拉伯文、希伯来文和暹罗文从根本上说，是可以与英文打字机相互贯通的，因此也与它所代表的技术语言现代性相互贯通。

出于可想而知的经济原因，打字机研发者和制造商们从来不愿意因顽固的中文而放弃其具有伪普适性打字机形式。恰恰相反，他们放弃了所有关于文明之可能性的浪漫观念，那曾是其在与其他语言交互的过程中所表现出的特点。他们放弃了自身看似无限的意愿，去审视和重新想象这一打字机形式中许多被认为最理所当然的特征，相反，他们集结了手头一切物质资源和符号资源，对汉字展开了一场冷酷无情的、全方位的围剿——一种从技术语言层面排斥中文的行为。从这时起，需要为中文打字技术之“不可能性”负全责的是汉字，而不再是单键盘打字机本身的任何局限——如果说中文在技术语言层面上是“贫乏的”，那么这种贫乏完全归咎于汉字。换句话说，通过将世界上最古老、使用最为广泛的书写系统之一驱逐出这个领域，单键盘打字机最终实现了它的普适性。套用克里斯蒂娃（Kristeva）的观点，汉字被标记为“屈辱形式”：一个事物和情形的存在因其不能被某个特定的系统或情态所容许，从而必须被从本体论中驱逐出去。

据此，让我们回到“嗒记”和假想的中文打字机滑稽的丑陋形象上，通过这些来探讨本章开头提出的第二个问题：诸如此类的形象和想法究竟体现了怎样的意识形态？中文打字机遭受了来自 MC 哈默、沃尔特·翁、比尔·布莱森、《辛普森一家》（*The Simpsons*）、钱玄同、安东尼·伯吉斯（Anthony Burgess）、汤姆·塞莱克、《远东共和国杂志》（*The Far Eastern Republic*）、《圣路易斯环球民主报》、《旧金山观察家报》、《芝加哥每日论坛报》（*Chicago Daily Tribune*）、路易斯·约翰·斯特尔曼以及无数其他人所组成的奇怪同盟的嘲弄和诋毁，这到底意味着什么？

要回答这一问题，我们必须暂时回到打字机之前的时代，当时人们对中文书写的批判更多是在种族、认知和进化层面，而不在技术层面。黑格尔在其《历史哲学》（*The Philosophy of History*）中指出，中文书写的本质“从一开始就是对科学发展的一大阻碍”[55]。黑格尔认为，中文的语法结构培育出了某些排斥现代思想的习惯和倾向，它使那些现代思想变得难以言表甚至难以想象，他发现，那些用中文思考和交流的人受到了这门语言的限制，始终无法登上进步的大写的历史（progressive History）的舞台。换句话说，所有的人类社会都被其语言掌控，但不幸的是，中国人被一种与现代思想格格不入的语言掌控着。

在整个反中文言论的历史当中，黑格尔只扮演了一个传播者和扩散者的角色，并不是开创者。正如许多学者所提出的，一种强大的社会达尔文主义思想在 19 世纪形成，和其理论来源（达尔文主义）类似，它将人类语言整体纳入一个有着进步和落后之分的等级系统当中。[56] 而系统的组织原则也再次体现了其认知传统，即对印欧语系不吝赞美，而把那些缺少名词变格、动词变形以及重中之重的字母文字等属性的语言视为发育迟缓的。语言学家、传教士兼汉学家卫三畏（Samuel Wells Williams，1812—1884）指出，“中文、墨西哥文和埃及文是比较类似的词素文字（morphographic），有时也被称为表意文字（ideographic）”，其中“墨西哥文”被西方殖民者野蛮地摧毁了，而埃及文最终也被拼音化了。唯独中文还在坚持使用这种濒临消亡的书写系统，它“因中国的文学得以传承，因闭关锁国得以巩固，并受到中国人以及周边无书面文字民族的尊崇”[57]。但随之而来的便是“这种语言所引起的思想孤立”：它“将中国人束缚在自己的文学里，使他们变得自负和自我依赖，产生了对其他国家的轻蔑，阻碍了他们的进步”。[58] 在他看来，这些语言陷入了一种发展停滞的状态，反过来也将那些用它们思考和交流的人冻结在时间里。

长期以来，中文都是社会达尔文主义者首选的批判对象。比较文学学者纠结于中文的“表意”文字、语音，以及中文缺乏动词变形、名词变格、词性变化和复数形式等问题。在很多学者看来，中文是一个反面典型，这一罪名是如此确凿，以至于为中文所做的辩解也可以为对中文的批判服务。1838 年，杜朋寿（Peter S. Du Ponceau，1760—1844）提出了一个新观点，他驳斥了长期以来将中文视为表意文字的观点，证明了大部分汉字实际上既包含范畴成分（categorical component）也包含语音成分（phonetic component）。[59] 面对这个颇具颠覆性、有可能弥合中文和其他语言之间“他异性”鸿沟的观点，杜朋寿著作的评论者抓住了这本书中“半语音化”（semi-phoneticization）的概念，将中文重新塑造为一个进化过程中的混血儿——一种正在走向字母化但从未成功的书面文字。一篇评论文章写到，杜朋寿“成功地打破了关于汉字是表意文字的旧有普遍认识；证明了汉字表示的并非意义（ideas），而是话语（words），通过话语来溯及意义”。[60] 此外，杜朋寿的研究也表明中文在语言学上要比“新世界中的原始部落”还要低等。后者“虽然缺乏文学作品甚至书面语言，却具有高度复杂的、非自然的话语形式……而在旧世界，聪明的中国人虽然有着比古希腊和古罗马时期还早的文明和民族文学，却在长达 4000 年的时间里始终保留着一种极为简单的，甚至称不上原始和自然的语言，在目前通行的理论看来，这种语言似乎还处在人类言说的雏形期”。[61] 似乎可以说，就连新世界最低级的语言都超越了旧世界最高级的语言。

对字母文字的神圣化作为一种强大的说辞，在很多学科中运作着，特别是当西方学者在对语言文字进行比较研究继而评判优劣时更容易出现。1853 年，亨利·诺埃尔·汉弗莱斯（Henry Noel Humphreys）在《书写艺术的起源与发展》（*The Origin and Progress of the Art of Writing*）一书中写到，中国人“从未将书写艺术纳入合理发展的轨道，从而创立一种完美的表音字母”[62]。1912 年的一篇短文宣称："中文最恐怖了，心智正常的人不会去学。"[63]"中文必须被淘汰。"[64] W. A. 梅森（W. A. Mason）在 1920 年发表了一篇名为《书写艺术史》（*The History of the Art of Writing*）的短文，也附和了上述观点："处于形成过程中的表音文字，例如中文，长久以来都困滞在其书面文字发展的早期阶段。"[65] 高本汉（Bernhard Karlgren）在 1926 年的经典研究报告《语言学与古代中国》（*Philology and Ancient China*）中不无轻率地表示："丢掉过时的表意文字吧，用表音文字取而代之。"[66]1932 年的一份报告对这种观点的表述则更加直白："中国人的汉字书写方式，作为一项研究课题，简直是'太糟糕了'"。[67]

不过，在 20 世纪剩下的时间里，社会科学内部和外部陆续发出了一些声音，开始质疑社会达尔文主义理念，包括认为中文“不适应”进化的观点。1936 年，美国汉学家顾立雅（Herrlee Glessner Creel，1905—1994）发表了《论中文表意文字的本质》（“On the Nature of Chinese Ideography”）一文，激烈批判了当时学界广泛持有的观点：汉字在拼写上是一个混血儿，是介于所有语言的假定起源——象形文字记载法（pictography），与所有语言的假定目标——完全语音化之间的半成品。顾立雅不仅批判反中文言论，也批判了更广义的西方对虚义文字的成见。他指出："我们西方人向来以为，凡是仅包含了对意义的符号表现，而不以标记音韵为主的，从而在某种程度上与我们设想的书写形式相左的文字书写系统，就不属于真正意义上的书写。"[68] 顾立雅更是将矛头直接对准了那些认为字母文字至上的学者，以及与此相关的，认为中文的语法导致难以表达某些思维模式——特别是那些被认为对现代性至关重要的模式——的观点。

顾立雅的观点是建立在一个核心的批判之上的，这种批判控诉了当时更加广泛的比较文明研究和种族科学观念，在弗朗兹·博厄斯（Franz Boas，1858—1942）的著作中有所体现。顾立雅解释说，可惜博厄斯的著作是关乎其他学科领域的，对于中文这种非字母语言来说，尚没有类似的著作问世。他说：

> 我们不再简单地以为，我们可以把所有生物，从原生动物到人类，按照单一线索排序。我们不得不承认，现实现象千差万别，难以驾驭，并不会轻易地适应我们预想的方案。我们认识到，只能改造理论以适应事实，而不能改造事实以适应理论。但是在文字书写问题上，旧观念仍然挥之不散。比如中文就因无法融入预设的高级层次而被认为是低等的。[69]

顾立雅最后提出了一个看似简单却意味深远的观点："中国人用表意符号书写，同我们用表音符号书写一样自然。"[70]

一时间，那些反中文的进化论观点饱受质疑。1985年，杰弗里·桑普森（Geoffrey Sampson）在《书写系统》（*Writing Systems*）一书中用了很大的篇幅驳斥中文缺陷论。[71]同时，之前那些为中文缺陷论等说法背书的人也开始动摇。杰克·古迪（Jack Goody）在谈到他与其他学者在《传统社会中的读写》（*Literacy in Traditional Societies*）这部颇具影响力的文集中的文章时说道："在交流层面，我们显然过于看重'西方的唯一性'了，然而实际上我们并不是唯一的。"[72]在中文的问题上，古迪开始采取更加审慎的态度，放弃了他之前主张的西方优越论。古迪曾提到"语标文字（logographic script）限制了一种民主的读写文化的发展"，但他现在认为"这并不妨碍人们使用此种文字在科学、教育和文化领域取得巨大的成就"。[73]古迪有意同之前的同行者，以及那些过于夸大其词或鼓吹欧洲中心论的学术研究拉开距离，后者相当自信地将字母文字视为"希腊奇迹"（Greek Miracle）的催化剂。[74]尽管埃里克·哈夫洛克有理由假定"汉字在历史上是无足轻重的"，尽管罗伯特·洛根（Robert Logan）批评汉字中缺少了一次中文的科技革命，古迪仍然试着提出了中文的优点和西文的缺点之可能。[75]他在2000年写道："（中文）由于部件少了很多，它在刚开始学的时候更加困难，但之后学起来就较为容易。像中文汉字这种语标文字，可以逐个学习掌握。每个人，甚至那些没上过学和没接受过语言教育的人，都是可以具有部分读写能力的。在日本，我不需要识字，只需记住它的字样标志，例如"入口"或"男"，便可以使用停车场或卫生间；我不需要像使用字母文字那样理解整个语言系统。"[76]古迪继续谈道："目前使用的汉字约有8000个，而供大众读写的基础中文的汉字数量仅在1000到1500个之间……从这个角度看，中文是当代各种书写系统中最保守的一个。"[77]

虽然字母文字至上、中文适应能力差等观念并不那么容易消除，但那些继续鼓吹这些观点的人会发现自己正日益边缘化。在20世纪70年代末80年代初，语言学家兼心理学家阿尔弗雷德·布卢姆（Alfred Bloom）接过了"视中文为非现代性"阵营的大旗。他在1979年的一篇文章中提出，由于中文语言没有虚拟语气，导致使用中文的思想家无法进行反事实性的构思，因而限制了他们构思和提出假说的能力，而这种能力对于科学和创新的发展来说至关重要。[78] 同样的观点也见于汉学家卜德（Derk Bodde）的著作中，他认为中国是“语言上有缺陷的”，因为“从多种方面而言，中文书面语对于中国科学思考方式的发展所起到的阻碍作用要远大于其促进作用”。[79] 威廉·汉纳斯（William Hannas）继承和发展了中文的反现代性的长久遗产，在更晚近的时候试图重提当中的很多观点，坚称中文、日文和朝鲜文的拼写“抑制了人们的创造力”，并据此解释亚洲为何在世界科技和创新领域竞争力不足。[80]

不过，针对布卢姆的著作，以及所有基于“认知限制”提出各种观点的学者，威廉·博尔茨（William Boltz）警醒地指出：“对于了解中文的、严谨的语言学家来说，反驳这些观点其实并不难。”与顾立雅的“可表达性原则”（principle of effability）一致，博尔茨强调了一个事实，并且迅速得到广泛的认可，即“语言在表达人类思想的能力上是无差别的，至少，每种语言都有能力或潜力来表达其使用者想要表达的东西”[81]。

随着种族科学的衰落和文化相对主义的兴起，20 世纪的历史似乎是一个稳步扩大的跨文化交流和理解的故事。中文语言之“不适应性”的观点基本消失了，至少已经变得不那么张扬和自信了。那些从前辈手里接过大旗的人，如今看来已经因其欧洲中心主义而显得古板拙劣，就像机场书店里浅薄无聊的书一般不值得认真对待。

但实际上，中文语言之“不适应性”的概念不仅从进化论和种族科学的式微中幸存下来，甚至还在新世纪大行其道。其复兴和强化得益于科技的发展，中文语言的适应性问题从带有政治色彩的种

1.11
好利获得公司关于莱泰拉22型号打字机的广告。

族领域败退下来，转而进入了相对清洁的技术设备领域，例如打字机。中文首要的诋毁者是技术专家自己。在20世纪50年代，好利获得公司在宣传其莱泰拉22型打字机时提出“从古代到好利获得”(from Ancient to Olivetti)，这个广告语的背景是两张形成鲜明对比的图片：一边是好利获得打字机，作为时髦和实用的现代性的象征，一边是唐贞观元年（627）在陕西发现的石鼓文，一种上承金文下启小篆的字体——作为古老的象征。(图1.11)

到20世纪下半叶，一个全球性共鸣腔出现了，关于中文在技术语言上是荒谬的、无关紧要的这类陈词滥调在其中回响和重复——不受限制且不经批判。1958年，好利获得公司宣称其打字机“是全语种的”。(图1.12)[82] 不过与雷明顿公司、安德伍德公司一样，它的这种说法的前提也是把一种令其感到沮丧的文字——中文拒之门外。

与此同时，世界上其他地方的人对于键盘打字机的喜爱之情则越发浓烈。打字机首先是一种书写机器，但在此之外，它已然变成一套丰富的符号生态系统，融合了意象、美学、符号意义和怀旧情愫。出于对作者性的崇拜，打字机成了艺术家的合法标志。任何有些名声的作家（不论这种名声是真实的还是自我标榜的），都必须坐在其最喜爱的打字机机型前面拍照，将这一烟雾缭绕的创作场景定格。到 20 世纪中叶，人们对打字机的崇拜相当强烈，美国诗人艾伦·金斯堡（Allen Ginsberg）就在他著名的诗作《嚎叫》（*Howl*）的终篇用这种书写设备来宣告它本身的神圣性。或许他不曾意识到的是，其实还在更多方面，打字机都可以称得上“神圣”（Holy）！[83]

与此同时，与所有其他符号相比，“中文打字机”作为假想的物品，在汉字面临的又一次考验中，成为流传度最高的、遭受非议也最多的证据——汉字再次被认为无法与现代性相容，应当被废除。中文打字机起初被当作参照，用以凸显其更占主导地位的进化论上的对应物，不久后继承了宝座，成为让中文的不适应性观念得以运作的唯一被接受的模式。通过勾画中文打字机那荒诞滑稽的巨兽形象，批判中文的人使自己可以堂而皇之地引用臭名昭著的社会进化论，并在相对清洁和客观的语言的技术适应性领域卷土重来。在 20 世纪，如果再去附和卜德、哈夫洛克、布卢姆等人以社会进化论为基础的观点，或是更早的黑格尔学派前辈的观点，则未免显得有些落魄。然而，对于中文的现代性的漫长审判在 20 世纪却再次

Le macchine Olivetti scrivono in tutte le lingue

Le nostre fabbriche producono per tutti i mercati macchine per scrivere con 170 diverse tastiere

« Illustre A;ieo, Le ;andia;o un elenco di L wone... ». La perfetta dattilografa, la campionessa delle 500 battute al minuto alle gare di dattilografia, la segretaria modello che scrive — secondo i rigidi canoni dei libri didattici — senza degnare di uno sguardo la tastiera ed il foglio di scrittura, facendo due errori di battuta su trenta lettere quotidiane, rimane esterrefatta davanti a tale ignominia, da lei commessa. « Che mai succede? Capogiro? Reazione del subconscio? ».

Si tranquillizzi, signorina, lei sta benissimo. Non stia a disturbare Freud. Suo unico difetto è stato quello di non controllare, prima di iniziare la lettera, che la macchina su cui scrive fosse veramente la sua, quella che adopera abitualmente. Qualcuno, infatti, forse per scherzo, ha sostituito la sua macchina, con tastiera italiana, con una inglese, che ha alcuni tasti disposti differentemente. Le battute erano precise, e se fossero state eseguite sulla solita macchina la frase sarebbe risultata esatta: « Illustre Amico, le mandiamo un elenco di 5 zone... ».

Questo episodio, probabilmente non accaduto, ma che potrebbe benissimo succedere, serve ad introdurci nelle non semplici vicende delle tastiere delle macchine per scrivere, assillante preoccupazione di inventori e costruttori.

Già l'avvocato Giuseppe Ravizza di Novara, sfortunato predecessore dei fabbricanti di macchine per scrivere (i suoi « cembali scrivani », realizzati artigianalmente dal 1855 al 1881, erano strumenti rudimentali che anticipavano i principi base delle moderne macchine per scrivere), intuì che il problema della tastiera rappresentava un elemento di primaria importanza nella sua invenzione.

« Decisamente — egli annotava — il maneggio del " cembalo scrivano " è ben diverso da quello del pianoforte. In questo la mano scorre e salta continuamente ed ha bisogno di un certo agio, nel mio la mano deve stare ferma o quasi raccolta, e le sole dita lavorare, quindi in questo gesto la mano deve stare ed in lunghezza ed in larghezza quanto più si può concentrata e ristretta ed i tasti avere quella sola larghezza che comporta la dimensione delle dita e non più ».

1

1.12
好利获得公司年发表的一篇文章，1958 年。

甚嚣尘上，而且势头远胜于以往，只不过这次的战场是看似中立的技术语言领域。在认知层面上，我们或许可以说，中文使用者在表达自己时可以与西方语言使用者同样完整，因此黑格尔是错的。然而从技术语言角度看，中文使用者显然受制于他们繁杂的文字，它阻碍了文字的普及，限制了电报、打字机、速记法、穿孔卡片计算机等现代信息技术的应用——从这个层面来说，黑格尔又是对的。针对中文的这种现代技术性批判，诞生于由打字机滑动架和滚筒构成的干净的、塑料与金属的世界，而不再基于认知、文化、种族、社会达尔文主义、进化论等带着血液温度的术语，这种批判将按照其古老而久远的先辈们的遗嘱和教诲，以机巧、低调的方式继承其话语遗产的全部内容。

至此，我们已经做好准备，通过耳闻目睹去认识真实的中文打字机。不过，我们应当始终清醒地认识到这样一个事实，即我们对于真实的中文打字机的形态和声音的理解和解释框架，将无时无刻不受到我们此前假想的中文打字机的影响和歪曲。也就是说，我们的眼睛和耳朵并不属于我们自己，而是本章所考察的这段历史的产物。面对“嗒记”及其子孙后代，我们既不会鄙视，也不会故作轻松地忽视（这种做法既虚伪也无益），相反，我们应当怀着一种克制的包容心。从某种意义上说，由雷明顿公司、安德伍德公司、好利获得公司、奥林匹亚公司等公司推向全球的打字机形式与我们并没有多么紧密的“关系”，它离我们很远，与我们之间隔着一层笛卡尔式空虚。这种出现于20世纪，并逐步渗透到一个更加广泛的图像学领域的打字机形式，并不是我们思考的对象，而是我们思考的工具和通道。出于历史的偶然，我们在此刻想到的恰好是雷明顿打字机。

现在，让我们去往中国东南部的宁波，不过不是现在的宁波，而是打字机出现之前的宁波。我们将会看到，中文打字机的“难题”——如何让一种包含了数千个字符的非字母文字与一种新的信息技术相适应——最早出现于19世纪初，当时有一群外国人正在思索中文与两个更早的技术语言系统——活字（movable type）和电报（telegraphy）之间的关系。正是在打字机问世之前的19世纪，中文打字的谜题初见端倪。

注 释

1 "A Chinese Typewriter," *San Francisco Examiner* (January 22, 1900).

2 同上。最后几声喊叫意在模仿广东话关于"1、2、3、4、8、9"的发音。

3 *St. Louis Globe-Democrat* (January 11, 1901), 2–3.

4 Louis John Stellman, *Said the Observer* (San Francisco: Whitaker & Ray Co., 1903).

5 *The Chinese Typewriter*, written by Stephen J. Cannell, directed by Lou Antonio, starring Tom Selleck and James Whitmore, Jr., 78 mins., 1979, Universal City Studios.

6 Bill Bryson, *Mother Tongue: The English Language* (New York: Penguin, 1999), 110.

7 Walter J. Ong, *Orality and Literacy* (New York: Routledge, 2013 [1982]), 86.

8 这些机器的样品存放于意大利帕尔奇内斯的米特霍夫打字机博物馆（Mitterhofer Schreibmaschinen-Museum），此地还有其他若干座公共和私人收藏馆。

9 Edwin Hunter McFarland (1864–1895); George Bradley McFarland (1866–1942).

10 Samuel Gamble McFarland (1830–1897); Jane Hays McFarland (?–1908). 塞缪尔 · 甘布尔和他的妻子从纽约出发，途经好望角和新加坡，去往曼谷，并在这里加入了曼谷的小型长老会布道团。不久，在当地总督的恩遇下，塞缪尔一家搬到了泰国的碧武里府。在之后的 17 年里，塞缪尔一家经由一条耗时三天两夜的划艇航线，频繁往来于碧武里府和曼谷之间。George B. McFarland, *Reminiscences of Twelve Decades of Service to Siam, 1860–1936*, Bancroft Library, BANCMSS 2007/104, box 4, folder 14, George Bradley McFarland, 1866–1942, 2.

11 麦克法兰家的子女——威廉、埃德温（亦称"塞缪尔"）、乔治和玛丽都出生于暹罗，并于 1873 年首次到访美国。当他们在 1875 年 8 月从美国返回暹罗时，威廉和埃德温留在美国上学。

12 Tej Bunnag, *The Provincial Administration of Siam*, 1892–1915: *The Ministry of the Interior under Prince Damrong Rajanubhab* (Kuala Lumpur: Oxford University Press, 1977).

13 McFarland, *Reminiscences*, 5. 这本参考书的第三版出版后，有至少 5 年并未再版，他父亲的离世促成了第四版的发行。后来，他分别于 1916 年、1930 年和 1932 年发行了更多的版本。乔治 · 麦克法兰因这项工作及其他一些活动而受到了多次表彰。在朱拉隆功国王（拉玛五世，1868—1910 年在位）在位时期，他被授予四等白象勋章，被瓦栖拉兀国王（拉玛六世，1910—1925 年在位）授予三等暹罗王室勋章，并被封为首席顾问，"Phra Ach Vidyagama"。此外，他还被任命为朱拉隆功大学医学系荣誉退休教授。McFarland, *Reminiscences*, 3.

14 G. Tilghman Richards, *The History and Development of Typewriters: Handbook of the Collection Illustrating Typewriters* (London: His Majesty's Stationery Office, 1938), 13.

15 "The Hall Typewriter," *Scientific American* (July 10, 1886), 24.

16 见 english.stackexchange.com/questions/43563/what-percentage-of-characters-in-normal-english-literature-is-written-in-capital（2015 年 10 月 26 日访问）。

17 Richards, *The History and Development of Typewriters*, 41.

18 "Accuracy: The First Requirement of a Typewriter," *Dun's Review* 5 (1905): 119; "The Shrewd Buyer Investigates," *New Metropolitan* 21, no. 5 (1905): 662.

19 "A Siamese Typewriter," *School Journal* (July 3, 1897), 12.

20 McFarland, *Reminiscences*, 9.

21 他本将以拉玛六世的名义继承大统，却于 1925 年英年早逝。见 Walter Francis Vella, *Chaiyo! King Vajiravudh and the Development of Thai Nationalism* (Honolulu: University of Hawai'i Press, 1978)；Stephen Lyon Wakeman Greene, *Absolute Dreams: Thai Government Under Rama VI, 1910–1925* (Bangkok: White Lotus, 1999)。

22 拉玛五世国王授予乔治·麦克法兰四等白象勋章，之后，拉玛六世国王又授予他三等暹罗王室勋章和首席顾问"Phra Ach Vidyagama"的封号。1902 年，乔治被任命为曼谷第二教会的长老，后担任基督教工人大会的主席至 1914 年。

23 对于锡拉丘兹居民来说，这一段友好关系非同寻常。1897 年，《学报》（*The School Journal*）上有人撰文表达了对暹罗国王和王后即将访美的兴奋之情。文章自豪地回顾道："暹罗王子曾被派到我国，研制了若干台适用于暹罗文字母的打字机。""史密斯·普莱米尔打字机公司被选择来建造这种机器，相关工作由（暹罗的）大臣主管负责。"见"A Siamese Typewriter," *The School Journal*, 12。史密斯·普莱米尔公司还曾接待过暹罗的新王储，也就是将登基成为拉玛六世的那位年轻人。*Phonetic Journal* (May 15, 1897), 306–307; "Highlights of Syracuse Decade by Decade," *Syracuse Journal* (March 20, 1939), E2; "Siam's Future King Guest in Syracuse," *Syracuse Post-Standard* (November 4, 1902), 5.

24 McFarland, *Reminiscences*, 12.

25 同上，第 13—14 页。

26 同上，第 13 页。

27 同上。乔治的这番哀叹无疑也出于一些个人层面的原因，他的亡兄曾特意选用了双键盘打字机而非切换键盘打字机。正如乔治在他的回忆录中特别点明的，已故的埃德温"之所以选择史密斯·普莱米尔公司（的打字机）作为最符合他的设计目标的机型，就在于其按键很多。"见 McFarland, *Reminiscences*, 9。

28 同上，第 13 页。

29 同上。

30 安德伍德公司是可视化前击式打字技术领域的先驱，安德伍德 1 号机（1897 年）。前击式可视化打字技术是由弗朗茨·X. 瓦格纳（Franz X. Wagner）研发的，最初属于约斯特公司（Yost Caligraph）。约翰·T. 安德伍德（John T. Underwood）收购了这一设计，并随之创建了一家公司，对业界巨头雷明顿公司构成了严峻竞争。Richards, *The History and Development of Typewriters*, 43; A. J. C. Cousin, "Typewriting Machine," United States Patent no. 1794152 (filed July 13, 1928; patented February 24, 1931).

31 此后，乔治就告别了打字领域，把精力放在家族的其他遗产上。他重建了碧武里教堂，该教堂最早是由他的父亲修建的，同时，他还主持了对其父的暹罗语词典的再版和扩充工作。见 McFarland, *Reminiscences*, 14。

32 Photographs, October 23, 1938, George Bradley McFarland Papers, box 3, folder 15, Bancroft Library, University of California, Berkeley.

33 1886 年，该公司收购了雷明顿公司的股份，并于 1903 年将其制造部改组为雷明顿打字机公司（后于 1927 年改为雷明顿 · 兰德有限公司）。Wyckoff, Seamans & Benedict, *The Remington Standard Typewriter* (Boston: Wyckoff, Seamans & Benedict [Remington Typewriter Co.]), 1897, 7.

34 Wyckoff, Seamans, and Benedict, *The Remington Standard Typewriter*, 33–34.

35 同上，第 16—17 页。

36 *Remington Notes* 3, no. 10 (1915); Richards, *The History and Development of Typewriters*, 72. 在 1893 年的哥伦比亚世界博览会上，雷明顿公司发行了一套印有密西比（Missipi，亦称埃德娜 · 鹰羽 [Edna Eagle Feather]）的明信片，密西比属于美国奥赛治族印第安人，是首个学会速记法和打字的印第安人。

37 最著名的指针式打字机是米扬（Mignon）打字机，最初于 1904 年由 A. E. G. 公司在柏林建造，据称每分钟可打 250—300 个字符。见 Richards, *The History and Development of Typewriters*, 45。

38 McFarland Papers, Bancroft Library, University of California, Berkeley, box 3, folder 14.

39 "Typewriters to Orient: Remington Rand Sends Consignment of 500 in the Mongolian Language," *Wall Street Journal* (April 26, 1930), 3.

40 "Ce n'est donc pas sans fierté, que la Maison Olivetti contribue à leur marche en avant par son apport de machines à écrire." "La Olivetti au Viet-Nam, au Cambodge et au Laos," *Rivista Olivetti* 5 (November 1950): 70–72, 71.

41 "Le Clavier Arabe," *Rivista Olivetti* 2 (July 1948): 26–28, 26.

42 关于在上述博物馆里收藏的这些机器的更为完整的情况，请见本书参考资料中的"机器"部分。

43 Samuel A. Harrison, "Oriental Type-Writer," United States Patent no. 977448 (filed December 15, 1909; patented December 6, 1910).

44 同上。

45 Richard A. Spurgin, "Type Writer," United States Patent no. 1055679 (filed August 11, 1911; patented March 11, 1913). 1921 年，埃尔伯特 · S. 道奇（Elbert S. Dodge）提交了一份专利申请，其内容是将打字机调整至可适用于"希伯来文和类似语言"的方法。凭借这一专利，雷明顿公司再一次保持了与时俱进。道奇解释道："该发明的一个明确目标就是对雷明顿打字机械进行调整，通过微小的结构性改动，使进纸方向与常规相反。" Elbert S. Dodge, "Typewriting Machine," United States Patent no. 1411238 (filed August 19, 1921; patented March 28, 1922).

46 Selim S. Haddad, "Types for Type-Writers or Printing-Presses," United States Patent no.

637109 (filed October 13, 1899; patented November 14, 1899).

47 同上。

48 同上。

49 同上。

50 瓦萨夫·卡德里（Vassaf Kadry）提出了一个类似的方案，他是驻地位于君士坦丁堡的安德伍德打字机公司的转让人。见 Vassaf Kadry, "Type Writing Machine," United States Patent no. 1212880 (filed January 15, 1914; patented January 30, 1917)。卡德里自称是土耳其苏丹的臣民。

51 Baron Paul Tcherkassov and Robert Erwin Hill, "Type for Type Writing or Printing," United States Patent no. 714621 (filed November 21, 1900; patented November 25, 1902).

52 1910 年，纽约州马塞勒斯市的赫伯特·H. 斯蒂尔（Herbert H. Steele）提交了一项阿拉伯文打字机的专利申请，并将该专利技术转让给蒙纳克（Monarch）打字机公司。虽然被泛泛地冠以"阿拉伯文打字机"之名，但这一专利申请的重点却十分具体，也就是聚焦于蒙纳克打字机的滑动架机制上，并对其进行调整以打印阿拉伯文字。斯蒂尔解释说："我的发明的首要目标就是制作一个高效的滑动架进纸结构，以将其应用于一台专门书写阿拉伯语及类似语言的打字机，在其中，滑动架步进运动的方向需要是从左向右，而不是从右向左，而且打某些字符时要求滑动架的滑动幅度相对更大。" H. H. Steele, "Arabic Typewriter," United States Patent no. 1044285 (filed October 24, 1910; patented November 12, 1912). 1917 年，塞义德·哈利勒（Seyed Khalil），自称生于波斯的卡尚市的发明家和"自由职业者"提交了一份专利申请，并将该专利转让给安德伍德打字机公司，该专利申请于 1922 年 1 月获得签发。哈利勒于 1916 年移民到美国，并在 26 岁生日后不久提出了对于阿拉伯文打字技术的见解。他认为，自己的设计在某种程度上与切尔卡索夫（Tcherkassov）和希尔（Hill）的设计是相反的。他表示，他们所采用的这种无语义的图形元素虽然调和了阿拉伯文书写与打字机之间的矛盾，但这会导致打字速度过慢，并使打字员负担过重。此外，哈利勒还认为，这种阿拉伯文打字方案会使人们产生一种错误的认识，即认为"这种语言的某些字母在打印时必须发生扭曲"。在哈利勒的打字机上，每个字母只有两个形式：一个词尾形和一个非词尾形。而且，哈利勒也看到了自己这台打字机所具有的更广泛的应用空间，除阿拉伯文外，还可适用于波斯文、印度斯坦文和土耳其文。见 World War I Draft Registration Card (United States Selective Service System, World War I Selective Service System Draft Registration Cards, 1917–1918, National Archives and Records Administration, Washington, DC, M1509)；World War Two Draft Registration Card (United States Selective Service System, Selective Service Registration Cards, World War II: Fourth Registration, National Archives and Records Administration Branch locations: National Archives and Records Administration Region Branches); Seyed Khalil, "Typewriting Machine," United States Patent no. 1403329 (filed April 14, 1917；patented January 10, 1922); Fourteenth Census of the United States, 1920 (National Archives and Records Administration, Washington, DC, Records of the Bureau of the Census, record group 29, NARA microfilm publication

T625)。

53 H. H. Steele, "Arabic Typewriter."

54 1917 年，约翰 · H. 巴尔（John H. Barr）和阿瑟 · W. 史密斯（Arthur W. Smith）提交了一份阿拉伯文打字机的专利申请，改动最小化原则在这一申请书中再次得到了体现。作为雷明顿公司的专利技术转让人，巴尔和史密斯在专利申请书中写道："我们这项发明的另一个目标，是使一台用来书写英文或其他欧洲语言的普通打字机械在保持现有的结构特征不变或仅仅稍加改造，即可较容易地作为一台所谓的阿拉伯文打字机来被使用。"此外，他们所提出的这种机械改造不仅涵盖阿拉伯文，还可拓展至土耳其文、波斯文、乌尔都文、马来文和"除阿拉伯文以外的其他许多文字"。约翰 · 亨利 · 巴尔是康奈尔大学机械工程和机械工艺系机械设计专业的副教授。见 *The Cornell University Register 1897–1898*, 2nd ed. (Ithaca: University Press of Andrus and Church, 1897–1898), 18 ; John H. Barr and Arthur W. Smith, "Type-Writing Machine," United States Patent no. 1250416 (filed August 4, 1917, patented December 18, 1917)。

55 Georg Wilhelm Friedrich Hegel, *The Philosophy of History*, trans. John Sibree (New York: Wiley Book Co., 1900 [1857]), 134.

56 Edward W. Said, *Orientalism* (New York: Vintage Books, 1979); Rey Chow, "How (the) Inscrutable Chinese Led to Globalized Theory," PMLA 116, no. 1 (2001): 69–74; John Peter Maher, "More on the History of the Comparative Methods: The Tradition of Darwinism in August Schleicher's work," *Anthropological Linguistics* 8 (1966): 1–12; Lydia H. Liu, *The Clash of Empires: The Invention of China in Modern World Making* (Cambridge, MA: Harvard University Press, 2004: 181–209). 比如，另见 August Schleicher, "Darwinism Tested by the Science of Language," trans. Max Müller, *Nature* 1, no. 10 (1870): 256–259。

57 Samuel Wells Williams, "Draft of General Article on the Chinese Language," n.d., Samuel Wells Williams family papers, YULMA, MS 547 location LSF, series II, box 13, 3.

58 Samuel Wells Williams family papers, YULMA, MS 547 location LSF, series II, box 13, 3.

59 Peter S. Du Ponceau, *A Dissertation on the Nature and Character of the Chinese System of Writing* , *Transactions of the Historical and Literary Committee of the American Philosophical Society*, vol. 2 (1838).

60 "Du Ponceau on the Chinese System of Writing," *North American Review* 48 (1848): 306.

61 同上，第 272—273 页。

62 Henry Noel Humphrey, *The Origin and Progress of the Art of Writing : A Connected Narrative of the Development of the Art, Its Primeval Phases in Egypt, China, Mexico, etc.* (London: Ingram, Cooke, and Co., 1853). Creel cites the second edition, published in 1885. Herrlee Glessner Creel, "On the Nature of Chinese Ideography," *T'oung Pao* 32 (2nd series), no. 2/3 (1936): 85–161, 85.

63 *China As It Really Is* (London: Eveleigh Nash, 1912), 154.

64 同上，第 160 页。

65 W. A. Martin, *The History of the Art of Writing* (New York: Macmillan, 1920), 13. Cited

in Creel, "On the Nature of Chinese Ideography," 85–161, 85.

66 Bernhard Karlgren, *Philology and Ancient China* (Cambridge, MA: Harvard University Press, 1926), 152.

67 T. T. Waterman and W.H. Mitchell, Jr., "An Alphabet for China," *Mid-Pacific Magazine* 43, no. 4 (April 1932): 353.

68 Creel, "On the Nature of Chinese Ideography," 85.

69 同上，第 86 页。

70 同上，第 160 页。

71 Geoffrey Sampson, *Writing Systems* (Stanford: Stanford University Press, 1985).

72 Jack Goody, *The Interface between the Written and the Oral* (Cambridge: Cambridge University Press, 1987), xvii–xviii.

73 同上，第 64 页。

74 Jack Goody, "Technologies of the Intellect: Writing and the Written Word," in *The Power of the Written Tradition* (Washington: Smithsonian Institution Press, 2000), 138.

75 Havelock, *Origins of Western Literacy*, 18; Robert Logan, *The Alphabet Effect* (New York: William Morrow, 1986), 57.

76 Goody, "Technologies of the Intellect," 138.

77 Goody, *The Interface between the Written and the Oral*, 37. 李约瑟在这一问题上的看法有过转变。在《中国科学技术史》第二卷中，他对中文提出了怀疑，认为这是中国未能实现像西方那样的科学革命的一个潜在原因。他写道："有朝一日，我们需要探讨中文与印欧语言在语言结构上的差异对中西方逻辑结构之差异的影响究竟有多深。"当这"有朝一日"到来时，李约瑟宣布了他的结论："表意语言的抑制性影响显然被高估了。""事实证明，运用古代和中世纪使用的可定义的技术术语，为科学及其应用领域的各种事物和观点编写大型术语表的做法，是可以实现的。时至今日，这门语言（中文）也未对当代的科学家们构成阻碍。如果中国社会的社会经济因素允许或有利于西方那种现代科学的发展，这门语言早在 300 年前就已经变得适用于科学表达了。" Joseph Needham, *Science and Civilisation*, vol. 2 (Cambridge: Cambridge University Press, 1956), 199; Joseph Needham, "Poverties and Triumphs of the Chinese Scientific Tradition," *in Scientific Change (Report of History of Science Symposium, Oxford, 1961)*, ed. A. C. Crombie (London: Heinemann, 1963).

78 Alfred H. Bloom, "The Impact of Chinese Linguistic Structure on Cognitive Style," *Current Anthropology* 20, no. 3 (1979): 585–601.

79 Derk Bodde, *Chinese Thought, Society, and Science: The Intellectual and Social Background of Science and Technology in Pre-Modern China* (Honolulu: University of Hawai'i Press, 1991), 95–96.

80 William C. Hannas, *Asia's Orthographic Dilemma* (Honolulu: University of Hawai'i Press, 1996); William C. Hannas, *The Writing on the Wall: How Asian Orthography Curbs Creativity* (Philadelphia: University of Pennsylvania Press, 2003).

81 William G. Boltz, "Logic, Language, and Grammar in Early China," *Journal of the American Oriental Society* 120, no. 2 (April–June 2000): 218–229, 221.

82 "Le macchine Olivetti scrivono in tutte le lingue," *Notizie Olivetti* 55 (March 1958): 1–4.

83 Allen Ginsberg, *Howl and Other Poems* (San Francisco: City Lights Publishers, 2001).

2 第二章

谜一样的中文

在已知世界的所有语言当中，最难以用活字表现的无疑是中文；时至今日它都令欧洲最老练的活字排印师大伤脑筋。

——

法国刻印师和字体设计师李格昂，1838 年

1858年，生于爱尔兰的美国印刷专家姜别利（William Gamble，1830—1886）来到中国，奉命主持位于上海以南100英里（约160.9千米）的宁波长老会传教印刷馆（Presbyterian Mission Press in Ningbo，亦称“宁波华花圣经书房”）的运营事务，留下了蚊翼般薄薄几页印刷汉字的工作笔记。它能够在那4年的无趣时光里被保存下来，可以说是一个奇迹。

笔记的每一页都被划分为15×15的网格，这使得每一页可以印刷200多个汉字。在每个单元格里，有一种更小的、4×4的网格作为引导，帮助印刷人员排出结构匀称、尺寸优雅的汉字。这本笔记现存于美国首都华盛顿的国会图书馆，是姜别利遗物当中较为私人的部分。[1]

不过，姜别利并不用这本笔记本来练习笔法，而是将它作为一种类似于账本的东西，用来记录他和两位中国助手在大量中文文本中统计的汉字频率的数据。经过4年不懈的努力，姜别利和被他称为“Mr. Tsiang”（蒋、江或姜先生）和“Mr. Cü”（屈或曲先生）的两位中国同事一共翻阅了4000多页文本，检查了大约1300000个汉字。[2]他们逐行记录，计算每个汉字的出现次数，并把这些数据整理到手写表格中。

只要想象一下他们当时的劳动场景，我们就可以清楚地体会到这种开拓背后的坚强毅力：持续不断地对《大学》、《道德经》等文本进行机械的“反阅读”（anti-reading），将内容拆分，分解成基础单元，然后按照频率高低排序。[3]《庄子》玄奥又优美：“不知周之梦为胡蝶与？胡蝶之梦为周与？”但这并不是姜别利当时关注的重点。对于姜别利来说，通过这4年的努力，他想要掌握的是《庄子》文章的基本成分，即《庄子》一书是由占8%的“之”字，5%的“而”字，5%的“不”字，4%的“也”字和少量“胡”和“蝶”组成的混合体。[4]

对于姜别利这种对统计的执念，我们不免会问：他发现了什么？出现频率最高和最低的汉字分别是哪个？这对于我们所探讨的中文技术语言现代性的问题来说又意味着什么？这就是问题的答案吗？虽然本章会回答这些重要问题，但我们的首要关注是通过深挖姜别利的工作，由此探寻：他到底是如何解决这个谜题的？这个特别的谜题又导致了怎样的结果？在围绕汉字可能提出的众多问题中，他为何偏偏决定花费4年的时间和精力来寻求这个问题的答案？也就是说，在考察中文书写“之谜”时，我们首先要做的不是提出解决这个谜题的办法，而是追究这个谜题本身。首先，中文为何会被视为一个需要解决的谜题，而人们为何对它如此着迷，以至于可以让一个人付出4年艰苦劳作？此外，姜别利为何要将中文转化为一种以计数和统计为解决前提的谜题？

我们可能会觉得，中文的体量如此庞大，肯定需要做此类繁琐的调查。毕竟，中文的字汇（lexicon）数以万计，而且随着历史的发展还在稳定增长。（图2.1）东汉时期许慎（约58—约147）

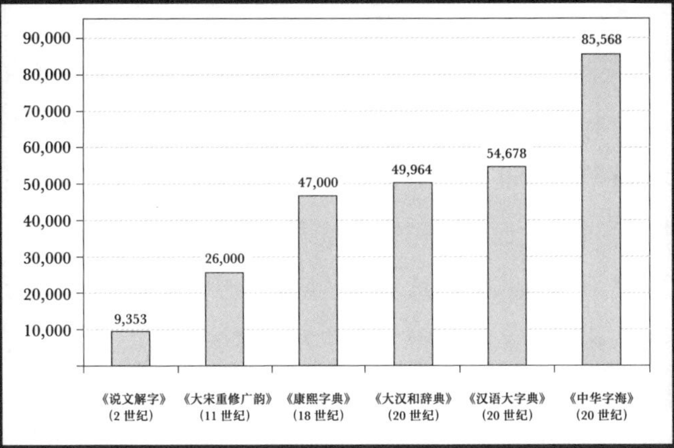

表 2.1
中文字汇数量随着时间递增

编写的早期汉语字典《说文解字》中收录了 9353 个汉字和 1163 个异体字，为此后的汉字编纂工作奠定了基础。[5] 陈彭年于 1011 年编撰完成的《大宋重修广韵》收录汉字 26000 多个，比前者多了不止一倍。1716 年，《康熙字典》收录汉字达 47000 多个。到 20 世纪，三项重大的字典编撰工程——《大汉和辞典》《汉语大字典》《中华辞海》收录的汉字数量进一步增加，分别为 49964 字、54678 字和 85568 字。对于所有人，不论是印刷商、学者还是学生，都会面临这样一个难题：人类记忆、铅字架、电码或打字机怎样才能“容纳”如此广博丰富的中文？要探究其谜一样的不可捉摸性，我们似乎应从这种语言本身入手。

不过，在这个问题上，常识再一次失效了。正如本章将要论证的，不论某个“中文之谜”在我们事后回顾时显得多么自然而然或不可避免，所有的“中文之谜”实际上都是被历史性地建构出来的、可变的。换言之，在中文可以被形容为“谜”之前，它一定是在某个时期，某种技术语言框架下令某一群人感到“迷惑”。从不存在一个固有的或先天的“中文之谜”，直接脱胎于中文书写所内秉的复杂性或奇异性；相反，有的只是特定的谜题，形成于特定的历史背景和技术语言环境下，其中有的延续了下来，有的则没有。那些延续下来的谜题经过反复述及和记忆，被人们视为恒定的、自然的和先天的；而有些之所以未能延续下来，则是由于它们对于那些所谓的解决谜题的人来说根本不值得为此费力。这些问题虽然令人迷惑，但并未成为谜题，它们被悄无声息地遗忘了。

本章的标题是“谜一样的中文”（puzzling Chinese）而不是“中文之谜”（Chinese puzzles），这乍看起来有些奇怪。这种表述主要基于两个考虑。第一，由于中文没有字母文字书写系统，人们可能容易认为汉字天然令人迷惑，但历史告诉我们，中国历史的大部分时期，都交织着与其他字母文字邻邦同样惊人的文明成果和灾难。在上一个千年的中叶，明朝时的中国是世界经济的引擎之一，也是世界上最大的人口中心之一，而文化、文学和艺术生产更是无与伦比——这些成就都是在没有字母的情况下取得的。如果游历16和17世纪的中国，我们会看到一个正在经历城市化加速发展和人口爆发式增长的社会，印刷文化蓬勃发展，更不用说一批巨富商贾家族的兴起，他们的巨额财富某种程度上就是通过跨地区贸易赚取的。此外，通过一个遍及整个帝国的银号和金融系统，来自新世界的波托西（Potosí）的大量白银被源源不断地输送到这里——这些都是在没有字母的情况下发生的。在1911年，也就是俄国十月革命爆发的6年前，中国的革命者推翻了长达2000多年的封建制度——这也是在没有字母的情况下发生的。1949年后，经历了导致灾难性后果的“大跃进”和“文化大革命”，后来进入改革开放时期，建设成为新的经济强国——都是在没有字母的情况下发生的。因此，认为中文之令人迷惑是固有的、贯穿始终的，这是完全错误的。第二，即使我们放眼 19 世纪，当强大的基于字母文字的信息技术的出现让汉字在客观上处于不利地位时，中文也从未构成一个独特的或持久的“谜题”。相反，中文之“谜一样”总是存在于旁观者的眼中，存在于特定的技术语言背景之下——从来都不是汉字本身的任何固有属性造成的。

在本章中，我们将会探讨三种将中文解谜的方式，它们截然不同，但都出现在 19 世纪，分别是常用字（common usage）、拼合（combinatorialism）和代码（surrogacy）。正如我们在姜别利的工作中看到的，第一种方式——“常用字”之所以存在，是基于我们对中文的一种假设，这种推定非常普遍，且被认为理所当然，甚至不值一提：中文书写的基础单元是“汉字”，而中文里有成千上万个汉字。从这一点出发，为实现中文的技术语言现代性而开展的常用字研究，其目标是将中文的字汇提炼到最精简，这也就要求我们像姜别利和他的助手们一样，从事艰苦的数据统计工作。常用字研究在技术语言上的目标是建立一套仅包含整个语言中最常见的汉字的书写技术。本章第一部分将重点探讨这一问题。

不过，就在姜别利忙着统计数万个汉字的时候，还有一群人正根据另一个完全不同的假设，以一种截然不同的方式将中文解谜。第二种方式——“拼合”是基于将中文视为一种准字母文字（quasi-alphabetic script）的假设。人们可以将汉字分解成一套组件，用它们构建或“拼写”出汉字。汉字不能根据发音“拼写”，但或许可以通过一套重复出现的组件“拼写”。在这项研究中，需要的不是缩减中文字汇数量，而是批判性地重新解读中文书写本身的要素，将“单词”和“拼写”的概念移植到汉字上面，重新审视汉字的构件——通常被称为“部首”，类似于拉丁字母中的字母。这种拼合的解谜方式彻底改变了人们对于中文最为直观、最“显而易见”的特点的认识，即中文是由大量的被称为“字”的基础单元构成的。如果说汉字不像常用字研究所认为的那样是中文里最小的、不可再拆分的单元，如果说中文还可以进一步被分解为一些更为基础的、可重复的东西，那么中文技术语言现代性的谜题则有望在这个层面得到解决。从这一谜题中发展出来的解决方案也就是后来的“拼合活字”（divisible type），我们将在本章第二部分着重论述。[6]

此外，还有另一种将中文解谜的方式，也就是被我们称为“代码”的第三种方式。与前两种不同，它既不基于对汉字的计数和排序，也不基于对汉字的拆分，而是基于可以用来替代或指代汉字的符号系统——特别是在新兴的电报技术领域。根据这种思路，汉字仍然作为中文的基础单元，但不是直接使用，而是被一个一个单独隔开，纳入汉字电码本、数据库或更加抽象的人类的记忆和“心目”中，然后可以根据特定的协议“检索”出来。因此，解谜者的首要任务既不是像常用字法那样攻克中文海量的字汇统计攻关，也不是像拼合法那样将汉字分解为构件，而是开发出更加高效的指令、存取、数据库处理、搜索和检索技术，我们将在本章最后部分专门讨论。

因此，本章并没有将“中文之谜”作为我们历史的一个理所当然的起点，而是首先去挖掘使这些谜题能被想到、有意义、可解决和值得思虑的那些潜在的，且经常不可见的假设。此外，正如我们将在后续章节中看到的，正是这些逻辑和假设——即使在姜别利及其同时代人被忘却很久之后——仍在持续地影响着人们对中文技术语言现代性的追求。也就是说，即使到了后来的打字机时代，这三种逻辑还会再次登台亮相。

让排字工人坐下来：活版、常用字和语言包围战

让我们回到本章开头提出的那个问题——是什么驱使姜别利下决心从事这一计数、统计工作？我们从他本人的记述中找到了重要线索。姜别利在1861年的著作《〈圣经〉及其他二十七册书精选通用汉字二辑》（*Two Lists of Selected Characters Containing All in the Bible and Twenty Seven Other Books*）的前言部分提到中文铅字时写道："不仅活字本身占据很大空间，而且排字工人每排一个活字，都要从字盒中挑选，这不可避免地耗费了大量时间，并且让排字工作变得既昂贵又沉闷。"[7] 打字机发明后，语言学家、工程师和语言改革者便试图解决中文与打字技术之间的这种"不相容性"，但在比这更早的几十年前，姜别利就在试图解决另一个更早的"不相容性"：汉字与活版印刷。

在19世纪中期，外国的印刷商就纷纷指责中文给活版印刷工作带来了巨大挑战——不过，活版印刷技术最早发明于中国，比美因茨（Mainz）的约翰内斯·古腾堡（Johannes Gutenberg）发明西方活版印刷术早了400多年。如此想来，这种指责就很奇怪了。

11 世纪，毕昇（990—1051）发明了泥活字——在印刷时被排列在一块带框铁板中，并用胶剂固定。14 世纪，王祯（活跃于 1290—1333）在书中提到了木活字的用法。到 15 世纪末，铜和其他金属也逐步被用于制作活字。[8] 虽然在这一时期雕版印刷术仍然占主导，但活版印刷术的技法也得到了持续的改进。这可以体现在清朝早期的一个案例中：1773 年，乾隆皇帝（1736—1795 年在位）授权开展一项浩大的图书编撰工程，目的是从规模更为浩大的《四库全书》中遴选 126 部中文珍本，并加以汇总、出版和发行。[9] 皇家印书局（武英殿）主事金简上书皇帝，请求皇帝下旨雕刻 15 万枚木活字，并从中挑选约 6000 个常用字，并根据需要分别复制 10 至 100 枚活字。[10] 与雕版印刷和手工刻制母版不同，活版印刷需要操作者高度关注特定文本排版所需的不同字符的总数，以及每个字符需要的活字的数量——也就是它们出现的相对频率。

在武英殿内部，金简按照排字工人身体的活动量将中文字汇划分为两大类别——将汉字使用频率的高和低转化为排字工人距离字架的近和远。金简写道："间有隐僻之字，所用不多而备数亦少，仍按集另立小柜置于各柜之上，自能一目了然。"经过初步划分后，金简再按照"部首 - 笔画"系统对这些汉字进行二级分类。这种分类系统可追溯至明朝（1368—1644）晚期，并在 18 世纪清朝（1644—1911）早期的《康熙字典》中被官方采用。[11] 这部字典是康熙皇帝（1661—1722 年在位）下令编撰的，它按照汉字的基本组成部件（或称"部首"）将 4 万多个汉字划分为 214 个类别。例如，将"他"、"作"以及其他用"亻"部构成的汉字归为一类，将"洪"、"湖"等以"氵"部构成的汉字归为一类。然后按照笔画数对这214个类别进行二级排序。例如，由于“亻”是2画，“氵”是3画，因此“他”和“作”的位置在字典中要比“洪”和“湖”靠前。[12] 在这214个类别中，还有一个三级排序规则，即按照汉字除部首外剩余部分的笔画数进一步排序，按照此规则，总共5画的“他”字就要比总共7画的“作”字靠前。[13] 直到20世纪，这仍然是中文字典主流的文字编排规则。

当金简和那些排字工人走向一个个字柜，在字柜和印刷机之间往来穿梭时，他们可以说是穿行在一个中文的实体模型之中。[14] 西方的排字工人在排字时是包围着一个装满字母活字的字体盒的，与此形成鲜明对比的是，中国的排字工人则被汉字包围。中文活字这种独特的空间特性让姜别利及其同时代人非常苦恼，他们对中文活字的批评越来越多，因为他们对“活字”本身的有效定义中存在一个令人难以察觉的“偏移”。尽管他们知道，这种印刷术是在中国发明的，是为汉字发明的，但姜别利等人仍然相信，有朝一日，中文将像当时有人所说的那样，被纳入“欧洲活版排印的范畴”。[15] 其中所谓“欧洲活版排印”具有一种特殊含义，即认为中文活字是欧洲活版排印的低级形式，这种低级体现为金简那代人排字时的漫游和奔波，也就是在汉字里穿行的过程。在姜别利看来，真正的活字紧密结合了固定位操控（sedentary mastery）理念——西方的排字工人可以固定地站在他的字架前，包围着文字。在这些假定之下，“活字”（movable type）的定义发生了变化：它不再局限于严格的技术含义——一种将“字体”雕刻铸造为模块化的“活动”铅字的印刷技术（金简的方法无疑是符合这一标准的），而是只有当排字工人在排字时处于固定位，“活字”才能被真正称为活动的（这一点中文排字法肯定是无法满足的)。[16]

在这三种中文的“解谜方式”中，第一种是在这样的背景下形成的：计数阅读、频率分析和不断扩充的中文语料库将很快构成一个新的认识论框架的主干。这个新的“中文之谜”肇始于1810年，当时小斯当东（George Staunton）将《大清律例》首次译介到英语世界。英译本一经出版，学者和政治家便簇拥在这扇窗口前，一窥神秘的天朝上国法理——正如历史学家陈利提出的，这是“西方人认识中国法律，以及从总体上认识中华文明的一个里程碑事件”[17]。一些人将小斯当东称为英国第一位汉学家，不论家庭出身还是职业背景，他都享有便利的条件，这使他成为这部律法理想的翻译者和编辑者。小斯当东是英国外交官和汉学家乔治·伦纳德·斯当东（George Leonard Staunton）的儿子，并在1793年英国特使乔治·马戛尔尼（George Macartney）率团访问乾隆王朝期间担任书童。他很早就开始学习中文，后来担任英国议会议员和东印度公司的高级官员。

小斯当东的《大清律例》译本在一定程度上为现代汉学奠定了基础。该译本出版后，很多东方学家、印刷商、教育家和出版商对小斯当东在翻译过程中的一个发现产生了浓厚的兴趣，这个发现就是他在翻译过程中对不同汉字的数量统计。小斯当东指出，《大清律例》尽管规模庞大、体例复杂，但大体上是由2000个不同的汉字组成的——相对于当时中国最权威的、收字47000多个的《康熙字典》而言，仅占其中很小一部分。2000个汉字，这个数字让很多人都感到不可思议：如果只需要5%的汉字就可以印刷和阅读如此重要的法律文本，那么用中文书写的其他各类经典是否也是如此呢？对于那些长期以来认为“数万个”汉字是无法攻克之难题的外国印刷商和汉语学习者来说，这将意味着什么？小斯当东的作品不但为“中文之谜”提供了一种潜在的解决方案，还提供了一种更强有力的东西：一种将中文转化成“谜题”的方式。换言之，也就是这个谜题本身。

小斯当东关于中文常用字的这一“发现”在跨国的汉学家群体中引起了震动，余震可能持续了几十年。对于海外的中文印刷商来说，他的发现为大规模削减汉字铅字的数量提供了可能——缩减到5000个左右，而非50000个，却仍能满足他们的印刷需要。正如小斯当东的这一初步发现所表明的，或许可以通过设立围墙的方式划分绵延起伏的中文领地，从而将中文包围起来，让往来奔波的中文排版工人坐下来。如此，这种中国汉字的解谜方式就是在形成一种边界：通过严密的、艰苦的分析，确定中文字汇中哪些汉字是真正“必要的”，哪些是无足轻重或偶见的。在成熟的中文教学体系尚未形成的时代，对于外国的中文学习者来说，只需集中精力掌握这门语言当中的一部分核心文字，而不必在那些“无用的”汉字上耗费精力便可学成，这种想法极具吸引力。印刷商和学习者立即着手在必要汉字和非必要汉字之间设定界线，将中文文本投放到理性的酸池中加以溶解，以期通过科学的方法来决定将自己的精力和财力集中投向哪里。由此，对中文进行“远读”（distant reading）的时代开始了。

很快，学者们将小斯当东关于《大清律例》的观察延伸到其他文本上。常驻孟加拉地区的传教士马士曼（Joshua Marshman）宣称：“《论语》全书仅包含3000个不同的汉字。”[18] 据《传教士先驱报》

(*Missionary Herald*) 报道，历史小说《三国演义》仅由 3342 个不同的汉字构成。本章开篇所提到的传教士印刷者姜别利则相当准确地认定，儒学的“四书”只需要 2328 个不同的汉字即可印刷；“五经”只需要 2426 个；而儒家的“十三经”——《诗经》《书经》《周礼》《仪礼》《礼记》《易经》《左传》《公羊传》《穀梁传》《论语》《尔雅》《孝经》《孟子》——只需要 6544 个不同的汉字。[19] 随着时间的推移，外国人似乎在以常用字的方式将中文解谜的道路上稳步前进。

不过，在以这种方式将中文解谜的过程中，“常用字”的框架却引起了一种深刻的，可以说是无法解决的矛盾——在实现中文技术语言现代性的进路上，它或许将成为人们始终挥之不去的梦魇。与我们所认为的“奔走”和“久坐”，“大地”和“栅栏”等对比意象不同，中文本身总是在游移嬗变之中，而且会一直变化下去。正如历史学家所熟知的，在 19 世纪末 20 世纪初的几十年里，中文词汇发生了巨大的变化，经历了大规模的扩充，数千个新词从近邻日本涌入，还有更多则是由中国译者根据外语文本创造的。在中文常用字活字的背景下，新词语的出现和其他词汇变化对中文活版印刷产生了巨大影响，这是西方字母活字领域所不曾经历的。我们可以设想，在某个历史时期，西方的排字工人们会遭遇“hegemony”（霸权）、“colonialism”（殖民主义）等新词，但这些新词并不会给排版工作带来太大麻烦，这与组合“my”“he”“gone”“on”“oil”“calm”等常用词一样简单。不论一个德语、英语、法语或意大利语单词多么新颖和生僻，使用字母活版时所需的字母与那些常用词的字母都是一样的——除非在印刷外来词时，可能会用到一些本国文字中没有的特殊字母。相反，在中文里，“常用字”是一个零和博弈，因为任何一个新字的纳入都需要将另一个字排除——换句话说，这需要持续不断重新设定“常用字”和“非常用字”之间的边界。

此外，那些对“常用字”解谜方式感兴趣的外国传教士和印刷商，实际上是想改变中文的词汇基础：引入新的词语和概念，不论是关于现代性、基督救赎，还是其他的。为此，如果外国印刷商已经非常精确地确定了需要多少种汉字来复制他们在 19 世纪发现的中文语料库——例如印刷儒家经典，我们可能认为这在常用字谜题中是一个复制性或描述性要务——他们也就计算出了介入这个语料库所需的汉字数量——以将某些作品首次用中文印刷出来，我们可以称其为常用字谜题的规范性要务。姜别利发现，《旧约》的中译本全文 503663 字，但印刷所需的汉字只有 3946 个。《新约》的中译本全文 173164 字，一共只有 2713 个不同的汉字。而印刷《新约》和《旧约》，一共只需 4141 个不同的汉字。1861 年，姜别利在《〈圣经〉及其他二十七册书精选通用汉字二辑》中归纳了他的发现，旨在为传教士印刷商和从事布道事业的教员提供参考。姜别利不无骄傲地宣称：“通过这些事例可知，我们能够将一大套中文金属活字排布得更加紧凑，使排字工人在一步之内便可拾取所需的任何活字；同时将大约 500 个最常用的汉字放到一起，便可将超过 3/4 的用字信手拈来，这几乎与英国印刷厂里罗马活字的布置方式一样便捷。”[20]

在 19 世纪，常用字研究是外国人第一种“将中文解谜”的方式，也是最普遍的方式。只要给够时间，任何一个阅读中文的外国人都可以将一部部中文文本分解，为这个中文大溶解工程贡献力量。通过将中文溶解在统计学的酸池里，帮助西方的教友清楚地划分中文里什么是必须掌握的，什么又是可忽略的——这已成为一个新的逻辑和视角，经由它，外国人可以对作为非字母文字的中文有所认识。得益于这些“常用字”，丰富广博的汉字再也不是不可逾越的了。从此，这个谜题有了解决方案。

正如我们将在下一章看到的，这种方法很快就在中国，而且是在 20 世纪上半叶的中国知识分子内部盛行起来。随着中国学者及其助手将数量空前的中文文本付诸计数阅读，“中文常用字”分析工作的规模呈现爆发式增长。小斯当东、姜别利等人解析的只是儒家经典、法律典籍和《圣经》，而中国学者则很快就开始解析新闻报纸、教科书、文学作品等更多文本类型。针对中文技术语言现代性的这种“常用字”方法也从活版印刷和语言学习领域拓展到了一个拥有巨大潜能的新的信息技术领域：打字机领域。

不过，这种解谜方式也有副作用。正如我们将要探讨的，这种建立在“常用字”理论和实践之上的中文的现代性永远也达不到全面或稳定。不论是活版印刷、语言教学、打字技术还是计算机技术，任何以常用字为基础的技术都始终无法容纳中文之整体。在任一特定时期，只能有一小部分中文得以参与所谓的中文技术语言现代性的构想。此外，用于分隔汉字之“纳入”和“排除”的界限永远也不可能长期保持固定或稳定——它们会随时代发展不断变化。而不同的社会派别和政治派系将为争夺这些界限的划定权永远争斗下去。这将是任何以这种常用字法来实现技术语言现代性的努力将要付出的代价。

如何拼写汉字？拼合活字与汉字的重新构想

18 世纪早期是翻译史上的一个黄金时代，不仅有小斯当东翻译的第一部英文版《大清律例》，还产生了一大批聚焦于亚洲伟大的哲学和宗教传统的西文译本。1838 年，汉学家包铁（Jean-Pierre Guillaume Pauthier，在著作中自署“虣铁”，虣音暴，是冷僻的姓氏用字）也贡献了一个译本，他所关注的不是清帝国的法律体系，而是中华文化的哲学支柱之一：道家。这一年，他发表了《道德经》的第一版法文译本。

作为巴黎亚洲学会（Société Asiatique de Paris）的成员，包铁是当时最主要的东方学家之一，他此前曾经负责《佛国记》和《大学》的法译工作。[21] 随着《道德经》的出版，包铁名声大振，成为当时最重要的汉学学者之一。[22] 与小斯当东翻译的《大清律例》一样，我们在此关注的并不是包铁译本的内容，而是译本的“生产条件”，或者更准确地说，是包铁在翻译过程中所开展的“额外”工作。

在开始翻译《道德经》时，包铁本可以直接遵循其他东方学前辈和同行所开辟的道路。例如，他可以直接使用当时大量的常规中文字体，也可以开展自己的汉字统计分析。他当时很可能已经了解到小斯当东的事迹以及新兴的“中文常用字”运动，他可以仿照其他人对中文经典的分析方法，对《道德经》进行计数分析，从而为其印刷需求量身定做一套字库——就像姜别利对《旧约》和《新约》所做的工作一样。

显然，对谜一样的中文所开展的这种常用字研究并未对包铁构成什么吸引力，至少不足以让他像之前的小斯当东和之后的姜别利那样投入巨大的时间和精力。不过，这并不意味着包铁对当时的状况感到满意。在将中文“纳入欧洲活版印刷范畴”这一共同愿望的驱使下，包铁开始以自己的方式来将中文解谜。具体而言，他着手设计了一种新的中文字体，其中不仅有汉字，还有汉字的部件或模块，可以通过拼合的方式构成汉字。通过将“偏旁部首”（radicals and primitives）而非汉字本身作为汉字的存在论基础，这种字体可以使整个中文活字的数量缩减到原来的 1/40，从数万个缩减到 2000 个。包铁将汉字视为准“单词”，将部首视为准“字母”，通过提出一个禅宗公案般的诘问来将中文解谜：如何拼写汉字？

拼合活字看起来很简单，但这只是表象。包铁认为，若想印刷“明”字，人们可以将两个金属活字组合成一个拼合活字：一边是表示“日”的金属活字，一边是表示“月”的金属活字。若想印刷“時”（时）字，人们可以再次使用“日”这个字体，同时用另一个“寺”拼在它右侧——“寺”这个汉字本身表示“庙宇”，但在这里仅仅是借用它的音值。包铁设想，通过将汉字拆解成一个个部件，单个字类就可以被分配到各种不同的文本当中，这与将拉丁字母重组为法语单词的做法别无二致。

乍看起来，拼合活字的方式似乎是技术上的一大成功：通过孜孜不倦地将汉字拆解为基本元素，以“分析精神”著称的西方思维终于征服了浩如烟海的中文语言。这个理性的法国人摆脱了惯例和传统的束缚，为将中文引入现代世界开辟了一条道路。

不过，拼合活字并没有看起来这么简单。包铁意识到，要使这一系统发挥作用，他不能仅仅依靠《康熙字典》中所列的 214 个常规中文部首，因为在不同的汉字中，部首的大小和位置存在很大差异。例如，在上文提到的“明”和“時”这两个字中，“日”这个部件都位于汉字左侧，宽度占整个汉字的一半以下，高度上也略短于右侧。相比之下，在“旦”“早”“昔”等字中，“日”的使用就大不相同了。在“旦”中，“日”位于汉字的上部，占据了整个字的几乎全部空间。在“早”中，“日”也位于汉字的上部，但所占空间不到整个字的一半。而在“昔”中，它又位于这个汉字的下部。此外还有一种形式，也就是“日”字本身，它占了整个汉字空间。

这样一来，另一个全然不同的将中文解谜的方式出现了，它自身也包含一种令人愉快和着迷的单调。为了驾驭中文部首的这种高效的、拼合式可能性，包铁首先要对这些部首所有的拼合变化和位置变化进行全面分析。虽然这项劳动与姜别利的劳作和计数一样令人着迷，研究对象也相同，但二者概念化的方式却完全不同。

为了探索中文活字设计的实验方法，包铁向 19 世纪备受尊敬的刻印师和字体设计师李格昂（Marcellin Legrand）寻求帮助。早在法国王家印刷所（Imprimerie Royale）任职的时候，李格昂就受命开发一套新的活字以振兴印刷所的业务，他于 1825 年正式着手雕刻 15 种罗马体和意大利体活字，这些字体后来被统称为“查理十世字体”（Types de Charles X）。鉴于其工作卓有成效，李格昂后来被任命为王家印刷所的官方雕刻师。[23] 他也是当时最重要的“东方字体”和“外文字体”的设计师之一。李格昂曾在法籍德裔学者朱尔 · 莫赫（Jules Mohl）的指导下负责雕刻一种中古波斯文字体；1831 年，在爱尔兰－巴斯克地理学家和探险家安托万 · 汤姆森 · 达巴迪（Antoine Thomson d’Abbadie）的指导下，他设计了“埃塞俄比亚语”字体；1838 年，在法国东方学家欧仁·比尔奴夫（Eugène Burnouf）等人指导下，他雕刻了印度古吉拉特文字体。此外还完成了很多其他字体。[24]

李格昂很快就被包铁的谜题深深吸引了。包铁后来回忆，在得知他的想法后，李格昂“出于对科学的兴趣，表示愿意协助”[25]。很快，显然很感兴趣的李格昂就表示：“在已知世界的所有语言当中，最难以用活字表现的无疑是中文；时至今日它都令欧洲最老练的活字排印师大伤脑筋。”[26]1845 年，他们的研究成果被刊印在一本名为《214 部首及其变体表》（*Tableau des 214 clefs et leurs variants*）的小册子上。[27] 这本小册子里含有一些临时勉强一用的符号标记，包括长圆框、圆圈、星号和插入符号，在文字中作为占位符以表示每个部首所有可能的排布形式，从而可知该字体需要用到哪些金属活字。（图 2.2）

虽然这项工作需要数月甚至数年才能完成，但李格昂和包铁对中文偏旁部首的分析是拼合活字印刷所要面对的第一个，甚至可以说是最简单的挑战。随之而来的还有另一个问题，这个问题并不是由汉字结构造成的，而是源于包铁和李格昂的美学理念和追求完美的精神。当时正值法国的东方学研究鼎盛之时，通过翻译《道德经》等一系列经典文本，包铁及同时代的学者矢志于探寻东方的“真谛”。需要强调的是，对于由西方字体设计师设计的各种非拉丁文的“外文字体”，当时美学家的赞美主要围绕“真实”和“精准”，而不是“颠覆”或“创新”。在中文字体上同样如此。有人对当时的一套中文字体赞美道：“它们完全承载了中文的气质，甚至不亚于中国本土艺术家的上乘风格，另外它耐磨耐用，有望得到广泛采

2.2
李格昂编写的 214 部首表。

用。”[28] 作为一名兼具理性和现代眼光的法国人，包铁可能产生过革新中文印刷术的想法；然而作为一名对外国文化传承无比推崇的鉴赏家，他又不希望破坏中文的正字法。

李格昂与包铁在美学志趣上是一致的，并准确地领会了拼合活字印刷术所面临的挑战。正如李格昂所说的，核心难题在于“如何在不改变符号结构的情况下，用尽可能少的元素来呈现造型多样的中国文字”[29]。这个目标说起来容易，做起来可没那么容易。包铁和李格昂的目标是创立一种能够排印出结构完美的汉字的印刷方法，因此他们的这种拼合活字所依据的技术原则——将汉字拆分成块，然后用它们在页面上拼合成字——完全脱离了中文文本处理实践中长期以来的主流做法。拼合活字设计的核心理念是，将汉字的结构部件或“部首”，类比于拉丁字母来使用。如果这种设计取得成功，实现了字母与“部首”的对应，那么人们就可以像拼写法语单词那样“拼写”汉字。

不过，这个方案有一个问题。当我们将拼合活字的拼合原则与历史悠久的中文书法美学的组合原则相比较时，我们会发现，一直以来被视为汉字的基本构字元素的是笔画，而不是“部首”。学习书法要掌握的汉字基本元素是笔画而非部首，对笔画的掌握也被视为更广泛的实践教育和美学教育的一部分。自汉代以来，特别是在 15 和 16 世纪，中国涌现出大量论述文章，仔细地划分了汉字的字形类别。[30] 被奉为“书圣”的晋代书法家王羲之（303—361）提出了“永字八法”的书法理论（即前言中提到的书法模型，这种书写法则也是 2008 年北京奥运会各国代表团的入场顺序的一个根据）。王羲之的八分法后来得到元代书法家李溥光的进一步细化，将笔画类型拓展到了 32 种。[31] 东晋著名书法家卫铄（272—349 年，世称“卫夫人”）创立了一种更为精细的汉字结构分析，她将汉字的基本笔画类型增加到了 72 种。[32]

在练习和掌握汉字的基本笔画时，要始终以字形“紧凑”为目标。正如历代书法大师通过论述所阐释的，如果汉字写出来笔画松散，铺散纸上，则被认为是欠雅和“懒散”的，看起来有一种摇摇欲坠的松懈感，缺乏整体性。正如卫夫人所解释的：

善笔力者多骨，不善笔力者多肉。多骨微肉者，谓之筋书；多肉微骨者谓之墨猪。多力丰筋者圣，无力无筋者病。[33]

人们认为，书法家的气质可以通过其书写风格表现出来，正如一句古谚所说的：字如其人。明代著名书法家祝允明（1461—1527）解释道："喜则气和而字疏，怒则气粗而字险，哀则气郁而字敛，乐则气平而字丽。"[34]

如果说源远流长的中华书法实践以"笔画"为重，那么包铁和李格昂的拼合活字则想以"部首"取而代之。不过，这些法国人所谓的"部首"是一种虚构概念，是为了将中文同他们所熟悉的印欧语系的语言学概念等同起来而生造的。在中文语境中，"部首"（外国人往往译为 radical）本质上是一种分类学概念，称其为"分类成分"（classifier）或"部类标题"（chapter heading）更为准确，它指的是对中文字汇和字典的一种部类划分。虽然"部首"本身确实与汉字在结构上的划分一致，但人们从来不把部首视为汉字产生的"字根"或"字基"。部首充当的是一种分类学工具或语源学工具，用来组织汉字，并据以在辞典中定位，却不作为一种组字或排字工具。在各种中文书法字帖和入门书中，几乎没有把写字过程描述成组合部首和偏旁的说法，而在法语和英语的练习册中，却可以把单词的书写过程解释成按顺序写下各字母的过程。然而，拼合活字印刷术恰恰是要将部首视为汉字的字根或字基，通过它来发展和产生各种语义变化和变体，就像在屈折语和黏着语[1]中那样。如此，

[1] 屈折语（inflectional language），比较语言学根据语言的结构特征建立的一种语言类型。主要特点是使用屈折形态表示句法关系，而且屈折词缀与词根融合在一起，词语通常包含不止一个词素。例如俄语、阿拉伯语；黏着语（agglutinative language）：比较语言学中的另一种语言类型。主要特点是词内有专门表示语法意义的附加成分，但与词根的结合不紧密。例如日语、朝鲜语。——编者注

部首作为一种生产工具，就可以被利用：就像一片人工林，人们可以合理有效地利用，而不是任意开采。

此外，拼合活字还在另一个非常重要的方面偏离了中文书法实践。通过将“部首”镌刻在固定的金属构件上然后用它们拼合汉字，包铁和李格昂将中文书写中“部分”与“整体”的传统关系彻底颠倒了过来。在中文的其他各种书写方式上，不论是手书、活版、雕版还是其他，人们都是根据整个汉字的连贯性、整体性和美来组织、评判或鉴赏汉字的组成部分的。但对于李格昂和包铁来说，拼合活字的物质条件恰恰建立在另一种截然相反的部分与整体关系之上。凝固在金属活字上的这种拼合活字部件是僵化和呆板的，不论它附近的结构如何变化，它都顽固地保持着固定的姿态。在李格昂和包铁的活字上丝毫体现不出手写体的游刃有余，它违背了汉字的动态性，使汉字整体的逻辑从属于汉字部件的逻辑。

因此，他们从一开始就为自己制定了一个富有挑战性的，可以说是不可能达成的目标：即根据一种同中文书法美学标准相违背的，或者至少是与之严重偏离的标准，来生产一种符合中文书法标准的汉字。包铁和李格昂最终创制的这种中文字体，体现了模块理性与美学结构之间的对立。起初，他们并未将所有能拆分的，甚至是应当拆分的汉字拆分。相反，他们把汉字划分为两大类目：即当时所称的“可拆分汉字”和“不可拆分汉字”。[35]经过钻研，李格昂和包铁最终研制了一套包含将近3000个构件的字体，其中有些是作为可拆分字体的部件，除此之外有很大一部分是我们习见的完整的汉字。

为什么要手下留情呢？当汉字一动不动地躺在手术台上时，是

2.3
拼合活字的“流”字。

2.4
拼合活字的“海”字。

2.5
整字字体的“蕩”字。

什么力量或什么东西让我们的外科医生产生迟疑？所谓的“可拆分汉字”和“不可拆分汉字”，究竟是由谁来决定的？通过“流”（图2.3）、“海”（图2.4）和“蕩”（荡）（图2.5）三个汉字我们可以看出，可拆分的汉字（例如“流”和“海”）和不可拆分的汉字（例如“蕩”）是根据三个标准决定的。第一，可拆分汉字的字形必须能用横轴或竖轴利落地分解成两个部分。虽然理论上可以按照三个或更多部分拼合汉字，但这是包铁和李格昂力求避免的，因为这样会增加工作的复杂性。对于前两个汉字来说，这种二分法是可行的，将“氵”分别与“㐬”和“每”分开即可。但是“蕩”字却无法做到，至少对于“氵”来说是不可能的。要把“氵”从“蕩”中分离出来，就需要将这个汉字一分为三，即“氵”、“艹”和剩余的部分（昜），或者分为“氵”加一个由“艹”与“昜”构成的比较别扭的“L”型部件。因此，干脆让“蕩”保持整字，这样似乎更加简便易行。

第二个标准关乎每个组件的相对频率。还是以“蕩”字为例，从竖直方向将“氵”从中分离出来显然很麻烦，但我们可以从水平方向将最上面的“艹”分离出来。这样就会把这个汉字分解为两个部分：“艹”和剩余部分的“湯（汤）”。然而事实上他们并没有这样拆分，究其原因，就是这样做没有任何益处。“㐬”和“每”这两个部件都会以同样的位置和相对大小出现在其他许多汉字里，相对而言，“湯”这个部件的用处就没那么大了。实际上，同样大小和比例的“湯”这个部件在其他任何汉字里都是用不到的。因此，最好让“蕩”保持整字。

最重要的一条规则是汉字的“骨”绝不能断，在这个问题上，包铁和李格昂都有十分清晰的认识。将一个笔画砍成两段，然后将这两段分别安置在不同的金属模块上，这种做法是不被容许的。如果当时他们在思想上有些许突破，他们的造字理念或许就可能不是“部首”拼合，而是无意义字素（asemantic grapheme）拼合——例如，用两个占半格的短横（--）来组成“一”，不过，他们显然不愿意这么做。就像《庄子》“庖丁解牛”中庖丁对文惠君所说的一样，包铁和李格昂努力遵循汉字的“自然形制”，做到“批大郤，导大窾，因其固然”。与庖丁用刀一样，当汉字的解剖刀游走在笔画之间的空隙中时，“技经肯綮之未尝，而况大軱乎”！[36]

通过将字体分为可拆分和不可拆分两大类，李格昂和包铁分别制作了拼合活字和整字字体，就如上文“流”、“海”和“蕩”的例子所示。在“流”（图 2.3）中，我们可以看到左侧的“氵”与右侧部件之间存在较大间距，虽然这一间距从绝对尺寸上说并不算大，但这一微小的间距却足以将“氵”隔离在一个完全独立的区域。“海”字亦如是。这些汉字一看就是用拼合活字制作的，由于这种

2.6
拼合活字的“然”字。

2.7
整字字体的“無”字。

人为造成的空隙，每个汉字都显得离散。不过，在“蕩”字中我们可以看到，“氵”的第三笔向上直接延伸到了相邻区域，使该字体具有了汉字书法中十分注重的紧凑性。相比之下，用拼合活字组成的“流”和“海”，其组成部分相互之间没有大胆闯入对方地盘。它们分居在一个假想的“y 轴”两侧，从书法的角度看，这种字形会被视为“懒”或“散”。

我们从“然”（图 2.6）和“無”（无）（图 2.7）之间也可以看出这种差异，这两个汉字都包含部首“灬”，但“然”是用拼合活字组成的，而“無”是一个整字字体。

“然”的上半部和下半部之间存在一定的间距，虽然在绝对尺寸上并不大，但会使整个汉字显得空。“然”字的“灬”明显更大，这也是由拼合活字所必然要求的铅字之间的绝对分隔所造成的。当然，对于书法家来说，空白向来不是问题：他们总能够相当自如地故意放大汉字中的某些空白，甚至让字形发生扭曲。不过，对于李格昂来说，空白不是一种选择，而是一种必需：只有通过设置空白，才能使合理的模块化方法成为可能，才能使其排印方式同其他所有方式区分开。如果我们深入考察这套字体，也会发现这一普遍规律。

凡是需要制作整字字体时，包铁和李格昂都尽量按照中国的审美习惯来铸造，而在制作拼合活字时，这套系统就必然要求相关部件保持绝对分离的状态。拼合法从一开始就具有一种矛盾性：部首偏旁之间的这种间距与这一系统既相辅相成，也相反相成。

这就是第二种 19 世纪的外国人将中文解谜的方式，这种方式同小斯当东、姜别利等人所提出的常用字方式有显著差别。通过将"偏旁部首"当成准字母，当成中文书写的存在论元素，它使中文字体的规模有望缩减为原来的 1/40，从数万个缩减到 2000 个左右。此外，拼合法还提供了一整套中文的机械书写技术。在常用字模式中，那些不常用的字体会被从印刷设备上的字表中排除，而拼合活字技术则为将所有汉字纳入同一个文本排印系统提供了可能——虽然有些汉字需要遭受分解。

在 19 世纪，拼合活字取得了一定程度的普及和发展，使欧洲、美国及其在中国传教兼殖民的前哨站的出版商和印刷商纷纷投入到对汉字的科学分解和解剖工作上。1834 年，有报道称台约尔（Samuel Dyer）正在马六甲的英华书院（Anglo-Chinese College）开展一个类似的拼合活字项目。[37]1844 年，美国长老会海外传教委员会驻中国代表处公布了一份包含 3041 个活字的字表，是根据拼合活字原则制定的。[38] 后来，德国人奥古斯特·贝尔豪斯（Auguste Beyerhaus）对拼合活字排印技术做了进一步改进。贝尔豪斯发明的"柏林字体"在一次工业和应用科学展览会上被誉为"最了不起的排印技术展示之一"，这套字体总共包含 4130 个中文字体部件：包括 2711 个整字，1290 个 2/3 尺寸的拆分字符和 109 个 1/3 尺寸的拆分字符。同时，正如常用字的解谜方式催生了新式中文字体随后进入了新式中文印刷品中一样，拼合活字也走入了印刷界。1834年，柯恒儒（Julius Heinrich Klaproth）翻译并编校的《日本王代一览》（*Nipon o daï itsi ran*）使用了李格昂的拼合活字印刷，1836年柯恒儒翻译的《佛国记》（*Relation des royaumes bouddhiques*）也采用此法再版重印。[39]

在下一章我们将会看到，中文技术语言中的这种拼合法一直延续到了20世纪，成为对更占优势的常用字法的一个有力反驳。当一些发明家和工程师继续致力于根据常用字法来研发中文打字机的时候，也有另一部分工程师则试图以拼合活字“拼写”汉字的概念来研发。

然而，与常用字法一样，拼合法的谜题也因其内在的矛盾而久久难以攻克。在伦敦，李格昂制作的中文字体被赞赏“总体出色”，使基于汉字的中文能够与欧洲印刷术通融相适。[40]不过，也有评论家批评：“一些汉字的字形稍显僵硬，比例失调，这部分是因为经验不足，也因为法国人为避免为每个字符都制作新的字冲（punch）而试图将不同汉字分解和拼合；不过从整体上看，这些字体还是十分工整和端庄的。”[41]常用字法受困于“是否常用”这一谜题——需要一次又一次地判断哪些汉字应当纳入、哪些汉字应予排除，而拼合法受困于美学的围攻。拼合活字的实践者在尝试革新中文活版印刷术时，既想用一种新的方法设计汉字，又不愿破坏其在结构上的微妙平衡，这就好比一仆二主，只会左右为难。

明文的争斗：代码、符号主权和中文电码

在19世纪60年代初期，拼合活字已经不再局限于印刷和排版领域，还扩展到了新兴的电报领域。另一位古怪的巴黎人对包铁和李格昂的排印方法产生了浓厚的兴趣，他认为这种方法还有一个有待开发的潜力，是连它的发明者都未曾想到的。当这两位发明者正为拼合活字中微小但明显的空隙大伤脑筋的时候，这个人却发现，这种方法可以被运用到电报的技术领域，而且不会受到这种恼人的美学问题的困扰。

1862年，皮埃尔·亨利·斯坦尼斯拉斯·德埃斯凯拉克·德劳图尔（Pierre Henri Stanislas d'Escayrac de Lauture）在一篇名为《汉字的电报传输》（"De la transmission télégraphique des caractères chinois"）的文章中提出了一种基于拼合活字的中文电报传输系统。[42] 这种系统将包铁和李格昂的排印方法移植到了电路、电流和代码的世界，劳图尔解释道：

> 相对于活版印刷技术，电报传输的问题要简单很多。同一部首或声旁根据其位置的不同，可以产生多种形式，因此，格昂必须镌刻4220个不同的字。而电报只关注信息要素，而不必考虑它们在书写中的外观和相互关联，因此1400个汉字对于电报来说便已足够了。通过这1400个汉字，便可以传输整个中文语言。[43]

例如，根据劳图尔的电报方法，在传输汉字"說"（说）的时

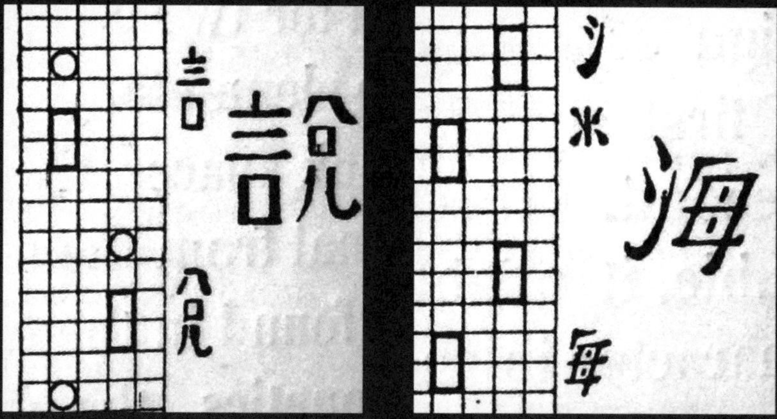

2.8
劳图尔电报系统的传输策略。

候，只需传输一系列代码，它们指代的是该汉字的各个构成部件而非汉字本身：对于汉字“說”而言，便是“言”和“兌”这两个部件。（图 2.8）在解码这些部件时，接收方会根据一套必要的规范将其复原为汉字：由“言”和“兌”组成的汉字，唯一的可能就是“說”。其他汉字也可以通过这种方式传输，例如在传输“海”的时候，只需传输“氵”和“每”即可。电报传输不必像拼合活字排印技术那样，通过物质实体的形式将这些部件组装或拼合，在电报传输中，汉字的组装是在接收方的头脑中完成的。

这里我们便见到了第三种将中文解谜的方式——“代码”。虽然埃斯凯拉克·德劳图尔是受到拼合活字的启发，所利用的也是与包铁和李格昂所设计的金属活字一样的汉字模块，但他却不用考虑铅字构件或实体重组的问题。这对于拼合来说是个谜题，却不属于代码研究。对于劳图尔的中文电报技术来说，汉字和部首仍然作为语言的基底，这与基于常用字和拼合活字的排印方法是一样的，但在这里并不对字体进行直接的操作。相反，它们需要被封存到一个“非现场”（off-site）的区域——例如电码本，然后再通过既定的传输协议将其“检索”回来。劳图尔面临的最大困扰不是汉字本身，而是这些代码和协议，正是它们构成了这个“代码谜题”。代码谜题也是元数据的谜题。

劳图尔于1826年生于法国巴黎。作为一名探险家、学者和作家，他曾就读于法国瑞伊（Juilly）的奥拉托利会学院（college of the Oratoriens），求学期间，他表现出过人的语言天赋。1844年，他进入法国外交部担任大使随员，并参加了法国在马达加斯加与英国的战争。在之后的10年间，他因工作需要和旅行目的，先后到过西班牙、葡萄牙、英国、德国、瑞士、意大利、突尼斯、利比亚、埃及，并最终来到中国。第二次鸦片战争爆发后，劳图尔于1859年随英法联合远征军去往中国。三年后，显然是受到在中国的经历的启发，他完成了一部关于中文及其在新兴的电报领域之地位的著作。[44]

劳图尔完成这部著作后，雄心远远超出了中文本身。这位法国人于1862年发表了第二篇文章《解析通用电报》（“Analytic Universal Telegraphy”），在其中，劳图尔描述了对电报通信技术的一个宏大的整体重设，其所依据的设计原理可以理解为对自动化或“机器翻译”的早期尝试——虽然一个世纪之后才会有这种说法。当时，电报技术作为一项方兴未艾的技术，正在逐步走向全球。在系统地反思这种技术时，他谈道：“电报需要一种更加简洁易懂的、适用于所有人的语言。……我将证明，这种语言并非空想，它不仅是可能的，而且是简单、适用和必要的。”[45] 劳图尔的谜题与小斯当东、姜别利、包铁等人的有着根本性差别，甚至已经超出了“代码”、“拼合”和“常用字”之间差异的技术问题。不论是在常用字研究还是拼合活字研究当中，他们都是希望将中文纳入欧洲活字技术的“范畴”——使中文同欧洲和西方的文字相融通。但劳图尔的解谜方式有所不同。劳图尔聚焦于电报语言中最具挑战性的中文电报传输问题，并不是想将中文语言纳入任何一个西方字母信息技术范畴，而是希望能够将其作为一个实验范例，将所有的语言文字——不论是字母文字还是非字母文字，纳入一个共同的、通用的电报语言之内，使它们具有平等地位。对于劳图尔来说，将中文解谜也相当于将整个电报技术的符号结构解谜。

当劳图尔还在梦想着创立一种“简洁易懂的、适用于所有人的”电报语言时，国际电报界却在沿着另一条截然不同的道路前进，劳图尔丝毫没有感到高兴。当电报刚刚兴起的时候，创业者塞缪尔·莫尔斯（Samuel Morse）将他的新发明称为“美国电报”，甚至相当亲切地称为“我的电报”。[46] 即使当他急切地将该技术向俄国、西欧和南欧、奥斯曼帝国、埃及、日本以及非洲大陆的部分地区推广时，其所依据的电码仍然与拉丁字母和英语保持着密切的关联，换句话说，仍然与莫尔斯的语言世界密不可分。[47] 通过“点”（dot）和“划”（dash）以及长度从 1 到 4 位不等的电码序列，莫尔斯电码最初被设计为可容纳 30 个不同的编码单元：足以包含 26 个英文字母，并保留了 4 个编码空位。一些必要的符号，例如阿拉伯数字和少数标点符号，则被纳入编码效率较低的 5 位电码序列当中（后来在“大陆莫尔斯电码”中还出现了效率更低的 6 位电码序列）。[48]

虽然莫尔斯电码非常适于处理英文，但对于其他语言，甚至其他字母文字语言来说，就不是这样了。德文字母的数量刚好达到了莫尔斯电码容量的上限，而带有各种变音符号的法文字母则超出了这一限度。而且，在国际电报联盟（International Telegraphic Union）最初准许用于电报传输的符号列表中，这种英语中心主义的特点得到了进一步强化。1868 年，国际电报联盟在维也纳召开大会，将公认的电报传输符号列表限定为 26 个无变音的英文字母、10 个阿拉伯数字、16 个其他符号：句号、逗号、分号、冒号、问号、感叹号、省略号、加号、连字符、带尖音符的 e（即 é）、分数斜划、等号、左括号、右括号、和号（即“&”）、引号。[49]

而且，国际电报联盟在官方电报传输符号列表的扩充上非常保守，执行也非常缓慢。例如，直到 1875 年国际电报联盟的圣彼得堡大会才将“é”纳入字母之列，而不再将其置于“其他符号”的特殊列表中。[50] 这次大会还进一步规定，采用莫尔斯电码的人还可以传输另外 6 个特殊的带变音符的字母：Ä、Á、Å、Ñ、Ö 和 Ü。[51]20 多年后的 1903 年，国际电报联盟在伦敦大会上才最终将这些补充性的带变音符的字母纳入“标准的”符号系统当中。[52]

在 19 世纪 60 年代，正当劳图尔忙着著书立说时，整个世界经历了一股现代殖民主义扩张的浪潮，电报通信网络也随之从拉丁字母语言世界延伸向全球。1864 年，通信线路被铺设到波斯湾，实现了印度与欧洲直接的电报通信。[53]1870 年，通信线路再一次迅速扩张，从苏伊士到亚丁湾和孟买，从马德拉斯到槟榔屿、新加坡和雅加达。[54] 通信网络的拓展使电报技术同设计之初并未作为其处理对象的众多语言联系了起来，这引入了一个重大的问题：新加入的语言、文字、字母和音节是将促进电报技术的根本性变革，还是被吸收和归并到现有电码方式的逻辑和语法之下？

劳图尔对于这种根本性变革的可能性持乐观态度，正是在这种乐观主义的驱使下，他才开启了对中文的探索，这比清帝国被纳入国际电报网络早了近 10 年。[55] 虽然电报采用的物理技术——电报机的机械原理——赋予了人类堪比神明的伟力，但劳图尔认为，电报技术的符号结构仍然比较原始和局限，与实际现存的人类语言（也就是英语——但也是更广义的字母语言）太过贴近。劳图尔倡导创造一套完美的通用符号语言，具有与电报机相称的精密程度，而不再拖它的后腿。这一通用电报语言的测试案例便是中文。中文会以何种方式融入这个全球电报系统？它将直接被纳入已有的、与人类和英语过从甚密的莫尔斯电码当中，还是人类最终能够建立一套新的、与电报技术相匹配的通用语言？

在他的第二篇文章《解析通用电报》中，劳图尔从中文电报传输的问题出发，探讨了通用电报传输的可能性。在这篇 15 页的论文中，劳图尔概述了创立一套“语言代数”（algebra of language）的设想，通过这套系统，世界各地的电报员可以克服彼此之间的语言障碍，直接进行意义交流。[56] 具体而言，他制作了一系列表格，表格中罗列着一套术语和短语的缩略语，由 450 至 600 个词语组成。劳图尔写道：“话语就像使用词语进行计算，我们必须找到这种计算的代数学。”他认为“我们必须找到思想和人类话语的公约数”，并称其为一种“关于事实和数字的语言，一种剔除了诗意，且悬浮于世俗生活之上的语言”。[57]

劳图尔试图创建一套“主意义（idées principales）目录”，用以确定人类每次话语背后的核心意义，然后通过“辅意义”（idées accessoires）对其进行限定。[58] 例如，如果要传输“冷漠”（indifference）一词，劳图尔的系统将传输主意义“喜爱”（affection），然后加上辅意义“否定的”（negated）。而如果要传输“憎恨”（hatred）一词，则需要传输“喜爱”并附加“相反的”（opposite）。这套系统还可以传达不同的感情程度和层次，例如通过选用合适的修饰词，就可以用“喜爱”来表达崇拜、热爱、厌恶、痛恨乃至憎恶等意义。[59]

劳图尔认为，通过在世界上各种语言中都创建对应的表格——就像他创建的中文电报编码那样，电报传输最终可以实现其全球性的潜力，使人类可以直接进行意义交流：在传输电报时，人们只需确定自己语言的词汇的主意义和辅意义，对话者就可以确定其对应的意义——在头脑中重构主意义和辅意义，就像在收到“言”和“兑”后便得出“說”一样。劳图尔确信，外语的传输和接收将由此变得容易。他在文中写道：“即使对收到的词语完全不懂，人们也可以凭借一个简单的词汇表确定这个句子的意思。”[60] 劳图尔坚信，他所提出的这种电报语言“将比任何已知的语言更加适用于国际通信”[61]。

二重中介：1871 年中文电码

1871 年，不断扩张的电报通信网络抵达了清帝国的沿海地区。同年 4 月，上海与香港之间开设了一条电报通信线路，它由两家外国公司运营，分别为丹麦大北电报公司（Great Northern Telegraph Company of Denmark）和英国东方电信电报公司（Eastern Extension A&C Telegraph Company of the United Kingdom）。这条线路的建成标志着一个全国性电报通信网络建设迈出了第一步。1871 年 6 月，西贡至香港的线路建成；8 月，长崎至上海的线路建成；11 月，长崎至符拉迪沃斯托克（Vladivostok）的线路建成。在随后的几年中，这一网络逐步延伸到清帝国的厦门、天津、福州和其他一些城市。[62] 到民国中期，中国政府和公司逐步接管了这些电报网络，并使通信线路总里程扩展为将近 62000 英里（约 99779.3 千米）。[63]

然而，中国和中文进入国际电报领域后，后续的发展却背离了劳图尔的设想，人们并没有重新构思电报传输的模式或规则。相反，1871 年由两位外国人发明的中文电码依旧遵循着莫尔斯电码的全球信息建构，将汉字置于一种结构性不平等的处境中。这种中文电码是由丹麦天文学教授谢勒俄普（H. C. F. C. Schjellerup）发明，并由法国驻上海的港务长威基谒（Septime Auguste Viguier）改进定稿，其灵感来自常用字法。[64] 它选取了大约 6800 个常用的汉字，并按照《康熙字典》的部首 - 笔画系统编排，然后被按顺序编码为 0001 至 9999 的四位数。在电码本的最后还预留了将近 3000 个编码空位，每个部首类别下也预留了少量编码空位，以供不同的电

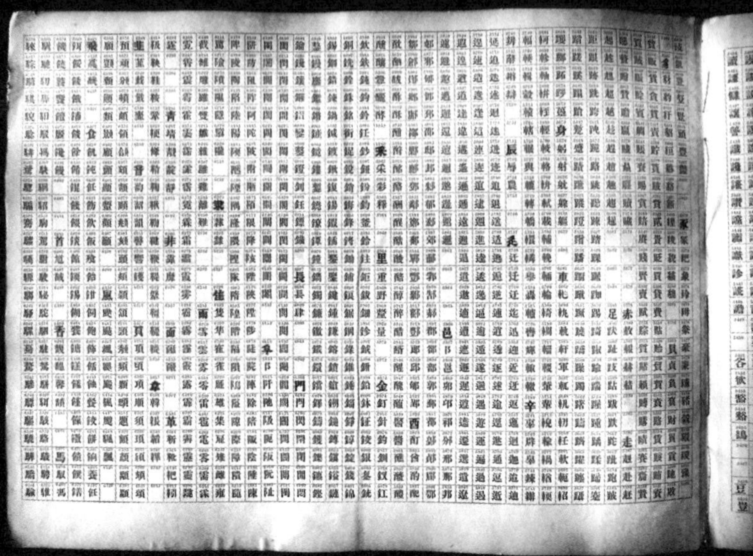

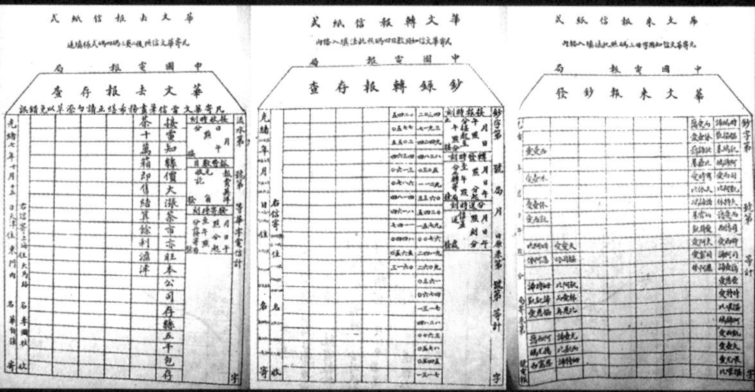

2.9 ∧
1871 年中文电码（样本）。

2.10 ∨
中文电文样本及其加密过程。

报员根据工作需要列入一些不常用的汉字。[65] 使用这个系统传输中文电报时，电报员首先需要从电码本中找到该汉字及其对应的四位数代码，然后使用标准的莫尔斯电码符号（图 2.9 和图 2.10）进行传输。

谢勒俄普和威基谒设计的这种电码，使电报传输协议与中文之间的关系完全不同于它与字母文字、音节文字之间的关系。如果说劳图尔设想的是一种通用的电报语言，每种文字都服从于相同的、共享的编码协议和传输协议，那么 1871 年的中文电码则是基于对中文的额外或二重中介：第一层是介于汉字与阿拉伯数字之间的，第二层是介于阿拉伯数字与电报传输长短脉冲之间的。相比之下，对英文、法文、德文、俄文和其他语言的传递则仅涉及一层介质——从字母或音节直接转换为“点”和“划”构成的机器代码。而若想将中文转换为机器代码，则必须首先经过一层额外的外语符号转换——在本案例中是阿拉伯数字，但这一层次也是隶属于（莫尔斯电码的）拉丁字母编码的。这样一来，中文将受到双重制约：首先是电报领域所有语言都要遵循的“点－划”传输协议，但在此之前，还有英文与莫尔斯电码之间的拉丁字母传输协议。

随着劳图尔梦想的迅速破灭，这种代孕政治开始对中文产生负面影响。首先，最基本的问题是，中文电报传输中采用阿拉伯数字作为唯一的符号单元，而阿拉伯数字在莫尔斯电码（图 2.11）中本身就属于最长和效率最低的编码单元。即使最短的数字码（数字“5”，用 5 个短脉冲表示），也是最短的字母码（字母“e”，用 1 个短脉冲表示）的 5 倍。数字“0”是整个电码中最长的传输序列，用 5 个长脉冲表示。因此，整体看来，这种纯数字的编码系统从

A	.-	M	--	Y	-.--	6	-....
B	-...	N	-.	Z	--..	7	--...
C	-.-.	O	---	Ä	.-.-.	8	---..
D	-..	P	.--.	Ö	---.	9	----.
E	.	Q	--.-	Ü	..---..	.	.-.-.-
F	..-.	R	.-.	Ch	----	,	--..--
G	--.	S	...	0	-----	?	..--..
H	....	T	-	1	.----	!	..--.
I	..	U	..-	2	..---	:	---...
J	.---	V	...-	3	...--	“	.-..-.
K	-.-	W	.--	4	....-	‘	.----.
L	.-..	X	-..-	5	.....	=	-...-

2.11
莫尔斯电码。

一开始就束缚了中文电码。[66]

除时间成本的问题外，中文的二重中介模式还对中文施加了一个代价更高的惩罚。由于对数字加密的依赖，1871 年的中国电报代码无意中使中国容易受到不断变化和激增的法律和费用罚金的影响，这些罚金最初针对的不是中国人，而是电报传输的“加密”或“编码”形式。当中文进入电报领域时，在字母世界中加密和编码传输随处可见，这已经是全球电报的规则，而不是例外。[67] 早在几十年前，为了保密，更为了节省费用，电报员就开发了一系列可与莫尔斯码配合使用的电报代码。[68] 它主要是为了以较少的费用传输较长的序列，甚至是完整句子。例如，根据 1885 年的一个电码本，“牙刷”一词就是“电报传输延迟”的意思，“喘气”则代表“发送现有货物，抓紧配发剩余部分”。[69]

面对 19 世纪中期加密电报语言的广泛流行，政府部门和通信公司修订了国际电报系统的许可和定价条款。一系列的规则被制定出来，以规范和限制这种加密传输的使用。在电报通信和其他许多通信方式中，代码和“编码语言”（langues chiffrées）的使用屡次遭禁。在定价方面，“加密”的传输普遍会收取高得多的单字价格，通信公司以此弥补它收入上的损失。在这些规则的制约下，以英文、法文、德文或其他电报语言发报的电报员就需要不断做出选择：是以加密方式，还是以“直白的方式”（in the clear，也被称为“明文”[plaintext]）传输信息。

虽然这些规则与中文没有丝毫关系，但一旦中文进入全球电报领域，它们便会对中文产生深远影响。由于中文电码属于一种“编码语言”，因此在国际电报领域中，它只能被视为一种加密语言（secret language）。换句话说，其他所有的电报语言都可以有两种存在方式——“明文”或“密文”，但中文是唯一一个天然的密文电报语言，它没有明文版本。需要强调的是，这一特殊地位并非源于汉字的内在属性，而是由于国际电报联盟选择将中文“原封不动地”“吸纳”到现有的莫尔斯系统当中（这种选择固然情有可原，却是有害的），而不是抓住电报全球化的契机，对电报技术的符号协议进行彻底的、创造性重构，使其变成通用协议——就像劳图尔所设想的那样。为了加入电报革命的潮流，中文只得孤身穿越由外来的阿拉伯数字和拉丁字母构成的符号地带，在其中，中文必须承受特权、惩罚性收费和使用限制等重重负担，这些负担并非中文本身所致，而是源于中文电报传输别无选择而只能依靠的外文符号。[70]

委身于密文世界：超中介实验

自20世纪起，中国政府和中国公司逐步掌握了清帝国和民国电报业实体的所有权。[71] 早在1883年，清帝国便被邀请参加国际电报大会。直到1909年，清廷才终于派代表参加了当年在里斯本的大会。[72]1908年，清政府的邮传部[1]接管了于1882年成立的中国电报局。1912年，中国有565个电报局分局，到1932年，又增加到1094个。在同一时期，国内电报通信线路长度从1912年的62523公里增长到1932年的10万多公里，将近翻了一倍。[73] 然而，虽然中国早就从政治和经济层面赎回了电报管理权，实现了所谓的"电信主权"，但1871年的中文电码及其衍生版本仍然让中国和中文处于相对不利的地位。在中国政府掌管了电报线路和电报塔的所有权以及财政和法律管辖权之后，符号主权却始终是一个悬而未决的问题。

随着清政府和中华民国政府开始在国际电报界发挥直接作用，一些人开始试着改变中文的不利地位。中国的大臣和工程师发起了一项倡议——将四位数中文电码从"加密""密文""编码"等文字类别中移出，赋予其合法"明文"的地位。在一个庄严而光辉的时刻，中方代表成功地将四位数电码确立为中文"明文"的拟制等价物（artificial equivalent）——尽管按照当时流行的电报通信标准，它根本就谈不上"明"。从1893年开始，凡是在中国国内电报站点之间的传输，任何被识别为"真实"汉字的四位数中文电传（即

[1] 邮传部，光绪三十二年（1906年），清政府基于"预备立宪，须先厘定官制"的认识，对部院进行了大改组。将原有的巡警部改为民政部，户部改为度支部，兵部改为陆军部，刑部改为法部，工部并入商部改称农工商部，同时增设了邮传部。——译者注

与 1871 年电码本中某个汉字存在直接和有意义的对应关系的四位数字码）都被算作一个“字”。[74] 只有当传输者为了保密起见，在传输时以某种方式对这些四位数字码做了进一步处理或排列时，才被视为“密文”。

从此，中文电报业开始经历一次深刻却不易察觉的转变。简单来说，通过向汉字中引入一种双焦点关系（bifocal relationship），中国电报员开始有了一种异于世界其他地区的字母同业者的“代码意识”。从一个视角看，中文就是中文：这种基于汉字的文字是电报员通过电报线路传输的首要目的。但从另一个视角看，中文是代码：它是一系列的数字序列，除了少数天才操作者能够熟记 6000 多个数字编码外，往往需要通过电码本将电文破译。例如，在听到“----- -.... .---- .....”的脉冲序列时，一个中国电报员很难跳过中间的数字解码过程而直接写出“北”这个“明文”。他在纸上记下的首先是一则代码，即莫尔斯电码所对应的符号 0-6-1-5。只有在完成这一步之后，他才能通过在 1871 年电码本中找出相应的汉字，将这个二级代码转译成“明文”。不过，对于字母文字，一个熟练的电报员则不必执行这一额外步骤，而可以直接将接收到的“点”和“划”转译成直白的字母数字信息。在字母文字世界里，电报传输的加密属性被电报员直接消化和破解了，这便构成了字母文字电报领域时至今日还在广泛探讨的一种“即时性迷思”（myth of immediacy）。但在中文电传中，传输（或者说语言本身）的内在加密属性是永远无法被忽视或否认的。受到 1871 年电码本的束缚，中文世界中即使熟练的电报员也不得不囿于代码。

毫无疑问，这种“囿于代码”或“委身于密文”的状态是低效的，使中文相对于字母文字传输而言处于显著的不利地位，但这也对日常中文电报员在工作过程中所从事的一些实验和创新产生了微妙而切实的影响。在清末民初，中国电报界有一个活跃的地方创新团体，他们致力于适当而深度地调整四位数字代码的用法。一个由电报员、电码本出版商和企业家组成的松散群体投身于对一系列实验方法的创立和改进，以期中文电码变得更加迅捷和高效。与那些身居大都市的精英同行相比，这一群体缺乏政治影响力，无力改变电报业技术框架和法律框架当中固有的厚重屏障。也就是说，他们知道自己的日常活动基本上无法引起一种针对全球信息结构本身的彻底的或革命性大改造——减少中文所必须经受的中介层次，使中文能够与其他电报语言平起平坐。

他们于是反其道而行之，开始在中文电报已有的两个传递层次之外，创建额外的中介层次。他们的实验和周边工作围绕着“对传递的中介”（mediating mediation）的思路展开，即在他们与中文代码之间加入额外的操作和自行设计的设备，从而使他们与代码之间的关系变得更加便利、可行、易记和适宜。不过，这种对中介的传递（简称“超中介”［hypermediation］）必然带有私人性、个体性、本地性和即时性，它包括各种新颖的助记方法、培训规程和锻炼手法，还包括对中文电码本的重新组织和编排等。乍看起来，这些超中介策略似乎会平添人们使用代码的时间和精力，但实际上，它们的确可以在不改变其所依据的基本符号结构的情况下，让代码的使用变得更加快捷和高效。由于无法从头开始设计一种能与中文的可供性和局限性相适应的中文电码，他们只好让现有的中文电码的符号结构保持不变，转而彻底地重新想象他们自身与这一符号结

2.1
基于汉字的罗马字母编码（字母 / 汉字 / 拼音）。

构之间的关系和通道。

最早的超中介实验包括改进当时一种较新的“三字母代码”密文传输技术。这种代码是在英国和其他地方创立的，它利用罗马字母构成一个 26 基数的系统，用任意 3 个字母构成一个序列，这些序列可以用来传输 26 的 3 次方也就是 17576 个编码单元。对于中文来说，这种编码系统的效率要比四位数字码系统高得多，因为三

表 2.1
基于汉字的罗马字母编码（字母 / 汉字 / 拼音）。

a	愛	ai	e	依	yi	i	藹	ai	m	姆
b	比	bi	f	夫	fu	j	再	zai	n	恩
c	西	xi	g	基	ji	k	凱	kai	o	窩
d	諦	ti	h	鴟	chi	l	而	er	p	批
mu	q	摳	qu	u	尤	you	y	喂	wei	
en	r	阿	a	v	霏	fei	z	特	te	
wo	s	司	si	w	壺	hu				
pi	t	梯	ti	x	時	shi				

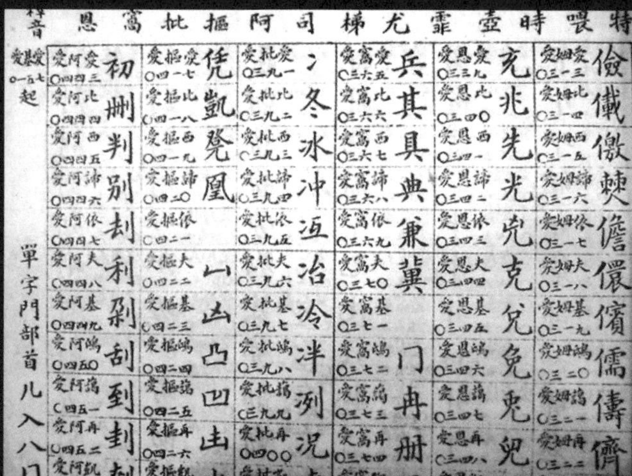

2.13
汉字释音版的电码本样本。

码字母系统所需的编码位数要比四位数字码少一位（这起码就削减了 25% 的工作量），同时，由于它使用的是字母而非数字，大大提高了传输效率（如前所述，在莫尔斯电码中，字母的传输效率高于数字）。在 1881 年一本新版的电码本中，人们在每个常规的四位数字代码旁边又添加了一个特定的三字母代码，从而启用这种替代性编码系统。数字码“0001”搭配了“AAA”；“0002”搭配了“AAB”；以此类推。此外，在这种二级中介的基础上，还有第三级中介与之并行，那就是由编者选用的 26 个汉字来代表相应的罗马字母，这对于 19 世纪 80 年代对罗马字母尚感陌生的中国人来说，更加简单易记。（表 2.1 和图 2.12、2.13）[75]

利用与二级中介相关联的这个额外中介层级，中国的电报员理论上就可以完全用中文开展工作，虽然这仍然是通过操作罗马字母来实现的。具体而言，假如我们能够窃听当时在中国电报线路中流动的电磁脉冲，当我们听到一个三字母代码序列“DGA”，发送和接收人员就会将其理解成汉字序列“諦基愛”（谛基爱）。甚至连“字母顺序”本身也可以通过这种传递技巧得到转换，电报员所识记的字母不再是“ABCDE”，而变成了“愛比西諦依”（爱比西谛依）。通过这种复杂的多层级中介交互，意义的力度（dynamics）和效价（valences）可以被重构，同时电码的基本架构保持不变。[76]

随着阿拉伯数字和罗马字母在中国的接受度逐步提高，与此类似的汉字中介方案开始从电码本上消失。普通电报员对“123”和“abc”等外来符号不再感到生疏，因此也就不再需要“一二三”和“愛比西”这种中介方式，或者说不再觉得它们有帮助。而新的中介手段很快就出现了，其中最灵巧和成功的一个方式就是将中文

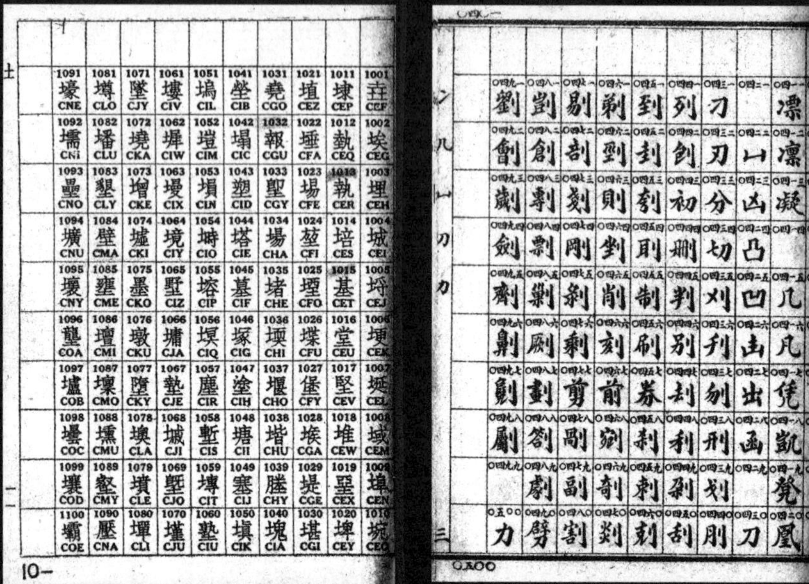

2.14
为方便记忆而对页码重新编排的电码本。

电码本的页码巧妙地重排。在早期的电码本里，每一页都是以 ---1 序列开始，以 ---0 结尾（例如，在每页包含 100 个汉字的电码本中，编码会记为 0101 至 0200，在每页包含 200 个汉字的电码本中，编码会记为 0101 至 0300），而到了民国时期，出版商开始重排电码本的页码，每页按 ---0 至 --99 的序列编排（例如，从 0100 至 0199，从 1200 至 1299）。（图 2.14）[77] 这一变化看似微小，但它对中国电报员的日常工作产生了一种非常有用的次要效应：这种页码编排方式很好地呈现了每页编码的前两位数，使电码本更易于检索和识记。对电码本页码的重排也引发了一种新的“记忆方式”，例如，一位电报员在使用一本1946年左右出版的电码本时就知道，“1289”可以在第12页找到，“3928”可以在第39页找到，“9172”可以从第91页找到——每一页的页码都在页眉和页脚位置用红色加粗字体标记。[78] 为了弄清电报员是如何通过创新和实验方法来使用中文电码的，我们必须对电码本本身的社会史做一番近距离的审视。

从微观历史的层面看，这些尝试都旨在实现各种便利：使中国的电报员能够在外来的、陌生的字母数字环境中工作，加快其检索某个汉字或编码的速度，并实现其他种种目的。而从宏观历史的层面看，所有这些局部的努力构成了一个更为宏大的历史潮流，也就是在本章中被称为“符号主权”的历史过程。通过创造种种“对中介的中介”，电报员不仅在开展一项旨在省时省钱的务实活动，同时也革新了他们与将中文置于结构性不平等之处境的信息架构之间的关系。电报员其实是在对四位数字码进行“符号占领”（symbolic possession）——摆弄它，调整它，使它更匹配电报员自身在语言和身体上的偏好、能力和局限。通过这些不断发展的、高度本地化的活动，电报员开始对之前包围他们的系统展开反包围。

在下一章，我们将离开电报和活版印刷的世界，真正走入中文打字机的时代。届时，我们还会再次遭遇本章所提到的三大谜题——常用字、拼合和代码，只不过是在一种新的技术语言背景之下。随着打字机这种令人振奋的新的书写技术的问世，新一代人会开始思考中文打字之谜。届时，他们将再次遭遇或发现本章所讨论的这三种解谜方式，将它们——连同其内在的政治性——移植到一个新的技术语言领域中。

注 释

1　William Gamble, *List of Chinese Characters in the New Testament and Other Books*, 1861, Library of Congress, G/C175.1/G15.

2　在原本中，两个人的名字被姜别利记为“Tsiang sin san”和“Cü sin san”。

3　用因佛朗哥·莫莱蒂（Franco Moretti）而著名的观点和实践来说，除了“反阅读”外，另一个合适的词汇或许为“远读”(distant reading)。见 Franco Moretti, *Distant Reading* (New York: Verso, 2013)。

4　关于姜别利的汉字字频分析，见 William Gamble, *Two Lists of Selected Characters Containing All in the Bible and Twenty Seven Other Books* (Shanghai: Presbyterian Mission Press, 1861), ii，其中呈现了姜别利的研究结果。正如他在前言中提出的，中文的活字印刷工人需要“像他们所说的那样，为书面中文里的汉字建立一个‘等秩’(scale)”。

5　见 Endymion Wilkinson, *Chinese History: A New Manual* (Cambridge, MA: Harvard University Asia Center, 2012), 78。

6　“List of Chinese Characters Formed by the Combination of the Divisible Type of the Berlin Font Used at the Shanghai Mission Press of the Board of Foreign Missions of the Presbyterian Church in the United States” (Shanghai: n.p., 1862), 1. 1863 年，姜别利发表了《两边拼小字》(可由拼合活字构成的 1878 个中文汉字)，见 December 22, 1863, manuscript Library of Congress G/C175.1/G18。

7　Gamble, *Two Lists of Selected Characters Containing All in the Bible and Twenty Seven Other Books*, ii.

8　见 Cynthia J. Brokaw, “Book History in Premodern China: The State of the Discipline,” *Book History* 10 (2007): 254。

9　后来拓展至 146 部。见 Wilkinson, *Chinese History*, 951。

10　Jin Jian, *A Chinese Printing Manual*, trans. Richard S. Rudolph (Los Angeles: Ward Ritchie Press, 1954), xix. 金简（? —1795）是来自盛京的旗人，他的祖先在明朝式微的年份从朝鲜移居而来。金简曾在户部担任大臣，后于 1772 年至 1774 年被任命为武英殿的主事。见 Wilkinson, *Chinese History*, 912。

11　由 214 个部首构成的汉字编排体系源自明朝末年的《字汇》。该字典是由梅膺祚所作，1615 年出版。这也成了后来《康熙字典》的分类学基础，《康熙字典》是由张玉书（1642—1711）和陈廷敬（1639—1712）编纂完成的，于 1716 年出版。

12　这 214 个部首的第一个是单一笔画的“一”，最后一个是 17 画的“龠”。

13　“部首－笔画”体系进一步规定，属于同一部首类别且笔画相同的汉字应当按照构成该汉字的笔画的具体类型进行排列。笔画有 8 种，按照一定的次序排列。如果两个汉字拥有相同的部首和笔画数，则其字典会按照该汉字书写的第一（有时为第二或第三）笔来排序。

14 金简在其印刷手记《钦定武英殿聚珍版程式》中写道："按照《康熙字典》分十二支名排列十二木柜。""取字时先按偏旁，应在何部，则知贮于何柜。再查画数，则知在于何屉。如法熟悉，举手不爽。"金简最初向皇帝建议按照读音的"律"来排列汉字。不过，金简最终还是以《康熙字典》中的汉字排列体系作为主要依据。关于金简对印刷过程的记述的英译，见 Jin Jian, *A Chinese Printing Manual*。

15 Claude-Marie Ferrier and Sir Hugh Owen, *Exhibition of the Works of Industry of All Nations: 1851 Report of the Juries* (London: William Clowes and Sons, 1852), 452.

16 需要强调的一点是，对于外国的中文印刷工人来说，中文活字这种特殊的空间特征并未长期被视为一种令人气恼或"困惑"的事情。例如，在 19 世纪及更早的时期，一些外国印刷机构（如中国澳门的圣约瑟学院和巴黎的王家印刷所）制作或运用了他们自己的中文字体，所包含的字类总计约 126000 个，因此这些外国的排字工人肯定会像武英殿中的金简一样，被这些字体"包围"起来。不过，随着 19 世纪的历史进程，在印刷、排字和教学领域，包围和定型中文汉字的愿望变得越发强烈了。见 Walter Henry Medhurst, *China: Its State and Prospects, with Especial Reference to the Spread of the Gospel* (London: John Snow, 1838), 554–556；J. Steward, *The Stranger's Guide to Paris* (Paris: Baudry's European Library, 1837), 185。

17 Li Chen, *Chinese Law in Imperial Eyes: Sovereignty, Justice, and Transcultural Politics* (New York: Columbia University Press, 2015). 尤见第二章："Translation of the Qing Code and Origins of Comparative Chinese Law"。

18 另见 Joshua Marshman, *Elements of Chinese Grammar: with a preliminary dissertation on the characters, and the colloquial medium of the Chinese, and an appendix containing the Tahyoh of Confucius with a translation* (printed at the Mission Press, 1814)。

19 姜别利继续编撰他自己的字典，按照《康熙字典》的部首笔画排列体系对这 5150 个汉字进行排序，然后在每个汉字的旁边标注该字在其研究中出现的次数。他的字典中也包含了相同的字表，按照其出现的频率划分为 15 类，然后再按照《康熙字典》的部首笔画体系对每个类别进行内部排序。19 世纪的基督教传士也十分重视中文字典，不过相对于复制其所发现的中文语言，其目的更多在于介绍新的观念（和字母）。回到上面所介绍的姜别利和其他传教印刷工人，他们对中文的字汇研究并不囿于中文经典，也包括了《圣经》的中译本。Gamble, *Two Lists of Selected Characters Containing All in the Bible*, v–vi.

20 同上。该领域另一位有影响力的学者是台约尔（1804—1843）。他生于格林尼治，是暹罗皇家医院秘书约翰·台约尔第四子。在剑桥大学读书期间，他在三一学堂攻读经典、数学和法律。后来，在 1824 年夏天，他主动联系了伦敦传教会，表示将致力于"异教之地"的传教事业。这年夏天，他进入神学院，在戴维·博格（David Bogue）的教导下开始了自己的学习，包括学习中文。1827 年 2 月，台约尔被任命为牧师，不到一个月之后，就被派往马六甲，随行的还有他的妻子玛丽亚（Maria）。8 月份抵达马来西亚槟城后，他立即着手学习闽南语。在那个中文印刷品几乎完全出自石刻和木刻的年代

（当然也有显著的例外，马礼逊的字典是在澳门用金属活字印刷的），台约尔致力于为中文创造一种金属活字。见 Ibrahim bin Ismail, "Samuel Dyer and His Contributions to Chinese Typography," *Library Quarterly* 54, no. 2 (April 1984): 157–169。

21 Jean-Pierre Guillaume Pauthier, *Foe Koue Ki ou Relation des royaumes bouddhiques* (Paris: Imprimerie Royale, 1836); Jean-Pierre Guillaume Pauthier, *Le Ta-Hio ou la Grande Étude, ouvrage de Confucius et de ses disciples, en chinois, en latin et en français, avec le commentaire de Tchou-hi* (Paris: n.p., 1837).

22 Jean-Pierre Guillaume Pauthier, *Chine ou Description historique, géographique et littéraire de ce vaste empire, d'après des documents chinois*, first part (Paris: Firmin Didot Frères, Fils, et Cie, 1838).

23 *Les caractères de l'Imprimerie Nationale* (Paris: Imprimerie Nationale, 1990), 114–117.

24 见 Châh Nameh, *sous le titre: Le livre des rois par Aboul'kasim Firdousi, publié, traduit et commenté par M. Jules Mohl*, 7 vols. (Paris: Jean Maisonneuve, 1838–1878); 以及 Arthur Christian, *Débuts de l'Imprimerie en France* (Paris: G. Roustan and H. Champion, 1905)。

25 Medhurst, *China*, 557.

26 同上，第 558 页。

27 Marcellin Legrand, "Tableau des 214 clefs et leurs variants" (Paris: Plon Frères, 1845); L. Léon de Rosny, *Table des principales phonétiques chinoises disposée suivant une nouvelle méthode permettant de trouver immédiatement le son des caractères quelles que soient les variations de prononciation, et adaptée spécialement au Kouan-hoa ou dialecte mandarinique*, 2nd ed. (Paris: Maisonneuve et Cie, Libraire-Éditeurs pour les Langues Orientales, Étrangères et Comparées, 1857).

28 Medhurst, *China*, 556.

29 同上，第 558 页。

30 Robert E. Harrist and Wen Fong, *The Embodied Image: Chinese Calligraphy from the John B. Elliott Collection* (Princeton: Art Museum, Princeton University in association with Harry N. Abrams, 1999), 4.

31 同上，第 152 页。

32 同上。

33 Adapted from Yee Chiang, *Chinese Calligraphy: An Introduction to Its Aesthetics and Techniques* (Cambridge, MA: Harvard University Press, 1973 [1938]), 163–164.

34 见 John Hay, "The Human Body as a Microcosmic Source of Macrocosmic Values in Calligraphy," in *Self as Body in Asian Theory and Practice*, ed. Thomas Kasulis, Roger Ames, and Wimal Dissanayake (Albany: State University of New York Press, 1993), 179–212 ; Amy McNair, "Engraved Calligraphy in China: Recension and Reception," *Art Bulletin* 77, no. 1 (March 1995): 106–114 ; Craig Clunas on categorization in Maxwell Hearn and Judith Smith, eds., *Arts of the Sung and Yuan* (New York: Metropolitan Museum of Art, 1996) ; Richard Curt Kraus, *Brushes with Power: Modern Politics and*

the Chinese Art of Calligraphy (Berkeley: University of California Press, 1991)。

35 *Twelfth Annual Report of the American Tract Society* (Boston: Perkins and Marvin, 1837), 63.

36 *Chuang Tzu: The Basic Writings* , trans. Burton Watson (New York: Columbia University Press, 1964), 47.

37 *Twelfth Annual Report of the American Tract Society*, 62–63. *Characters Formed by the Divisible Type Belonging to the Chinese Mission of the Board of Foreign Missions of the Presbyterian Church in the United States of America* (Macao: Presbyterian Press, 1844). 与包铁和李格昂的字体一样，它也包含了整字和半字，并且与前者类似，这里的半字也被进一步分为两个相同的分组："横向分割"部件和"纵向分割"部件。"Chinese Divisible Type," *Chinese Repository* 14 (March 1845): 129.

38 这一数字看起来似乎有点大，但相对于这一时期其他中文整字字体的容量来说，它其实是比较合理的。实际上，如果我们回想一下姜别利等人的工作，李格昂和包铁的方案其实是相对适度的。更重要的是，与整字字体不同，拼合活字不会局限于传统印刷技术中活字与汉字固有的一对一的关系。利用这 3000 多个整字和半字部件，李格昂和包铁的字体总计可以组成约 22841 个汉字。见"Chinese Divisible Type," 124–129, 129。与李格昂那套包含了横向和纵向分割部件的拼合活字不同，贝尔豪斯选择完全聚焦于可纵向拆分的汉字，以期简化这一体系。这种字体足以排印《旧约》和《新约》的完整中译本，而这正是贝尔豪斯为美国传教会制作的。见 George Dodd, *The Curiosities of Industry and the Applied Sciences* (London: George Routledge and Co., 1858), 4。

39 《日本王代一览》是由荷兰商人兼东方学家德胜（Isaac Titsingh，1745—1812）开始撰写的，后由法国的东方学家雷慕沙（Abel-Rémusat，1788—1832）续写。雷慕沙对《佛国记》的法译版本名为 *Relation des royaumes bouddhiques*。在 1837 年，有消息进一步报道了时任西方外国传教会秘书的娄伟德（Walter Lowrie）有意购买一整套李格昂的中文字体的情况。1844 年，李格昂继续在巴黎展示他的中文字冲，总计 4600 个，能够排印所有的中文汉字。到 1859 年，纽约的长老会传教委员会采用了贝尔豪斯的"美丽字体"来印刷一些中文出版物。见 *Twelfth Annual Report of the American Tract Society*, 62–33; *Ferrier and Owen, Exhibition of the Works of Industry of All Nations*, 409；以及 Samuel Wells Williams, *The Middle Kingdom: A Survey of the Chinese Empire and Its Inhabitants* (New York: Wiley & Putnam, 1848), 604。

40 Ferrier and Owen, *Exhibition of the Works of Industry of All Nations*, 452.

41 Medhurst, *China*, 557. 1854 年，李格昂的中文字体出现在斯坦尼斯拉斯·赫尼斯（Stanislas Hernisz）编写的奇特的识字入门书《习英汉合话》（*A Guide to Conversation in the English and Chinese Languages for the Use of Americans and Chinese in California and Elsewhere*）当中。赫尼斯在前言中对李格昂表示了感谢，并补充说："在我们这个年代，有一件事情或许还是比较有趣的，那就是人们在中国可以用一个由'海外'的'蛮夷'制作的铸字印刷中文书籍！"见 Stanislas Hernisz, *A Guide to Conversation in the English and Chinese Languages for the Use of Americans and Chinese in California*

and Elsewhere (Boston: John P. Jewett and Co., 1854)。包铁显然是满意的，他于 1858 年与李格昂再度合作，研究他的《华叙碑文考》(*L'Inscription syro-chinoise*)。

42 Comte d'Escayrac de Lauture, *On the Telegraphic Transmission of Chinese Characters* (Paris: E. Brière, 1862).

43 同上，第 6 页。

44 也是受这次旅行的启发，劳图尔在 1864—1865 年发表了他写的多卷《中国回忆录》(*Mémoires sur la Chine*)。

45 "Le télégraphe veut une langue plus brève, intelligible à tous les peuples. Je vais montrer que cette langue n'est point une utopie; que non-seulement son emploi est possible, mais encore qu'il est facile, indiqué, nécessaire." Comte d'Escayrac de Lauture, *Grammaire du télégraphe: Histoire et lois du langage, hypothèse d'une langue analytique et méthodique, grammaire analytique universelle des signaux* (Paris: J. Best, 1862 [August]), 9.

46 Yakup Bektas, "The Sultan's Messenger: Cultural Constructions of Ottoman Telegraphy, 1847-1880," *Technology and Culture* 41 (2000): 206.

47 同上，第 669—696 页。

48 从 4 位电码序列到 5 位电码序列，电报传输所需的时间大约会增加 25%—75%。由于其低效性，这种 5 位代码区（包含了 25 或 32 个额外空位）最初被限定用于数字和特殊符号（包括标点符号）。不过，莫尔斯电码同英文的关联还不止这些，它还考虑到了字母传输过程中可能出现的个别歧义情况。在莫尔斯电码当中，在对（每个字母或符号的）脉冲波形进行分配时还考虑到了字母的共现（co-occurrence）情况以及当对两个本身不同的波形的划分有误时所引起的歧义和错误转译的问题。因此，面对最常见的双字母序列（"双字母组合"），这些字母的脉冲波形必须具备足够大的差异，以免引起误读，即使这会牺牲一个特定字母的频率通常所要求的能量效率。

49 *Convention télégraphique internationale de Paris, révisée à Vienne (1868) et Règlement de service international (1868)—Extraits de la publication: Documents de la Conférence Télégraphique Internationale de Vienne* (Vienna: Imprimerie Impériale et Royale de la Cour et de l'Etat, 1868), 58.

50 *Convention télégraphique internationale de Saint-Pétersbourg et Règlement et tarifs y annexés (1875). Extraits de la publication—Documents de la Conférence Télégraphique Internationale de St-Pétersbourg: Publiés par le Bureau International des Administrations Télégraphiques* (Bern: Imprimerie Rieder & Simmen, 1876), 22; *Convention télégraphique internationale de Berlin (1885): Publiés par le Bureau International des Administrations Télégraphiques* (Bern: Imprimerie Rieder & Simmen, 1886, 15.

51 不过，对于使用另一种名为"休斯电码"的人来说，这些特殊的带音节符号是不可用的。

52 *Convention télégraphique internationale et règlement et tarifs y annexés révision de Londres (1903)* (London: The Electrician Printing and Publishing Co., 1903), 16.

53 见 Daniel Headrick, *The Tentacles of Progress: Technology Transfer in the Age of Imperialism, 1850-1940* (Oxford: Oxford University Press, 1988), chapter 11。

54 W. Bull, "A Short History of the Shanghai Station" (Shanghai: n.p., 1893) [handwritten manuscript], Cable and Wireless Archive DOC/EEACTC/12/10, 4.

55 关于早期电报技术的精彩研究，以及随着电报技术的出现所产生的一些激进设想，见 Carolyn Marvin, *When Old Technologies Were New: Thinking about Electric Communication in the Late Nineteenth Century* (Oxford: Oxford University Press, 1998)。

56 Escayrac de Lauture, *Grammaire du Télégraphe*, 4.

57 原文为："langue des faits et des chiffres, langue sans poésie, planant cependant au-dessus des vulgarités de la vie commune." "Le discours est comme un calcul avec des mots: il faut trouver l'algèbre de ce calcul, imparfait comme chaque idiome; il faut trouver la commune mesure de la pensée et des discours humains." 同上书，第 4、8 页。

58 原文为："le catalogue des idées principales constitue la nomenclature: c'est comme la matière et le corps du discours." 同上书，第 4、15 页。

59 各种行为也会被归为基础性二级词汇。正如劳图尔所言："既然我们已经为语言本身赋予了形式，现在我们可以赋予它生命。" 以主意义"运动"为例，我们可以通过（用辅意义）修饰它以实现动作的方向性（过去、过来、循环、穿越）、功能性（运载、击打、切分）和其他各种变体。此外，在劳图尔的系统当中，动词变位和词尾变化被另一套修饰工具所取代，因此时态和人称都是不需要的。同上书，第 12 页。劳图尔主张，也可以用同样的方法将自然世界进行分类。不管是蔬菜、化学品、哺乳动物、爬行动物、软体动物、鱼类还是其他什么事物，各种实体都可以用简化的字母代码进行表示。这个系统当中的每个字母都有含义。例如，一个字母序列的首个辅音字母可被用于表示林奈分类法下的"纲"（Class），后接的元音字母则表示林奈分类法下的"目"（Order）及更次级分类。对于地理位置，可以用纬度和经度表示，特定的山脉则以其主峰标记，河流用其源头标记，海洋则用其中心点标记。

60 "Sans connaître un seul de ces mots, on pourrait, à l'aide d'un simple vocabulaire, établir avec certitude le sens d'une phrase." 同上书，第 15 页。

61 "… serait plus propre qu'aucune langue connue aux communications internationales d'un certain ordre." 同上书，第 15 页。

62 Bull, "A Short History of the Shanghai Station," 7–10.

63 Zhu Jiahua [Chu Chia-hua], *China's Postal and Other Communications Services* (Shanghai: China United Press, 1937), 149.

64 Kurt Jacobsen, "A Danish Watchmaker Created the Chinese Morse System," *NIASnytt (Nordic Institute of Asian Studies) Nordic Newsletter* 2 (July 2001): 17–21.

65 威基谒：《电报新书》，1871；Arkiv nr. 10.619, in "Love og vedtægter med anordninger," GN Store Nord A/S SN China and Japan Extension Telegraf. Rigsarkivet [Danish National Archives], Copenhagen, Denmark.

66 在中国、丹麦和英国的史料中均未提及中国的电报员是否在"洲际莫尔斯"（Continental Morse，亦称"国际莫尔斯电码"）中使用了这种"简写数字"。如果是，则说明中国的电报员能够规避标准莫尔斯电码中低效的数字代码，但仍然面对着仅使用数字而不使用字母所带来的内在限制。

67 Tom Standage, *The Victorian Internet: The Remarkable Story of the Telegraph and the Nineteenth Century's On-line Pioneers* (New York: Berkeley Books, 1999).

68 Steve Bellovin, "Compression, Correction, Confidentiality, and Comprehension: A Modern Look at Commercial Telegraph Codes," paper presented at the Cryptologic History Symposium, 2009, Laurel, MD. 另见 N. Katherine Hayles, *How We Think: Digital Media and Contemporary Technogenesis* (Chicago: University of Chicago Press, 2012), chapter 5。

69 Edward Benjamin Scott, *Sixpenny Telegrams: Scott's Concise Commercial Code of General Business Phrases* (London: published by the author, 1885), 18, 35. 其他可能的例子，尤见 Frank Shay, *Cipher Book for the Use of Merchants, Stock Operators, Stock Brokers, Miners, Mining Men, Railroad Men, Real Estate Dealers, and Business Men Generally* (Chicago: Rand McNally and Co., 1922)。

70 德明在后来微调了威基谒最初的汉字电码表。见 Erik Baark, *Lightning Wires: The Telegraph and China's Technological Modernization, 1860–1890* (Westport, CT: Greenwood Press, 1997), 85。在 1949 年新民主主义革命成功后，出现了两套中文电码表，一套在中国大陆，一套在台湾，两套电码表都采用了四位码，但代码的分配方案不同。即使在介绍这些变化的过程中，我们也能看到，威基谒的电码系统在一个多世纪里成了中文的行业标准。

71 关于中国电报基础设施的新近研究，见 Roger R. Thompson, "The Wire: Progress, Paradox, and Disaster in the Strategic Networking of China, 1881–1901," *Frontiers in the History of China* 10, no. 3 (2015): 395–427。

72 *Documents de la Conférence Télégraphique Internationale de Berlin (1909)*, 482.

73 在 20 世纪 20 至 30 年代，无线电通信为电报通信分担了更重的一份通信任务。单就上海来说，就有 13 条线路将上海与欧洲、美国和东南亚的一些地区联络起来，这些联络是通过一些中介机构实现的，如美国无线电公司、德律风根电报和无线公司、T. S. F. 公司、苏联通信委员会、安南电报和邮政总局等。当无线电通信在 1931 年兴起时，它承担了来自中国的近 10% 的国际通信业务。仅 4 年后，1935 年，无线电就占了所有国际通信业务量的近 40%。数据来源于 1932 年至 1935 年任（中华民国）交通部部长朱家骅。Zhu Jiahua [Chu Chia-hua], *China's Postal and Other Communications Services*.

74 Bull, "A Short History of the Shanghai Station," 115. 不过，即便是这样的胜利也会带来无法预见的甚至是负面的影响。在这一案例中，由于外国人对中文语言普遍不熟悉，因此无法鉴别一份具体的通信是否是"真实的"(bona fide)，这就意味着中国需要在众多国家"寄存"官方的中文电码本，以作为一种公认的金标准。这不亚于 1889 年在法国小镇布勒特伊以颇具仪式感的方式放置和保存的"标准米"原器和"标准千克"原器，以使度量衡系统保持永久恒定和权威性。同样地，标准的中文电码本必须在世界各地"埋设"到位，以确保其统一性和持续性。但是，这种本应出现在度量衡领域的永恒固化做法，在中文电报领域只能给未来的电码重设工作带来限制。见《法文译华语电码字汇》，上海：点石斋；Peter Galison, *Einstein's Clocks, Poincare's Maps: Empires*

of Time (New York: W.W. Norton and Co., 2003), 91；*Documents de la Conference Telegraphique Internationale de Madrid (1932)—Tome I* (Bern: Bureau International de l'Union Telegraphique, 1933), 429。正是由于电报价目表相关协议及其补充协议在格式上的复杂性和多样性，仅凭任何一项成功都不足以实现改善中文地位的目标。每一个新成果都来之不易，都是渐进式的，需要长期维护，以免被后续的改良方案所取代。在不断扩充的电报技术领域，每当有新的从属技术或实践（如节假日发报优惠、新的电报选址方法，以及以“书信电报”为代表的将电报技术与水陆邮政相协调的新兴通信形式等）加入，其中的任何革新都无疑包含了至少一条限制性条款，作用于加密和数字编码的语言。圣诞电报的收费低于普通电报，但这种电报必须用“明文”撰写——而中文在技术上并不具备这种属性。同样地，多项协议中规定，电报地址也必须用“明文”书写，不得用代码或密码书写。在1932年的马德里国际电报大会，对“祝福电报”和“书信电报”的操作订立了更为详细的规则，规定这种传信必须完全用“明确的语言”书写。关于圣诞打折电报的规定对于中国似乎显得完全无关紧要，但正是这种不相干性，构成了我们关于“符号主权”的持续考量的核心。在国际电报社会中，中国的这种独特的不利地位显现了它并非冷酷无情、自私自利的欧美列强的有意之举，而是通过一种远比这冷酷无情的过程产生的。在里斯本、伦敦等一些遥远地方的会议大厅里，一个疏远的且大体上中立的欧美社会通过了一项又一项规则，它们尽管与中国本身没什么关系，但实际上都对中国的利益施加了相当的影响，一再戳刺、冲撞和擦伤着中国。每当出现诸如“明确的语言”、“直白的语言”等表述时，中国的代表都会一再地发现自己不得不请求对其调整，否则中国便会在这个不断扩展和变化的全球电报技术集团中再次被排斥在外。

75 这一体系受到了进一步的调解，通过某个中文的方言——或许是粤语。换言之，虽然表2.1仅列举了普通话中每个汉字的拼音读法，但通过对特定的“字母 - 汉字”组合的仔细思索，我们发现这种组合很有可能是基于编者头脑中的某种中文方言所编定的。例如“zai”与“j”的组合，只有我们考虑其粤语发音“joi”时，这种组合才有意义。字母“w”也是如此，它的组合汉字在粤语中的发音是“wu”；字母“y”对应的汉字的粤语读音为“wai”。不过，这个列表的另外一些特征则指向了粤语之外的另一种方言，例如用来表示字母“k”的汉字“凯”，（其在粤语中的发音为“hoi”）。感谢陈江北为我指出这一玄机。见交通部：《明密码电报新编》，上海，1916；交通部：《明密码电报新编》，南京：京华印书馆，1933；Rigsarkivet [Danish National Archives], Copenhagen, Denmark, 10619 GN Store Nord A/S. 1870–1969 Kode- og telegrafbøger, Kodebøger 1924–1969；交通部：《明密码电报新编》，交通部刊行，1946。

76 国际电报通信的相关管理规则在不断变化，且一些调解路径经常会被关闭。三字母代字的加密方式最终也被电报公司内部负责统计和监察避费和 / 或密语通信的部门施加了限制。到19世纪早期，所有的电报通信都必须是“可读出的”（pronounceable），这种规定似乎不太好理解，换句话说，它规定在任何加密传输当中，都必须包含不低于某个数量的元音。不再允许传输长串的辅音序列，这就大大削减了原先的三字母代码系统的编码位。

77 交通部：《明密码电报新编》，交通部刊行，1946。

78 Geoffrey C. Bowker, *Memory Practices in the Sciences* (Cambridge, MA: MIT Press, 2005).

3 第三章 全新的机器

因此，每敲击一次，机器打出的不应是字母或文字的部件，而应是完整的文字。

——

谢卫楼，1897 年

始也，吾觉中国打字机之规模，与现今美国任何种之打字机终有根本不同之点。……使如美打字机之每字用一杆，固属可笑。

——

周厚坤，1915 年

克里斯托弗·莱瑟姆·肖尔斯（Christopher Latham Sholes）的发明，在问世后的10年里，经由雷明顿公司、安德伍德等打字机公司的推广和改造，逐步走向非英语国家，走向全球。正如第一章所提到的，在这一过程中，面对阿拉伯文、希伯来文、西里尔文、蒙古文、缅甸文及其他众多非拉丁字母文字，打字机工程师和生产者始终致力于通过对原始的英文打字机进行最低限度的必要改造，以将各种文字书写形式纳入西方打字技术的范畴。尽管各种书写系统及其特点都被一一吸收——例如从右向左书写的希伯来文，有字母字形变化的阿拉伯文——但有一个市场始终无法攻克：中国。因为汉字是非字母文字，雷明顿等公司的工程师发现，从概念上而言，他们无法通过选择性机械改造——这种在其他上百种语言中屡试不爽的方式，解决中文打字的“问题”。无论怎么尝试，他们始终无法将中文拉入这个更广阔的西方多国阵营的历史当中。

不过，随着西式打字机在全球范围内的推广，中国和世界其他国家一样，也无法抵抗这种机器的诱惑。很多人觉得，中国也需要自己的打字机，不仅作为一种商业设备，也作为现代性的一个标志。随着时间的推进，中国似乎将要成为世界上唯一一个没有打字机的国家。[1]1912年的一篇文章一针见血地指出，“不存在中文打字机”，点出了这个日益突显的事实。不存在中文打字机——而且更重要的是，越来越多的人相信不可能存在中文打字机——这种情况被中文的批判者所利用，他们希望将汉字整体废除。因此，制造一台中文打字机的意义已经不仅仅在于使中国人的办公习惯跟上时代了，更重要的是，面对各方对中文的审判，这样一台机器能够成为中文符合现代性的有力证明。

不过，获取这么一件关键证据并不简单。正如之前所讨论的，常规的切换键盘打字机并不具备处理中文的能力，且这一点被归咎于中文本身，而非这种打字机。常规的西式打字机形式曾经享受过前所未有的荣耀和认可，世界各地越来越多的人开始相信它是真正具有普适性的，而制造一台“中文打字机”，需要相关工程师、设计者、语言学家和企业家与西式打字机分道扬镳。他们需要对“打字”进行某种重新定义，而这项工作也是雷明顿公司和其他一些公司不愿意，或者没有能力去做的。实际上，他们需要重启被人们遗忘的早期打字机形式，或是重新发明新式打字机，将打字的概念从单切换键盘打字机的一元文化中解放出来。这些“中文的改革者”在努力将中国领入技术语言现代性的新时代的过程中，也必然会成为“打字机的改革者”。

不过，这种彻底的重新构想是有风险的。一方面，在实现中文打字的过程中，如果汉字被改得面目全非，那么相应的打字机还能被称为“中文打字机”吗？ 1913 年，《中国留美学生月报》（*Chinese Students' Monthly*）上刊登了一篇文章，作者慷慨激昂地驳斥了汉字废除论，并且也对那些以牺牲汉字为代价追求现代信息技术的做法表示警惕。[2] 作者解释说：“一众外国人，以及少数受传教教育之偏激国人支持中文之根本改革”，他们呼吁废除中文，甚至用英文取而代之，“其理由之一即今未能发明一台可打中文之打字机”。作者继续谈道：

> 吾等中国人欲言：夫打字机之区区长处，未足以引吾等弃吾国四千余年其秀异之经典、文学、历史于不顾。打字机乃适乎英文之发明，而非英文适乎打字机者也。

文章批评道：“西方之实利主义教育，已使中国之青年凡事莫不视乎其收益以量度，然吾等冀彼等勿以相同之道量度自身文明之价值……彼等切记，国语乃一个民族之生命与灵魂，保护之，乃彼等当致力躬行奉献之第一件事也。”[3]

困难还不止这些。在实现中文打字过程中，如果打字机本身被改得面目全非，那么它还能被称为中文打字机吗？发明者清楚知道，模仿雷明顿打字机或安德伍德打字机是根本行不通的，但从某种意义上说，西方世界和这种西式打字机仍然会作为不在场的法官，对他们的努力做出评判。换句话说：如果西方（以及当时世界大部分地区）所理解的这种“打字机”无法被直接“改适”到中国，而是需要进行批判性重构，那么最终所形成的打字机在西方人眼里是否就完全难以辨识，或不被承认？这样的打字机，还能称其为“打字机”吗？诸如此类问题，都是那些试图将中国领入技术语言现代性新时代的人无法回避的。

文书机器：谢卫楼与第一台中文打字机

在古老的京杭大运河岸边，一艘小船即将启程前往大运河北端的通州，当 O. D. 弗洛克斯（O. D. Flox）踏上这艘小船时，他尚无法预计此行将会有怎样一番际遇。弗洛克斯是西方教化联合会（Western Civilization Union）的成员，该组织位于美国，其宣称的目标是“通过介绍各种省力机械，改善无（基督教）信仰世界人们的社会条件”。他认识一位美国的发明家，或许此人掌握了制造这样一台机器的诀窍：适用于中文的打字机。[4]“一台中文打字机，”他想，“一台旨在使人们免于记住汉字那种种令人眼花缭乱的钩钩弯弯的打字机，对我来说是一个大胆而新颖的想法。”[5]

正是《华夏时刊》（*Chinese Times*）上的两篇非常有意思的文章，促使弗洛克斯开启了这趟旅行。第一篇文章发表于 1888 年 1 月，名为《中文打字机》（“A Chinese Type-writer”），作者用简洁而热切的笔调介绍了一位美国发明家和他的发明。文章写道：“在它的辅助下，外国人也可以快速地打写出漂亮而清楚的汉字。”“你可以用它学习汉字和读音，解决相关疑惑，速度快得惊人……你会像小孩一样从入门的方块字学起，同时你也可以与中国的朋友交流（原文如此），或是写书。”[6]

第二篇文章的口吻则有所不同。作为有益知识传播联合会（Islands' Syndicate for the Promotion of Useful Knowledge）成员的亨利 · C. 纽科姆（Henry C. Newcomb）于这年 3 月 17 日给编辑写信，戏谑地将文章命名为《那台中文打字机》（“That Chinese Type-writer”），他在信中强烈质疑了这名美国人所谓的发明成果，并转述了一个曾经以个人身份拜访过该发明者工作室的匿名“朋友”的话。信中说：“他的铅字放到一起拿在手里感觉很大，将近有 1 立方英尺（约 28316.84 立方厘米），而且使用前必须先将它们分类。这看起来很容易，但只有那些健康到能活过 70 岁的人才有可能做到。”[7] 纽科姆总结道：“实际上，该发明对于普通人并没有太大用处，除非他们身边有老师能够随时给予指导。可如果我们要请老师，那为何不让这位老师直接负责打字呢？我们何必‘养狗而自吠’？”[8]

乘坐一艘“小小的河船，一连几日都得由纤夫拖行”，弗洛克斯踏上了一段类似于《黑暗之心》[1] 的追寻之旅。当他抵达通州的时候，他见到了拜访对象，不过这个人完全出乎他的意料。谢卫楼于 1841 年 8 月 13 日出生在纽约的盖恩斯维尔（Gainesville），曾短暂做过教师，后来在美国内战时期被召入纽约志愿步兵团第十七团。[9] 他在波托马克军团（Army of the Potomac）服役两年后晋升为军士长，后退役回家，正如他去世时的讣告所记述的，“他在军旅期间的经历和伤病一直相伴余生”。[10] 在之后的岁月里，他致力于传教事业，特别是在中国。他在 1868 年 3 月写给兄长的信中谈道：“中国是我特别感兴趣的地方”。第二年，他和新婚妻子埃莉诺（Eleanor）在通州定居。[11] 在弗洛克斯看来，他似乎“与人们通常认为的传教士相去甚远，他们应当养尊处优、悠闲自在，时刻不忘向教会报告其工作‘进展’”。相反，身高 5.7 英尺（约 1.74 米）的谢

[1] 《黑暗之心》（*Heart of Darkness*），英国作家约瑟夫·康拉德（Joseph Conrad，1857—1924）所著中篇小说，叙述了船员马洛到非洲丛林寻找贸易站经理库尔茨的经过，表现了库尔茨如何从一个理想主义者堕落成贪婪的殖民者。——译者注

卫楼身上仍然带着几年前一次近乎致命的遭遇所留下的伤痕，当时他遭到他雇用的一个中国木匠的袭击，那个木匠后来逃跑了。[12] 弗洛克斯记述道：“他不过中年模样，看起来却像法老梦中的第二群母牛[1]一样瘦削，而且丝毫看不出他书桌上的这台机器蕴含了当时世界上最丰富的成果。”[13]

谢卫楼新婚不久便启程前往中国，此时的中国正处于一个大变革的时代。9 年前的 1860 年 10 月，清廷在第二次鸦片战争中仓皇落败，第一次鸦片战争则发生在这次落败的 20 年前，即 1839 年[2]至 1842 年。中国被迫签订了 1842 年的《南京条约》和 1858 年的《天津条约》，多个城市被作为通商口岸向外国商人开放，基督教传教士也得以合法地在清朝疆域内开展活动。[14]

当弗洛克斯到访时，谢卫楼新发明的装置与其说是一台机械式打字机，不如说是一套可以迅速上墨和压印汉字的技术。1886 年，凭借其从父亲那里获得的木工经验，他试着制作了一套印章般的木活字，而且在这个过程中，他肯定也注意到了我们在第二章中提到的姜别利有关中文常用字的研究。威妥玛爵士（Sir Thomas Francis Wade）于 1859 年创立了一套罗马化拼音系统——北京话音节表（Peking Syllabary），谢卫楼即是根据这一系统，按照字母顺序将他制作的木活字排序，如此，他就能够以较快的速度逐一定位、上墨和压印汉字了。谢卫楼在相关文章中写道：“通过实践我发现，利用这种列表排印和活字压印系统，我在印字时可以做到像

[1] 典故出自《旧约 · 创世记》（41:1—36），法老先后梦见七头肥壮母牛和七头干瘦母牛，预示七个丰年和七个荒年。——译者注

[2] 原文如此。——编者注

中国文人写汉字一样快，五年来我一直用它写作。”[15]

弗洛克斯十分热切地描述了谢卫楼的印字流程：

> 发明者转向他的活字盒，带着天才素有的骄傲气质，仿佛凭其才智已然洞见自然之奥秘，他用带有魔法般的手触摸这些汉字，完整优美的中文句子便款款流出，汉字排布齐整划一，犹如列队的士兵。看到这台机器的真实运作时，我不禁热泪盈眶。我紧紧握住发明者的双手，对他说："敬爱的先生，您真是人类的恩公。我们或许可以依靠西方教化联合会的资源将这台完美的机器向全中国推广，而且我们会小心提防——不论有人对此提出多么愚昧无知或居心叵测的批判——确保您作为伟大发明家和真正慈善家的英名永远不会受到玷污。”[16]

就在谢卫楼发明这种新的压印技术的同一年，他还从天津购买了一台破损的西式英文打字机，并请一名中国的“钟表匠”修复它，从而可以用来书写英文材料。谢卫楼在给父母的信中写道：“虽然目前使用机器书写的速度还不及手书，不过经过学习，我很快将实现这一目标。使用它的一大好处就是在晚上写作时再也不用担心眼睛疲劳了。这是之前从没有过的。”[17]

掌握了这项新技法后，谢卫楼开始了新的探索：设计一台“类似”打字机的书写中文的机器。受当时美国新出现的打字技术的启发，谢卫楼开始思考如何将这些印章般的中文活字改造成一套整体的机械装置。不过，问题在于面对非字母文字的中文，如何去制造这样一台机器。谢卫楼推理："在西方的字母语言打字时，用一块按键不超过 80 个的键盘便可以满足大写、小写、数字等各种书写需求，而用某些精良的切换键盘打字机时，仅 30 个按键便可运转如飞。"不过，他认为用这种方式来设计中文打字机是行不通的。他反思道："这反映出西式打字机在向中文语言改适时所面临的基本难题，因为每个汉字都是独特的表意文字。"

谢卫楼发明中文打字机的动机是复杂的。虽然一般认为他是为了提升印刷速度从而方便向潜在的中国信众传播基督教和西方文本，但从当时传教士掌握的印刷技术看，这一愿望已经被很好地实现了。实际上，从 1881 年编译的 6 卷本巨著《万国通鉴》（*Universal History*）开始，他已经先后编译了很多部外文作品，包括《系统神学》（*Systematic Theology*, 1893）、《神道要论》（*Important Doctrines on Theology*, 1894）、《理财学》（*Political Economy*, 1896）、《是非要义》（*Principles of Ethics*, 1907）、《心灵学》（*Psychology*, 1907）和《政治源流》（*Political Science*, 1909）等。[18] 他也经常向《小孩月报》（*The Child's Paper*）等一些刊物投送短篇的中文稿件。[19] 所有这些都表明，利用他的方法和技术，谢卫楼的出版雄心已经得到了充分的施展。[20]

不过，一提到用中文写信这种比较私人的活动，谢卫楼就感到一阵失落。他提道："保罗通过手写信的方式与各地的教会加强联系，使事业取得了很大成效。"这表明他自己和其他传教士可以利用这种新装置来与他们的中国同事通信。"很明显，在传教活动中，这是个广泛而重要的部分，但由于大家不愿意为了书面沟通而学习和掌握汉字，这项工作在很大程度上被忽视了。"[21] 他发明中文打字机，并非是考虑到会对中国经济、现代化产生什么潜在影响，或是出于其他一些宏伟而抽象的观念。对于谢卫楼而言，他的打字机意味着自己可以不再依赖为其长期代写信件的中国文员和秘书，换句话说，谢卫楼旨在开发一种中文机器人，或者说类似于誊写员的机器，它能打汉字，从而使自己不再需要真正的中文文员。他和他的许多外国同事都认为自己虽然已经相当熟练地运用中文（即使算不上流利），但只有拥有这样一台新设备，他们才能亲自打出优美的、符合其博学和地位的中文文书。

不过，美学并不是唯一的考虑因素。"我相信，"谢卫楼写道，"现阶段从事中文文化工作的外国人，正在受到中国助手不必要的束缚。"[22] 他认为在有些方面需要提防这些文员：他们作为文化不同的第三方，会持续地干预、巧妙地篡改并最终介入外国人的作品。在谈到外国人和他们的中国助手时，谢卫楼评论道："他们通常会与作者沟通，用笔记下所说的内容，然后以中文的风格将作者的意思表述出来。……经过这一过程你会发现，最终的产物在很大程度上损失了作者想要表达的意思，并掺入了大量助手本人的想法。"[23] 因此，与其他在殖民地和半殖民地工作的同事一样，谢卫楼的动机源于对自己无法避免要依赖翻译和誊写过程的持续焦虑，担心这将导致作者原意的损失（或是被私自恶意删减），以及作品中被植入本地文员的世界观和认知。[24]

为了证实他的担忧，谢卫楼提到了一本不具名的有关植物学的书，作者是一位"身在中国的杰出西方学者，他在书中告诉学生，中国南方有一种植物是从虫体内生长出来的"。谢卫楼继续讲道："当然，这样一个有趣的自然史现象是由他的中国文员擅自加入的，并且以某种方式通过了审校。”[25]他承认：“如果没有一位出色的本地学者审读，外国人是没有太大把握去出版中文作品的，不过如果能在一开始就借助打字机养成独立写作的习惯，那么我相信，外国人早就可以用中文自主表达了，而且可以完全自由地写作，不必依赖中国文员的在场。”[26]谢卫楼的机器将使身在中国的外国人夺回自己对于意义本身的自主权。

基督的身体：谢卫楼中文打字机的常用字逻辑冲突

谢卫楼研发中文打字机的实验过程并不是凭空出现的。与之前的姜别利、包铁、李格昂、劳图尔等人一样，他的进展也是由自己对汉字的一些根深蒂固的认识塑造的。他主张“每个汉字必须被视为一个不可分解的个体”。谢卫楼进一步推论：“因此，每敲击一次，机器打出的不应是字母或文字的部件，而应是完整的文字。它必须能够迅速、精确地从4000至6000个汉字中将所需汉字传送到打印位置。”[27]

谢卫楼对汉字的认识只是一种主观信念，而非客观中立的事实陈述。正如我们在前一章所见，拼合活字印刷术并不把汉字视为“不可分解的个体”，而视为一种元语言的，或者说副现象的实体，由更为基础的元素成分构建或“拼合”而成。同时，在中文电报技术中，汉字被视为一种指代性标准，是用来进行识别的，而非直接传输。如果当时谢卫楼的决心和理解与包铁、李格昂、贝尔豪斯或者劳图尔等人一致，那么他可能就会沿着另一条完全不同的思路来构想他的新式打字技术。需要强调的是，谢卫楼当时也注意到了其他人在解决中文信息技术问题时使用的方法，包括我们前章所述的拼合活字法。实际上，谢卫楼曾经在纽约遇到过打字机巨头托马斯·霍尔，也就是我们在第一章提到过的指针式打字机的发明者。谢卫楼后来回忆道："(霍尔) 作为一个屡战屡败的过来人，一听说我打算亲自研制中文打字机，就对我这个初出茅庐的，并且注定将重蹈覆辙的新手表现出一种含有质疑意味的兴趣。"[28]"他告诉我，他已经掌握研制中文打字机的问题之所在，并从抽屉里拿出一张皱巴巴的印着汉字的纸。""他当时的想法是，可以将汉字分解成相应的笔画，然后通过将所有可能的笔画排布在其打字机的打印面上，就可以用这些笔画组合成想要的汉字。"[29]不过，当霍尔"发现虽然笔画种数并不太多，但每种笔画在拼合中的尺寸、比例和关联却多种多样，变化无穷"时，他感到灰心丧气。[30]此外，美学问题也让这一打字系统变得更加复杂和受限，因为打出的汉字看起来往往显得松散和不连贯。"这种通过笔画打字的中文打字系统所打出的汉字了无生趣，跟汉字本身相比，就好像干枯的骨架之于活生生的人！"[31]

虽然我们不清楚谢卫楼的决心究竟从何而来，但很明显，他对汉字的认识决定了他研发打字机过程中的每一步。首先，当他断言汉字是"不可分解的个体"时，最先摆在他面前的问题是：如何将这数万个个体纳入一台机器中？谢卫楼后来回忆说，当他坐着人力车穿行在通州的街道上时，他突然意识到：要解决海量文字的问题，他可以去拜访当地的铸字厂和排版作坊，与那些在汉字铅字的雕刻、铸造和使用方面有着丰富经验的中国印刷工交流，因为他们肯定对

3.1
谢卫楼发明的中文打字机“中文打字机”，《科学美国人》(*Scientific American*)，第 359 页，1899 年 3 月 6 日。

汉字的使用频率掌握着最详尽的一手资料。他这个想法与第二章提及的小斯当东和姜别利颇为相似。由此，谢卫楼的打字机将仅包含被他称为“精挑细选的常用字”。[32] 而对于中文字汇中的大量其他汉字，则一概排除。

1888 年，谢卫楼的工作有了新的进展。“我之前提过我的新发明吗？”他在家书中兴奋地写道：“这个发明一旦面世，定然会引起极大的关注。这是一台中文打字机，一台用来书写中文的机器。”他的目标是先制作出这台机器的木质轮盘，然后“运到美国，再由一个金属机械师复制出金属轮盘”。“我认为它的打字速度要胜于中文老师的手写速度，若如此，它肯定会大受欢迎，尤其是对那些身在中国的外国人，因为他们当中会写中文的人相当少。他们中有的是出色的中文学者，可以自如地阅读中文，但是他们无法投入太多时间去学习笔画复杂的汉字的写法。”[33]

谢卫楼研制的这台打字机看起来与他在天津购买的西式打字机完全不同。（图 3.1）[34] 根据谢卫楼的说法，它看上去就像一张“小圆桌”，上面密密排列着 30 圈汉字。谢卫楼断定，“中国学者的常用字汇量不会超过 6000 个”，而且“这个列表可以进一步压缩至 4000 个，只有在少数情况下需要借用表外的汉字来表达”。因此，谢卫楼最终采纳的汉字总数为 4662 个。[35] 至于其他数万个汉字，则一概抛弃不用。[36]

谢卫楼的打字机还有一个重要方面与传统的中文排版方式相异。他的打字机一次只打印一个汉字，因此每个汉字只需要一个活字便已足够，这样他就可以把所有字放置在一臂之内，这正是姜别利梦寐以求的能达到“固定位”效率的打字机。确实，因免于在操作时四处走动，谢卫楼就可以把精力完全集中在改善人体上半身的运作上，为此他提出了一个全新的理念：争取最大限度地减少操作者的手部运动。为此，他将这 4662 个汉字进一步编入 4 个分区，第一个分区包含 726 个“最常用字”，第二个分区包含 1368 个“常用字”，第三个分区包含 2550 个“次常用字”，第四个分区则包含 162 个特殊的“表外字”，也就是对谢卫楼及其传教工作比较重要，有时会被收入或复制到“最常用字”列表的汉字。[37] 理想情况下，如果四个分区的设置合理，那么打字时他的大部分时间都会花在“最常用字”的小块区域里，从而将双手的工作范围前所未有地缩小了。这种可在单一固定位操作的打字机标志着谢卫楼发明了一种中文技术语言机械的新形式，操作者可以稳坐不动地灵活操作。谢卫楼成为历史上首位“中文打字员”。

随着谢卫楼对“中文常用字”的使用超过了金简的武英殿系统，甚至超过了姜别利的系统，潜藏在常用字之中的一大矛盾开始进一步显现，那就是我们在第二章谈到的：究竟哪些属于常用字，哪些不属于。一边是日常叙述的基本需要，这就决定了这台打字机需要像它目前这样，包含呈现中文话语的所有必要汉字。日常使用的汉字，例如“他”“四”“上”等，都需要被纳入谢卫楼的打字机中，否则它就连最基本的中文句子都无法打出，而且这些字需要放在最容易拾取的区域，才能提高操作速度。不过，谢卫楼的担忧并非仅停留在副词、数词和常用形容词等日常用语上。与之前的姜别利等其他基督传教士一样，他还有另一项重要使命，这项使命需要拉着他往另一个方向走。谢卫楼是灵魂的收割者，因此他也希望介入中文，创造新的术语——通过一些极为“不同寻常的”概念来与中文阅读者实现沟通。谢卫楼的打字机可以被视作传说中的挪亚方舟，里面挤满了鸟、狮子、猿猴、骆驼、狗和其他飞禽走兽。他常使用《圣经》的字汇，因此他的打字机就成为“奴”与“霸”、“鬼”与“巫”、“聾”（聋）与“盲”、“喪”（丧）与“盟”、“血”与“粪”、“爸”与“子”共存的国度。[38]

对于谢卫楼来说，没有什么字比“耶”、“穌”（稣）二字更为重要。不过，这两个汉字给谢卫楼带来了独特的挑战，它们处于使用频率的逻辑与“传教热情”的拉扯之中。就单个汉字而言，“耶”是中文文本经常用到的一个副词，因此可以理所当然地归入 726

个“最常用字”之列。相对而言，“稣”字就远没有那么常用了，它通常用作“蘇”（苏）字的异体字，例如地名“蘇州”。[39] 因此，在描述性需要与规范性需要的两相角逐中，“耶稣”一词便被拆离了。如果谢卫楼遵循了描述性需求，那么“稣”字就只得与“耶”字分置于不同的区，或是被完全从打字机中排除出去——因为，毕竟他的这套汉字仅仅是为了呈现中文全部字汇的一小部分。而如果要遵循第二种需求，那么就要无视中文字汇的现实证据，将“稣”字的常用级别“提升”。按照第一种需求，“耶稣”一词将会一分为二，构成它的两个汉字被分隔在不同的区域，而根据该打字机的结构特点，这也意味着操作者从此需要不断耗费力气去将二者重新组织起来。而按照第二种需求，“耶稣”这个特定词语必将凌驾于世俗世界的关注之上。

最终，谢卫楼采取了折中的办法。他在打字机中安置了两个“稣”字，一个按照世俗经验放在 2550 个“次常用字”之列，另一个根据神学需要放在专门的“最常用字”之列。至此，在谢卫楼的打字机中，就同时存在一个完整的基督之肉身和一个分离的基督之肉身，两者形成一种紧绷的张力，这种张力也在很多方面折射出谢卫楼传教工作的总体目标：先从“耶稣”还不属于中文常用词的时代做起，然后借助打字机等记写技术逐步提升它的常用度和普及性。可以说，谢卫楼是希望借由“稣”字在汉字使用频率上的提升来反映基督在中国人心目中地位的上升，从而逐步缩小打字机中这两个“稣”字之间的距离。

1897 年，美国媒体对谢卫楼的打字机做了报道，阿肯色州、科罗拉多州、伊利诺伊州、堪萨斯州、肯塔基州、路易斯安那州、密歇根州、纽约州、威斯康星州等多地的民众都能看到。[40]《新奥尔良皮卡尤恩日报》(*Daily Picayune-New Orleans*)报道:"谢卫楼牧师先生发明了一台中文打字机。""据悉这是一件非常惊人的机器,激发了社会的广泛讨论。"[41] 其打字速度"据说已经超过了最敏捷的中国书写者,它的价值是毋庸置疑的"[42]。《半周特刊》(*Semi-Weekly Tribute*)报道:"这是一个巨大的成功,将会把外国人以及中国人从使用毛笔和墨水书写汉字的劳役中解放出来。"[43]

或许是受到这些报道的鼓舞,谢卫楼的心态发生了微妙变化,他显然开始认为,他的打字机对于中国雇员来说或许也是一种"解放",使他们不再需要手写。不过,他后来也抱怨"仍有少数人将其视为一种机巧的玩具",这大概是指那些中国雇员,他曾经向他们演示过该机器,但并没有获得预期的反响。"他们不理解为什么外国人总是在想办法节省时间。他们有大把的时间,一些学者宁愿悠闲地用手抄写几十万字的书,也不去买一本。不过世界在不断发展,所幸中国已经与世界紧密结合在一起了!"[44]

最终,谢卫楼也未能看到自己心爱的发明发挥多大的作用,它仅仅是满足人们猎奇心的原型机。1913 年 7 月 1 日,行将迎来自己 72 岁生日的谢卫楼与世长辞,他的打字机也下落不明,至今成谜。[45] 也许它早就被传教印刷机及其木质机身的宿敌——白蚁蚕食殆尽了。不过我们也可以不无浪漫地设想,它或许被留在了密歇根州底特律市的某处,因为在 1909 年春天,时年 67 岁的谢卫楼和他的妻子曾在那里短暂休假。[46] 当时《旧金山纪事报》(*San Francisco Chronicle*)上的一篇文章为此说法提供了某种支持,文章提到,谢卫楼"随身带了一台他新发明的中文打字机",并对此做了相当详细的描述："该装置上有一个巨大的圆盘，其中装载了4000 个汉字，总共排了 24 圈。这台机器结构复杂，尺寸约是美式打字机的 4 倍。牧师希望能够在美国大批量生产这种打字机，然后运回中国。"[47] 把这样一台机器带到美国，对于 67 岁高龄的谢卫楼来说已经是相当大的挑战——回中国时再带回去，难度就更大了。但不论最终是被尘封在密歇根的某个阁楼里，还是早就朽没在中国的泥土中，它终究未能变为一种量产产品。

第一台真正实现商业化生产的中文打字机的问世还要等到 10 年之后，而且它的发明者并不是旅居中国的美国传教士，而是旅居美国的工程学专业的中国学生。

3000 字不到的现代性：周厚坤和他为中国民众设计的打字机

就在谢卫楼最后一次从美国前往中国的第二年，一个年轻的中国学生正沿着相反的方向旅行。周厚坤从上海出发，辗转途经香港和檀香山，历时一个月，终于在 1910 年 9 月 11 日抵达旧金山。他当时 20 岁，未婚，此行最终的目的地是波士顿。[48] 因为他，在 20 世纪的头 10 年里，人们对常用字中文打字技术的期望再度被点燃，虽然当时的社会环境已经大不相同。

周厚坤来自江苏无锡，当时他刚刚从上海的南洋公学修满学业，南洋公学即是成立于 1921 年的上海交通大学的前身。[49] 与他一同搭乘太平洋邮轮的还有其他庚款留学生[1]，他们都是经过二轮考评和选拔赴美国等国留学的中国学生。周厚坤于 1910 年入选，和他同行的还有后来鼎鼎大名的胡适、赵元任等人。[50]

离船上岸后，这群年轻人奔向了不同的地方。起初赵元任和胡适都去了康奈尔大学，后来胡适转到哥伦比亚大学，而赵元任转至哈佛大学。周厚坤来到了美国的中部，在 1910 年至 1911 年期间在厄巴纳－香槟地区的伊利诺伊大学（University of Illinois）学习铁路工程。[51] 不过，美国东部沿海地区在向他招手，周厚坤遂于次年转至麻省理工学院。在这里他以全美国第一个航空工程硕士的身份毕业。[52]

当时的中国急需现代化的铁路、船舶和飞机，这也使周厚坤的留学生涯更像是一种人才投资。在庚子赔款的资助下，参加该项目的留学生需要攻读对中国现代化具有重要意义的学科，包括农学、英语、商学、采矿、法律、政治学、自然科学和教育学。不过，周厚坤的兴趣很快就聚焦于一个全新的领域，并且在之后的 5 年里全心钻研其中：中国语言文字改革。在这个领域，他与赵元任和胡适都是同道中人，他们很快就放弃了自己此前更加“实用”的研究，纷纷把中文语言学、文学和文化改革作为自己毕生的追求。相比赵元任后来成为中国语言学领域的巨擘，胡适也在中国文学界和政治界享有盛誉，周厚坤却将自己对中国语言文字改革的研究与他对机

[1] 1900 年，义和团入京围攻各国使馆，后八国联军攻占北京，史称“庚子之变”。后清政府被迫于 1901 年与列强签订《辛丑条约》，同意向十四国赔偿白银四亿五千万两，分三十九年付清，即“庚子赔款”。之后，美、英、法、荷、比等国相继与中国订立协定，退还超过实际损失的赔款。退还款项除了偿付债务外，其余悉数用在教育上，中国每年向上述国家输送相应的留学生，庚款留学生由此产生。——译者注

械的持久热爱紧密地结合在了一起。他的目标不是中文改革研究或中文文学，而是制作一台机器，一台适用于中文的打字机：

> 此数千年根深蒂固特殊之文字，吾国民终必无能弃之。彼三数虚妄者之冥想，以为适用于机械上之文字，舍取法于彼机械上已有著实用之文字莫由者，吾知其终无取快之一日也。而况操此变易一世之特权，曾亦思足以当之否乎？嘻！亦悖矣。吾闻工师之制机，贵在以机就物，而未尝许以毁物就机之权也。工师制机，对于一目的物而不能施以合理之工，其负此工师二字之美意，亦甚矣。文字无罪，工师其罪。

转折出现在 1912 年，当时他作为麻省理工学院低年级学生参观了一次展览。周厚坤讲述，在机械制造展厅，

> 对于机艺，自更注意。[53] 有一机，尤惹余目。盖见一盈盈之女郎，当机之键盘而坐。出其素手，抚捺机键，键动，森然之细孔，应手而现于一长纸条上。既毕，而后复置之于一机。由是精洁光致之铅字，即已井然排列成雁行。而可付之于印机矣。综计自始至终，耗数分钟耳。盖其机能自动而无间，故敏捷特甚。观之足令吾中国排字之法，汗颜无地。吾问之，知其为一排字机也。[54] 吾乃瞿然而思，恍若置身于支那印刷室内。目观排字者，手持尺板，憧憧往来，于纷纭之数千字中，觅其所需者之一。其繁重费时，为中国文化上之一障碍也。非一日矣。

吾于是思有所作为。

至此，在一种完全不同于之前谢卫楼的发明动机的激励下，中文打字机的研发之旅再度启程。谢卫楼当时旨在发明一种文书机器，能够使他在写中文信时不必依赖中国助手。周厚坤则是想实现祖国和母语的现代化。周厚坤写道：

始也，吾觉中国打字机之规模，与现今美国任何种之打字机，终有根本不同之点。

使如美打字机之每字用一杆，固属可笑。

在某些方面，周厚坤的这段话不禁让人回想起之前谢卫楼的类似说法，他在多年以前也宣称，在设计中文打字机时，需要同西式打字机的体系保持距离。周厚坤和谢卫楼所言提醒我们，技术语言上的替代方案还是存在的，它早于雷明顿的一元化时期，但也寓居雷明顿世界的其中一隅。不过，周厚坤的陈述在决心甚至反抗性上，都要强于谢卫楼的宣言，它代表了那个时代和社会现实的呼声。在20世纪头10年，如果有人说自己想制作一台与美式打字机“有着根本区别的”打字机，这就意味着需要与一种主导范式决裂，正如我们在第一章阐述的，这种范式不仅主导着英文世界或拉丁字母世界，而且主导着世界上其他所有语言。面对无所不包的雷明顿世界，周厚坤却要另起炉灶。

和谢卫楼一样，周厚坤开始在常用字的基础上着手设计——这次他把常用字的数量压缩到了 3000 个左右。不过，周厚坤需要拣选的字汇与他的传教士前辈显著不同。谢卫楼打字机中的那些圣经典故很快会被束之高阁，他的挪亚方舟需要被清空，那些狮子、骆驼、狗和鸟类也被圈进“次级常用字字盒”当中。同样，在那个政府支持白话化的时代，我们在谢卫楼打字机里见到的一些文绉绉的中文副词和代词——例如被谢卫楼纳入“常用字”范畴的表示自谦的第一人称单数所有格“敝”字——需要让位于白话文中的疑问副词“嗎”(吗)、第二人称单数代词“你”等。此外，一些字符的重要性和斟酌标尺也发生了变化，阿拉伯数字在中文文本中出现得越发频繁。所有这些因素都是周厚坤以及未来的常用字法支持者必须考虑的。

幸运的是，在 20 世纪头 10 年里，中国的“常用字”研究得到了快速发展和本土化，这为周厚坤提供了大量的经验依据，可用以划定打字机的字汇范围。此外，对中文文本进行算法上的“远读”已不再是为西方的出版商或传教士所主导的方法，而已成为中国知识分子自己的有力工具，就像之前的姜别利等人一样，他们将更多的中文文本投入到理性分析的酸池中。实际上，中文常用字研究已成为一个活力十足的课题，中国的教育家、语言改革者、企业家、出版商和政府官员纷纷提出自己的设想，讨论如何以最科学而现实的方法来界定何为有用、何为无用。虽然这项工作是对外国前辈的一种效仿，但历史上新一轮的中文常用字研究有了新的目标：让中国“大众”能够掌握自己的书面文字。[55]

众多杰出人物参与到这场大讨论当中，其中包括陈鹤琴(1892—1982)，他毕业于纽约的哥伦比亚大学师范学院，后在南京的东南大学任教。[56]通过分析中文文本、路标、合同及其他中文材料，陈鹤琴致力于编定一套“基本字汇”。1928 年，陈鹤琴出版了名为《语体文应用字汇》的研究专著，这一成果后来被耶鲁大学的金守拙（George Kennedy）奉为汉字字频分析的“第一部鸿篇巨制”。该研究基于逾五十万字的中文语料，包括儿童读物、报纸期刊、女性杂志和被他称为“标准文学”的文本，分别占研究内容的 1/4。[57]

陈鹤琴的字频统计工作与 70 多年前姜别利的非常相似。在全部研究语料中，最常用的汉字只有区区 9 个，出现了超过 10000 次，占统计总数的 14.1%。第二级的常用汉字有 23 个，占统计总数的 14.7%，每个汉字的出现次数介于 4000 至 10000 次之间。第三级的常用汉字有 46 个，每个汉字的出现次数介于 2000 至 4000 次之间，占统计总数的 13.1%。第四级的常用汉字有 99 个，占统计总数的 15.1%。陈鹤琴得出的结论与 19 世纪的那些计数阅读者的结论一致（但是更系统）：不到 200 个汉字，就占所有汉字使用量的一半有余。[58]这对于周厚坤和他的常用字中文打字机来说无疑是一个好消息。陈鹤琴的研究似乎表明，即使大刀阔斧地削减打字机容纳的汉字数量，似乎也不会对潜在使用者的表达造成太大阻碍，因为他们的表达能力非常有限。

但另一方面，最大的挑战在于要在剩余的这部分汉字中选取哪些纳入其中，而这绝对是一个政治问题，关于“中国民众”需要哪些汉字，中国的教育家、政客、语言改革者和其他各界人士展开了广泛的论辩。1920 年，中华民国教育部通令各小学用白话文取代文言文，从而引发了被何复德（Charles Hayford）称为教育出版界“商战”的现象。于是乎，各大出版机构纷纷开始编写和发售新版的“国语教科书”。[59]1922 年，晏阳初将长沙作为扫盲运动的主战场，短短几个月，他编写的近 2 万册识字课本便销售一空。课程共分为 5 个阶段，学生每修完一个阶段，便获得一条彩带，到毕业时便可以自豪地佩戴 5 条彩带——它们一起组成了当时中华民国的五色旗。[60]教育改革家陶行知也创立了一套包含 1000 个汉字的识字课本，由商务印书馆于 1923 年 8 月出版发行。据估计，出版后的前三年，这套课本的销量超过 300 万册。[61]陶行知的设想雄心勃勃，主张将这套新课本推广到每家米店，以取代传统的《三字经》和《千字文》。[62]毛泽东也参与了常用字的推广活动。1923 年，他主持编写了一套新的基本汉字集，借以实现中国共产党——这个刚成立两年的政党的奋斗目标和政治愿景。[63]

被金守拙称为“千字运动”的风潮在整个 20 世纪 30 年代轰轰烈烈地发动起来。[64]1935 年，上海明星影片公司（Star Motion Picture Company）的导演洪深通过其编写的图书《一千一百个基本汉字教学使用法》也加入这一风潮当中。华北协和华语学校也编撰了自己的工具书：《五千字典》。1935 年 5 月，李济在《中国教育研究期刊》上发表了一篇文章，拓展了陈鹤琴的研究。他的统计规模比之前的大三倍，把学校的基础课本也纳入研究。[65]1938 年，潞河乡村服务部发布了其自行指定的基础字汇表《日常应用基础二千字》。诸如此类的研究引发了一个持久的争论，正如金守拙所说：“学生的脑袋不能用来装太多无用的内容，至少在中文学习的早期阶段，那些每万字出现不超过一次的汉字必须被划为无用字。”[66]

在设计“通俗”中文打字机的过程中，周厚坤尤其关注董景安

(1875—1944）的工作。董景安是上海浸会神学院教授，是著名的平民教育丛书《六百字编通识教育读本》的作者。[67] 对于周厚坤来说，当前的趋势已经日渐明朗了。他解释说，近日来，中国有了“通俗教育”“通俗教科书”“通俗演讲”“通俗图书馆”，那么，为何不能有一个“通俗打字盘”？在其专利资料当中，周厚坤解释说，他的“通俗”打字机将完全收录董景安的教育丛书中的汉字，并略加补充。他的打字机将面向广大民众。

周厚坤的第一台原型机完成于 1914 年 5 月，其中有一个滚筒，长 16 至 18 英寸（约 40.6 至 45.7 厘米），直径约 6 英寸（约 15.2 厘米），在这个滚筒上有近 3000 个汉字，按照康熙字典的部首 - 笔画系统排布，这个数量虽然多于董景安的“通俗教育”字数，但远低于谢卫楼筛定的汉字字数（当时周厚坤已知晓谢卫楼的发明）。[68] 在打字机的上方有一个网格化的矩形平板，所有汉字都被印在上面以帮助检字。操作者使用一根金属检字杆在检字板上查找所需汉字：当检字杆的末端移动到检字板中所需汉字的上方时，检字杆的另一端就会将滚筒上相应的汉字推至打印位。（图 3.2）[69]

周厚坤发明的打字机在国际上获得了大量的赞誉和关注。1916 年 7 月 23 日，《纽约时报》（*New York Times*）以《中国人发明出四千字中文打字机》（“Chinaman Invents Chinese Typewriter Using 4,000 Characters”）为题详细报道了周厚坤的故事。文章写道：“周厚坤先生最近发明了一台造型独特、包含 4000 多个汉字的中文打字机。周先生毕业于麻省理工学院，是中国首批赴美留学生，目前是上海的一名机械工程师。”[70] 在周厚坤的亲自主导下，该发明在美国驻上海总领事馆进行展示，总领事萨门斯（Thomas

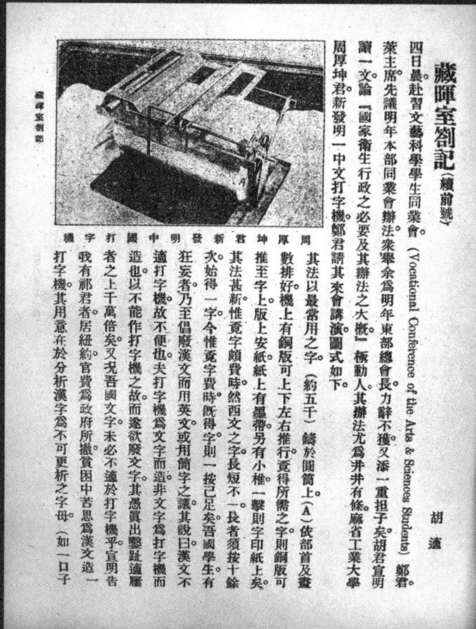

藏暉室劄記（續前號）

胡適

四日晨赴習文藝科學學生同業會。(Vocational Conference of the Arts & Sciences Students) 鄭君。萊主席先議明年本部同業會辦法。衆舉余爲明年東部總會長力辭不獲。又添一重担子矣胡君宣明讀一文論『國家衛生行政之必要及其辦法之大概』極動人。其辦法尤爲井井有條。麻省工業大學周厚坤君。新發明一中文打字機。鄭君請其來會講演。圖式如下。

周厚坤君新發明中國打字機

其法以最常用之字。（約五千）鑄於圓筒上。（A）依部首及畫數排好。機上有銅版可上下左右推行。覓得所需之字。則銅版可推至字上。版上安紙。紙上有墨帶。另有小椎。一擊則字印紙上矣。其法甚新。惟覓字頗費時。然西文之字長短不一。長者須按十餘次。始得一字。今惟覓字費時。既得字則一按已足矣。吾國學生有狂妄者。乃至倡廢漢文而用英文或用簡字之議。其說曰。漢文不適打字機。故不便也。夫打字機爲文字而造。非文字爲打字機而造也。以不能作打字機之故。而遂欲廢文字。其愚眞出鑿趾適屨者之上千萬倍矣。又況吾國文字未必不適於打字機乎。宣明告我。有祁君者。居紐約。官費爲政府所撤。貧困中苦思爲漢文造一打字機。其用意在於分析漢字爲不可更析之字母。（如一口子

藏暉室劄記

3.2
《新青年》上刊登的周厚坤打字机图片。

Sammons）说它“设计简单，便于携带”。[71] 不过，他的赞誉有限。萨门斯继续说道：“不过，显然，从目前的机器构造来看，操作效率不会很高。”[72]

1917 年 4 月，《大众科学月刊》(*Popular Science Monthly*) 上刊登了周厚坤的照片，这也是目前已知的唯一一张发明者与其发明的合照。(图 3.3) 一张铺有桌布的小桌上摆放着一台打字机，其一侧延伸出一张表面覆有玻璃的检字板。西装革履的周厚坤戴着一副金丝眼镜，神情专注地坐在设备旁。他的右手稳稳地握着检字杆。在他左手边的桌上，打字机的机架赫然在目，汉字字盘大致有蜡质滚筒留声机的滚筒那么大。[73] 面对这样一台没有按键的打字机，文章的作者一时词穷，不知该如何称呼它。文章解释道：“机器的

3.3
《大众科学月刊》上的周厚坤。

这种‘键盘’（作者谨慎地给‘键盘’二字加了引号）是一个平整的桌面，桌面上印着对应着铅字的汉字。”

在发明出这种常用字打字机后，周厚坤下一步就需要为它寻求资金和生产支持，只有这样才能将他的中文打字设想转化为商品化的现实。人们对该发明的认可鼓舞了周厚坤，在新生改良主义精神的驱使下，周厚坤带着他的原型机返回了中国。

不过，周厚坤也不是没有竞争者。正当他试着创造基于常用字的中文打字机时，另一位旅居海外的中国留学生正带着同样的激情和魄力紧追不舍，力求实现终点超车。这位年轻发明者的探索，是基于一系列完全不同于周以及常用字规则的问题：如果中文打字技术完全脱离常用字的核心观念，即汉字是中文书写之不可拆分的存在论基础，那么这种中文打字技术又将是怎样的面貌？如果对这一中心原则松绑，或者完全抛弃之，又将会产生怎样的结果？这位年轻的留学生名叫祁暄，他致力于探索一种完全不同的中文打字进路，并非姜别利、谢卫楼和周厚坤等基于常用字进路，而是基于包铁、李格昂、贝尔豪斯的拼合活字。

拼合活字的回归：祁暄与拼合式中文打字机

1915 年 2 月 20 日，为庆祝巴拿马运河竣工，旧金山艺术宫举办了一场盛大的展览。这次展览旨在展现“全世界在美术、音乐、诗歌、宗教、哲学、科学、历史、教育、农学、矿物学、机械、商业和交通领域的进步”，为来自世界各地的游客展示各种令人叹为观止的展品，从专为此次展览打造的高达 435 英尺（约 132.59 米）的“珠宝塔”，到由南太平洋铁路公司（Southern Pacific Railroad Company）购买的首台蒸汽机车。当时一个名叫祁暄的中国留学生也徜徉在展会现场，他或许看到了北京紫禁城的微缩复制品，或许经过了日本展区，看到了那里展出的台湾茶，以及穿着和服的日本少女。他很可能途经“地下中国”展区，那里有对中国的鸦片烟馆、赌博和卖淫现象的粗俗刻画，他或许也参观了装点精美的安德伍德打字机展品，以及陈列于文艺宫的超大尺寸、重达 28000 磅（约 12.7 吨）的巨型打字机（安德伍德公司称其为“你终究要买的机器”）。[74] 逛完整个展览后，年轻的祁暄一定快步回到了他的展品旁，那是他来旧金山所要演示的机器，是他所要展示的发明——一台中文打字机。[75]

我们对祁暄所知不多，只能通过他在美游学期间留下的零散痕迹对其人进行拼凑。[76]1890 年 8 月 1 日，他出生在中国东南部的福州；1911 年辛亥革命爆发前夕，他从英华书院毕业。[77]不久，祁暄远赴伦敦，开启了 1913 年至 1914 学年为期 9 个月的学习。1914 年 2 月，23 岁的祁暄抵达纽约，在接受海关面询时，他表达了希望到普林斯顿大学学习的意愿。不过这没能实现，他最终进入了纽约大学。

祁暄从中国总领事杨毓莹那里获得了一笔资助，而且有可能从纽约大学年轻的工程学教授威廉·雷明顿·布赖恩斯（William Remington Bryans）那里获得了技术支持，于是，在纽约大学的 1914 年至 1915 学年期间，他开始致力于研究新式中文打字机。[78]祁暄对这项工作非常乐观，而且干劲十足，他希望能比他的竞争者——麻省理工学院的周厚坤，更早地完成这项发明并确保得到支持。

和我们之前提到的很多打字机一样，祁暄发明的原型机实物并未保存下来。不过，通过深入分析祁暄在美国的专利文件，以及通过他留存下来的一张相片，我们还是可以获得大量有关该打字机的信息。（图 3.4）与周厚坤的常用字打字机一样，祁暄的打字机也有一个固定在铜板上的滚筒，其上蚀刻着 4200 个常用汉字，而且同样也是一台“没有按键的打字机”。它只有三个装置：一个退格键、一个空格键、一个用来触发打字的杠杆。要打印其中的一个常用汉字，操作员需要用手转动滚筒，将所需汉字推至打印位，然后按下打字键，将该字符压印在纸面上。

虽然从这些描述来看，祁暄的打字机似乎和周厚坤的差异不大，

3.4
祁暄和他的打字机。

但二者实际上还是有一个巨大的差别。除了滚筒上的 4200 个常用字外，祁暄还纳入了一套包含 1327 个汉字部件的铅字，打字员可以用这些额外的铅字来组装或“拼写”出一些不常用的汉字，就像用字母来拼写英文单词一样。[79] 这一设计的核心理念，就是我们在 19 世纪的拼合活字印刷术中所见到的对汉字的准字母式重构。和之前的包铁、李格昂等人一样，祁暄也将汉字拆分，使其适用于一种可以被称为“拼合”的手段，即仿照世界其他语言中的字母形式，将“部首”视为中国的正字法。值得注意的是，构成祁暄专利申请的核心内容是对这些“部件”的识别和设计，远远超出了机械本身。祁暄解释道 :“我的发明关乎将某些汉字整理、拆分为新的、独创的部首，并将上述部首拼合以构成各种汉字的系统，也关乎一种机械，它不仅能执行我设计的系统，还能拆分和组合那些构成了目前在用的汉字的部首。”[80]

和前辈们一样，祁暄也完全脱离了基于《康熙字典》214 个部首的编排传统，这一传统在此前几百年一直是中文字典、索引、目录和检索系统的分类学基础。为了将中文部首从分类学规则转移到生产性的模块形式，他需要弄清要输出所有可能的汉字，其打字机究竟需要多少个不同的汉字部件。虽然我们不清楚祁暄是否知晓李格昂、贝尔豪斯和姜别利等前人的相关工作，但他们之间的相似性是显而易见的：祁暄的打字机包含 1327 个汉字部件，而贝尔豪斯活字中包含 1399 个拼合活字。

不过，跟 19 世纪的那些前辈的工作相比，祁暄的方法既是一种延续，也有很多不同。很明显，拼合法从印刷术向打字术的迁移进一步加剧了拼合活字中存在间距的困扰。拼合活字印刷术的打字员至少可以提前拼装好汉字，然后加以固定并移至印刷台；相比之下，拼合式打字法是一套动作的序列，产生的空隙会成为潜在错误的温床。作为打字机的机械部件，祁暄打字机的铅字都是“活动部件”，任何一个微小的变化影响都很大，都将增加定位错误的可能性。此外，祁暄的专利申请也反映出拼合法中正在发生的一种重要的审美转向。虽然包铁和李格昂试图设计一种能够最大限度地掩盖其所依凭的设计原则的拼合活字系统，正如我们之前阐述的，他们的目标是“如何在不改变符号结构的情况下，用尽可能少的元素来呈现构型多样的中国文字”[81]——不过，从祁暄所说的来看，他对于承袭中文书法美学要求一事远没有前者那么介怀。在他的专利文件中，样本字形的机械属性非常明确。每个汉字都用数学公式表述，这强调了汉字的副现象性，而非谢卫楼所谓的“不可拆分之个体”。从祁暄的打字机看来，“宇”字从根本上说并不是一个表示“屋檐、房屋或宇宙”的形声字，而是被表述为“3 + 4”（其中 3 表示“宀”，4 表示“于”）的简单加法过程的产物。同样地，祁暄所谓的“2 + 5”就是将“艹”和“田”拼合从而得出“苗”字。这或许有些反直觉：更愿意脱离于传统的美学理念，使汉字具有可拆分的机械性的，并不是包铁、李格昂或其他一些文化上的“旁观者”，而恰恰是作为中国文化“当局者”的祁暄。此外，20 世纪上半叶，在接受机械美学的种种做法中，祁暄的实验还远不是最后一个，也不是最极端的一个。美国缅因州的一位研究希腊哲学的学者罗伯特·布伦博（Robert Brumbaugh），虽然不会读写中文，却自行设计了一种中文打字机，并申请了相关专利。基于一套被他称为“值”（values）的几何图形，操作者就可以在一个静止的、不进位的压盘上通过一系列连续压印动作组合出汉字。（图 3.6）[82] 在香港，Wong Kuoyee 发明了另一种拼合式中文打字机并申请专利，它用点阵式系统取代了笔画和部首。通过在一个 13×17 的网格中填充小圆点，操作员可以用打字机键制作代表汉字的图形。[83]（图 3.7）

通过 20 世纪上半叶祁暄等人的发明，我们可以看到某种巨变。我们必须结合那个时代盛行的文化革新潮流来解读它。在当时，对于“传统的”美学和正字法，很多领域即使不便于一概否决，至少也会打一个大大的问号。在 20 世纪的 20 至 40 年代，社会上开始出现很多新颖大胆，甚至令人惊异的中文广告字体和标题字体，通过这些字体，我们可以管窥当时人们所经历的这种审美上的巨大转向。诚然，在当时的种种新“主义”——例如现代主义、现实主义、表现主义、无政府主义、马克思主义、社会主义、共产主义、女权主义、法西斯主义等——中，“机械主义”（mechanism）可以说是能量最大的“主义”之一：它信奉一种新的机械理性“视觉逻辑”。[84] 此外，随着中文印刷业资本的快速发展，以及高度现代化的实验印

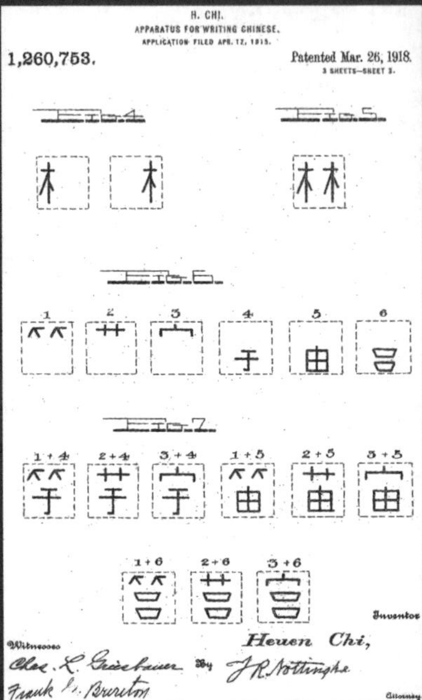

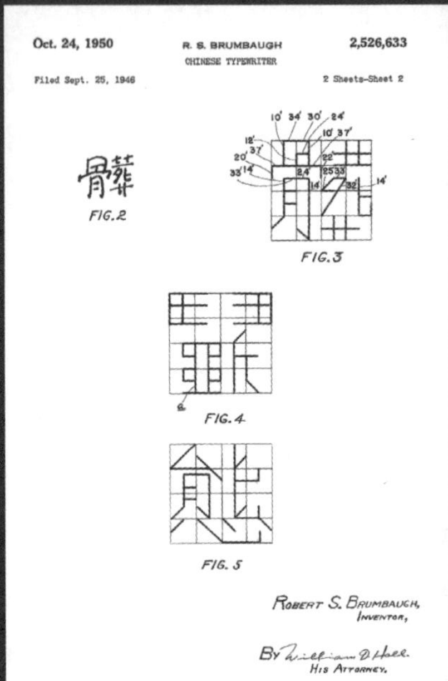

3.6 Figure from Robert Brumbaugh patent application (filed 1946, patented 1950)

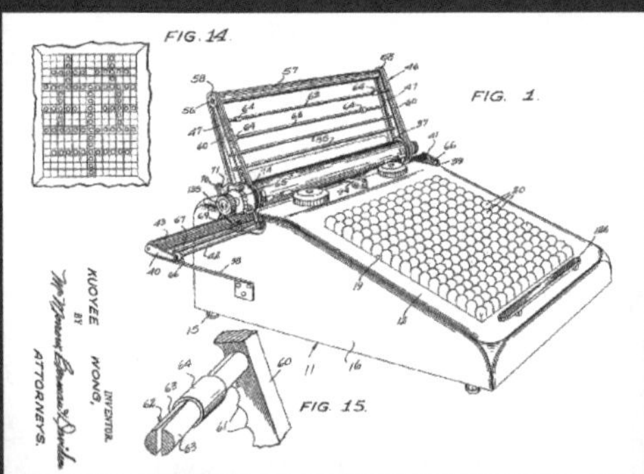

3.5 <
祁暄的美国专利。

3.6 >
罗伯特 · 布伦博专利申请文件中的图释（1946 年提交申请，1950 年获得专利）。

3.7 ∨
Wong Kuoyee 的专利申请文件中汉字“華”（华）的图释，1948 年。

刷术在世界其他地区的兴起，中国的出版商和广告商往往运用炫目、风格激进的中文字体来吸引自称为“都市阶层”的新兴群体的关注。[85] 此前，面对拼合活字印刷术的美学困扰，包铁和李格昂试图使其新技术尽可能地符合中文书写的美学逻辑，然而到了祁暄的时代，这一困扰似乎已经自行瓦解，中文书写的美学逻辑至少已经在一定程度上屈从于技术了。

1915 年 3 月 21 日，祁暄在纽约首次向媒体记者和他的支持者杨毓莹总领事展示了他的打字机。[86]《纽约时报》派出一名记者前往他位于纽约上西区靠近阿姆斯特丹大街与第 115 街的寓所。[87] 正是在这次采访中，人们得知了拼合式打字技术所面临的复杂挑战。据第二天的文章报道，杨毓莹在发布会上举行了剪彩仪式，并用祁暄的打字机向华盛顿的中国公使写信——用超过 1300 个部件来拼写汉字。[88] 虽然这封信只有 100 个字，但杨毓莹仍然花了近两个小时才完成——报纸显然对这一事实津津乐道。针对打字机的糟糕表现，祁暄试着向记者解释：“这种低效是由于操作者对字盘不熟悉。”[89] 报道称：“发明者相信，经过练习，打字者可以达到每分钟 40 字的速度，这对于中文打字来说已经很不错了。”然而，中文打字机的形象已经受损。第二天早上文章登报后，制造商对该发明的兴趣可以说已经荡然无存，这位年轻的发明者在打字术领域的尝试也就此告终。我们只能推测，当祁暄读到这篇报道的冗长标题时，他的内心经历了怎样的矛盾与不甘：《新型打字机上的 4200 个字符；中文打字机只有 3 个按键，但有 50000 种汉字组合。2 个小时 100 个字。纽约大学学生祁暄的发明专利堪称同类产品中的首创》[90]。

就像其标题一样，这篇文章的报道有褒有贬。例如，文章既称赞这个年轻发明者出身书香门第，又将他的发明比作“供儿童玩耍的小打字机玩具”。[91] 文章呈现出一种悲喜剧的笔调——一个年轻有才的中国学生因其堂吉诃德式志向而踏上一条徒劳无功的迷途。此后，同样居高临下的语调更是弥漫于各种媒体报道当中，例如在《华盛顿邮报》1917 年就报道过一个刚获得专利的中文打字机模型（很有可能就是祁暄的打字机）。这篇题为《最新发明》的文章将这台新机器荒唐地比作“会跳舞的散热玩偶”和“用来防范窃贼的捕鼠夹”。[92]

中文打字何去何从?

到 1915 年，中国已经不再需要苦苦寻觅中文打字机。当时已有两种形式的中文打字机。面对中文技术语言现代性问题，它们分别提出了自己的思路，而且都与西式打字机的思路相去甚远。中外制造商必须在两者之间做出选择——判断哪种形式更有前途。遵循常用字思路的中文打字法的问题在于，如何确定一套满足现代中国民众需要的“基础”字汇，从而使在其他领域已经熟悉“常用”概念的用户能够理解和掌握；这在中国的精英阶层中引发了广泛的思考和持久的研究。不过，常用字法永远无法涵盖完整的中文语言，这就意味着这种书写装置完全与中文教学之目的相悖。学生可以识记“基本汉字”，但终究会突破这些字汇的边界而掌握更多汉字，然而对于打字机来说，常用字构成了一个几乎无法逾越的边界。因此，建立在常用字模式下的现代中文信息技术注定是无法安然自处的，社会各界的精英、教育家和企业家会为了一级、次级常用字的界定标准，以及某些汉字收录与否等问题的决定权，而无休止地争论下去。由此看来，中文技术语言现代性的实现需要以分裂、动荡和界定标准的长期维护作为代价。

祁暄和他的拼合活字打字机则为中文打字机提出了另一套全然不同的解决方案。与常用字模式不同，他的打字机作为一种现代化中文书写手段，可以同时囊括常用字和生僻字，平息常用字系统下偏执的、无休止的字汇革新，从而将中文书写统一到一个新的技术语言环境之下。不过这种技术语言的实现也带具有一定的妥协性。为了实现这种统一并且“一字不落”，它先要拆解汉字，抛弃由汉字（以及被中国人视为瑰宝的毛笔书法）构成的中文书写的存在论根基。取而代之的是，迫使笔画和汉字让位于“部首”——它过去只是分类学和语源学实体，如今却摇身一变成了中文书写的生产“根基”。这种存在论上的变革所导致的问题是常用字法永远都不会遇到的：机械复制时代里的中文美学问题。

在这场围绕汉字的未来所展开的角逐当中，周厚坤和祁暄也引起了中国的语言改革者和企业家的关注。[93] 新文化运动的领军人物胡适，曾在波士顿亲眼见过周厚坤的发明，同时他也通过媒体报道得知了祁暄的打字机。就此，胡适写了一篇文章讨伐汉字废除论。文中写道：

> 吾国学生有狂妄者，乃至倡废汉文而用英文，或用简字之议。其说曰：“汉文不适打字机，故不便也。”夫打字机为文字而造，非文字为打字机而造者也。以不能作打字机之故，而遂欲废文字，其愚真出凿趾适履者之上千万倍矣。

当然，注意到周厚坤和祁暄的不止胡适一人。1915 年，在参观了祁暄的拼合式打字机后，张心一（C. C. Chang）写道：“中文书面语属非字母语言，大多数人认为中文打字机不可能发明出来。”“纽约大学的祁暄成功发明了一台中文的打字机，有力地证实了这种可能性，并为将来沿着这一思路提出更多发明和改进形式开辟了道路。”[94]

或许最为重要的是，周厚坤和祁暄都引起了张元济（1867—1959）的注意，后者时任中国最重要的印刷业中心——上海商务印书馆的经理。1916 年 3 月，张元济首次在日记中提及周厚坤，那是周厚坤刚从美国回国后不久。同年 5 月 16 日，张元济也对祁暄的情况做了简单的记录，评论了一份有关祁暄打字机的二手报道。他表示，祁暄的打字机打出的汉字质量尚好，似乎优于周厚坤的。[95]

当然，周厚坤与祁暄对彼此的工作也非常了解。实际上，在中国的制造商尚未决定将资源投向何方时，这一对青年创业者便就各自方法的优越性展开过一场公开辩论。周厚坤首先出击。1915 年，在一篇名为《中文打字机之问题》的文章中，周厚坤介绍了自己的打字机，同时贬低了祁暄的打字机。他采取了一种话语策略，类似于我们在第一章提到的那种。[96] 为了证明拼合式打字机的不切实际，周厚坤首先强调了中文部首在形态、尺寸和位置上的诸多变化——以此证明那种思路是行不通的。一个部首可以以四种不同的尺寸、形态在不同位置出现，也就是可以有 64（即 4 的 3 次方）种可能，因此实际上需要将目前的部首总数（约 200 个）再进行类似的乘方计算。根据周厚坤所言，最终得出的一个荒谬结果是，人们需要制作一个容纳不少于 12800 个按键的巨型键盘。[97] 周厚坤说：

更有人思以华文之部首，用于其打字机。按华文部首，计二百有余。吾人观于华文之由部首组织而成，此旨自在人意中。盖一机设键二百，键置一部首，用时连缀以成字。于是其构造，即可一仿美之打字机。此计骤视之，自无不合。殊不知同一部首也，于各字体中，不特大小异，形状异，并地位亦异。[98]

周厚坤对祁暄的打字机的批判假如不是有意误导，也是基于一种佯装的无知。祁暄的打字机的确是拼合式的，但它并未包含12800个按键，它甚至一个按键也没有，这一点周厚坤无疑是清楚的。根据他对中文的深入研究，周厚坤应当也知道，中文部首的变体量级绝对达不到他所说的“4的3次方”之多。正如拼合活字出版商以及祁暄本人的专利文件所证实的那样，所需的部首变体不超过2200个——比周厚坤的常用字打字机包含的汉字数量还少。

面对周厚坤的进攻，祁暄也立即予以回击。祁暄申辩：“毫不夸张地说，我的设备是目前已知的唯一一种科学、有效的，为我们的母语制造的打字机——也就是将汉字分解为‘部首’，然后通过拼合的方式制作出大小相当、字形合理的汉字来。”[99] 他还将矛头对准周厚坤的计算方法，指出周厚坤在这个最基础的乘法问题上弄错了。祁暄辛辣地挖苦道：“周先生对于一些运算法则想必是烂熟于心的，但我只得遗憾地说，很不幸他用错了，因此他被12800这个惊人的数字吓得不敢再沿着这个正确的思路前进了！”[100]“因此，虽然周先生在文章中表现得俨然中文打字机发明领域的权威，但我敢说，他要么缺乏足够的机械学知识，要么缺乏对于‘部首系统’

的专业研究。”[101] 然后，祁暄就开始对着周厚坤的打字机开火了。祁暄对所有的常用字打字机发出断言："我不禁在想，他们的发明都是'不完美的打印机器'（原文如此），几乎没有任何机械优点和商业价值。”[102]

不过，最终在这场论争中胜出的是周厚坤。这既归功于他更为积极的自我宣传，同时也源于他的打字机所基于的常用字法，因为在中国，常用字法比拼合法历史更久——周厚坤赢得了大部分中国公司的青睐，特别是著名的商务印书馆。相较而言，有关祁暄的打字机的信息则少得多，也不太可靠。例如，1915 年中文媒体上的一篇文章甚至将祁暄的名字错写成“宣奇”，这也表明中国关于祁暄的首次介绍很多都是从美国的英文媒体转译过来的。[103] 张元济甚至也不清楚这位发明者的真实姓名，直到 1919 年，他在日记中记录的祁暄的名字还是错的。

商务印书馆与年轻有为的麻省理工学院毕业生周厚坤建立了初步的工作关系，将他和他的打字机引入公司。周厚坤当时已经取道南京，到南京高等师范学校新成立的工业系任教，不过他的教学聘期要到 7 月才开始。借此机会，商务印书馆成功地将周厚坤和他的打字机请到上海，监督指导该打字机的深入研发和制造。[104] 凭借优越的声誉和技术实力，商务印书馆投入到这项新事业中，希望能够在雷明顿公司、安德伍德公司等全球商业巨头都接连折戟的地方有所建树：为中国市场制造和销售可批量化生产的打字机。

终于，中国有了自己的打字机。

注释

1 "No Chinese Typewriters," *Gregg Writer* 15 (1912): 382.

2 "Judging Eastern Things from Western Point of View," *Chinese Students' Monthly* 8, no. 3 (1913): 154.

3 "Judging Eastern Things from Western Point of View," 154.

4 O. D. Flox, "That Chinese Type-Writer: An Open Letter to the Hon. Henry C. Newcomb, Agent of the Faroe Islands' Syndicate for the Promotion of Useful Knowledge," *Chinese Times* (March 31, 1888), 199.

5 同上。

6 "A Chinese Type-Writer," *Chinese Times* (January 7, 1888), 6.

7 Henry C. Newcomb, "Letter to the Editor: That Chinese Type-writer," *Chinese Times* [Tianjin] (March 17, 1888), 171–172.

8 同上。

9 Passport Applications January 2, 1906–March 31, 1925, National Archives and Records Administration, Washington, DC, ARC identifier 583830, MLR, number A1534, NARA Series M1490, roll 109.

10 A. H. Smith, "In Memoriam, Dr. Devello Z. Sheffield," *Chinese Recorder* (September 1913), 564–568, 565. 另见 Stephan P. Clarke, "The Remarkable Sheffield Family of North Gainesville" (n.p., n.d.), 3, manuscript provided by Stephan Clarke to the author。

11 "Missionaries of the American Board," *Congregationalist* (September 26, 1872), 3. 另见 Roberto Paterno, "Devello Z. Sheffield and the Founding of the North China College," in *American Missionaries in China*, ed. Kwang-ching Liu (Cambridge, MA: Harvard East Asian Monographs, 1966), 42–92。谢卫楼毕业于派克神学院（Pike Seminary）。见 Clarke, "The Remarkable Sheffield Family of North Gainesville"。

12 "Child of the Quarantine: One More Passenger on the Nippon Maru List—Baby Born During Angel Island Stay," *San Francisco Chronicle* (July 11, 1899), 12; Smith, "In Memoriam, Dr. Devello Z. Sheffield," 568.

13 Flox, "That Chinese Type-Writer," 199.

14 该条约还将外国船只的通航权拓展至长江沿线，允许 4 个西方强国在北京设立公使馆，并禁止在涉及英国人及其他外国人的中文官方文件和函件中使用"夷"字。谢卫楼和妻子埃莉诺共育有 5 个子女，除最小的女儿外，都生于通州。他们是：艾尔弗雷德（Alfred，1871—1961）、约翰（John，1873—1874）、玛丽（Mary，1875—1961）、弗洛拉（Flora，1877—1975）和卡罗琳（Carolyn，1880—1962）。见 Clarke, "The Remarkable Sheffield Family of North Gainesville," 14。

15 Devello Z. Sheffield, "The Chinese Type-writer, Its Practicability and Value," in *Actes*

du onzième Congrès International des Orientalistes, vol. 2 (Paris: Imprimerie Nationale, 1898), 51.

16 Flox, "That Chinese Type-Writer," 199.

17 谢卫楼致父母书信，1886 年 1 月 27 日。谢卫楼家族书信及照片，由露丝 · S. 约翰逊家族收藏。

18 谢卫楼 :《神道要论》，通州 : 通州文魁齐刊印，1894。

19 谢卫楼 :《第二章民受诱惑违背皇帝》，《小孩月报》第 4 卷第 3 期（1878），第 5 页 ; 谢卫楼 :《赏罚喻言第八章太子断定良民叛民的报应》，《小孩月报》第 5 卷第 2 期（1879），第 2—3 页 ; 谢卫楼 :《赏罚喻言第六章良民劝人放瞻悔改》，《小孩月报》第 4 卷第 10 期（1879），第 5 页 ; 谢卫楼 :《赏罚喻言第三章民受诱惑犯罪更甚》，《小孩月报》第 4 卷第 4 期（1878），第 6—7 页 ; 谢卫楼 :《赏罚喻言第一章岛民受霸王辖制》，《小孩月报》第 4 卷第 2 期（1878），第 3 页 .

20 从 1890 年至 1909 年，他在潞河书院担任院长近 19 年。1900 年秋，也就是义和团运动后不久，谢卫楼结束了在美国的休假回到中国，协助开展了对潞河书院的重建。当时成立了一个新的委员会，负责主持对中文版《新约》的修订工作。上海传教会任命谢卫楼担任委员会主席，对该修订项目进行监管，直至该项目在 1907 年完工。之后不久，谢卫楼的任期被延长，这次他负责对中文版《旧约》的修订工作。

21 Sheffield, "The Chinese Type-writer, Its Practicability and Value," 63.

22 同上，第 62 页。

23 同上，第 62—63 页。

24 同上，第 63 页。同样对于文职人员和商人来说，这台誊写机器不会提出任何自己的观点或解释，使外国人可以在"确保私密事务不被书记员外泄的情况下"编写和发布中文书信。在英国王家文书中也有类似的担忧，一个有趣的相关研究，见 Christopher Bayly, *Empire and Information: Intelligence Gathering and Social Communication in India, 1780–1870* (Cambridge: Cambridge University Press, 1999 [1996])。

25 Sheffield, "The Chinese Type-writer, Its Practicability and Value," 62–63.

26 同上，第 63 页。

27 同上，第 51 页。

28 同上，第 50 页。

29 同上。

30 同上。

31 同上。

32 同上，第 51 页。

33 谢卫楼致家人书信，1888 年 12 月 3 日 ; 谢卫楼致父母书信，1886 年 1 月 27 日。

34 Joseph Needham, *Science and Civilisation in China*, vol. 5, part 1 (Cambridge: Cambridge University Press, 1985), 206–207.

35 Sheffield, "The Chinese Type-writer, Its Practicability and Value," 51.

36 有时，活字印刷工人也会按需要制作若干极为罕见的汉字活字，以备不时之需。不过，谢卫楼的机器所囊括的汉字数量远少于普通中文印书馆使用的数量，从而使这种寻求系统外的和 / 或备用活字的做法变得更为常见。

37 Devello Z. Sheffield, *Selected Lists of Chinese Characters, Arranged According of Frequency of their Recurrence* (Shanghai: American Presbyterian Mission Press, 1903). 谢卫楼显然未将这些"表外汉字"计入其最终的 4662 个汉字当中。

38 Sheffield, *Selected Lists of Chinese Characters*. 在一篇短文中，谢卫楼也提到了该机器的轮盘，这个轮盘经过调节，可以包含备用的中文汉字，从而适用于其他行业领域。Sheffield, "The Chinese Typewriter, Its Practicability and Value," 63.

39 不过，谢卫楼并没有这么设计，这两个字形（"稣"和"蘇"）都包含在他的机器上，因此被视为两个不同的字。

40 "Science and Industry," *Arkansas Democrat* (October 10, 1898), 7; "China," *Atchison Daily Globe* (April 11, 1898), 1; *Daily Picayune-New Orleans* (April 9, 1898), 4; "Our Benevolent Causes," *Southwestern Christian Advocate* (July 8, 1897), 6; "Will Typewrite Chinese," *Atchison Daily Globe* (June 1, 1897), 3; "Typewriter in Chinese," *Denver Evening Post* (May 29, 1897), 1; "Salmis Journalier," *Milwaukee Journal* (May 3, 1897), 4.

41 *Daily Picayune-New Orleans* (April 19, 1898), 4.

42 "Science and Industry," 7.

43 "A Chinese Typewriter," *Semi-Weekly Tribute* (June 22, 1897), 16.

44 Sheffield, "The Chinese Type-writer, Its Practicability and Value," 60.

45 Smith, "In Memoriam, Dr. Devello Z. Sheffield," 565.

46 谢卫楼乘坐西伯利亚号（Siberia）轮船于 1909 年 3 月 24 日抵达夏威夷的檀香山。他此行登记的目的地是密歇根州的底特律。见"Passenger Lists of Vessels Arriving or Departing at Honolulu, Hawaii, 1900–1954." National Archives and Records Administration, Washington, DC, Records of the Immigration and Naturalization Service, record group 85, series/roll no. m1412:6。

47 "Child of the Quarantine," 12.

48 "Passenger Lists of Vessels Arriving or Departing at Honolulu, Hawaii, 1900–1954," National Archives and Records Administration, Washington, DC, Records of the Immigration and Naturalization Service, record group 85, series/roll no. m1412:6.

49 也有记载说周厚坤来自江苏省的无锡。见《美国麻省理工学校中国学生毕业纪》，《申报》1915 年 7 月 19 日，第 6 页；University of Illinois Urbana-Champaign, ed., *University of Illinois Directory: Listing the 35,000 Persons Who Have Ever Been Connected with the Urbana-Champaign Departments, Including Officers of Instruction and Administration and 1397 Deceased* (Urbana-Champaign, 1916), 118. 南洋公学，于 1896—1898 年建立，是在清廷的批准下，为发展外资和电报局而设。后于 1921 年改称交通大学。

50 其他知名的同船留学生包括周仁和张彭春。Hongshan Li, *US-China Educational Exchange*, 62–63, 65–67, 70；《取定游美学生名单》，《申报》1910 年 8 月 9 日，第 5 页；《考试留美学生草案》，《申报》1910 年 8 月 8 日，第 5—6 页。

51 《中国打字机之新发明》,《申报》1915 年 8 月 16 日，第 10 页；University of Illinois Urbana-Champaign, ed., *University of Illinois Directory: Listing the 35,000 Persons Who Have Ever Been Connected with the Urbana-Champaign Departments, Including Officers of Instruction and Administration and 1397 Deceased* (Urbana-Champaign: University of Illinois Press, 1916), 118.

52 他的论文名为《飞机稳定性阻尼系数的实验测定》(“Experimental Determination of Damping Coefficients in the Stability of Aeroplanes”)，见 Lauren Clark and Eric Feron, “Development of and Contribution to Aerospace Engineering at MIT,” *40th AIAA Aerospace Sciences Meeting and Exhibit* (January 14–17, 2002), 2；《中国打字机之新发明》,《申报》1915 年 8 月 16 日，第 10 页；《美国麻省理工学校中国学生毕业纪》,《申报》1915 年 7 月 19 日，第 6 页。

53 周厚坤：《创制中国打字机图说》，王汝鼎译，《东方杂志》第 12 卷第 10 期（1915），第 28 页。

54 蒙纳铸排机是一种“熔融金属”(hot metal) 排字机，这种排字技术的原理是，操作者利用一个键盘来排列一系列的字阵，也就是一种中空的字模，机器将熔化的金属浇铸到这些中空字模中，冷却后成为铅铸条。在之前的活字印刷术中，排字和铸字是两道不同的工序，而熔融金属排字机将这两道工序合二为一了。蒙纳铸排机能够一个接一个地制造铸条，故而得名“蒙纳字”(mono-type，其中 mono- 意为“单一”)；而莱诺整行铸排机则是成行成排地制造铸条。熔融金属排字技术开创了印刷历史的新纪元，取代并终结了由约翰·古腾堡及其后人发扬光大的（西方）工业级活字印刷技术。

55 由此我们看到了对晚清改革者的一种延续，韩子奇等人曾研究这些改革者。正如韩子奇所描述的，这些晚清的中国教育改革事业的参与者“意识到他们是‘公民的教育者’，通过在中国青年人中塑造一种集体认同来参与国家建构”。见 Tze-Ki Hon, “Educating the Citizens: Visions of China in Late Qing History Textbooks,” in *The Politics of Historical Production in Late Qing and Republican China*, ed. Tze-ki Hon and Robert Culp (Leiden: Brill, 2007), 81。

56 Charles W. Hayford, *To the People: James Yen and Village China* (New York: Columbia University Press, 1990), 40–41.

57 George Kennedy, “A Minimum Vocabulary in Modern Chinese,” *Modern Language Journal* 21, no. 8 (May 1937): 587–592, 590. 陈鹤琴的统计语料的确切规模是 554478 个汉字。

58 具体而言，这 177 个最常用字占了整个统计语料的 57%。通过回顾本书第二章的内容可知，姜别利在 1861 年认定，那 13 个最常用字在他的整个统计语料中占了 1/6 或 16.67%，这个数字与陈鹤琴的发现相当契合。如果我们沿着两位学者的字频曲线往前移动，这种契合度会变得更高。在姜别利的分析中，前 521 个汉字占了整个统计语料的 9/11（或 81.8%）。在陈鹤琴的分析中，前 569 个汉字占了整个统计语料的 80%。

59 Hayford, *To the People*, 60.

60 同上，第 44 页。

61 同上，第 50 页。西方人也很重视这些实践，但本书并不聚焦于这些实践者。例如，见 William Edward Soothill, *Student's Four Thousand [characters] and General Pocket Dictionary*, 6th ed. (Shanghai: American Presbyterian Mission Press, 1908), v。 另 见 Courtenay Hughes Fenn, *The Five Thousand Dictionary*, rev. American ed. (Cambridge, MA: Harvard University Press, 1940), based on 5th Peking ed., which included additions and revisions by George D. Wilder, B.A., D.D., and Mr. Chin Hsien Tseng, eleventh printing。

62 Hayford, To the People, 48.

63 同上，第 45 页。随着民众教育运动的发展，这种阅读方式成为教学法上的某种手工业。各方纷纷提出自己的"最少（常用）中文汉字"版本。全国国民教育促进委员会后来发布了另一个面向农民群体的字表。见中华平民教育促进会编《农民千字课》，1933，Rare Book and Manuscript Library, Columbia University, Papers of the International Institute of Rural Reconstruction, MS COLL/IIRR；以及，《平国民通用词表》，Rare Book and Manuscript Library, Columbia University, Papers of the International Institute of Rural Reconstruction, MS COLL/IIRR, n. d. 。

64 Kennedy, "A Minimum Vocabulary in Modern Chinese," 589.

65 同上，第 588—591 页。李济将语料的规模进一步扩大，分析了 1497182 个汉字。潞河乡村服务部编《日常应用基础二千字》，1938。Rare Book and Manuscript Library, Columbia University, Papers of the International Institute of Rural Reconstruction, MS COLL/IIRR.

66 Kennedy, "A Minimum Vocabulary in Modern Chinese," 591.

67 周厚坤：《通俗打字盘商榷书》，《教育杂志》第 9 卷第 3 期（1917），第 12—14 页。另见 Biographical Dictionary of Chinese Christianity, http://www.bdcconline.net/en/stories/d/dong-jingan.php。

68 周厚坤：《创制中国打字机图说》，王汝鼎译，《东方杂志》第 12 卷第 10 期（1915），第 28、31 页。在对这位传教士前辈进行点名赞扬时，周厚坤明确表示："'第一台中文打字机的发明者'的殊荣应当归于谢卫楼。"不过，周厚坤也申明了自己这项发明的自主性，他称自己在开发过程中对这位美国人发明的打字机并不知情。

69 周厚坤：《创制中国打字机图说》，《中华工程师学会会刊》第 2 卷第 10 期（1915），第 15—29 页；"Chinaman Invents Chinese Typewriter Using 4,000 Characters," *New York Times* (July 23, 1916), SM15.

70 同上。

71 Thomas Sammons, "Chinese Typewriter of Unique Design," *Department of Commerce Bureau of Foreign and Domestic Commerce, Commerce Reports* 3, nos. 154–230 (May 24, 1916): 20.

72 同上。

73 "It Takes Four Thousand Characters to Typewrite in Chinese," *Popular Science Monthly* 90, no. 4 (April 1917): 599.

74 见 Abigail Markwyn, "Economic Partner and Exotic Other: China and Japan at San Francisco's Panama-Pacific International Exposition," *Western Historical Quarterly* 39, no. 4 (2008): 444, 454–459。

75 *Temporary Catalogue of the Department of Fine Arts Panama-Pacific International Exposition: Official Catalogue of Exhibitors*, rev. ed. (San Francisco: The Wahlgreen Co., 1915), 32.

76 关键信息来自祁暄的排华法案档案文件。《排华法案档案文件》是一种档案记录，当具有华人血统的人（包括美国国民和外籍人士）入境美国时创建该档案，后续再次入境时会加以补充。这种档案记录于 1884 年至 1943 年，最初是由美国阿瑟政府制定的联邦反华移民限制政策的一部分，最终在 1943 年被废止。排华法案档案通常包括相关人员的照片、含有基本人口信息的书证，以及询问笔录。

77 另有报道说祁暄是一名山西的学生。见 "A Chinese Typewriter," *Peking Gazette* (November 1, 1915), 3；以及 "A Chinese Typewriter," *Shanghai Times* (November 19, 1915), 1。

78 张心一在他关于祁暄的打字机的文章中提到了一位"布雷恩斯教授"（Professor Brayns），但这几乎可以肯定是一个笔误。从纽约大学在那一时期的教职员工档案上可以找到一个名为"威廉 · 雷明顿 · 布赖恩斯"（William Remington Bryans）的工程学教授。见 C. C. Chang, "Heun Chi Invents a Chinese Typewriter," *Chinese Students' Monthly* 10, no. 7 (April 1, 1915): 459。

79 第二个滚筒上附有纸张，其上写有帮助定位这些汉字的关键字段，这些汉字被分为 110 组。

80 Heun Chi [Qi Xuan], "Apparatus for Writing Chinese," United States Patent no. 1260753 (filed April 17, 1915; patented March 26, 1918).

81 Medhurst, *China: Its State and Prospects*, 558.

82 Robert S. Brumbaugh, "Chinese Typewriter," United States Patent no. 2526633 (filed September 25, 1946; patented October 24, 1950).

83 Wong Kuoyee, "Chinese Typewriter," United States Patent no. 2534330 (filed March 26, 1948; patented December 19, 1950).

84 关于 20 世纪初中国图形设计的精彩而生动的图示介绍，见 Scott Minick and Jiao Ping, *Chinese Graphic Design in the Twentieth Century* (London: Thames and Hudson, 1990)。

85 Johanna Drucker, *The Visible Word: Experimental Typography and Modern Art, 1909–1923* (Chicago: University of Chicago Press, 1997).

86 Chang, "Heun Chi Invents a Chinese Typewriter," 459.

87 "4,200 Characters on New Typewriter; Chinese Machine Has Only Three Keys, but There Are 50,000 Combinations; 100 Words in TWO HOURS; Heuen Chi, New York University Student, Patents Device Called the First of Its Kind," *New York Times* (March 23, 1915), 6.

88 *Official Congressional Directory* (Washington, DC: United States Congress, 1916

[December]), 377.

89 "4,200 Characters on New Typewriter," 6.

90 同上。

91 同上。

92 "The Newest Inventions," *Washington Post* (March 21, 1917), 6.

93 例如，见周厚坤、邢契莘：《中国打字机之说明与二十世纪之战争利器》，《环球》第1卷第3期（1916），第1—2页。

94 Chang, "Heun Chi Invents a Chinese Typewriter," 459.

95 张元济1919年5月16日日记，载《张元济全集》卷6，第56页："山西留学纽约纪君制有打字机，虽未见其仪器，而所打之字则甚明晰，似此周厚坤所制为优。"

96 H. K. Chow [Zhou Houkun], "The Problem of a Typewriter for the Chinese Language," *Chinese Students' Monthly* (April 1, 1915), 435–443.

97 周厚坤：《创制中国打字图说》，第31页。

98 同上。所有的措辞均如原文所用。

99 Qi Xuan [Heuen Chi], "The Principle of My Chinese Typewriter," *Chinese Students' Monthly* 10, no. 8 (May 1, 1915): 513–514.

100 同上。

101 同上。

102 同上。

103 《中国打字机器之新发明》，《通问报》第656期（1915），第8页。

104 周厚坤每个月有160元的收入，此后当他去往南京后，仍担任顾问一职。由于商务印书馆继续研发该打字机，周厚坤在当年有三个月都在为其效劳，并因此获得了总计600元的报酬。张元济1916年3月1日日记，载《张元济全集》卷6，第19—20页。这是他提到周厚坤的最早记录。

4 第四章

没有按键的打字机叫什么？

由商务印书馆生产的华文打字机解决了中国办公管理中的一个严重问题。它具有外国打字机的所有优点。

——

1926 年费城世界博览会上关于舒式华文打字机的宣传册

位于加利福尼亚州圣马力诺的亨廷顿市（Huntington），其植物园总面积超过 100 英亩（约 40.5 公顷），这里遍布的墨西哥白玉兔仙人球和南美洲火焰之心凤梨每年都吸引数十万游客前来游览。同时，这里还有举世闻名的图书馆和博物馆，内容包括珍本书籍、美国西部艺术品、科学史及其他门类，因此世界各地的学者也都慕名而来。但很多人都不知道的是，亨廷顿还享有一项殊荣：它拥有世界上现存最古老的中文打字机——“舒式华文打字机”，是由上海商务印书馆在 20 世纪二三十年代制造的。(图 4.1)

这台打字机的主人是洪耀宗（1898—1977），他是一名美国华人移民律师，供职于洛杉矶的唐人街社区。它属于一种“常用字”打字机，含有一块长方形字盘，里面有将近 2500 个字符，这一设计形式后来被历史上所有得到批量生产的中文打字机采用。与活版印刷术一样，这些活字并不固定在打字机上，而只是放置在字盘里。如果把字盘取下来翻面，活字就会散落一地，“乱作一团”（pieing the type）。[1] 而且，与所有量产的中文打字机一样，它既没有键盘，也没有按键。

根据汉字出现的相对频率，舒式打字机将字盘划分为 3 个区：高频字符区，位于字盘中部的第 16 至 51 列；中频字符区，位于

4.1
舒式华文打字机，亨廷顿图书馆。

字盘两翼的 1 至 15 列和 56 至 67 列；特用字符区，位于第 52 至 55 列。不常使用的字符被称为“备用字”，存放在另一个单独的木盒中，在需要时，打字员可以用镊子从中拾取，临时放入字盘。这个木盒子里存放着将近 5700 个备用字。[2]

2010 年我到亨廷顿图书馆参观该藏品时，字盘中的铅字早已老化，露出石墨或石灰石的成分。这些铅字其实已经变得十分脆弱了，当馆长向我演示打字原理时，又意外损坏了 3 个铅字的字面。而那些储存在“备用字”字盒的铅字早已融成一团灰色。

尽管饱经沧桑，这台打字机上的痕迹仍然清楚展示着它与打字员以及打字员的雇主之间深厚而紧密的关系。当我绕着它从不同的角度观察时，脆弱泛灰的字面上光点闪闪，有些字面的反射度要明显高于旁边的字面，这表明这些活字是被替换过的，或它们当初在打字机工作时的使用频率更高。当我俯身从右侧观察时，最先瞥见的字面是“僑”（侨）、“遠”（远）、“急”。当我略微转换视角，这几个字面的反光便隐入浅灰色的背景当中，而另外几个字面开始反光：“遭”、“希”、“夢”（梦）。始终反光的则是更为常见的汉字：“一”“上”“去”。不出意料，其中最清晰的活字之一是“洪”，即洪耀宗的姓氏。虽然近百年过去了，但这台打字机依然保有它过往生活的种种痕迹。

在本章，我们将离开那些发明者、语言学家和工程师关于打字机的技术蓝图，转而探究中文打字技术的鲜活历史。本章探讨的中文打字机不再是原型机或外国漫画家的幻想，而是由某些公司生产和销售的完全成型的商品，曾被用于学校和培训机构的演示和教学，成为众多打字员的工作用具。我们将聚焦于20世纪早期中文打字机的许多领域，从它在民国时期中国著名印刷业中心的上海商务印书馆的批量化生产[3]，到中文打字学校的广泛开设，在这里，青年男女经过学习后，将打字技术运用到政府部门、银行、私营公司、院校甚至小学等各个舞台。我们将努力地观察和倾听中文打字机在其自身语言环境下的状态，审视这段淹没于中文技术语言落后之陈词滥调中的中文打字机的历史。

不过，当我们在这种更具本土性、更为私密的环境下观察中文打字机时，我们发现它并不“自在”或身处其“自然生态”中。尽管它具有独特的机械设计、培训制度、字体和常用字拓展、打字员的性别构成，以及打字机本身的象征意义和文化，但不论是商务印书馆的打字机，还是后来其他竞争品牌的打字机，都未能构成一种稳定、公认的西式打字机的“对应物”或“等价物”，虽然人们曾为这一目标做了大量尝试。在这一时期，相关制造商、发明者和语言改革者都敏锐地意识到，中文打字机一直都被拿来比照“真正的”打字机：雷明顿打字机、安德伍德打字机、奥林匹亚打字机、好利获得打字机等，这些打字机一如既往地巩固着自己的全球霸权地位。或许只有当中文打字机从一开始就不被视为“打字机”，而是被描述为一种“台式活字书写机器”，或是与更为广泛的现代信息全球史不相干的其他什么小众设备，人们才不会耽于将它同“真正的”打字机做比较。但现实不是假设：这种机器就被命名为打字机，从而不可避免地被卷入这个全球性打字机体系中。

在这一时期，中文打字机与“真正的”打字机之间的紧张关系显而易见。为了在中国的政府、商业和教育等中文语言环境中发挥作用并取得进展，中文打字机需要全面考虑中文在现实中的必要性和实用性——同时，作为一台“打字机”，它也需要对外部世界有一个清楚的交代，这个世界存在唯一的权威，决定着一台机器是否堪称“打字机”。因此，中文打字机，乃至中文的现代性就面临着一个两难的抉择：是去模仿字母文字世界形成的这种技术语言现代性，还是完全自绝于字母文字世界，走一条自力更生的技术语言发展道路。然而这两条路都不好走，中文的现代性被困在模仿与他异性之间无所适从。

从活字到活字打字机：舒震东打字机

随着周厚坤的原型机问世，特别是当他任职于上海商务印书馆后，周厚坤开始变得小有名气。1916 年 7 月 3 日，他在上海的中华铁路学校展示他的打字机，这是他作为商务印书馆代表的最初几次亮相之一。[4] 数周后，周厚坤继续到江苏省教育委员会暑期补习学校展示打字机，在这里，人们称赞他发明的打字机每小时可打 2000 字，远高于人工手书的每天 3000 字。[5]

不过，商务印书馆对是否将周厚坤的打字机投入生产仍存有疑虑。虽然具体原因我们不得而知，但可以肯定的是，其中一个因素就是这种打字机的设计本身。正如第三章所描述的，周厚坤的常用字打字机带有一个汉字滚筒，上面铸有固定的汉字，一旦制成便无法更改。与之前的常用字排版术，甚至由谢卫楼据以发明的早期中文打字机相比，周厚坤的打字机有一个显著差异：其上的字符是完全固定的，无法根据不同的术语需要和语境调整。这就带来了一个问题。正如我们在前面章节讨论的，针对常用字法的内在困境，至少对于中国广大民众来说，还是有希望解决的，那就是通过在正式和非正式的教育中大力推广“基本汉字”的应用。如果能够通过统计学方法确定一套人们应知应会的汉字有限集合，就可以实现文字普及，那么从理论上讲，就可以设计一套“基本的”中文打字机字盘，完美匹配这种大众字汇。不过，对于专家和学者来说，既定的 2500 个汉字是绝对不够的。对于那些在银行、警局或政府部门工作的人来说，常用语各不相同，这就意味着周厚坤最初的无法更改字符的设计必然会限制其效能。常用字打字机要成为中文打字技术中的一种可行的技术语言解决方案，需要具有一定的灵活性和个性化定制能力。

早在 1917 年冬，周厚坤与商务印书馆的关系便开始降温，他与公司资助方在研发方向上产生了分歧。[6] 周厚坤提议出访美国，考察美式打字机的生产过程，由此改进中文打字机，以更好地适应潜在用户的需求。周厚坤提出自己承担访美费用，但要求商务印书馆提供他回国后研制改良型打字机的相关费用。但张元济婉拒了，理由是这一资助请求不合理。于是周厚坤提出由他自己承担所有的费用，但要求商务印书馆同意代为销售和推广这款打字机。然而，这一提议再次遭到拒绝。张元济对商务印书馆的同事提议："我意不如将旧约撤销，由尔（周）自办。但不知高、鲍两公意见如何。"[7] 至此，周厚坤与商务印书馆的短暂合作宣告结束，他长期以来希望设计出首台商用中文打字机的梦想也随之破灭。之后的岁月里，周厚坤回到他最初热爱的飞机与船舶制造业，继续通过其他方式为祖国效力。[8] 1923 年左右，他加入汉冶萍钢铁公司，担任技术总监。[9] 同时，商务印书馆对周厚坤原型机的所有权一直持续到 1919 年 5 月，但并未付诸任何生产计划。[10]

商务印书馆或许对周厚坤失去了兴趣，但并未对中文打字事业失去兴趣。1918 年，该公司设立了中文打字部门，表明了它继续研发这项新技术的决心。[11] 更为重要的是，周厚坤离职后，该公司在另一位工程师的指导下继续研发中文打字机，他名叫舒昌瑜，笔名为舒震东。他曾学习过蒸汽动力机械，先后在德国的奥格斯堡－纽伦堡机械工厂（Maschinenfabrik Augsburg-Nürnberg factory）和中国的汉阳铁厂短暂任职，后于 1919 年左右进入商务印书馆，并

4.2 <
商务印书馆打字机制造厂的岗位和工序。

4.3 >
商务印书馆的打字机制造厂。

于同年获得他的第一份中文打字机专利。[12]

舒震东首先抛弃了周厚坤最初设计的汉字滚筒，改用长方形平面字盘，字盘中的字符可以自由移动和替换。经过如此改造，这种常用字打字机所能容纳的汉字数量不变，但打字员可以根据不同的术语需要对字符进行个性化调整，这与数十年前由谢卫楼首创的原型机有异曲同工之妙。有了可自由移动的铅字，操作者只需一把小镊子就可完成字符的移除和替换。

这种设计上的重要改造完成后，商务印书馆的疑虑打消了，为其新设立的中文打字机部门投入了巨额资金。据称，这个部门光工作室就有 40 多间，雇员有 300 多人，涉及 200 多个设备部件，新型打字机的制造过程也被划分为多道工序：(为制造铅字）熔铅、铅字铸造、字盘字表检错、机架组装、将铅字排入字盘，等等。(图 4.2)[13] 将近 1000 年前的毕昇发明了活字，而此时的舒震东和商务印书馆正着手制造一种活字打字机。(图 4.3）[14]

• • • • •

开拓国内市场：商务印书馆与新产业的形成

中国的第一部动画片名为《舒震东华文打字机》，是为商务印书馆制造的新机器——史上首台批量生产的中文打字机制作的广告片。[15] 该片发行于 20 世纪 20 年代，由中国早期动画史的开创者万古蟾和万籁鸣兄弟制作。[16] 可惜的是，该片未能保存下来，不过我们仍能从当时大量的宣传材料中推测其内容。1927 年的一篇文章写道："据说最快的速度是每小时 2000 多字，比手写速度快 3 倍。"[17] 有报道特别提及了这种打字机的三大优点。第一，比手写更节省时间。第二，打出的字比手写字更清晰。第三，也是最重要的一点，它可以搭配复写纸使用，一次打出多份文件。

曾任商务印书馆中文打字机部部长的宋明德结合中文书写的悠久历史，特别强调了这台打字机的文本复制功能。宋明德解释说，在传说中的仓颉造字时期，中文书写仅局限于在竹面刻画的表意图形。后来毛笔和纸的发明，使得人们可以"用手抄录"。"比较竹简，这已是便利万分了"。然后，宋明德又跳过一大段历史，称赞中文书写简史的第三项核心发明——印刷机。他解释说，印刷术的出现，使我们能够轻而易举地印就数万份复本。[18]

不过，这种从手抄到批量复制的飞跃，中间留下了巨大的空白。宋明德解释说，印刷设备昂贵，且使用前需要大量准备工作，所以只有在印量巨大的时候才适用。而在现代业务中，对于短期报告、办公函件、法律文书档案等小批量日常文本的复制仍然没有合适的途径。如果只需要复制 10 份或 100 份文件，那么使用印刷机就有点小题大做了。但手抄也不是一个特别好的选择，因为这样做不但

“费时”，而且“不整齐”。

因此，商务印书馆推出了中文打字机，作为对手抄和印刷的替代和补充。[19] 此外，它的面世也受到了早期商业利益的驱使。张元济在 1920 年 4 月 16 日的日记中，提到了中国邮政局希望订购 100 台中文打字机。[20] 到 1925 年，有报道称，远在加拿大的中国领事馆也采购了一台中文打字机用于日常事务。[21]1926 年，华东机械厂将中文打字机列为该厂最畅销和最知名的产品。[22] 在 1917 年至 1934 年间，商务印书馆共售出超过 2000 台中文打字机，相当于每年售出大约 100 台。商务印书馆也在努力提升这种打字机的知名度，不但通过制作中国首部动画片来宣传，还开展了大量的商品展示活动。1921 年 11 月，商务印书馆的唐崇礼将舒震东打字机纳入农林部的新型机械机术展。[23]1924 年 5 月 3 日，宋明德赴东南亚开始为期 6 个月的游历。他将在途中向吕宋、新加坡、爪哇、西贡、苏门答腊、暹罗和马六甲的海外华商推广舒式华文打字机。[24]

不论是对于打字机的推销者还是发明者来说，中文打字机所承载的民族意义和文化意义也是一大卖点。在《同济》杂志上，舒震东回顾了他进入商务印书馆，改进中文打字机的历程，同时也感叹国人越来越“轻视国文”。[25] 他郑重说道：“且一国之文字，犹一国之命脉。命脉既亡，国已不国。”[26] 至于那些因在打字机技术上面临挑战而主张废除汉字的人，舒震东将其比作“因噎而废食”。[27] 在舒震东以及他的前辈周厚坤看来，商务印书馆的中文打字机作为一个实实在在的证据，有力地驳斥了中文书写不符合现代技术时代需求的观点。

消失的“男打字员”：中文文秘工作的性别尴尬

当第一台中文打字机从商务印书馆里出厂时，中文打字业并没有奇迹般地完全形成。新产业的形成同样取决于一种全新的文秘劳动力的发展水平：一群训练有素的“中文打字员”走上各自岗位，到政府、教育、金融和私营部门操作这些打字机。换句话说，中文打字业的发展需要有中文打字机的学员，他们接受身体和思维的训练以达到新机器的要求，使机器的效能得到充分利用。

从20世纪一二十年代开始，一批配有一两间教室的私营打字学校纷纷建立，通过培训打字员盈利。在上海、北京、天津、重庆等一些大城市，培训课程通常为期一至三个月，培训费用一般不高于15元。这些学生迫切希望受雇成为这个新文秘职业的第一批从业者，这在客观上也对商务印书馆起到了重要的宣传推广作用。而且，随着新的企业家进入市场与商务印书馆竞争，受益的还有这些竞争者（后面还会讲到）。通过开设针对特定打字机品牌或机型的打字学校，然后为毕业生安排工作，制造商就可以为其打字机进入私营企业、教育机构和政府部门打开渠道。[28]

回顾美国打字业的历史，我们可以发现，打字员的工作曾稳定而迅速地性别化为女性职业，据此我们可能会认为，中国的打字员行业也会逐步走向女性化。此外，通过仔细查阅当时的中文报纸和杂志，我们确实会在中文期刊中遇到一个新角色——“打字女”或“女打字员”，从而更加强化这一猜想。通常来说，这些十几二十岁的年轻女性会和那个时代其他“摩登女郎”一同出现，包括画家、舞蹈家、运动员、小提琴手和科学家。她们构成了仍旧鲜

4.4
女性中文打字员照片，《图画时报》第 517 期封面图，1928 年 12 月 2 日。

为人知的民国时期职业女性群体的一部分，并非进入纺织厂、火柴厂、面粉厂、毛毯厂等蓝领职业领域，而是获得行政与办公的白领职位。[29] 不论是中文打字员在北海公园的户外合影，还是身着传统服装，梳着精致的偏分发型，坐在打字机前摆拍的照片，围绕打字员的种种呈现方式都符合我们的预期，即全球的文秘工作都在经历一个女性化趋势——甚至有人认为，“女打字员”是一种“美国的输出”。（图 4.4）[30]

不过，抛开这些期刊呈现的中文打字员形象，当我们查阅这一时期中文打字学校的档案记录时，却发现了一段截然不同的历史。通过对 1932 年至 1948 年各类培训学校招录的 1000 多名学生的资料进行分析发现，有超过 300 名（或 30%）的学生是年轻男性，这远远超过了同期世界上其他任何地方的数据。[31] 换言之，虽然大众媒体对中文打字行业的描述看起来顺应了全球打字行业的主流性别结构，但在实践中却并非如此。在那个时期，中文打字行业的劳动力一直都是男女混合的，女性劳动力虽然占大部分，但绝不是全部。和那些女性一样，以青少年和中小学毕业生为主的年轻男性也进入这些培训学校学习打字技术。从打字学校毕业的男性数量也相当可观，他们毕业后担任打字员，有一些还开办了自己的打字学校。[32]例如，来自江苏省武进县的男青年李祖惠曾就读于华美打字专校，毕业后到惠氏华英文打字专校指导工作——该校成立于 1930 年前后，校址位于上海公共租界，其宗旨是为上海的商业界培养“打字人才”。同时，他还在直隶省商务局和天津海关担任打字员。

为了更深入地理解早期打字职业，我们必须先审视打字培训学校的情况，青年男女正是在这里接受了打字技术的培训，并从这里走向了打字员这种新职业。这些打字培训学校中，有的是小规模的培训公司，如上海的“捷成打字传习所”。[33]它成立于 1915 年 5 月，起初只有 2 间教室，只做英文打字培训，后来采购了 2 台中文打字机，并开设中文打字培训课程。约 1933 年，该校的英文打字班招到 6 名学生，中文打字班招到 8 名学生。此外，也有大型的培训机构，如有数百名学生的上海环球打字所。该校成立于 1923 年秋，最初也是仅提供英文打字培训，1936 年秋拓展了中文打字培训业务，提供针对商务印书馆制造的舒式华文打字机的操作培训。[34]创始人夏良曾是上海标准石油公司的雇员，他带领一支经验丰富的专业团队发展他的机构。校长陈宋龄毕业于上海南洋公学，曾在上海海关从事法律翻译。陈宋龄手下有 4 名教员：陈杰，毕业于上海圣方济中学，曾任职于标准石油公司；夏国昌，毕业于上海商务英语学院，曾任职于上海电话公司；夏国祥，曾任职于大来洋行（Robert Dollar and Company）；王荣孚，毕业于圣方济中学。

这些教学、创业、技术中心和经营部门构成了一个彼此交叠的巨大网络，将中文打字机和中文打字员源源不断地输送到全国各地的公司、学校和政府部门。毕业生纷纷进入中国的大都市和省级政府部门，包括南京检察署、福建省政府、四川省政府，以及中国的各大公司，如中国肥皂公司、澳门华人银行和浙江兴业银行。[35]此外，也有一部分毕业生到初等学校继续教授中文打字技术。此外，河南省政府要求每个部门派遣文秘人员参加为期两个月的中文打字培训课程，培训完毕后返回原岗位，[36]因为政府认为这种培训可以提高工作能力，能够“为中国的新兴工业做贡献”。[37]

虽然我们认为中文打字行业的性别构成更为复杂，与欧美等地高度女性化的行业状况存在显著差异，但从当时中国的期刊杂志中却丝毫看不出这一点。不论是在照片宣传还是新闻报道中，男性中文打字员都难觅踪影，因而中文打字行业呈现出一个由年轻而有魅力的女学生和女性职员主导的面貌。[38]1931 年，《时报》杂志上刊登了一张年轻女学生叶舒绮正在认真操作中文打字机的照片。[39]1936 年，《良友》杂志上刊登了一张年轻女打字员的照片，她操作着一台英文打字机。这张照片被列入一组“新女性”的照片之中：女飞行员、女广播员、女话务员和美容院女院长等。[40]1940 年，《展望》杂志刊登了一张使用中文打字机工作的年轻女性的照片，并附有图注“女打字员入社会群者近年日众，具良好工作成绩”。[41]除了女性中文打字员外，杂志中还介绍了其他“适于女性”的工作岗位，如护士、卖花女等。为了凸显中国女性的现代风貌，律师和警官等职业也被纳入这一队列当中。而另一方面，女性气质和母性一直以来都是受人敬重的，正如在另一张照片及其图注所体现的：“母教亘古至今不稍变更，儿女一生的优劣命运取决于母教者良多”。

也有男打字员的照片，但他们的形象往往会在图片的语境及其图注中被淡化。例如，在1930年，《时报》上刊登了8名年轻的打字学校毕业生的合影，其中有6名女生和2名男生，图注为“华英打字学校毕业生，北平”。虽然照片本身看起来性别中立，其中有男有女却并未提到“女打字员”的字眼，但结合这张照片附近的其他照片——“青岛大学女生晨操”、“南开女生晨操”，以及三位年轻女运动员的图片就可以看出，编者对于打字员职位的理解明显偏重女性化。[42] 还有的图片在淡化男性打字员形象的意图上更加明显，如还是在1930年的《大亚画报》上刊登的一张宣传照片。从这张照片上可以看到22名中文打字生，包括15名女生和7名男生，然而图注为“辽宁华文打字练习所第一期女学员就学之纪念摄影”。[43]

因此，中文打字行业的现实状况与这些打字学校及媒体的选择性报道之间就产生了重大的差异。为什么会出现这种差异？为回答这一问题，我们必须再次放眼于全球背景，因为中文打字行业产生并长期身处其中。当中国的打字行业刚刚起步时，世界上便已存在了“女打字员”的说法，这种说法生命力很强，在世界各地的文化和社会经济环境里以各种形式得到了广泛传播。然而，不论是从对等推定的角度，还是从能够反映这一现实的程式化表达模式上看，世界上都没有与之对应的“男打字员”的说法。在美国，男性打字员和速记员被女性取代，部分是由于美国的工业机械化，从19世纪末开始，程序化的工作被越来越多地分配给年轻女性。[44] 同样地，世界各地的打字机制造商借势大力助推这一女性化趋势，将女性既视为打字机的潜在用户，又作为其新型打字机的宣传推广载体。雷明顿公司甚至鼓励客户购买打字机并将其赠送给女性。1875 年，该公司在广告中公然宣称自己“为广大女性走向收入高、条件好的工作开辟了一条康庄大道”[45]。此外，打字机公司也雇用一些年轻的女打字员开展营销宣传。例如，马克·吐温在 1875 年从一名推销员那里购买了他的首台打字机，该推销员雇了一名“打字女孩”来演示打字机。[46]

相比之下，虽然中国的情况更为复杂，但中国的打字机公司仍然效仿西方的推销理念，将年轻的女打字员打造成现代办公室的标配，因而男打字员在话语上便被有意地隐藏了。[47] 如果中国的打字机公司有足够的决心去创造新的话语以更好地符合中国打字学校和打字行业的现实国情，那么从理论上来说，男打字员的说法也不是不可能产生的，然而中国的期刊和档案资料都有力地表明，这种讨论从来就没有发生过。

作为具身记忆的中文打字机

当中国的青年男女进入打字学校，第一次见到中文打字机时，一个问题会立即浮现：如何才能记住字盘中 2000 多个汉字的位置呢？该采用怎样的记忆训练法和打字教学法才能让这些年轻学生掌握这项新技术？虽然技术语言形式与具身实践之间的关系在西方已经得到了很多关注，但在中文语境下却并非如此。正如罗杰·夏蒂埃（Roger Chartier）所论证的，欧洲新的语言技术和物质形式的发明会以前所未有的方式赋能并拘束人的身体。手抄本这种书写形式能实现卷轴所不具备的分页模式，这又进一步为索引、关键词索引等其他辅文编排技术的开发提供了可能。通过这一整套技术构建，如今的读者可以“通过翻页来浏览整本书”。[48] 此外，在阅读卷轴时需要两手并用，而手抄本“不再需要这么多的肢体参与”，可以将读者的一只手解放出来做笔记或其他事情。

而对于现代中文语言技术——如中文的电报、打字、速记、盲文和排版技术等——的身体层面，人们却所知甚少。[49] 在中文打字机的使用方面，便出现了一种新的身体形式：它融合了一套特殊的身体姿势、灵巧手法、手眼协调和身心压力，所有这些都与人们更为熟知的西方文秘工作情境存在很大差异，也使人们有了更开阔的视野去思考身体和思维训练的方式。民国时期的打字学校，特别是那些同时提供中文和英文打字技能培训的学校，使我们有机会窥度这一历史。通过比较这两种打字课程，我们发现中文打字培训在对人的脑、眼、手和腕的要求上都有一套独特的身体训练法。[50]

在这些学校里学习拉丁字母打字技术的学生需要进行“练习分指”和“闭目默习”的训练，即使在今天，这种训练方式在西方打字教学中也很常见。相比之下，学习中文打字的学生则要参加一系列全然不同的训练课程，包括“检查字法”和“加填缺字”等。字母文字的某些特性，特别是字体数量较少，使“盲打”成为可能，但中文打字却与盲打无缘。QWERTY 键盘的操作者需要练习盲打，而中文打字员却需要在很大程度上依赖视力，包括直视和余光的运用，并将这种能力提升至前所未有的灵活和精准程度。

中文打字员和英文打字员为提高打字效率，所遵循的身体训练法也有很大差别。长期以来，人们都倾向于将字母文字打字机及其操作同钢琴和钢琴演奏联系在一起，这不仅由于两种器材都有按键，也因为它们制定的训练模式也十分接近，就像音乐练习曲那样循序渐进（因此西方也经常有一种说法，即具有钢琴基础的女性是从事文秘工作的理想人选）。人们也从钢琴演奏上借鉴了各种理念和手法，例如相对力度、单指灵活度的观念。钢琴演奏者和打字员都需要保持躯干和颈部的稳定和轻盈，手腕既不能向下耷拉也不能向上突起，都需要聚精会神于指尖的协调运动。西文打字技能的核心在于训练食指、中指、无名指和小指的不同力度、灵活性和效用。

相比之下，中文打字技能的培训主要侧重于帮助学生将打字机的字盘“投入运行”——通过反复识记，学习字盘的排布规则，逐步让由冷灰色铅字表面组成的矩阵活泛起来——这与对中文排字员的训练如出一辙。为此，中文打字课程围绕着一套独特的重复性训练展开，首先，要从常用的中文词语和名称练起。通过这些训练，学生逐步熟记了每个汉字在字盘上的准确位置，同时，容易成组出现的汉字之间的空间关系也不知不觉印入了脑海。例如，20 世纪 30 年代一本打字训练手册中，第一课学生要反复练习二十几个常见的二字词语，如“学生”、“因为”等。通过练习，中文字汇的几何分布就被植入学生的肌肉记忆之中。假以时日，打字员可能已经忘了“学”和“生”、“因”和“为”在横纵坐标上的准确位置，但仍然保留对这些常见的二字词语大体的潜在感知。[51]

由于厌倦了“在字盘上检字—将检字杆移过去—完成压印动作—检索下一个汉字”这种低效的重复性步骤，熟练的中文打字员迫切希望能够提高对即时未来（instantly immediate future）——即下个汉字——的敏感度。在把检字杆移向所需的第一个汉字时，打字员便已经开始将部分注意力放在下一个汉字上，因此在任何时候，他都要在心理和生理上对下个汉字做出预测。[52] 同时，打字员还需要对铅字的物理特点拥有较高的敏感度。[53] 在按压揿手杆时，每次按压的力度应同相应铅字的重量精准匹配，而铅字的重量与汉字的笔画数直接相关。如果在打印只有一画（因而更轻）的“一”字时，所用的力道与打印十六画（因而更重）的“龍”（龙）字的力道相当，那么很有可能会戳破打印纸或复写纸，只得换纸重新开始了。相反，如果用打印“一”字的力道去打印“龍”字，打出的字则会模糊不清（也会使复写纸失效）。熟练的打字员打印不同汉字的力道会相应地发生变化，从而既使整个文本字迹的深浅保持一致，又不会戳破纸张。[54] 因此，长久以来的中文“笔画数”概念在这里被转化为质量、重量和惯性等物理和物质的逻辑。[55]

等待卡德摩斯[1]：“中文注音字母”打字机的兴衰

商务印书馆新设的打字机部门取得了长足的发展。假如我们对中国在这一时期的发展情况有所关注，就一定会看到一个朝气蓬勃的新兴产业崛起的明显预兆，各种打字培训学校也遍地开花。实际上，在 20 世纪二三十年代，中国各地兴起了一股练习风潮，即打字员在使用打字机的过程中勉力使身体与打字机相适应。因此，20 世纪 20 年代的《雷明顿出口报告》（*Remington Export Review*）

[1] 卡德摩斯（Cadmus），希腊神话人物。腓尼基国王阿革诺尔（一说是菲尼克斯）之子，忒拜城的创立者，将腓尼基字母传入希腊的人。——译者注

4.5
中文打字机训练规程（样本），展示了打字员在打字机字盘上从一个字移动到下一个字的轨迹。

指出："经过多年屡战屡败的尝试，中文的打字机终于趋于完善。"似乎，中文打字机终于引起了西方世界的关注。

然而，《雷明顿出口报告》指的并不是商务印书馆和它的舒式华文打字机，而是雷明顿公司自己的打字机。"这台机器由雷明顿公司一位 37 年工龄的老员工，雷明顿公司印刷部主管罗伯特·麦基恩·琼斯（Robert McKean Jones）发明。"[56] 报告还附了留着白髯的琼斯的照片，并注："雷明顿中文打字机的发明者"。报告的标题非常直白：“终于——一台中文打字机——由雷明顿出品”。

罗伯特·麦基恩·琼斯是雷明顿公司外文键盘的主要开发者和研发部主管。[57] 他1855年生于英格兰西北部靠近威尔士边境的威勒尔（Wirral），在纽约经营一家工厂，在那里，他为收集到的各种文字设计了大约2800种键盘。他是雷明顿打字机走向全球化背后的技术骨干之一。据称，他独自将单切换键盘打字机改适于84种语言，赢得了“排字大师”（master typographer）的美称。他精通16种字母系统，1929年的一份商业期刊报道说：“几乎没有哪种语言是他不通晓的，他至少能说出其运作机理。”[58]

琼斯在1918年完成了乌尔都文键盘的研制，又在1920年设计出土耳其文键盘和阿拉伯文键盘，因此，他是雷明顿公司中文打字机事业带头人的理想人选。[59]1921年冬天，雷明顿公司着手研制“注音字母键盘”，也被称为“注音式中文”键盘，该项目由琼斯负责。[60] 不过，琼斯发明的中文键盘不同于我们前面提到的任何一种，原因很简单：它几乎不包含任何汉字。键盘里除中文数字以外的其他符号完全出于新制定的《汉语注音字母表》。当时中国正在进行语言改革，他的发明便是以此为基础的，琼斯在其专利文件中提道：“中国政府已正式采纳并开始推行一套新的‘注音字母’。政府发布了正式法令，要求政府人员使用，并要求学校组织教授这一注音系统。”[61] 他解释说，新字母“是由全国各领域的学者共同拟定的”，其目的是“简化古代复杂的表意文字系统，促进广大民众识字”。[62]1924年3月12日，琼斯及其在雷明顿打字机公司的赞助人向专利局提交了“全国注音式中文打字机”的专利申请，这甚至早于中华民国政府正式发布的《注音符号》推行本。（图4.6）

4.6
罗伯特·麦基恩·琼斯为雷明顿设计的中文打字机注音键盘，1924 年。

一台没有汉字的“中文打字机”，报道该发明的记者们发现了这种认知上的怪异感。保罗·T. 吉尔伯特（Paul T. Gilbert）在《国家商业》（*Nation's Business*）上撰文表示：“一台中文打字机？好吧，也许你可以这么叫它；但别指望能在键盘上找到王羲之所写的 5000 个字符当中的任何一个。”吉尔伯特最后向读者断言：“根本就不可能设计出一种适用于打印中文的键盘。”[63]

当然，琼斯和雷明顿公司并不是第一个企图以“中文字母”或“注音式中文”的美梦作为突破口打入这个广阔而未经开发的中文市场的发明者。早在 10 年前的 1913 年冬，两位英国工程师提交了一份发明专利，用于“使中文适于印刷或打字物料的生产”。[64] 约翰·卡梅伦·格兰特（John Cameron Grant）和吕西安·阿方斯·勒格罗（Lucien Alphonse Legros）在专利申请文件中解释说，他们的打字机主要用的不是汉字本身，而是当前在中国通行的一种注音式中文“字母”。格兰特和勒格罗解释说：“近年来，一套新的中文字母，或者更准确地说，是一套音节文字流行了起来，并以半官方的形式被人们使用。”发明者解释说，这一发展不论对于中国还是对于世界来说，都是一种宽慰，因为基于汉字的打字机本身是不可能存在的。让基于汉字的中国文字“适用于现代机器的排版，这是完全不可能的，因为它的字符太多，远远超出了现有的任何机器排印形式的承载能力，甚至连人工排版都不是一件简单的事”。同时，外国人关于研发中文“罗马化”的企图也是注定要失败的。外国的罗马化方案“有诸多缺陷，首先，罗马字母本身就是外来的，因此容易受到排斥”，其次，它们需要用到额外的符号来表示中文的音调。[65]

真正有可能构成中文打字机之基础的符号是另外一种——它是在中国由中国人发明的。1911 年辛亥革命推翻了清朝统治后，新成立的中华民国教育部教育总长蔡元培即召开会议，商讨统一中文发音。在吴稚晖的指导下，该会议于 1913 年 2 月召开，全国许多杰出的语言改革者出席了会议。经过将近三个月的多轮商讨，委员会宣布了一项决议，其核心内容是一套中文的注音系统，称为“注音字母”。[66] 这是西方各打字机公司期盼已久的机会：一套中－外结合的文字，由中国人发明，为中国人使用，不过采用了西方的文字系统。

从这套“中文字母”上看到希望和机遇的不止有勒格罗和格兰特，就在他们提交专利申请的同月，与安德伍德打字机公司合作的工程师 J. 弗兰克 · 阿拉德（J. Frank Allard）也提交了一份专利申请，用新的注音符号改造安德伍德标准打字机。[67] 1920 年 4 月，《电报导报》（*Telegraph-Herald*）上宣称“中文字母得到削减”[68]。文章开篇说道："一些肩负特殊使命的工作者正在致力于改变中国四千多年以来的手写方式，一旦成功，未来的中国人将不再使用毛笔点点刷刷地书写上万个象形文字，而是改用注音文字，并且可以使用只有 39 个字符的打字机。"文章提到，该系统由王照于 1903 年在英国研发，当时已引起中文打字机设计者的兴趣。据称，上海的都春圃牧师（Reverend E. G. Tewksbury）"已经将这套新字体适配到美式打字机上，并取得了圆满成功"，所采用的字体是由中国的雕刻师提供的。1920 年 8 月，《大众科学》（*Popular Science*）上刊登了另一种注音式中文打字机的广告：哈蒙德多功能打字机（Hammond Multiplex）。[69] 当罗伯特·麦基恩·琼斯在他发明的雷明顿注音式中文打字机上签下自己的名字时，他已经有很多同道中人了。

正当"中文字母"的梦想看似就要实现的时候，一个严峻的现实却给了这些西方打字机制造商当头一棒："注音"的使用从来都不是为了取代汉字，它们永远也无法成为雷明顿、哈蒙德、安德伍德等公司所理解的那种"中文字母"。相反，"注音"只能作为一种教学性平行文本系统，用以帮助中国人学会汉字标准的、非方言的发音。这一事实被很多外国人忽视了，特别是那些热切希望研制出注音式中文打字机和铸模排印机器的外国发明者。就像埃斯特拉贡（Estragon）与弗拉基米尔（Vladimir）对于戈多（Godot）无尽的等待一样，中国的观察者怀有一种笃定的期待，坚持等待卡德摩斯的到来，相信他注定会在某个时刻（不远的将来）来到中国，为中国带来奇迹和拯救，那就是字母表。希腊神话中忒拜城的建立者，欧罗巴的哥哥卡德摩斯，因将腓尼基文引入希腊而受到希罗多德的赞美。腓尼基文是希腊字母的前身，正如前文所述，沃尔特·翁、埃里克·哈夫洛克以及其他很多学者都把希腊奇迹归因于希腊字母。如果卡德摩斯能快马加鞭赶来这天朝上国，那么困扰着这个世界上最后一大非虚义文字的很多困境都将得到解决。

反观雷明顿公司和琼斯，我们从他们身上看到了 20 世纪发生的太多“卡德摩斯假象”，这虽不至于摧毁人们对卡德摩斯终将到来的信念，却也让这种信念变得越发微弱。(“我不能再这么苦等下去了。”埃斯特拉贡愤然说道。“那是你的想法。”弗拉基米尔回应道。）当时，中国最重要的语言改革期刊是《国语月刊》，定期刊登赵元任、黎锦熙、钱玄同、周作人、傅斯年以及其他一些在中国的语言改革运动中有影响力的人物的文章。就在雷明顿公司向专利局提交了专利申请后不到 5 个月，《国语月刊》封底刊登了一则整版广告，广告上还有“恩特华（安德伍德）中华国音打字机”的特写，展示了它的键盘图片，并向读者保证“其构造是与恩特华英语打字机相同”。图片的最下方，读者可以看到这台打字机的文字输出——一行注音符号：ㄣㄊㄜㄏㄨㄚ ㄍㄨㄛ ㄧ ㄣ ㄉㄚㄗㄐ ㄧ（恩特华国音打字机）。[70]

虽然打字机行业一度对此抱有极大的乐观，但任何试图推销和大规模生产注音式中文打字机的努力都以失败告终。西方的公司丝毫不理解（或许懒得去理解）由这些“天神”所主导的拼音化运动其实走不了多远。相反，不论是雷明顿、安德伍德，还是其他的打字机公司，都在不知疲倦地等候关于“中文字母”的喜报，它们竖起耳朵，严阵以待，力争成为第一个听到卡德摩斯脚步声的人，以便能第一个冲到大门迎接，并抢占先机。

这种对注音式中文打字机的执念太强，以至于当所有注音式中文打字机都彻底失败时，西方的媒体对此竟浑然不觉。琼斯于1933年在纽约的斯托尼角（Stony Point）逝世，讣告中既没有提及他发明的阿拉伯文打字机，也没有提到他为乌尔都文或其他文字设计的键盘，而是聚焦于他发明家生涯中唯一以失败告终的键盘："罗伯特·麦基恩·琼斯：中文打字机的发明者，一位出色的语言学家。20年前由琼斯先生发明的中文打字机是一个了不起的成就。中文里的大量汉字长期被视为一种无法克服的缺陷，而作为一名颇有造诣的语言学家，琼斯先生钻研多年，努力将中文的各种汉字整合到了一台打字机的键盘上，以便这个拥有众多方言和文字的国家的民众能够接受和理解。"[71]

世界博览会：介于模仿和他异之间的中文打字机

即便中文打字机在中国取得了如此的发展，国内打字机行业的状况还是不足以让中国跻身于全球性现代技术语言大家庭之列。只要世界上还存在着"真正的"打字机，只要中国以外的世界仍然将中文打字机视为一种荒谬之物，那么中文打字机的地位将始终受到质疑，特别是它能否承担起"打字机"之名。1919年，《亚洲》（*Asia*）杂志刊登了时任上海商务印书馆主编邝富灼的照片，他站在一台商务印书馆制造的打字机前，图注为"邝富灼博士为最好的高效而现代的中文打字机代言"，作为一篇报道文章的开头，这是很有吸引力的。"上海商务印书馆是中国出版界规模最大、装备最优的中文印刷公司，负责几乎全华中地区中文课本的发行和文学作品的传播，从启迪民智的角度来讲，作为该社的一名编辑，他的岗位职责要比任何公职人员都更加重大。”不过，人们一旦把目光投向邝富灼旁边的这台打字机，那么邝富灼为它增添的所有光彩都将黯然失色。文章继续谈道：“图片中的这台机器堪称打字机中的巨无霸，它经过了多次的改进。”[72]

20 世纪 20 年代，商务印书馆第一次集中力量，试图征服西方世界，改变其对中文打字机的看法。这台打字机的世界首秀是在 1926 年费城世界博览会上，这次博览会旨在庆祝美国《独立宣言》签署 150 周年。会上展出的是世界各地的文化和工业遗产，包括日本展厅、波斯展厅、印度展厅等众多展厅。中国厅的负责人包括时任中国驻纽约总领事的张祥麟，他十分重视这次向世界展示中国的机会。[73] 早在三年前的 1923 年左右，张祥麟就参观过费城商业博物馆展出的中国产品。当时的一份报道写到，张祥麟和陪同的中国商人一行“感到有些失望，因为他们发现，博物馆虽然又大又气派，但中国展品都是古旧物品，没有新时期中国式样繁多的产品。……例如，介绍中国的现代工业和近年来发展起来的制造业的展品就比较少”。为了改善这一境况，张祥麟向博物馆的馆长表示，他将与各方联系，为博物馆提供“一系列有代表性的中国产品样品”。几个月后，张祥麟兑现了承诺，上海商会将 7 箱物料运到费城。样本的种类很多，包括丝绸、柳编家具、烟草和香烟、牙粉、针织品等。[74]

由商务印书馆制造的中文打字机就在其中，它既可以展现中国在工业技术上取得的进步，也在源远流长的中华文明史中占有一席

4.7
在费城世界博览会上的舒震东华文打字机。

之地。一进入中国厅，首先映入眼帘的是并排悬挂的美国与中华民国的国旗，然后是精品丝绸、华丽纸伞、茶壶、瓷瓶、五色琉璃、书法卷轴和山水画。在一侧墙壁的居中位置悬挂着乔治·华盛顿的肖像和一幅野猫栖树的画，下方有一个展柜，铭牌上面刻着几个字："华文打字机"。（图 4.7）[75]

为了这次世界首秀，商务印书馆还专门为舒式华文打字机制作了一本英文宣传册，其措辞充分考虑了国外读者的观感，回避了中文打字机自身所处的手抄和印刷环境，微妙地暗示该机器实际上与西方真正的打字机是等同的。宣传册中写道："由商务印书馆生产的华文打字机解决了中国办公管理中的一个严重问题。它具有外国打字机的所有优点。"（图 4.8）[76] 作为费城世博会上的中国首席代表，张祥麟想必对这台打字机的性能和受欢迎程度感到满意。[77] 商务印书馆因"中文打字机的独创性和适用性"而获得了一枚"荣誉奖章"。[78] 费城世博会的一份观会指南罕见地对这台中文打字机予以了

4.8
商务印书馆在世界博览会上的宣传册。文字内容为："华文打字机：由商务印书馆生产的华文打字机解决了中国办公管理中的一个严重问题。它具有外国打字机的所有优点。"

高度评价："这真是一件神奇的发明，虽然它包含3000多个汉字，但打字员经过一到两周的练习，就可以快速找到任何汉字。经过两个月的训练，就可以打出其中的2000个，如果更熟练，速度还能更快。"[79] 从1927年冬天开始，外国的相关报道开始传到中国。1月12日，《申报》转载了来自张祥麟的来信，包括那些赢得了荣誉和奖项的中国公司的信息。其中，商务印书馆凭借舒式华文打字机赫然在列。[80]

不过，费城世博会上的荣誉奖章并不足以平息来自海外乃至国内的批评和贬低之声。1926年，也就是费城世博会的同一年，语言学家和坚定的汉字废除论者钱玄同再次对低效的基于汉字的分类、复制和传输系统发难，他的批判对象有很多。钱玄同首先将矛头对准了基于汉字的字典、目录和索引，认为在这些方面"汉字都是没有办法的，无论数笔画、分韵、或依那狗屁之尤的什么《康熙字典》分部法”。[81] 钱玄同最猛烈的批判是针对中文打字机的：

> 又如打字机，汉字的至少非列二三千字不可。二三千字的面积，大概不会很小吧。打字的时候，对于这二三千字，无论看得怎样熟，总得一个一个的去找，第一个字在尽东北角，第二个字在西南角倒数第八字，第三个字又在东北角靠中间第三行第十一字，第四个字在西北角靠下一些，第五个又在中央偏东南一些，……这真要令人“目迷五色”了。遇到没有的字，不是要预先在“罕用字盘”中检取加入（罕用字盘中也不能什么字都有），便须用笔添上，您瞧，这够多么麻烦哪！拼音字只有几十个字母和几个符号，打起字来之便利，那本是不用说的。[82]

钱玄同的这个地图类比既诙谐又一针见血。他巧妙地用“面积”一词作为批判的出发点，将中文打字员描述成一个在由“二三千字”组成的广袤土地上迷失了的灵魂。为了强调汉字在字盘上的距离感，钱玄同甚至用到了“东北部”、“西南部”等方位词。钱玄同所说的第一个汉字大致位于奉天省（今辽宁省），第二个位于云南或四川西南部，第三个又跑到了热河，第四个在新疆东部，第五个在陕西。

与此同时，费城世博会的中国厅似乎又在美国掀起了一场调侃“中文巨兽”的热潮，正如我们在第一章所见的那样。1927 年 2 月 17 日，漫画家吉尔伯特·利弗林（Gilbert Levering）在《生活》（*Life*）杂志上发表的一幅漫画表现了他对“中文打字机”的设想：

4.9
《生活》杂志上的“中文打字机”，1927 年。
文字内容为：“昂德希尔先生：这是我们的最新成果——一台用于中文业务的打字机。”

那是一个巨大的机器，其键盘大致按 30×35 的规格构成，总共包含约 1050 个按键。(图 4.9)[83] 此时距离“嗒记”在大众媒体上首次出现已经过了 27 年之久，看来它还活着，而且活得好好的。

注释

1 每个字条的字面尺寸约为 0.5 平方厘米，固定在一个高约 1.5 厘米的字盘上。机器的底座是木制的，长 47.3 厘米，宽 41 厘米，高 6 厘米，用来存放各种工具和器械——一个清洁刷、一只镊子、一个小扳手。机器就放置在底座上，在机身前面配有字盘指引界面，是一块薄薄的带金属镶边的玻璃框，里面嵌有一张指引汉字位置的纸。玻璃框的长宽比与字盘一致，但测量的长度约为 45 厘米，宽 25.5 厘米。机器滚筒的长度为 36.5 厘米。

2 《上海印书馆制造华文打字机说明书》，上海：商务印书馆，1917。

3 Christopher A. Reed, *Gutenberg in Shanghai: Chinese Print Capitalism, 1876–1937* (Honolulu: University of Hawai'i Press, 2004).

4 《中华铁路学校暑假志盛》，《申报》1916 年 7 月 5 日，第 10 页。

5 《周王两君之绝学》，《申报》1916 年 7 月 24 日，第 10 页。周厚坤的听众想必对这位年轻人的发明很感兴趣，但他的吸引力也在于自身作为一个拥有在美亲身经历的海外归国学生。不论是受邀还是自己主动提出，周厚坤在关于自己的中文打字机的演讲中还穿插了关于美国“黑人学校”的简单介绍，还用到了一套由（江苏）省教育委员会新采购的主题为“美国黑人”的幻灯片。

6 张元济 1917 年 1 月 9 日日记，载《张元济全集》卷 6，第 141 页。

7 张元济 1919 年 5 月 26 日日记，载《张元济全集》卷 7，第 71 页。

8 《南洋大学工程会近讯》，《申报》1922 年 11 月 10 日，第 14 页。

9 见《苏实业厅聘周厚坤为顾问》，《申报》1923 年 10 月 21 日，第 15 页。在 1992 年的一篇文章中，作者用周厚坤的表字“朋西”称呼他。《武昌检厅咨查汉冶萍解款》，《申报》1922 年 8 月 26 日，第 15 页。

10 张元济 1919 年 5 月 26 日日记，载《张元济全集》卷 7，第 71 页。

11 《本社函商务印书馆商设华文打字机练习科》，《教育与职业》，第 10 期（1918）第 8 页。

12 舒昌瑜（舒震东）:《研究中国打字机时之感想》，《同济》第 2 期（1918），第 156 页；张元济 1919 年 1 月 24 日日记，载《张元济全集》卷 7，第 30 页。张元济也曾考虑过一个跨国制造计划，也就是让舒震东在美国生产一些精密零件，然后大概会把这些零件运到中国进行组装。见张元济 1920 年 4 月 16 日日记，载《张元济全集》卷 7，第 205 页。张元济告诉鲍咸昌，让他说服舒震东在美国制造精密零件，然后运回上海进行组装。鲍咸昌显然就此询问了舒震东，但舒震东认为这做起来有困难，而且认为没必要加快这一进程。见张元济 1920 年 4 月 19 日日记，载《张元济全集》卷 7，第 205 页。

13 屏周 :《参观商务印书馆制造华文打字机记》，《商业杂志》第 2 卷第 12 期，第 1—4 页。

14 对第一台模型机并不满意的舒震东最终开启了远赴欧美的游历之旅，就是想去参观当地的工厂，为中文打字技术问题寻找新的解决之道。一回到上海，他便着手研发一台改进版中文打字机模型，先后经历五次迭代或“式”。后来出的一份手册上记录了各机型研发的时间线，其中把 1919 年记为舒式打字机“第三式”的发布之年。

15 John A. Lent and Ying Xu, "Chinese Animation Film: From Experimentation to Digitalization," in Ying Zhu and Stanley Rosen, *Art, Politics, and Commerce in Chinese Cinema* (Hong Kong: Hong Kong University Press, 2010), 112.

16 两人之后继续制作了一系列动画短片，还有《骆驼献舞》（1935）以及中国首部完整的动画故事片《铁扇公主》（1941）。

17 Ping Zhou, "A Record of Viewing the Chinese Typewriter," 2.

18 甘纯权、徐怡芝编《华文打字文书要诀》（又名《书记服务必备》），上海：人文印书馆，1935，第25—30页。

19 屏周：《参观商务印书馆制造华文打字机记》。"除日常应用之铅字七千余外，并有英文字母圈点符号注音字母阿剌伯数字。及书翰中应用之夹注等一概齐备，正不啻兼备一西文打字机也。"

20 张元济1920年4月16日日记，载《张元济全集》卷7，第205页。

21 《领事馆置汉文打字机》，《大汉公报》1925年5月18日，第3页。

22 《商场消息》，《申报》1926年10月27日，第19—20页。

23 《陈列所机术农林部研究谈》，《申报》1921年11月27日，第15页。

24 《华文打字机推销南洋》，《申报》1924年5月2日，第21页。关于宋明德，见SMA Q235-1-1875（1933年4月6日），第18—20页。

25 Shu, "Thoughts While Researching a Typewriter for China," 156.

26 同上。

27 同上。

28 例如，见《筹办华文打字机训练班》，《河南教育》第1卷第6期（1928），第4页。

29 正如贺萧（Gail Hershatter）指出的，关于民国时期的职业女性，我们仍然所知甚少，一个显著的例外是王政在1999年的研究。见 Gail Hershatter, *Women in China's Long Twentieth Century* (Berkeley: University of California Press, 2007)；以及 Wang Zheng, *Women in the Chinese Enlightenment: Oral and Textual Histories* (Berkeley: University of California Press, 1999)。

30 Christopher Keep, "The Cultural Work of the Type-Writer Girl," *Victorian Studies* 40, no. 3 (Spring 1997): 405.

31 天津市政府教育局、国际打字传习所，TMA J110-1-838（1946年7月6日），第1—15页；天津市政府教育局、峻德华文打字职业补习学校，TMA J110-1-808（1948年3月5日），第1—12页；《北京市私立宝善、广德华文打字补习学校关于学校天办启用钤记报送立案表教职员履历表和学生名籍成绩表呈文及市教育局的指令（附：该校简章、招生简章和学生成绩表）》，BMA J004-002-00579（1938年7月1日）；《关于创办北平市私立广德文打字补习学社的呈文及该社简章等以及社会局的批文》，BMA J002-003-00754（1938年5月1日）；《北平市私立育才华文打字科职业补习学校职教员履历表、学生名籍表》，BMA J004-002-00662（1939年7月31日）；《北京市私立亚东日华文打字补习学校关于第十六期普通速成各组学生成绩表、课程预计及授课时数请鉴核给北京特别市教育局的呈以及教育局的指令》，BMA J004-002-01022（1943年1月31日）；《北京市私立亚东日华文打字补习学校学生名籍表》，BMA J004-002-01022（1942 年 11 月 7 日）;《北京市私立树成打字科职业补习学校学生名籍表》，BMA J004-002-01091（1942 年 3 月 23 日）;《北京私立燕京华文打字补习学校学生名籍表》，BMA J004-001-00805（1946 年 11 月 1 日）；SMA R48-1-287；《天津市立第八社教区民众教育馆第八期华文打字速成班毕业学生名册》，TMA J110-3-740（1948 年 11 月 25 日），第 1—2 页；《商业打字速记传习所简章》，SMA Q235-1-1844（1932 年 6 月），第 49—56 页；SMA Q235-1-1871。

32 惠氏华英打字专校，SMA Q235-1-1847（1932 年），第 26—49 页。

33 捷成打字传习所，SMA Q235-1-1848（1933 年），第 50—70 页。

34 该所的所长是朱鸿隽，上海人，生于 1908 年左右，学校聘用了 5 个教员——2 男 3 女。朱菲，19 岁，生于约 1825 年，可能是朱鸿隽的妹妹，在主校区担任教员。张国良，也在主校区任教，生于约 1900 年。到 1944 年，环球打字专修学校宣传其招收了超过 300 名学员，并促使该学校后来在泰山路 652 号开始了一个分校。参见上海环球打字所所长朱鸿隽致上海市教育局局长林先生函件。SMA R48-1-287（1944 年 10 月 27 日），第 1—11 页。

35 《本校历届毕业生服务通讯录》，SMA Q235-3-503，第 6—8 页。

36 《筹办华文打字机训练班》，《河南教育》第 1 卷第 6 期（1928），第 4 页。

37 "Contacts for School Graduates Where Currently Employed," 6–8.

38 《在沈创立华文打字练习所之孙岐山君》，《大亚画报》第 244 期（1930）第 2 页；《华英打字传习所女子华文打字班始业式摄影》，《晨报星期画报》第 2 卷第 95 期（1927），第 2 页；《北平华英打字传习所华文速成班女生》，《图画时报》第 517 卷（1928），封面；北京华英打字传习所毕业女生旅行北海公园合影照片，《晨报星期画报》第 2 卷第 95 期（1927），第 2 页；《华英打字学校张蓉孝女士》，《安琪儿》第 3 期（1929），第 1 页。

39 《叶舒绮女士中华职业学校学生练习华文打字机时之影》，《时报》第 734 期（1931），第 3 页。

40 王小亭：《新女性：上海职业妇女一瞥》，《良友》第 120 期（1936）第 16 卷。

41 《妇女群争取光明》，《展望》第 15 期（1940），第 18 页。

42 《北平华英打字学校第五届毕业生》，《时报》第 620 期（1930），第 2 页。中英文对照版。

43 《辽宁华文打字练习所第一期女学员就学之纪念摄影》，《大亚画报》第 244 期（1930），第 2 页。

44 Sharon Hartman Strom, *Beyond the Typewriter: Gender, Class, and the Origins of Modern American Office Work, 1900–1930* (Chicago: University of Illinois Press, 1992), 177–179.

45 Margery W. Davies, *Woman's Place Is at the Typewriter: Office Work and Office Workers 1870–1930* (Philadelphia: Temple University Press, 1982), 54.

46 同上，第 53 页。

47 同上；Strom, *Beyond the Typewriter*。

48 Roger Chartier, *Forms and Meanings: Texts, Performances, and Audiences from Codex*

to Computer (Philadelphia: University of Pennsylvania Press, 1995), 19.

49 关于晚清时期的相关研究，比较深入的有 Lucille Chia, *Printing for Profit: The Commercial Publishers of Jianyang, Fujian* (Cambridge, MA: Harvard University Asia Center, 2003)；Kai-wing Chow, *Publishing, Culture, and Power in Early Modern China* (Stanford: Stanford University Press, 2004)；Cynthia Brokaw and Kaiwing Chow, eds., *Printing and Book Culture in Late Imperial China* (Berkeley: University of California Press, 2005)；Joseph P. McDermott, *A Social History of the Chinese Book: Books and Literati Culture in Late Imperial China* (Hong Kong: Hong Kong University Press, 2006)；以及 Cynthia Brokaw and Christopher Reed, eds., *From Woodblocks to the Internet: Chinese Publishing and Print Culture in Transition, circa 1800 to 2008* (Leiden: Brill, 2010)。

50 《华文打字讲义》，约 1917；周厚坤编《华文打字法》，南京：拔提印刷所，1934；甘纯权、徐怡芝编《华文打字文书要诀》（又名《书记服务必备》），上海：上海职业指导所，1935；天津中华打字机公司编《中华打字机实习课本 上册》，天津：东华齐印刷局，1943；天津中华打字机公司编《中华打字机实习课本 下册》，天津：东华齐印刷局，1943；民生打字机制造厂编《练习课本》，1940。

51 我们可以从这个案例中了解中文打字机的训练方式。在课上，老师先引导学生熟悉约 100 个汉字的检字方法。起初的汉字的位置从字盘的一边，到字盘的中间，直到另一边。接下来的汉字在稍下的位置，仍是从一边到字盘中心，从而使涉及的汉字在字盘中间形成一个字汇的“脊柱”。再到后面的字，则先是少量在字盘的右上角，然后再次返回字盘中间，相当于形成了更多的椎骨。之后的 10 个汉字，则没有位于字盘的边缘的，而是又为中央的脊柱增添了 7 节椎骨，使这一立柱初步成形，形成了一个自上而下的结实而连续的条带。后续的 3 个汉字位于这一脊柱的附近，接着的 10 个汉字分散到字盘的外围，围成了一个宽广的环状空间。当然，在这个过程中也产生了一些小的“脊柱”，一个位于字盘的左侧边缘，第二个位于大脊柱的右侧附近。后 10 个汉字则让外围的脊柱得到了进一步的强化。指针的移动也不再是大幅度的跨越，而是代之以更为紧密、曲折的移动。此时，接下来需要找的汉字还需要用到新的技能，这些汉字的位置沿着之前穿过的弧线分布，因为这些汉字曾被“经过”，因此可以完全按照之前走过的弧线运行。紧接着的汉字也沿着同样的弧线。当前 100 多个汉字打印结束的时候，一个清晰的图案就会呈现在人脑海中。至此，所打出的汉字位置已经完整地覆盖了字盘中央的脊柱，也涉及了字盘左侧和右上角的部位。不过，字盘里还有很大的区域仍然未被触及，特别在右上角和左侧中上部位。但可以肯定，在后续的课程中，或者在职业实践中，这些位置的汉字还是会被使用到的。

52 周厚坤：《华文打字法》。

53 Jacques Derrida, *Of Grammatology* (Baltimore: Johns Hopkins University Press, 1976); Johanna Drucker, *The Visible Word: Experimental Typography and Modern Art, 1909–1923* (Chicago: University of Chicago Press, 1997).

54 范继舲：《范氏万能式中文打字机实习模板》，汉口：范氏研究所印行，1949，第 10 页。

55 周厚坤：《华文打字法》。这种练习法当中也包含着一个深刻的政治和意识形态维度，这一点特别体现在对“二级字匣”的介绍上。在20世纪30年代，蒋介石政权正在掀起针对共产党的军事和宣传攻势，在当时使用的一份打字指导手册中，第一课便是让学生打印已故的辛亥革命之父——孙中山的临终遗言。第二课则是打印《中国国民党第一次全国代表大会宣言》。第三课是打印一篇关于革命与解放的短文。后续的课程则带领学生穿过一段被精心编制的中国历史，涉及鸦片战争、殖民主义、太平天国起义、三民主义、辛亥革命、袁世凯、军阀时期、伪满洲国、劳动和贫穷。学生要熟记这些课文，反复学习，将一些由重要的政治术语和名词构成的特定几何图形根植在他们的身体里。第一篇课文所用的汉字，完全不涉及“二级字匣”中的“非常用”汉字。而随着训练的深入，练习开始引入一些需要打字员用镊子从二级或三级字匣中调用的汉字。其中有些是不太常用的，有些则具有某种微妙的政治功能。例如，在最先学习的“二级常用汉字”当中就包括了“袁世凯”中的“袁”和“凯”字，而袁世凯是辛亥革命的大叛徒，他在担任中华民国总统时竟解散了议会，擅自称帝，破坏了本就羸弱的政府，其死后留下的政治真空开启了中国长达10年的“军阀时期”。在基本字盘上并没有属于这个名字的一席之地。

56 “At Last—A Chinese Typewriter—A Remington,” *Remington Export Review*, n.d., 7. 在哈格利博物馆（Hagley Museum）收藏的版本中并没有找到日期，不过文章中包含的一份中文键盘示意图上注明的日期为1921年2月10日。Hagley Museum and Library, Accession no. 1825, Remington Rand Corporation, Records of the Advertising and Sales Promotion Department, Series I Typewriter Div., subseries B, Remington Typewriter Company, box 3, vol. 3.

57 Robert McKean Jones, “Arabic—Remington No. 10,” Hagley Museum and Library, Accession no. 1825, Remington Rand Corporation, Records of the Advertising and Sales Promotion Department, Series I Typewriter Div., subseries B, Remington Typewriter Company, box 3, vol. 3.

58 Paul T. Gilbert, “Putting Ideographs on Typewriter,” *Nation’s Business* 17, no. 2 (February 1929): 156.

59 Robert McKean Jones, “Urdu—Keyboard no. 1130—No. 4 Monarch” (March 13, 1918), Hagley Museum and Library, Accession no. 1825, Remington Rand Corporation, Records of the Advertising and Sales Promotion Department, Series I Typewriter Div., subseries B, Remington Typewriter Company, box 3, vol. 2; Robert McKean Jones, “Turkish—Keyboard no. 1132—No. 4 Monarch” (February 27, 1920), Hagley Museum and Library, Accession no. 1825, Remington Rand Corporation, Records of the Advertising and Sales Promotion Department, Series I Typewriter Div., subseries B, Remington Typewriter Company, box 3, vol. 2; Robert McKean Jones, “Arabic—Remington No. 10” (September 20, 1920), Hagley Museum and Library, Accession no. 1825, Remington Rand Corporation, Records of the Advertising and Sales Promotion Department, Series I Typewriter Div., subseries B, Remington Typewriter Company, box 3, vol. 3.

60 “Chu Yin Tzu-mu Keyboard—Keyboard no. 1400” (February 10, 1921), Hagley Museum and Library, Accession no. 1825, Remington Rand Corporation, Records of the Advertising and Sales Promotion Department, Series I Typewriter Div., subseries B, Remington Typewriter Company, box 3, vol. 3. 1921 年，雷明顿还根据威妥玛体系制作了一种“中文罗马化的”键盘。1921 年 10 月 20 日，总部位于上海的老晋隆洋行就人们对该机器兴趣寥寥的情况进行了报道。其中简短地记载道：“已发给传教士、教师等传阅，但都无意于此。”“Chinese Romanized—Keyboard no. 141,” Hagley Museum and Library, Accession no. 1825, Remington Rand Corporation, Records of the Advertising and Sales Promotion Department, Series I Typewriter Div., subseries B, Remington Typewriter Company, box 3, vol. 1. 另见“Chinese Phonetic on a Typewriter,” *Popular Science* 97, no. 2 (August 1920): 116。

61 Robert McKean Jones, “Typewriting Machine,” United States Patent no. 1646407 (filed March 12, 1924; patented October 25, 1927).

62 同上。

63 Gilbert, “Putting Ideographs on Typewriter,” 156.

64 John Cameron Grant and Lucien Alphonse Legros, “A Method and Means for Adapting Certain Chinese Characters, Syllabaries or Alphabets for use in Type-casting or Composing Machines, Typewriters and the Like,” Great Britain Patent Application no. 2483 (filed January 30, 1913; patented October 30, 1913).

65 另一个关于字母式中文打字技术的早期尝试（约 1914 年）是由禧在明（Walter Hillier）进行的。“Memorandum by Sir Walter Hillier upon an alphabetical system for writing Chinese, the application of this system to the typewriter and to the Linotype or other typecasting and composing machines, and its adaptation to the braille system for the blind” (London: William Clowes and Sons, Limited, n.d.). 由安德鲁·希利尔（Andrew Hillier）撰写的希利尔家族及其与大英帝国关系的传记 *Mediating Empire: An English Family in China, 1817–1927* 已于 2020 年出版。

66 John DeFrancis, *Nationalism and Language Reform in China* (Princeton: Princeton University Press, 1950), chapter 4.

67 J. Frank Allard, “Type-Writing Machine,” United States patent no. 1188875 (filed January 13, 1913; patented June 27, 1916).

68 “Chinese Alphabet Has Been Reduced,” *Telegraph-Herald* (April 11, 1920), 23.

69 “Chinese Phonetic on a Typewriter” (advertisement for the Hammond Multiplex), *Popular Science* 97, no. 2 (August 1920): 116.

70 特别感谢韩嵩文提醒我注意这个资料。

71 “Obituary: Robert McKean Jones. Inventor of Chinese Typewriter Was Able Linguist,” *New York Times* (June 21, 1933), 18.

72 邝富灼的照片，见 *Asia: Journal of the American Asiatic Association* 19, no. 11 (November 1919): front matter, photograph by Methodist Episcopal Centenary Commission. 其他的（报

道）案例还有很多。漫画杂志《上海泼克》的创刊号上就发表关于该社自有的一台打字机的小曲儿。"An American View of the Chinese Typewriter," reprinted from Kenneth L. Roberts's 1916 piece in *Life* magazine, entitled "A Reason Why the Chinese Business Man May Soon Be Tired." 见 "An American View of the Chinese Typewriter," *Shanghai Puck* 1, no. 1 (September 1, 1918): 28，以及 "A Reason Why the Chinese Business Man May Soon Be Tired," *Life* 68 (1916): 272。

73 张祥麟的照片，见 *Who's Who in China* 3rd ed. (Shanghai: China Weekly Review, 1925), 31。

74 "Doings at the Philadelphia Commercial Museum," *Commercial America* 19 (April 1923): 51. 关于费城商业博物馆，详见 Steven Conn, "An Epistemology for Empire: The Philadelphia Commercial Museum, 1893-1926," *Diplomatic History* 22, no. 4 (1998): 533-563。从中国运来的物品可通过费城博物馆商业馆的年报得到核实（Philadelphia: Commercial Museum, 1923, 9.）1923 年，张祥麟在他为屠汝涑（Julius Su Tow）的《旅美华侨实录》（*The Real Chinese in America*）所作的序言中进一步探讨了这些主题。他在开篇写道："总的来说，美国人民从未有机会认识真实而全面的中国人"，中国拥有"贸易公司、银行和轮船航线"，这些信息会令普通的美国民众感到吃惊。"中国人同世界其他地方的人们一样聪明和值得尊敬……而并不仅仅是洗衣工！" 见 Julius Su Tow, *The Real Chinese in America* (New York: Academy Press, 1923), editorial introduction by Ziangling Chang [Zhang Xianglin], xi-xii。

75 Photograph 2429 in *Descriptions of the Commercial Press Exhibit* (Shanghai: Commercial Press, ca. 1926), in City of Philadelphia, Department of Records, record group 232 (Sesquicentennial Exhibition Records), 232-4-8.1, "Department of Foreign Participation," box A-1474, folder 8, series 29, "China, Commercial Press Exhibit"; "China, Commercial Press Exhibit," City of Philadelphia, Department of Records, record group 232 (Sesquicentennial Exhibition Records), 232-4-8.1 "Department of Foreign Participation," box A-1474, folder 8, series folder 29.

76 *Descriptions of the Commercial Press Exhibit*, 56.

77 张祥麟出生在上海，曾在上海的圣约翰大学学习，后到哥伦比亚大学学习。他在 1913—1915 年担任《北京日报》的副主编，后在交通部、内政部和外交部等部门担任副部长。"Who's Who in China: Biographies of Chinese Leaders," *China Weekly Review* (Shanghai), 1936: 6-7. 另见商务印书馆展品说明中的 2308 号图片。

78 Descriptions of the Commercial Press Exhibit, 41.

79 同上，第 56 页。

80 《驻美总领事函告费城赛会情形》，《申报》1927 年 1 月 14 日，第 9 页；"List of Awards-General n.d.," City of Philadelphia, Department of Records, record group 232 (Sesquicentennial Exhibition Records), 232-4-6.4 (Jury of Awards-Files), box a-1472, folder 17, series folder 1.

81 钱玄同：《中国今后之文字问题》，《新青年》第 4 卷第 4 期（1918），第 70—77 页。

82 钱玄同：《为什么要提倡国语罗马字？》，《新生》第 1 卷第 2 期（1926），第 3—6 页。

载《钱玄同文集》第三卷，北京：中国人民大学出版社，1999，第 387 页。

83 Gilbert Levering, “Chinese Language Typewriter,” *Life* 2311 (February 17, 1927), 4.

5 第五章

掌控汉字圈

打字员更要随时学习。

——

《最新公文程式》，1932 年

不应忽视，日文打字机也可用于中文的通信事务。

——

“公共事务局财政科”备忘录，1943 年

“为自由的中国而祈祷。”我于2009年夏购买的一台中文打字机上贴着一张纸条，上面写着这样一句话。这台打字机来自旧金山的一所基督教教堂，多年来被用于打印每周的教堂布告。它的原主人在得知我的工作后，通过邮件解释道：“他们当时想把这台打字机丢掉，我把它留了下来，希望将来有人能找到欣赏这种旧时技术的方式。”[1] 这是一台双鸽牌中文打字机，由上海计算机打字机厂生产。它是毛泽东时代（1949—1976）的打字机，外观呈浅绿色，20世纪80年代末90年代初停产。

不过，曾经使用过这台打字机的加利福尼亚人已经将其上的国家和党派特征抹除了。在写有“为自由的中国而祈祷”的纸条上，国民党的党旗十分醒目。此外还有另一张纸条，上面印有代表美国的白头鹰，鹰爪里抓着箭羽，表明它拥护美国。白头鹰气势汹汹地站在两只和平鸽（商标）的一侧，恰巧符合这台打字机服役的年代——冷战后期。

除了我们一直以来探讨的技术语言视角，一台机器是否还可以在其他方面体现出政治性，例如传统的政党政治、国家认同等？发明者的身份——例如工程师出生地或公司的注册地，或其意识形态倾向——是否重要？还是它天生就具有中立性、无国别性和四海一家的特性？换句话说，一台在中华人民共和国制造的打字机被一个支持台湾当局的基督教华人教堂使用，是否有问题？或者说，技术物件在本质上就不涉及凡此种种“太人性的”关切？本章将就这些问题展开探讨。

第二年，另一段插曲以意想不到的方式将类似的问题再次投射在我的脑海中。2010 年夏，我正在英国伦敦，乘坐拥挤的地铁从豪恩斯洛中央站（Hounslow Central Station）赶往科文特花园（Covent Garden），左手拎着一只不起眼的哑光棕色手提箱。亚克力的箱子里是另一台中文打字机的核心部件，用几张皱巴巴的墙纸充塞固定着，它生产于 1960 年代。几小时前，我刚刚从一个马来西亚籍中英家庭那里得到这个手提箱和里面的东西。这家人住在伦敦市郊，皮卡迪利线（Piccadilly Line）的最末端。这台打字机购于新加坡，在马来西亚使用过，后被运至伦敦，现在正被带往我在斯坦福大学的办公室。这是我收藏的第二台打字机，而且我发现，它的身世比第一台更为复杂。[2]

当我去到伊芙琳 · 邰（Evelyn Tai）的家时，她热情地问候了我，并将我带至内室的一个房间。伊芙琳坐在书桌前向我演示这台打字机。“我都 20 多年没碰过它了，”伊芙琳说道，“我会尽力试一下。”伊芙琳开始打字，我问她是如何掌握这 2000 多个汉字的位置的。她的回答很谦虚，似乎在刻意淡化自己高超的记忆能力。“我就是记住了。”她进一步解释了中文部首与打字机按键的对应关系，正如我们在第四章有关中国 20 世纪的打字学校和打字课程中所见到的那样。她讲到，在学习打字机的布局时，她是从“什么类型的部首位于什么区域”开始学起的。不过，经过长时间的练习，这种有意识的学习和记忆行为最终转化成了肌肉记忆。伊芙琳随便举了一个例子。“比如我想打‘新’这个字，”她开始在字盘上移动检字杆，“你直接就知道‘新’在这儿。”

这台打字机的一切似乎都是为它的主人量身定制的。在一个长 4 英寸（约 10.2 厘米）、宽 3 英寸（约 7.6 厘米）的小塑料盒里，存放着一套特殊的汉字铅字，她用镊子夹取一个铅字，放入字盘的一个空格中。正如第四章谈到的藏于亨廷顿图书馆的打字机与其使用者之间的密切关联一样，伊芙琳的特殊铅字也反映出她的基督教信仰以及她作为教堂文秘职员的工作特征：“仙”和“拯”，以及极为罕见的专指上帝的第三人称代词“祂”。有的字不太容易解读，例如“糕”和“丘”——很有可能是一些经常出现在每周教堂布告上的人员的姓名。

这台打字机与伊芙琳的女儿玛丽亚（Maria）的关系也密切。当伊芙琳演示打字机时，玛丽亚站在后面听着妈妈的讲解。伊芙琳的其他孩子都出生在马来西亚，只有玛丽亚出生在新加坡，也就是在这个家庭的第一次移居之后。在新加坡，玛丽亚的爸爸在三一学院担任助理讲师，她的妈妈则在一所隶属于当地卫理公会的学校担任幼儿教师（他们本身属于长老会教徒）。伊芙琳在新加坡购买了她的中文打字机，用于打印学校的课程资料，以及教堂安排和礼拜程序。当玛丽亚还是婴儿的时候，伊芙琳就在新加坡成人教育委员会管理的中文打字学校接受过三个月的集中培训，并于 1972 年 10 月通过了认证考试。后来，他们家再次迁往伦敦，她的父亲在这里担任联合改革教会的牧师。除了打字机的压板以外，打字机的其他主要部件都被拆解后运到了英国。他们将这台打字机放进一个哑光棕色亚克力手提箱中，并最终转交给我。

伴随着多次的迁居，妈妈打字的声音一直萦绕耳边，缀连起玛丽亚的童年岁月。伊芙琳在家里打印中文版的教堂安排，并用打字蜡纸油印，有时女儿会搭把手。也有其他的组织和机构向她寻求帮助，例如当地的社区中心以及附近的学校和教堂。玛丽亚说，当她不在妈妈身边帮忙时，她仍然能在深夜听到中文打字机发出的这种低沉而清晰的声音，透过墙壁传入耳中。这种声音陪伴她安然入眠。如今到了 2010 年，当她看着妈妈再次操作这台打字机时，她轻轻说："真催眠，这个声音。"

一开始研究时，我未曾想到伦敦市郊的一番交谈竟使我有机会探察到这台中文打字机的一段隐秘历史。在几个小时的交谈中，我可以抛开我们一直以来都在探讨的各种政治性问题——字母文字世界如何理解中文打字的政治问题，以常用字法实现中国技术语言现代性的政治问题，拼合活字打印的政治问题，等等——而是聚焦于这台打字机在一位女性人生中长达 20 多年的岁月里占据的位置。套用心理学家雪莉 · 特克尔（Sherry Turkle）的说法，它是伊芙琳世界中的一个"唤起物"（evocative object）。[3] 它甚至还与主人同名：机架前贴着一个标签，上面有压印字体"Evelyn"。"它是专属于我的，"伊芙琳向我感慨道，"自始至终都是。"

不过，这些政治性问题刚从脑海中隐退下去没多久，又再次漫卷而来，而且以一种明显不同的方式。当我审视这台打字机时，机架后面贴着的一片小铭牌引起了我的注意，并且立即使我头脑中描绘的浪漫图景变得复杂了。在这张铭牌上压印着：

中国打字机制造仓。日本经营机株式会社。

这台中文打字机是日本产的。

几十年前，当伊芙琳和她的丈夫在新加坡的一家商店购买这台打字机时，就曾探讨过这一问题。她回忆说，这家商店提供一系列的中文打字机，其中就包括在家里等着我的那款双鸽牌。在当时，不论在中国还是在国际上，双鸽牌都是使用最为广泛的机型，这主要由于它当时是中国大陆生产的唯一一款中文打字机。

另一种在售的机型是“超级写手”(Superwriter)，是由日本经营机株式会社生产的。不论在结构上还是在语言上，这两台打字机的原理都很相似，它们采用的都是常用字字盘，上面排布着将近 2500 个汉字铅字。两台打字机的操作也完全相同。操作者用右手将字锤移至所需汉字上方，然后在合适的时机按下揿手杆。当时伊芙琳主要考虑的是日本和中国在机械制造方面的名气。她是要买一台中国产的中文打字机呢，还是一台日本产的?

历史学家都清楚，类似于这样一闪而过的时刻足以改变我们的研究路线，将我们导向意料之外的研究道路，可能导致要多花好几年时间走完这段旅程，但由此我们也会有更多的收获。通过翻阅我的档案文件，并将考察范围拓展至东京的馆藏，我开始聚焦于一个前所未有的新问题：在现代历史的进程中，是谁主导了中文文字的生产和传输手段，又是在何时，以何种方式、何种目的?

经研究，我清楚地知道，诸如雷明顿、安德伍德、好利获得以及默根特勒莱诺整行铸排机公司都曾试图打入中文语言市场，但最终都铩羽而归，更谈不上主导了。而当我站在伊芙琳家的客厅，这个问题再次出现：会不会是日本？如果说事实证明西方的制造商无法将汉语纳入它们兼收并蓄的世界语言清单之中，并且更是无法设想出一台非字母文字打字机的模样，那么日本的公司和工程师又当如何呢？作为非字母文字的汉字（或日语汉字）在日文中占有十分重要的地位，这与当代的"CJK"概念（在当代计算机领域，这是对"中日韩"的信息处理、字体制作等技术的统称[4]）又有怎样的联系中？当我凝视这台日本生产的中文打字机时，我是否相当于在凝视着CJK的"史前时期"？

在本章，我们将探讨这段由日文打字技术和日本对中文打字行业的主导交织而成的历史。虽然对于西式键盘打字机的神化将中国和中文完全排斥在由雷明顿等跨国公司所构想的技术语言现代性之外，但日本的跨国公司却完全不同。日本研发了两种独特的打字技术，一种专门针对日文假名（包括平假名和片假名），另一种则针对基于汉字的日语汉字。不论在外观还是在使用感受上，日文假名打字机与雷明顿、安德伍德和好利获得公司生产的打字机别无二致，而日语汉字打字机则与中国生产的中文打字机十分相似。因为身处这种临界位置，相对于西方工程师而言，日本工程师的想象力更加不受限制，他们从不将自己局限在一种无法处理汉字的键盘系统上。相反，日本做到了雷明顿未曾做到的事，它成功地研制出了中文打字员非常熟悉的基于字盘的常用字打字机。

早在1920年代，日本的打字机公司就进入中文市场，同时，随着1931年日本帝国主义势力在中国东北的扩张，以及1937年全面侵华战争的爆发，这一进程加快了很多。到1930年代末和1940年代，日本主导了中文打字机市场，并且其影响一直持续到战后初期（正如伊芙琳·部最终选购了超级写手打字机）。事实表明，CJK 拥有一段暴力的历史，这与日本帝国主义的兴衰和第二次世界大战的恐怖有着千丝万缕的联系。

介于两种技术语言世界之间：假名、日语汉字和日文打字的两难历史

从 19 世纪后半叶开始，中国的东邻日本便开始努力解决其技术语言现代性问题，这在日本的电报、电话、工业化印刷、邮政、速记打字等技术史中都能看到。[5] 正如南亮进所言，日本的印刷业是该国最早和最彻底的机械化行业之一。[6] 从 1876 年开始，蒸汽动力在印刷技术上的应用使日本国内的报纸行业实现了技术革新，日本的出版商也因此能满足国内对于报纸不断上升的需求。[7] 在 19 世纪后半叶，电话和电报技术传入日本，其发展历程与清朝的时间线大致相同。[8]1871 年，也就是在丹麦大北电报公司和英国东方电信电报公司颁布中文电码的同一年，一套用于传输日文假名的电码也被制定出来。它被称为“日文电报符号表”（Japansk Telegrafnøgle）或“电信字号”，所用的符号按照当时主流的词典编排序列（“伊吕波顺”，得名于日本平安时代的一首和歌 [1]），每个日文片假名音节都对应着一组长短脉冲。[9] 随着日本政府垄断电信和邮传服务行业，

[1] 即《伊吕波歌》，日本平安时代中期的一首七五调和歌，由四十七个互不重复的假名编写而成，这些假名是日本近现代之前所使用的全部假名，因此这首歌曾被用作假名顺序，即用于编排词典索引和项目序号等的“伊吕波顺”。在现代日语中，伊吕波顺逐渐被五十音顺取代。——编者注

以及19世纪80—90年代日本帝国在海外有形和无形的扩张，这一网络开始迅速扩大。[10]

日本打字技术的历史与东亚在19和20世纪的语言改革和现代化历史，以及当时人们对基于汉字的书写提出的广泛批判有着密切的联系。实际上，早在废除汉字的呼声出现在中国之前，就已出现在朝鲜和日本了。借用一位历史学家的说法，作为“去中华帝国中心化”（Decentering the Middle Kingdom）的一部分，朝鲜的一支改革派开始将沿袭自中华文化的符号和意识形态进行特殊化和去普遍化处理。这些改革者认为“必须摆脱东亚过去的跨国文化主义”，他们对“汉字”，也就是几百年前被引入朝鲜语的基于汉字的文字抱有特别的敌意，将它视为制约其科学（即西式）的发展进程的根本阻碍。[11] 朝鲜书写系统中一度被视为“真文”（truth script）的基于汉字的组成部分开始被特殊化为外国文字——中国的文字，“仅从具有长处和作为交流工具”的角度来评判它。[12] 曾经被认为与儒家和道家学说有着紧密关联的汉字，如今被人们攻击为具有内在的反现代性。这不禁让人想到欧内斯特·盖尔纳（Ernest Gellner）以及后来的本尼迪克特·安德森（Benedict Anderson）对于“真言”（true language）[1] 的研究，他们认为，真言是一种神圣语言，例如教会拉丁语、古教会斯拉夫语和“科举文”（examination Chinese），它们曾被视为通向真理圣典的唯一途径，然而随着这种真理日渐遭到质疑，这些语言的特殊地位也随之受到削弱。[13]

在同一时期，日本的改革者也提出了惊人类似的观点，他们

[1] 此处不特指具体某个教派的文体。——译者注

试图使日本摆脱“东亚病夫”的命运，趁势赶上现代化的全球进程。[14]1866 年，开成所的翻译人员前岛密以《御请废止汉字之议》为题上书德川幕府，主张用假名取代日语汉字。[15] 为提高书写效率，加快语言教育的步伐，前岛密在 1873 年成立了“启蒙者”公司，出版全假名报纸《每日平假名新闻》。虽然该报在发行的当年就停办了，但倡导使用假名的人，此后进一步阐释和发展了前岛密的建议，比如清水卯三郎在 1874 年所写的《平假名之说》。[16]

第一台日文打字机是一台全假名打字机，不包含任何日语汉字。它是由黑泽贞次郎（1875—1953）在 1894 年制造的，因袭了当时风靡全球的单切换键盘打字机的形式，仅用于打平假名。不久，黑泽贞次郎开始研发片假名打字机，并于 1901 年制成。这台片假名打字机是根据埃利奥特型史密斯 - 科罗娜打字机（Elliott model Smith-Corona machine）研制的，因此被命名为日文史密斯打字机。[17]

假名打字为西方制造商敞开了大门，后者也及时抓住了商机。早在 1905 年，雷明顿公司便将全假名机型作为打入东亚市场的突破口，将日文也纳入其庞大且还在扩大的世界文字库中，且绕开了日语汉字的难题。雷明顿公司的销售人员都会事先接受培训，以应对顾客可能提出的问题，特别是解释雷明顿打字机上为何没有日语汉字。相应的答复为 :“日语中的假名，特别是片假名代表的是古日语的发音，后来在几百年前，日本从中国借鉴了大量的古典文学和先进知识，并将汉字借用到日文的书写当中。”“总之，机器无法打印日本人日常书写中常用的大量中文字符。”[18] 通过假名打字机，日本获得了进入全球打字技术行列的入场券 : 包括相关技术原理、教学规程、可听性等。在巴黎、贝鲁特、开罗和纽约，有关假名打字技术的手册会引导参训人员掌握“正确的打字姿势”、“正确的手指形态”和“每个手指对应的键位”。[19] 同时，假名打字机也使日本加入了全球对西式打字机的浪漫演绎之中，包括打字机的诗意、打字机的标志性风格，甚至用打字机创造的艺术作品。例如，在1923 年的一本教科书中，我们惊讶地看到了由名叫 T. 古贺的人创作的三幅打字机画，分别是罗丹的《思想者》、耶稣基督画像和一幅北美洲的地图，全都是通过连续按键拼成的。[20]

从一开始，全假名打字机就是一台具有政治性的机器，它的现代性建立在将日语同其从中文承袭过来的正字法传统做切割的基础之上。第一章中那个不可能存在的中文打字机巨兽的形象如今在日本语境中再次浮现，化身为某种前车之鉴（以免使日本也被排除在现代性世界之外）。雷明顿公司的报告上说：“我们访问了很多日本的有识之士，他们似乎都认为日文的书写方式太过繁琐和陈旧，已经严重不能适应日本人当前的需要。”日本需要一种“纯粹的音节文字系统，以取代当前糟糕的混合系统”，“用于打印片假名的雷明顿打字机的出现，有望为这一变革的实现指明方向”。[21]

不久，雷明顿公司就遇到了其他有意进入东亚市场的跨国公司的竞争。1915 年 2 月，安德伍德公司推出了自己的片假名打字机专利机型，发明者是柳原亮成。8 年后，它又推出另一个片假名打字机专利机型，发明者是伯纳姆 · 斯蒂克尼（Burnham Stickney），他曾担任过柳原亮成的专利代理人。[22]1915 年在旧金山举办的巴拿马太平洋万国博览会中，雷明顿公司又向其竞争对手展开了反击（就在这次博览会上，年轻的祁暄也展示了他试制的中文打字机，然而反响很小）。雷明顿的展厅重点展示了一台全片假名的日文打字机，由一位年轻靓丽的日裔美国女士北原次操作。雷明顿公司制作了印有她照片的宣传明信片，上面写着："在巴拿马太平洋万国博览会上向全世界的朋友表达问候。目前已有156种语言可用雷明顿打字机打印。——北原次"[23]

全假名打字机问世15年之后，才终于出现第一台日语汉字打字机。与全假名运动针锋相对的另一个极具活力的运动是常用日语汉字运动，该打字机的出现便与此紧密相关。1873年，身为记者、政治理论家和翻译家的福泽谕吉（1834—1901）使用不到1000个汉字编写了三卷本的儿童教育课本。同时，作为对这套课本的解释说明，在《文字之教》一文中，他提出，2000至3000个日语汉字就已完全够用，剩下的部分可用假名表示。[24]从1873年福泽谕吉发表《文字之教》，到1923年5月日本临时国语调查会发布《常用汉字表》期间，众多学者、政治家和教育工作者都在"常用日语汉字"的问题上各抒己见。[25]八名文夫于1887年编写完成了一部名为《三千字字引》的参考书，他在书中提出，大约3000个日语汉字就够用了。[26]30年后的1921年3月21日，东京和大阪的报业出版商联合会发表了一份共同声明，题为《限制汉字之倡议》。[27]1923年5月《常用汉字表》发布后，很多报纸纷纷表示支持，并声明将从1923年9月1日起予以采用。不过，受到当年关东大地震的影响，这一计划最终搁置，该问题又延宕了两年。[28]

这一派日文改革在技术上的最初表现之一就是由杉本京太（1882—1972）发明的日语汉字打字机。早在1914年，他便称自己即将完成原型机的研制工作。次年10月，东京商会的报道中透露，这台机器的名字非常简单，就是“日文打字机”，仍然保留了几十年前由假名打字机研制者所采用的拼音化借词的表达方式。[29]1916 年 11 月，他向美国专利局提交了专利申请，并于第二年获得专利。[30] 没过多久，杉本京太的打字机便迎来了竞争者。市场上很快出现了由岛田美浓吉发明的东方打字机（The Oriental Typewriter）。之后又出现了由片冈小太郎发明，大谷打字机公司（Otani Typewriter Company）生产的大谷日文打字机（Otani Japanese Typewriter）。东芝公司在 1935 年左右也推出了自己的日文打字机。虽然和其他日文打字机一样基于常用日语汉字，但它采用的是汉字滚筒而非平面字盘。（图 5.1）[31]

尽管各不相同，但这些打字机及其制造商遵循的是相同的设计原理和商业目标。在结构上，它们都包含数量有限的、经过精挑细选的常用日语汉字，并按照伊吕波顺系统的语音顺序排列。[32] 在营销策略上，制造商都围绕着这样一组核心理念：准确、美观、易读，以及省时、省力、省纸。[33]

和中国一样，日本也建立了一个围绕日语汉字打字机的培训网络，负责培养一批新型劳动力。但与中国不同的是，在日本的打字学校里接受培训的几乎完全是年轻女性，这种文秘工作的女性化特征与欧洲和美国的情况十分相似，与日本国内其他通信行业也非常相似。（图 5.2）[34] 有人在 20 世纪 20 年代末调查了东京和大阪的职业女性从业状况，我们可以从中窥见当时日本文秘行业的劳动力构成。在接受调查的将近千名女性当中，有一半以上年龄在 20 岁以下，超过 90% 未婚。她们的教育背景差异较大，大约 40% 仅接受过较低层次的学校教育，接受过女子学校教育的要稍多一些。她们

5.1 <
日文打字机。渡部久子《日文打字机读本》1929 年。

5.2 >
日文打字员凯 · 土屋（Kay Tsuchiya）的照片，1937 年。作者个人收藏。

5.3 ∨
日文杂志《打字员》第十二期封面，1942 年。

的工作单位大多是政府部门或公共机构，其次是私营公司和银行。[35]

在20世纪20年代，日文打字机制造商通过发行一本新期刊——《打字员》，进一步巩固了文秘行业的性别特征。这份月刊大约创立于1925年，由日本打字员协会出版发行，既是专业期刊，也是妇女杂志，每一期都呈现出醒目的艺术装饰风格，配有旨在表现日本现代女性的多面形象（包括身着干练的商务装、运动装和传统和服）的封面图片。[36] 其内容包罗万象，有短歌和俳句，有关于日文打字员生活和职业的探讨，也有讨论日本女性普遍面临的各种问题的长篇文章。（图5.3）还刊有大量广告，既有宣传日本打字机公司的，也有推销面向女性顾客的各种商品的。此外，还配有大量图片，常见的主题是打字员毕业班的集体照，她们看起来对未来的工作充满期待。

日产中文打字机，或是现代汉字圈的开端

20世纪30年代初期，日本出现了各种型号的打字机，大致可以分为两大阵营：假名打字机和日语汉字打字机。前者与雷明顿、安德伍德、好利获得公司等全球认可的打字机文化一脉相承，而后者因与中国打字技术的紧密关系，被排斥在这个全球性技术语言文化之外。不过，日本打字机设计者的野心远远超出了自己的国家和语言。杉本京太在其1916年的专利申请中特别指出，他的打字机是“为日文和中文两种语言设计的”。[37] 东京发明家的筱泽有作在1918年6月提交了一份专利申请，也称其打字机适用于“使用大

量汉字的语言，比如日语和汉语”。[38]但不论作为事后的反思，还是出于发明过程中的思考，这些日文打字机的发明者都明确表达了一种更大的目标和企图：一个涵盖整个东亚的大市场。[39]

其实，日本的这些发明家在构思其发明时考虑的是更为广泛的中日市场（以及不久之后的中日朝市场），这并没有多么出人意料。他们一直无法抗拒中文市场的巨大诱惑，因为从理论上讲，日语汉字打字机有望通过一定改装来“处理”中文。除了市场因素外，中国、日本和朝鲜在历史上长期以来有着共同的文化传承，在 19 世纪末，日本和朝鲜的很多改革者曾试图拆解这种“跨国文化主义”，但 20 世纪的头 20 年，打字机领域的发明家和工程师又开始致力于重新发现并利用这种文化传承。正如道格拉斯·豪兰（Douglas Howland）和丹尼尔·特兰巴约洛（Daniel Trambaiolo）的阐释，在 18 世纪，中国、日本和朝鲜之间的外交使节在口头交流不便时，经常代之以“笔谈”（中文谓“笔谈”，日文谓“筆談”，朝文谓“필담”）这种书面的交流方式。如果一个官员不太会讲对方国家的语言，“应对这一难题的办法就是通过手写汉字交流，也就是知识分子用于交流文学和官方事务的汉字（这种方式最初是在接待外使时使用的）”。[40]

虽说“中日”打字机的可行性得益于中华文明长期的辐射，但 20 世纪这番运动背后的支持动因和前提观念却与过去那种单纯的语际交流目的大相径庭。对于这些发明家和工程师来说，将中国、日本、朝鲜结合起来（甚至到了 20 世纪后半叶出现“CJK”的简称）的动因既不是出于对“同文”（共同文化）理念的认可，也不是出于对“因具备中文书写笔谈的能力而形成的语言共同体”的认

可。[41] 它由世纪之交一场严峻的、共同的技术语言危机所激发，日本和朝鲜因与中国共有这种文化传承而不得不一同面对这场危机。在 19 和 20 世纪出现的这种全新的、强大的全球信息秩序，不仅将中国从技术语言现代性的世界里排除，同时也使日本和朝鲜在不知不觉间成为这出中国技术语言悲剧里的难兄难弟。“漢字”（かんじ）、“한자”和“汉字”在正字法上的传承使中日朝三国再次陷入一个新的、巨大的信息危机区域之中——我将称之为“汉字圈”(kanjisphere)。

西方世界对日语汉字打字机的解读进一步强化了这种处在同一技术语言危机之下的观念。之前提到的全假名打字机被全球誉为日本通往技术现代世界的护照，与之形成鲜明对比的是，日语汉字打字机遭到了各种形式的冷嘲热讽，跟对中文打字机的嘲讽没有什么不同。例如，在《纽约时报》上的一篇长文中，玛丽·巴杰·威尔逊（Mary Badger Wilson）写道：“世界上有两门伟大的语言……为几亿人使用，而我们的机器却无法完全兼容之。那就是日语和汉语。”[42] 她提到自己曾在日本驻华盛顿大使馆见过人们操作日文打字机，用流俗的说法描述了打字机的巨大尺寸，以及它对打字员记忆能力的极高（几乎不可能的）要求。她说：“机器上有大约 3000 个字符，日文打字员必须熟记每个字符的位置才能达到要求的打字速度！”[43] 在 1937 年的另一篇文章中，我们看到了带有诋毁色彩的关于中文和日文打字机的描述：

> 那些认为自己工作过于辛苦的速记员应该来日本商会拜访一下凯瑟琳·土屋女士。她需要先用美式打字机敲出英文

> 版文件，然后再从一台具有 3500 多个不同字符的日文打字机上“攫啄”（hunts and pecks）出一串象形文字。[44]

不过，越简短的话往往越刺耳：“无意中在一次文学鸡尾酒会上听到：‘一部俄国小说中的人物往往比日文打字机的字符还多。’[1]”[45]

如果说汉字圈是由这种共有危机的观念定义的，那么它也同时具有一种强有力的、颠覆性的乐观主义——这为我们带来了第二种划分新旧东亚文化界观念的重要区别。在 18 世纪的笔谈活动中蕴含着一个强大的文化等级制，文言文作为交流的媒介便发源于此，并在其中处于优先地位。而到了现代时期的汉字圈，中国和中文已不再享有任何典范性权威。相反，一旦中国和汉字开始被视为一种交流难题（它成了需要被解决的谜题，而非使交流成为可能的媒介），这就为日本和朝鲜的发明家开辟了一条令人激动且似乎有利可图的新道路。通过这条道路，日本和朝鲜可以从中国文化遗产受益者的角色转变为解决东亚技术语言现代性难题的场所。从范畴上讲，“中文方案”既适用于日本和朝鲜的打字机工程师，也适用于世界其他地方致力于解决日文和朝鲜文打字问题的外国人。因此对于杉本京太等一众发明家来说，现代汉字圈有着一种振奋人心的前景：解决他们“自己的”问题，即发明出日语汉字打字机或朝鲜语汉字打字机，同时会带来解决中文谜题的“积极的外部性”，并蕴

[1] 原句为：“A Russian novel always contains more characters than a Japanese typewriter.” 当中“characters” 为双关语，既作“人物” 理解，又作“汉字” 理解。——译者注

含着经济、地缘政治和文化上的利益。

在20世纪20年代，日本的制造商与当时作为中国第一台取得商业成功的中文打字机——舒式打字机的制造者，并且作为中国印刷资本巨头的商务印书馆展开了正面竞争。不难看出，只有在这一领域，日本的发明家和制造商才敢于放弃以片假名表示外来语的“タイプライタ”，而是改用日语汉字“打字機”来命名他们的机器，试图以此显示在解决中文打字谜题方面，日产的机器是一种适用且更优的解决方案。此外，这种竞争所带来的潜在收益不容小觑。如果日本的打字机公司能在雷明顿、安德伍德、默根特勒莱诺、好利获得等西方打字机公司屡试屡败的地方取得成功，那么一直将美国、意大利、德国等拒之门外的巨大市场就会向日本开放。虽然日本在全球键盘打字领域中所占份额不多，但它仍然有机会成为现代汉字圈的技术语言霸主。

中国人很快就发现，日产的中文打字机的设计理念与中国国产打字机完全一样。它们都带有包含将近2500个字符的字盘阵列，并按照使用频率的高低划分为不同的区域。[46] 此外，它们还放弃了伊吕波顺排序法，取消了假名符号，改为中文打字机字盘（以及字典等其他参考书）通常采用的部首–笔画排序法。虽然有细微变化，但我们可以看到，这些打字机实际上与商务印书馆的中文打字机几乎完全相同。

日本最终的确在中文打字机市场中取得了领先地位，不过靠的不是市场竞争，而是军事武力和战争。1932年1月28日，日本空军突袭了上海市人口密集的闸北商业区，向商务印书馆办公楼投下六枚炸弹，几乎将其全部损毁。其中文打字机部门所在的机器车间和其他一些设施大部分得以幸免，但继而引发的大火必然使商务印书馆的经营活动在一段时期内受到了牵制。[47] 同时，日军也通过成立受日本控制的傀儡政权——伪满洲国，巩固了对中国东北地区的侵略。通过军队和工程师的力量，日本开始成为东亚汉字圈占主导地位的技术语言势力。

伪满洲国建立之后，就从日本本土招聘了一批人员作为文职人员和官员，同时成立了一些打字学校。在这些学校里，一批又一批的中国受训职员学习使用日文打字机和日产中文打字机。[48] 其中包括成立于 1932 年前后的奉天打字专门学校，这里的培训手册和课程与我们在第四章所见到的大致相同，但也存在一些值得注意的差别。[49] 与上海、北京及南方的其他都市的打字学校一样，奉天打字专门学校的学员也通过一部分课程和字汇几何图形来帮助他们熟悉字盘及其布局，而不同的是，这些课程的内容反映出了另一种政治愿景，也就是日本关于伪满洲国的愿景。在 1932 年的一份为文职人员编写的课本中，编者兼奉天打字专门学校的职员李献延引导读者学习一套字盘各部之间和部内配置的新形式，其中大部分内容都和先前的打字培训重合，但其第四章的内容却是前所未有的：专门讲解“皇帝用纸公文”的信笺和政府制式。在伪满洲国，中文打字机将首次（也是唯一一次）用于打印“皇帝诏书”和“皇帝敕令”——以“康德皇帝”的名义，即清朝末代皇帝溥仪，他在 1911 年辛亥革命后宣布退位，时隔近 20 年，又得到日本人的扶植。[50]

不论是从民族政治的角度还是从语言学角度看，散布于伪满洲国各地的打字学校就是由强权和矛盾的效忠心理构成的复杂图景。由日本工程师研制的中文打字机很快便流通到奉天打字专门学校以及伪满洲国各地，其使用者就是从日本人设立的打字学校培训毕业的中国打字员。他们打印的公报和备忘录文件，全都是服务于作为日本傀儡政府的伪满洲国，以伪满洲国“皇帝”等人的名义撰写和发布。李献延肯定意识到了这种复杂安排所暗含的政治性，所以他在课本中专门针对中国读者写了一篇序言，序言开篇写道：

> **一国有一国的公文程式，一时代有一时代的公文程式，都是随着国情和习惯而演进的。那末，述说公文程式的书籍，也要随着时代而改革的，这是一定的理。打字员是专任誊录公文的人员，所以打字员更要随时学习新的公文程式，才能适合时代，才能供职工作。**[51]

很难说这是李献延在为其通敌行为进行声情并茂的辩护，因为这番话如此干瘪，倒是与课本中枯燥无味的内容十分相称。他关于文书和信件的评论虽然并未言明，却清楚地蕴含这样一层意思：在伪满洲国，在这片被军事武力从中国分割出去的土地上，政治事务也不同于以往了。你们将通过学习成为伪满洲国而非中国的文书。打字员必须紧跟时代。

侵权与爱国：俞斌祺和他的中文打字机

中国的发明家和制造商眼睁睁地看着中文打字机——这个经历50多年风风雨雨，来之不易的现代性标志——一步步落入日本跨国公司的掌控之下。1919 年，《申报》上一篇匿名文章对这种状况表达了强烈担忧，将其归责于中国的专利制度不完善，为日本人将他们的“中文”打字机推向市场留下了空子。[52] 到 20 世纪 30 年代，日本不仅强占了伪满洲国的中文打字机市场，还攫取了中国各大城市的打字机市场。中文打字谜题的解决方案，乃至广义的现代中文文本的生产方式，悉数落入日本手中，这个东亚新兴力量同时也是中国国家主权的最大威胁。该怎么办?

一个不太可能参与其中的人给出了一个可能的答案，他就是游泳和乒乓球冠军俞斌祺。俞斌祺于 1901 年出生于浙江萧山，东南商科大学毕业，日本国立商科大学研究生，早稻田大学工科肄业。[53] 在军队短暂服役后，他进入运动和体育教育行业，先是担任上海市中心体育场的管理主任，后担任中华体育联合会游泳分会委员，中华全国乒乓联合会主席委员。或许是由于长期从事体育事业的缘故，作为一名天才游泳运动员，他还成为年轻女性爱慕的偶像，他那风度翩翩的肖像还被刊登在 1932 年《男朋友》杂志的封面。(图 5.4) [54]

俞斌祺也是一名业余发明家，发明专利包括一种新式旅行枕和一种经济高效的热水器。不过，他最著名的发明无疑是他在 20 世纪 30 年代研制并投入生产的常用字中文打字机。这款打字机由当时已有的打字机稍加改造而成，这很快使俞斌祺陷入可怕的政治旋涡之中。[55]

俞斌祺之子俞硕霖生于 1925 年，当时还在蹒跚学步。据他后来回忆，他们家当时位于上海市虹口区周家嘴路，而父亲的车间就挤在二楼的一个后屋里。这栋洋房的一楼是客厅，用来招待宾客，

5.4
俞斌祺。

客厅后面是一间私人办公室。二楼有一间卧室，其后是一个生产车间，还配有一间厨房和几间宿舍，供工人们使用。[56]

作为一个颇具创业精神的上海市民，俞斌祺还创办了自己的打字学校：俞斌祺高级中文打字速记职业补习学校，简称俞斌祺中文打字职业学校。[57]学校的课堂位于他办公室的一楼，经过几年的发展，学校拥有了自己的教学团队，其中包括 5 名学识丰富的教员。[58]该校中文打字部的主管金淑清，是其中唯一的女性，她毕业于浙江农业大学，曾在南京市职业学校担任打字教员，入职后不久便成为俞斌祺的情妇。[59]速记部的主管名叫王怡，毕业于国语速记培训学校，于 1935 年加入俞斌祺的打字学校。王怡同时也是国民政府教育部国语统一筹备委员会的成员。[60]

俞斌祺学校一般有约 10 名学员。学员不限男女，但申请者须具有高中教育背景或同等的职业经验。课程会在 5 个月内完成，教授的内容包括汉字索引和油印机的用法、打字机维修和打字实践。学校根据学员的学习科目收费，打字课和速记课各收费 30 元。此外，学员毕业后，俞斌祺和同事会积极为他们找工作，这是其营销策略的根基，这和第四章提到的打字学校类似。将毕业生输送到政府部门和私营企业，不仅可以提升学校的声誉，也为俞式打字机进入中国市场疏通了渠道。俞斌祺的学校宣称其在毕业生就业方面取得了很好的成绩。[61]

乍看起来，俞斌祺似乎是中国应对日本制造商威胁的希望。一个活跃的、有见识的都市人，几乎在一夜之间就成了打字机大亨，不仅同日本的打字机公司，还与实力雄厚的同行商务印书馆展开竞争。他的业务多元，集打字机的制造、销售和教学于一体。他是一位意气风发、不屈不挠的企业家，而且天性高调。例如，假如仔细观察俞斌祺中文打字机的字盘，我们会发现他甚至把自己的名字也安插在常用字的阵列中，将“俞”字放置在字盘第 69 列第 33 行，“斌”和“祺”分别放置于第 61 列第 10 行和第 56 列第 10 行。将“俞”字纳入常用字阵列或许还情有可原，因为它本身就是一个常用字，但将极少用到的“斌”和“祺”也纳入其中，很难说不是为了自我展示。其他的打字机制造商都在竭力节省排字空间，而他就敢于这么做，这是这位企业家对世界的无声嘲弄，就像现代的计算机编程人员向程序中嵌入其他信息一样。

不过，当我们更加深入地了解俞斌祺的事业，就会发现这远不是一个单纯的爱国故事那么简单，随着挖掘的深入，这台打字机的民族身份开始变得越发模糊。俞斌祺将其发明称为“中文打字机”，但更准确地说，它应该被称为一台“稍加改进的日文打字机”。具体说来，俞斌祺从 1930 年左右开始研究 H 型日文打字机，并改造了其中的一个小零件，从而将其重新命名为“俞斌祺中文打字机”。相对于原机来说，唯一被改造的只是其中的“字符定位装置”零件，是打字机中用来确保准确定位将要打印的汉字的装置。俞斌祺之所以成功地申请了专利，完全是凭着对这个部件的改造。[62]

通过仿制日产日文打字机来与日产中文打字机竞争，从20世纪30年代开始实施的这个精明的商业策略使俞斌祺的事业充满了危险与不稳定。随着日军入侵东北、轰炸上海，俞斌祺越来越谨慎于对家人以外的人谈论他的打字事业。根据俞硕霖的回忆，由于意识到当时上海的反日情绪越来越严重，他父亲都尽可能避免让客人接近工作车间。外面抵制日货的呼声日益高涨，一旦俞斌祺的秘密被揭露，人们发现他所做的只不过是改造了H型日文打字机，那么很容易引起麻烦。

但麻烦还是来了。1931年，发行量很大的《申报》刊登了一篇匿名文章，其中称俞斌祺所谓的“中文打字机”的来源十分可疑。人们也开始怀疑俞斌祺的政治背景。报纸上的消息暗示，虽然俞斌祺打字机的定位是“国产”，但它可能涉及与日本商人的秘密“勾结”。[63]这个罪名自然会引起人们的警惕。随着抗日救国运动的开展，中国的爱国消费者们已经开始抵制日货，包括海产和煤炭。在《申报》刊登匿名指控的第二天，俞斌祺就开始为自己辩护。他向抗日会提交了公司的收据，并发誓说如果有人能够证明他从日本采购了原材料，或是雇用了日本工人，他愿以死谢罪。[64]11月11日，抗日会常务委员会在上海商会办公室召开会议，讨论针对俞斌祺的指控以及他的抗辩。[65]

1932年1月，俞斌祺可以稍微松口气了。《申报》报道说，之前对俞斌祺的指控不实，其打字机已于1930年取得中国政府授予的专利，是一件高质量的国产产品，已被各地银行、邮局和其他政府机构采用。[66]虽然我们不清楚俞斌祺是如何从《申报》上争取到这种正面的明确回应的，但这的确及时修补了他的爱国形象。1932年秋天，他宣布自己在打字机技术改进上取得了新成就，以及他在支持国货、抵制日货方面所做的贡献：他研制了轻钢字以取代当时机型上的铅字。不过，9月的《申报》上有报道指出，这项新技术是美国发明的，而且最早将其运用到中文打字机上的其实是日本人而非中国人。这种钢质活字更轻、更耐磨，印字更清晰，日本的商人通过这一工艺获得了丰厚利润。俞斌祺将这项技术带回中国，将其国有化，从而为中国消费者进一步"抵制"日货提供了新的途径。[67]同年，中国东北发生难民危机，俞式中文打字机九折销售，每售出一台即为东北各省捐款30元。[68]后来，为进一步推进捐款进程，该公司承诺可以分期付款购买新机，每台首付款仅30元，并以客户名义将这30元完全捐给难民。[69]在之后的几年，俞斌祺继续为国家事业捐款，主要是针对人道主义危机和自然灾害。1935年，该公司承诺，在当年12月至次年2月期间，每售出一台打字机，就向洪灾地区捐款25元。[70]

这一策略得到了回报，而且是在他最需要的时候。1933年夏天，俞斌祺似乎面临着资金紧张的状况，他于是开始寻求与其他中国企业家和工厂老板合作。他表示，自己需要大约1万至2万元的资金支持，或是干脆将他的专利卖给国内其他发明者。第二年，俞斌祺的诉求得到了响应，有5家上海的工厂加入俞式打字机的生产行列。[71]到1934年秋天，《申报》刊文提到俞斌祺，称他对中文打字行业的影响是"革命性的"。[72]1934年年末，与俞斌祺合作的国内销售代理——宏业公司报告称，公司每月平均售出40台俞式打字机，而这一成绩无疑得益于宏业公司向客户提供的免费培训。[73]后来《申报》又报道了俞斌祺对打印蜡纸的改进，据说若将这种纸与原始的油印机配合使用就能取代复写纸，可多制作出 1000 份清晰的复印件。[74] 1936 年，《申报》甚至称赞俞式打字机的效率"五倍于缮写"。[75]

帝国的文书：日本打字员在中国

到 1937 年年初，俞斌祺似乎终于洗白了俞式打字机的技术史，并巩固了他个人的爱国者形象，摆脱了争议。当年 2 月，俞斌祺在中国发明人协会筹备会议上当选为主席，该协会也是他参与创建的（这也是上海企业家的行事风格）。[76]他甚至还利用自己最初的职业追求——体育运动来提升自己的名誉，他组织乒乓球运动员开展了一场乒乓球比赛，为危难中的绥远省募集善款。[77]

不过，短短几个月之内，情势骤变。1937 年 7 月，日军全面入侵中国，发动了一场历时 8 年[1]，夺走 3500 万人生命的战争。11 月，上海沦陷，12 月，南京沦陷，国民政府退至武汉三镇。经过极为残酷、消耗巨大的武汉保卫战后，武汉于 1938 年 10 月沦陷，国民政府被迫迁往更加深入内陆的重庆。

日本全面入侵中国后，控制了中国大量的信息产业基础设施。这不仅涉及中文打字机，实际上还包括西式、中式等所有型号打字

[1] 原文如此。现在一般认为抗日战争历时 14 年，开始于 1931 年的"九一八"事变，结束于 1945 年日本签订投降书。——编者注

机的生产和销售。从这一时期中国在打字机产品进口方面的数据图表中，我们可以清楚地看到，日产打字机的进口量大幅上升，并迅速占据主导地位。在 1932 年至 1937 年间，美国力压群雄，是中国打字机和打字机部件进口的主要来源国，满足了在华外国商贸团体和中国租界地区英语职员对英文打字机的需求。同一时期，德国打字机产品的出口量排在第二位（但份额远少于美国），这主要得益于德国在精密工业方面的实力。1937 年，这种长期以来形成的经济格局开始发生转变。短短一年里，日本在打字机进口市场的份额飞速上涨，从 1937 年年底到 1941 年年初不断挤压美国的市场份额。1941 年，日本对美宣战，并对东南亚地区实施军事占领，从此更是几乎完全掌控了中国的打字机进口市场。而美国对中国的打字机出口量骤跌至几乎为零。（图 5.5）[78]

占领西方打字机进口市场仅仅是日本对中国信息产业基础设施实施霸权统治的一部分。正如杨大庆表明的，日本在中国的电报和电信领域建立起一个稳固的电信网络，实现了“前所未有的中央集权和市场融合”[79]。在全面入侵后的短短几年内，到 1940 年，日本单在中国的占领区、伪满洲国和殖民地的电报收发量就达到 1200 万条，这一数字是日本在世界其他地区电报收发量总和的 10 多倍。[80]

受日本帝国在华官僚政治需求的强力推动，中国成为日语汉字打字机的巨大市场。特别是从 1938 年秋至 1942 年，随着日本的侵略政策从最初的攫取政策转变为企图建立长期殖民统治，日本的媒体上开始出现关于爱国的日本打字员的宣传报道。[81]1938 年 1 月 4 日，东京《朝日新闻》上刊登了“爱国六女性”抵达天津的报道，

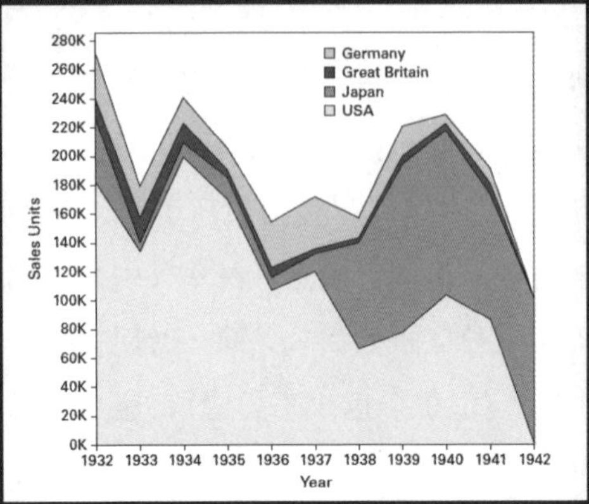

5.5
中国进口的打字机和打字机部件统计，1932—1942 年。

之后又多次出现类似报道。1939 年，该报跟踪报道了一位日本年轻打字员远赴南洋“为国效力”的新闻。[82] 该报道称，日本军队去到哪里，这些勇敢的年轻姑娘就跟到哪里，她们不顾个人安危，负责处理战时事务的文书工作。在《打字员》秋季刊上，一位投稿人回忆起她在山形女子职业学校的一位同学。这位同学的名字叫大场幸子，她将于 1941 年 9 月 25 日离开日本前往亚洲大陆。出发之前，其系主任参加了为她举行的饯别会。“我会非常努力地工作的！”大场幸子简洁有力地说道。该文的作者感叹，真舍不得与她道别，她是那么一个训练有素的打字员，但一想到这位同学勇于为帝国的战争做出如此大的牺牲，还是让她感到十分骄傲。[83]

在对“爱国打字员”自我牺牲精神的种种煽惑中，最有代表性的当数樱田常久（1897—1980）在 1941 年出版的短篇小说《从军打字员》，其中讲述了一个年轻打字员在 19 岁时追随日军前往张家口的故事。[84] 她放弃了日本都市的安逸生活，决心到蒙古经受危险。[85] 在《打字员》的另一组系列报道中，一名日本军官详细记录了他穿越中国南方的经过。他提到，自己在某地遇到一个日本打字机构，当他身处其中时，日文打字机那熟悉的打字声久久回荡在他耳中，让他感觉那昭示着一个新的大陆政府的萌发和大东亚共荣圈的建立。[86]

日文打字学校在日本占领区、伪满洲国和台湾的各大城市的中心区纷纷建立起来。《打字员》上的一份报告显示，到1941年，台湾大大小小的公司里几乎全都有日本打字员，这一“打字员热潮”每年会吸引500多名新晋打字人员来到台湾，他们来自日本的中学、女子学校或与日文打字机公司有合作关系的培训机构。日本打字机公司台湾分公司的主管宣称，希望日本打字机“走进千家万户……就像欧洲和美国那样”[87]。

同文、同种、同打字机：“CJK”的战时起源

日本帝国主义的扩张无疑推动了日本打字机的销售。“日本打字机公司”（Nippon Typewriter Company）和其他公司一直在加大向中文信息技术市场的资金投入，以期抢占这一市场，战争时期更是变本加厉。相比之下，日文市场就显得微不足道了。到1942年，该公司可以说已经抢占了很大一片中国市场，在大连、新京（今长春）、奉天（今沈阳）、鞍山、哈尔滨、吉林、锦州、齐齐哈尔、上海、北京、天津、济南、张家口、厚和（今呼和浩特）、太原、汉口和台北均设有分部。[88]更兼其在日本国内各地的分部，包括大阪、名古屋、札幌、仙台、新潟、金泽、静冈、函馆、小仓和福井，日本打字机公司成为当时世界上最重要的打字机制造商之

一。此外，它取得了雷明顿、安德伍德、奥林匹亚、好利获得和默根特勒莱诺等公司均未取得过的成就：进入并主导中文市场。另一方面，商务印书馆和俞斌祺公司的市场份额急剧下降。

日本打字机在中国市场的旗舰机型是由日本打字机公司生产的“万能”打字机。1940 年《远东贸易月报》(*Far East Trade Monthly*) 刊载的一则广告中，它有一个冗长但相当直白的别名：“日、满、华、蒙文各种打字机”，借以标榜日本所谓的“大东亚共荣圈”的实现，颂扬“民族和谐”与“同文同种”的殖民口号。(图 5.6) [89] 这也反映了日本制造商不仅着眼于基于汉字的中文，还首次瞄准了满文和蒙文等字母文字。这种打字机很快便在为彰显伪满洲国“民族和谐”而举办的各类庆贺活动上投入使用，包括 1941 年举行的“全满打字竞技大会”，该活动吸引了来自新京、大连、奉天、鞍山、本溪湖、牡丹江和哈尔滨等地的打字员前来参赛。[90]

所有这些活动都对中国的打字机制造商造成了负面影响。万能打字机成为中国市场的首选和必选产品。它很快便取代了商务印书馆的舒式打字机以及俞斌祺的俞式打字机。为应对这一危机，商务印书馆发布了改良版舒式打字机，其特点是滚筒更大，以墨球取代了墨带，并调整了打印间距以更加适合中西文的切换。[91] 虽然商务印书馆做了种种努力，但其打字机仍然无法与万能打字机抗衡。至于俞斌祺，他那显赫一时的公司已经只剩一个空壳。他的工厂仍然被称为“制造”厂，但已经既没有资金也没有市场来维持打字机的生产和销售了，而只能靠从事小规模的维修、提供打字服务和铸造金属活字勉强度日。[92] 至于俞斌祺本人，似乎已经在体育界找到了庇护，偶尔出现在战时各种体育竞技或新成立的运动组织的相关

5.6
日产“万能”打字机（可打日、满、华、蒙文）的广告。

报道中。比如在 1943 年为上海乒乓球比赛颁奖，以及在 1944 年 5 月第 39 届日海军节田径比赛中担任主计时员。与战争时期的无数人一样，俞斌祺的生活发生了巨变。[93]

共谋与机遇：日军占领下的中文打字员

由于无法生产出替代产品，中国的打字机公司不得已只能选择与日本人合作。就像柯博文（Parks Coble）和卜正民（Timothy Brook）的研究所表明的，比起爱国主义和抵抗，日占区的中国资本家更关心如何维持他们家族企业的生存。现实并非如战后中国历史书中所赞扬的那种“民族英雄故事”。[94] 只有一少部分中国资本家随着国民政府的流亡而逃离敌占区，向西迁移。剩下的大部分资本家，不论妥协与否，都对如何重建严重受损的中国经济、工业和农业，如何修复国家的税收制度感到深深的忧虑。[95]

特别是那些中文打字机行业的从业者，为了维持生计只能转行从事其他各种经济活动。例如，中文打字机是需要定期养护的，日军占领时期这些服务就是由诸如赵章云打字机修理部等公司来提供的。[96]卜正民将这一时期各方（包括日本占领者，中国的妥协者、合作者和彻底抵抗者）之间的纠葛关系精辟地称为“战时共谋”(complicities of the era)，在这一环境下，环球华文打字机制造厂、张协记打字机公司、铭记打字机行等中国公司和商人都在为整个战时的中日文秘行业服务。[97]

同时，面对不断变化的政治和语言环境，中国的打字机制造商效仿日本打字机公司的宣传方式，开始强调自己的打字机在语言处理上的多面性。中国标准打字机公司推出了一系列双语打字机，例如“标准横直式中日文打字机”。这种中日文双语处理能力成为一个极为重要的卖点，这不仅是因为日语在中国日渐强势，也是为了与中国公司面临的新一波冲击相抗衡：日本人正在改进他们的日语汉字打字机，使其具有处理中文的能力。这种改进非常简单，就是把原有字盘里的日文字体清空，填入汉字的字体。[98]1943年8月，上海公共事务局主任收到关于拨款购买两台中文打字机的申请。在批准这笔拨款时，财政科的官员补充道：“不应忽视，日文打字机也可用于中文的通信事务。”[99]在另一份关于新采购中文打字机的申请中，上级的批复同样强调了改装日文打字机的可能性：“只要将字体替换，公共事务局现有的两台日文打字机也可用于打印中文。这三台打字机或许可以满足目前所需。”[100]

战时这种错综复杂的共谋与机遇，在打字学校的课堂上体现得尤为突出。敌占时期，打字学校大量在中国涌现，在一群群中文教员的培训下，越来越多的中国学生被培养成训练有素的文职劳动力。从某种角度说，这些打字学校就是他们寻求机会、可能性和社会流动性的场所，在这里，年轻人齐聚一堂，通过相对短期的培训，支付相对于正式教育的高昂学费来说更能承受的费用，跻身白领行列。

仅凭现有的史料，我们难以再现敌占时期的这些小规模打字学校的文化，但有些资料还是可以给我们提供一些线索。从相关档案记录中可以看出，在战时，这些打字学校是令人感到亲切甚至兴奋的地方，在这里，中国的青年男女聚在一起，很多人希望在这个兵荒马乱、山河破碎的时期有个容身之处，并尽可能地掌控自己的未来和生活状况。例如，北京市私立广德文打字补习学社成立于1938年前后，也就是日军全面侵华战争爆发的第二年。该校的主管名叫魏赓，安丰县人，当时27岁，毕业于国立北平大学艺术学院。在1938年，该校学生有17名女性和13名男性。女性16至27岁不等，平均年龄19岁。虽说其中大部分都具有中学教育背景，但她们的教育背景还是参差不齐，既有中学以下学历的，也有一个从法国天主教佑贞女子师范学校（创建于1917年，位于现北京市西城区）毕业已久的学生。[101] 而这13名男性的年龄和学历背景的情况也类似。大部分男性的年龄介于17至20岁之间，具有中学教育背景，其余的教育背景则有高有低。[102]

虽然通常的培训时长为三个月左右，但当时有不少学生在这里继续学习一年以上，这种做法和策略或许是为了应对当时经济上的不稳定，抑或是为了在乱世之中建立一种延续感。在北京市私立暨阳华文打字补习学校，1937年的在校生包括8名女性和4名男性。他们的年龄跨度都比较大，女性17至27岁不等，男性介于18至28岁之间。教育背景比较接近，除其中一人之外，全部接受过中学教育。这届学生在1937年培训结束时，除一人外都在1938年与 17 名新生一同加入新一届培训班。虽然我们不清楚他们的动机，但这种集体延长学期的现象促使我们思考，诸如暨阳华文打字补习学校的这类职业学校这么做是否为了在日军入侵的动荡年代提供某种避难所，或是为了延续对打字员这种职业身份的认同感。[103] 不论他们的动机如何，当这 11 名 1937 届毕业生在第二年重新聚在一起时，他们之间一定结成了某种无形的纽带。

同时，所有这些中文打字学校也出于政治原因做出了让步。学生开始在日产打字机上练习。指导学生工作的教员或多或少都与日本有着某些关联。对于这些学生来说，最乐观的未来是能在日伪政府或被日本利益渗透的私营企业中谋个职位。在北京私立广德文打字补习学社，学生用两台日产中文打字机训练：万能中文打字机、标准日文打字机。[104] 北京市私立东亚华文打字科职业补习学校是由时年 38 岁的盛耀章创办的，创办时间不晚于 1938 年 12 月。这里也是如此，学生在四台日产中文打字机上接受培训：菅沼中文打字机、万能中文打字机、横直式中文打字机和标准中文打字机。[105] 同样，北京市私立暨阳华文打字补习学校的学生用的也全部是口产打字机，且使用的教材《中文打字教材》是由日本打字机公司专门针对该公司的日产中文打字机编写的。[106]

除课本和打字机之外，这些学校的教员也与日本有着直接或间接的联系。例如，时任北平市私立育才华文打字科职业补习学校校长的 27 岁绍兴人周雅儒，他自己就是从东亚华文打字学校毕业的，曾任日华贸易株式会社的打字员。[107] 创立于 1938 年 10 月左右，位于北京西直门大街上的北京市私立宝善华文打字补习学校，其 23 岁的校长李有堂，从日本的天理教学校毕业后回到北京，在北京的日本天理教协会担任过教员。之后不久，他与一个李姓人士合伙，在全面侵华战争爆发的第二年创办了宝善学校。这位合伙人和李有堂一样，也有日本留学背景，毕业于日本的一所语言学校。[108]

与之类似的，还有北京市私立东亚华文打字科职业补习学校的创办者盛耀章。盛耀章是奉天省辽阳县人，毕业于奉天日华打字学校，这所学校也是上述培训网络的一部分，该校的教员李献延于1932年首次在报纸上为文职人员的对敌妥协行为进行了辩解。[109]李献延可能没有意识到他的陈述所承载的终极含义：打字员比任何人都更需要顺应时代。

到1940年，中国的打字行业进入了一个矛盾重重的时期。在一个前所未有的强大的生产和营销网络的带动下，中文打字机作为一种物质商品正在走向兴盛。同时，作为现代性的标志，中文打字机的地位也达到了前所未有的高度，它作为技术语言先进性之代表的形象开始变得稳固，这对于中国来说是前所未有的。不过，这一光鲜形象之所以被烘托起来，其背后的目的已同周厚坤、祁暄、舒震东以及商务印书馆的经营者们最初的设想截然不同了。这一兴盛的产销网络是由日本的跨国公司创建和支配的，如此，中文打字机表面上的中国身份就显得分外可疑了。这一形象已经被日本通过武装暴力打造一个跨国、跨语言的大帝国的野心裹胁，甚至同化。

仿日以救中：双鸽牌打字机

1945年夏，第二次世界大战在恐怖中骤然结束。从之前的冬春季节开始，盟军对日本的都市区展开了大规模饱和轰炸，包括在3月向东京投掷大量燃烧弹。在两天的轰炸中，盟军的燃烧弹攻击造成约10万人丧生。5月，随着柏林沦陷和纳粹投降，欧洲战事接近尾声，这使苏军和盟军得以把更多精力集中到太平洋战场。8月6日，美国投下了第一颗原子弹，摧毁了整个广岛市，约有9万至16万平民丧生。两天后，苏联对日宣战，强弩之末的日本皇军开始腹背受敌。随后的8月9日，第二颗原子弹投向日本的长崎市。8月15日，日本宣布无条件投降。

随着日军的投降，各地的日本人被大规模遣返。据华乐瑞（Lori Watt）考证，有将近700万日本人开始从中国、伪满洲国和原日本殖民地撤离。[110]在中国大陆，日本人走后留下的是一个民生凋敝、经济衰微的烂摊子。经过8年全面抗战，中国的经济蒙受了巨大损失。

只有到了战后初期，中国的打字机制造商才得以在市场上重新占据主导。但即使是“收复”，也并非一帆风顺。“二战”之后，之前仅由俞斌祺采取的经营策略很快便成为整个中国打字机行业的共同策略。曾经与万能打字机做斗争的中国商人一个接一个地开始仿制或者直接销售它，对这种机型的日本背景睁一只眼闭一只眼。很多从事这类仿制的中国商人年龄都在俞斌祺之下，或许是受了他的启发。在20世纪40年代末，俞斌祺的前雇员陈长赓重操旧业，开办了自己的打字机制造工厂。该厂位于上海，销售的是“民生打字机”，这一名称直接取自孙中山“三民主义”中的提法。不过，在陈长赓编写的打字手册的封面上，印的却是日产的万能打字机。虽然将其面板上原有的“日本打字机公司”换成了“民生”字样，但实际上，他的企业仍然以战后接收的日本打字机制造业为基础，只是将其产品重新包装成了国产。看来陈长赓得到了俞斌祺的真传。(图 5.7) [111]

陈长赓并不是唯一指望在战后接收万能打字机并进行中国化来致富的企业家。1949 年，俞斌祺事业圈中的另一个合伙人开始销售"范氏万能式打字机"。范继舲多年前也是从俞斌祺创办的打字学校毕业的，他无意改变这款打字机的名称，只是避而不谈万能打字机在战时的日本渊源。[112] 范继舲在他编写的课本中解释道："自万能打字机倡行以来，因其构造精良，数年间普及各地，备受用户称誉，他式机器，相形见绌，渐归淘汰……"

在 1949 年新民主主义革命胜利之后的几年里，新政权开始收管日本打字产业的在华利益，并将其改造成中国的国有企业。1951 年，天津市人民政府公营工业管理局接管了日本打字机公司，将其改组为红星打字机厂，这一名称与前面提到的"民生"一样，在意识形态上十分正面，也反映了爱国精神。

虽然中国对日本在华产业进行了广泛的接管和国有化改革，并对进口打字机施加了严格限制，但国内的商业团体仍然无法完全消除日本在中国打字机市场的影响力。在天津，新组建的红星打字机厂的工作重心仍然是从日本进口日产打字机和计算机。据估计，中国在 1951 年进口打字机和计算机超过 4000 台，而且大部分都来自日本。该报告说："若将全国各地进口数字加以统计，国家经济之损失实为惊人。"[113]"我打字机制造业在祖国人民的立场，于此有莫大之痛心与耻辱。"[114]

从 20 世纪 50 年代开始，国内的中文打字机行业与新政权携

5.7
“民生打字机”——万能打字机的仿制品。

起手来，共同应对日本在中文打字机市场仍占主导地位的问题，将高度分散、参差不齐的中国公司企业凝聚成一些规模更大的企业集团。[115] 有 10 家不同的中文打字机公司联合起来，组成了后来有名的上海中文打字机制造厂联营所。舒式华文打字机公司的韩宗海、文化华文打字机制造厂的陶敏之、精艺打字机制造厂的童立陛、中国打字机制造厂的胡志祥、民生华文打字机制造厂的陈长赓，以及其他合伙人坐在一起，商讨如何组建联营所。[116] 该联营所的总部设在天津路 7 号，由韩宗海、李兆丰和胡志祥负责管理。[117] 这一联营体后来研制出了中国的标志性打字机：双鸽牌中文打字机。

在研发双鸽牌打字机的过程中，上海计算机打字机厂也采取了与俞斌祺、陈长赓和范继舲等人相同的研发策略——仿制，只不过这次仿制是在全国范围内，在政府支持下开展的。双鸽打字机的设计者明确地以日产万能打字机为基础。[118] 研发工作经历了三个阶段。1962 年 7 月至 11 月，研发组制作和测试了 4 台原型机；1963 年 7 月至 11 月，又制作和测试了 40 台原型机；1964 年 1 月至 3 月，研发组进一步改进原型机，并进一步测试；[119]1964 年 3 月 25 日，在公司代表大会上，研发组展示了最终机型。参加此次会议的也包括来自上海机械进出口公司和上海打字机市场的代表。(图 5.8) [120] 内部报告中说道："双鸽牌 DHY 型中文打字机是在万能式中文打字机基础上改型的产品。" [121]

和前面提到的那些打字机工厂一样，上海计算机打字机厂很快便忘却了其中文打字机的日本渊源，忘却了日本在战时主导中文信息技术的那段历史。相反，日产万能中文打字机经过改装，摇身一变成了中国国产的双鸽牌打字机。

当初伊芙琳在新加坡的商店购买打字机时，在日产的"超级写手"牌和中国国产的"双鸽"牌之间选择了前者。如今看来，她当时的选择所能导致的差别远没有我之前想象的那么大。20 世纪上半叶，特别是 20 世纪 20—60 年代之间的东亚信息技术史中，国别的界限其实十分模糊。超级写手打字机是日本生产的，这一点毫无疑问，然而这种设计根据的语言学和机械原理，连同它的研发动机，却与我们一直以来所探讨的中文打字技术的深层历史有着密不可分的关系。

至于双鸽牌打字机，它与其他机型的界限也是模糊的。虽然它由包括中国的制造厂、商人和政府部门在内的联营体制造，虽然它成了毛泽东时代的标志性打字机，它本身的历史也密切关联着日军侵华、日本对中国打字机市场的霸占，以及万能中文打字机的历史。

5.8
双鸽牌中文打字机。

我突然意识到，这台端坐在我家柜子之上的淡绿色机器，这台看似堪称所有中文打字机中最具中国特色的打字机，看起来也不同于以往了。

后来，双鸽牌打字机将在中国大陆扮演核心角色，我们将会看到毛泽东时代的打字员如何以工程师未曾预料，甚至认为不可能的方式对它以及其他打字机进行重构。但在此之前，我们还需要最后一次跨越重洋，回到位于美国曼哈顿的一间工作室，考察这里正在进行的一场实验，它的主角便是畅销作家、语言学家、文化大使和打字机发明者——林语堂。我们将会看到，这场实验将会永久地改变中国现代信息技术的历史，在人、机器和语言之间建立起一种全新的关系。

注释

1 詹姆斯·叶致作者邮件，2009 年 7 月 6 日。

2 这次伦敦之行也是由另一封电子邮件促成的。邮件开头写道 ：“抱歉冒昧地给您发送这封邮件。我的妈妈有一台中文打字机，但由于我们现在没地方存放了，正打算丢掉它。这是一台 Superwriter315SR 型号的机器，带有若干字盘——仍然可以运行。”我后来得知，他们家当时为了翻新房间的地板，正在盘点和清理一些物品。尽管很不情愿，但母亲还是打算处理掉这台心爱的机器。她让女儿玛丽亚为这台机器找个新的归宿。邮件里写道 ：“直接扔掉似乎有点浪费，我妈过去一直在用它，而且操作起来相当顺畅。”此处涉及人名为化名。

3 Sherry Turkle, ed., *Evocative Objects: Things We Think With* (Cambridge, MA: MIT Press, 2007).

4 “CJK”有时被扩充为“CJKV”，将越南语也包含在内。见 Ken Lunde, *CJKV Information Processing: Chinese, Japanese, Korean & Vietnamese Computing* (Sebastopol, CA: O'Reilly, 2009)。

5 Ryōshin Minami, “Mechanical Power and Printing Technology in Pre-World War II Japan,” *Technology and Culture* 23, no. 4 (1982): 609–624; Daqing Yang, “Telecommunication and the Japanese Empire: A Preliminary Analysis of Telegraphic Traffic,” *Historical Social Research* 35, no. 1 (2010): 68–69; Miyako Inoue, “Stenography and Ventriloquism in Late Nineteenth Century Japan,” *Language and Communication* 31 (2011): 181–190; Patricia L. Maclachlan, *The People's Post Office: The History and Politics of the Japanese Postal System, 1871–2010* (Cambridge, MA: Harvard Asia Center, 2012); Seth Jacobowitz, *Writing Technology in Meiji Japan: A Media History of Modern Japanese Literature and Visual Culture* (Cambridge, MA: Harvard Asia Center, 2015).

6 Ryōshin Minami, “Mechanical Power and Printing Technology in Pre-World War II Japan,” 609–624.

7 在东京和大阪，五个最大的报业组织在 1881—1891 年间的年发行量扩大了将近 5 倍，订阅者约有 1200 万—1500 万人。在 1891—1901 年间，这个数据更是翻了一倍有余，《朝日新闻》《日日新闻》《读卖新闻》《大阪朝日新闻》《大阪每日新闻》在东京的年发行总量达到 119368000 份。相当于在 1881—1891 年实现了 32.9% 的年增长率，在 1891—1901 年实现了 13.4% 的年增长率。此外，与英国和美国的出版商不同，日本的出版行业跳过了整个蒸汽动力时代，从手工劳动直接进入滚轮印刷机的电气化时代。例如，东京的《朝日新闻》利用西方报业新采用的一种技术直接实现了电气化。Ryōshin Minami, “Mechanical Power and Printing Technology in Pre-World War II Japan,” 617–619.

8 Yang, “Telecommunication and the Japanese Empire,” 68–69.

9 “Denshin jigō [電信字号],” “Extension Selskabet—Japansk Telegrafnøgle,” 1871. Arkiv nr. 10.619. In “Love og vedtægter med anordninger,” GN Store Nord A/S SN China and Japan Extension Telegraf. Rigsarkivet [Danish National Archives], Copenhagen, Denmark.

10 Yang, “Telecommunication and the Japanese Empire,” 68–69.

11 Andre Schmid, *Korea between Empires* (New York: Columbia University Press, 2002), 57–59.

12 同上，第 67—69 页。

13 Ernest Gellner, *Nations and Nationalism* (Ithaca: Cornell University Press, 1983); Benedict Anderson, *Imagined Communities: Reflections on the Origin and Spread of Nationalism*, rev. ed. (New York: Verso, 1991).

14 那个时代有许多充满讽刺意味之事，其中一例是，朝鲜半岛的报纸《皇城新闻》在很多方面都充当了批判基于汉字的书写体系的先锋，但在为期 13 年的发行里，它始终未刊载过一篇以朝鲜本地话书写的新闻稿。见 Schmid, *Korea between Empires*, 17。

15 『漢字ご廃止の議』; Seeley, *A History of Writing in Japan*, 138–139.

16 『平仮名の説』; Seeley, *A History of Writing in Japan*, 139.

17 渡部久子：『邦文タイプライター讀本』、東京：崇文堂、1929、第 6—7 頁。在此选择用“タイプライター”一词是很重要的，因为发明者黑泽贞次郎采用的是日语对“typewriter”的训读写法，而非日语汉字。感谢傅佛果提醒我注意这一点。

18 戴夫 · 谢里登（Dave Sheridan）为雷明顿日文打字机销售员提供的备忘录，哈格利博物馆和图书馆，1825 年收入馆藏，Remington Rand Corporation, Records of the Advertising and Sales Promotion Department, Series I Typewriter Div. Subseries B Remington Typewriter Company, box 3, folder 6, “Keyboards and Typestyles—Correspondence, 1906.”

19 遞信省電務局編、『和文タイプライチング』、東京：遞信協会、1941）、第 25—27、43 頁。

20 加茂正一：『タイプライターの知識と練習』、東京：文友堂書店、1923、序文。关于西方打字机工艺的一个精彩汇编，见 Barrie Tullet, *Typewriter Art: A Modern Anthology* (London: Laurence King Publishers, 2014)。

21 戴夫 · 谢里登为雷明顿日文打字机销售员提供的备忘录。

22 Sukeshige Yanagiwara, “Type-writing Machine,” United States Patent no. 1206072 (filed February 1, 1915; patented November 28, 1916). Assignor to Underwood Typewriter Company; Burnham Stickney, “Typewriting Machine,” United States Patent no. 1549622 (filed February 9, 1923; patented August 11, 1925).

23 1915 年北原次明信片，由作者收藏。类似地，为了应对安德伍德公司由伯纳姆 · 斯蒂克尼发明的专利机型，雷明顿公司发动其高级键盘设计师罗伯特 · 麦基恩 · 琼斯开展片假名项目，罗伯特也是该公司的“排字大师”，我们在第四章提到过他。见 Robert McKean Jones, “Typewriting Machine,” United States Patent no. 1687939 (filed May 19, 1927; patented October 16, 1928)。

24 『文字の教え』; Seeley, *A History of Writing in Japan*, 141.

25 『常用漢字表』;『臨時国語調査会』。

26 八名文夫：『三千字字引』; Seeley, *A History of Writing in Japan*, 141, 146–147。

27 『漢字制限を提唱す』; Seeley, *A History of Writing in Japan*, 146。其他的早期案例包括日本首任文部大臣大木乔任（1831—1899）在 1872 年委托编纂的一部常用日本汉字字典——两卷册的《新选辞书》，其中包含了 3167 个汉字。Seeley, *A History of Writing in Japan*, 142.

28 关于日语现代化问题的第二种研究聚焦于日语的罗马化，是由南部义筹（1840—1917）、西周（1827—1897）和大槻文彦（1847—1928）等人主导的。在 1869 年，南部义筹发表了他的专题论文《修国语论》。1885 年，罗马字会和《罗马字杂志》采用了最早由詹姆斯 · 柯蒂斯 · 赫本（James Curtis Hepburn，1815—1911）设计的罗马化方案。在众多将日文转化为拉丁字母的方案当中，有一个所谓"日本式"的方案，是由田中馆爱橘（1856—1952）设计的。Seeley, *A History of Writing in Japan,* 139–140; Nanette Gottlieb, "The Rōmaji Movement in Japan," *Journal of the Royal Asiatic Society* 20, no. 1 (2010): 75–88;『修国語論』; *Rōmaji kai* (Romanization Club) and Rōmaji zasshi.

29 渡部久子：『邦文タイプライター讀本』、東京：崇文堂、1929、第 6—7 頁。

30 Kyota Sugimoto, "Type-Writer," United States Patent no. 1245633 (filed November 7, 1916; patented November 6, 1917).

31 Toshiba Japanese Typewriter. Manufactured c. 1935. Peter Mitterhofer Schreibmaschinenmuseum/Museo delle Macchine da Scrivere. Partschins (Parcines), Italy, "Macchina da Scrivere Giapponese Toshiba."

32 日本イプライター株式会社編『邦文タイプライター用文字の索引』(Tokyo: n.p., 1917) ; Hisao Yamada, "A Historical Study of Typewriters and Typing Methods; from the Position of Planning Japanese Parallels," *Journal of Information Processing* 2, no. 4 (February 1980): 175–202; Hisao Yamada and Jiro Tanaka, "A Human Factors Study of Input Keyboard for Japanese Text," *Proceedings of the International Computer Symposium* (Taipei: National Taiwan University, 1977), 47–64.

33 Raja Adal, "The Flower of the Office: The Social Life of the Japanese Typewriter in Its First Decade," presentation at the Association for Asian Studies Annual Meeting, March 31–April 3, 2011.

34 Janet Hunter, "Technology Transfer and the Gendering of Communications Work: Meiji Japan in Comparative Historical Perspective," *Social Science Japan Journal* 14, no. 1 (Winter 2011): 1–20. 另见 Kae Ishii, "The Gendering of Workplace Culture: An Example from Japanese Telegraph Operators," *Bulletin of Health Science University* 1, no. 1 (2005): 37–48 ; Brenda Maddox, "Women and the Switchboard," in *The Social History of the Telephone,* ed. Ithiel de Sola Pool (Cambridge, MA: MIT Press, 1977), 262–280 ; Susan Bachrach, *Dames Employées: The Feminization of Postal Work in Nineteenth-Century France* (London: Routledge, 1984) ; Michele Martin, *"Hello, Central?"*:

Gender, Technology and Culture in the Formation of Telephone Systems (Montreal: McGill-Queens University Press, 1991) ; Ken Lipartito, "When Women Were Switches: Technology, Work, and Gender in the Telephone Industry, 1890–1920," *American Historical Review* 99, no. 4 (1994): 1074–1111 ; Alisa Freedman, Laura Miller, and Christine R. Yano, eds., *Modern Girls on the Go: Gender, Mobility, and Labor in Japan* (Stanford: Stanford University Press, 2013)。

35 『東京大阪両市に於ける職業婦女調査』、中央職業紹介事務局、1927、第 4—11 頁。

36 西田正秋：『今日の日本的女性美』、『タイピスト』第 17 巻第 7 期（1942）、第 2—5 頁。更侧重于日本打字和其文明重要性的内容的文章，见小見博信：『日本文化と邦文タイプライターの使命』、『タイピスト』第 17 巻第 7 期（1942）、第 12—13 頁。由于这本期刊的藏本不完整，所以难以断定其确切的出版期数。1925 年的年份是根据现存期刊的发行、编号和日期信息倒推出来的。这本期刊发行了将近 20 年。

37 Kyota Sugimoto, "Type-Writer," United States Patent no. 1245633 (filed November 7, 1916; patented November 6, 1917).

38 Yusaku Shinozawa, "Typewriter," United States Patent no. 1297020 (filed June 19, 1918; patented March 11, 1919). 关于日产中文打字机的报道最早于 1914 年见诸报端。在这一年，中文杂志《进步》的读者了解到，一个日本工程研制了一种"汉文"中文打字机的原型机。酒井安二郎生于日本福冈，加利福尼亚大学电气工程专业毕业。1904 年毕业后，酒井在西屋电工制造公司供职，以自动化技术见长，并向该公司转让了大量专利。酒井于 1913 年返回日本，在东京的高田公司担任咨询工程师，并在安川电机公司担任总工程师。从宾夕法尼亚州返回日本后，酒井的兴趣迅速从机械自动化领域转向日语的自动化问题，特别是日语汉字的自动化。在日本，他开始了日语汉字打字机的研发工作。绾章：《汉文打字机之新发明》，《进步》第 6 卷第 1 期（1914），第 5 页；"Notice Regarding Department of Electrical Engineering, University of California," *Journal of Electricity* 41, no. 1 (1918): 515; Bulletin (Berkeley: University of California, 1910), 65; Frank Conrad and Yasudiro Sakai, "Impedance Device for Use with Current-Rectifiers," United States Patent no. 1075404 (filed January 10, 1912; patented October 14, 1913); Yasudiro Sakai, "Stop Cock," United States Patent no. 1001455 (filed December 10, 1910; patented August 22, 1911); Yasudiro Sakai, "Electrical Terminal," United States Patent no. 1049404 (filed January 7, 1911; patented January 7, 1913); Yasudiro Sakai, "Vapor Electric Device," United States Patent no. 1101665 (filed December 30, 1910; patented June 30, 1914); Yasudiro Sakai, "Vapor Electric Apparatus," United States Patent no. 1148628 (filed June 14, 1912; patented August 3, 1915); Yasudiro Sakai, "Armature Winding," United States Patent no. 1156711 (filed February 3, 1910; patented October 12, 1915). 另见 "Shunjiro Kurita," *Who's Who in Japan* 13–14 (1930): 8。1917 年，《申报》报道，上海的中华青年协会将于 7 月 12 日接待来自三井贸易公司的代表，来展示一台既可以打日文，也可以打中文的打字机。见《试验华文打字机》，《申报》1917 年 7 月 12 日，第 11 页。

39 中文打字机早期的发明人也抱有此种愿望，当然是以相反（由中文到外文）的方向。正如我们在本书第三章首次提到的发明人祁暄，他曾为自己在 1915 年的发明写过一篇动人的文章。他在文章临近末尾时提道："不只对于中文，对于所有以部首而非字母构成的语言文字（如日文和朝鲜文），其在打字方面都拥有巨大的优势。"见 Chi, Heuen [Qi Xuan], "Apparatus for Writing Chinese," United States Patent no. 1260753 (filed April 17, 1915; patented March 26, 1918)。

40 Douglas Howland, *Borders of Chinese Civilization: Geography and History at Empire's End* (Durham: Duke University Press, 1996), 44.

41 同上，第 54 页。

42 Mary Badger Wilson, "Fleet-Fingered Typist," *New York Times* (December 2, 1923), SM2.

43 同上。

44 "Stenographer Has a Tough Job," *Ludington Daily News* (April 8, 1937), 5.

45 "A Line O' Type or Two," *Chicago Daily Tribune* (August 31, 1949), 16.

46 『東洋タイプライター文字便覧：弐号機用』、東京：東洋タイプライター、1923；森田虎雄：『邦文タイプライター教科書』、東京：東京女子外國語學校、1934、第 8—9 頁。

47 Reed, *Gutenberg in Shanghai*, 128.

48 Y. Tak Matsusaka, "Managing Occupied Manchuria," in *Japan's Wartime Empire,* ed. Peter Duus, Ramon H. Myers, and Mark R. Peattie (Princeton: Princeton University Press, 1996), 112–120.

49 李献延编《最新公文程式》，奉天打字专门学校，1932。因页面缺失，无法确定年份。但存在很多编号为"大同元年"的打字样本，说明其出版时间很可能是在 1932 年左右。

50 同上，第 43—48 页。

51 同上，第 1 页。

52 《旅美观察谈》，《申报》1919 年 4 月 3 日，第 14 页。

53 根据一份传记，俞斌祺并未获得早稻田大学的正式学位。见《萧山人或是中国乒乓球及游泳运动主要开创者》，2012 年 5 月，http://www.xsnet.cn/news/shms/2012_5/1570558.shtml。

54 《游泳专家俞斌祺男士》，《男朋友》第 1 卷第 10 期（1932），封底页。

55 《俞式中文打字机之好评》，《中国实业》第 1 卷第 6 期（1936），第 1158 页。

56 俞硕霖：《俞式打字机的诞生》，老小孩社区，2010 年 6 月 3 日，http://www.oldkids.cn/blog/blog_con.php?blogid=124277（2011 年 6 月 13 日访问）；俞硕霖：《俞式打字机制造厂》，老小孩社区，2010 年 6 月 6 日，http://www.oldkids.cn/blog/blog_con.php?blogid=130431（2011 年 6 月 13 日访问）。

57 "Contacts for School Graduates Where Currently Employed," 6–8.

58 "A Positive Review of Yu-Style Chinese Typewriter," 1158.

59 金淑清在 1934 年进入该校工作。正如俞斌祺之子讲述的，1931 年日本侵华战争的爆发似乎也对俞斌祺的家庭和个人事务产生了不利影响。当时，俞斌祺同时与他的妻子及一位吴姓情妇保持着联系。不过，在 1932 年“一·二八”事变爆发后，俞斌祺的儿子、母亲和祖母便回到浙江萧山县的老家避难。俞斌祺自己则继续留在上海，可能是为了照看他的生意。1932 年秋，当一家人再次团聚后，俞斌祺和妻子分居，其妻携儿子搬到别处居住。大致在这段时期，俞斌祺发布了一则秘书招聘广告，一位名叫金淑清的年轻女士应征而来。金淑清逐渐取代了那位吴姓女子在俞斌祺心中的地位，最终成为他的伴侣和情妇。金淑清也催促着和他结婚，最终促使俞斌祺与已分居的妻子办理了离婚手续。见俞硕霖：《俞式打字机无限公司》，老小孩社区，2010 年 6 月 7 日，http://www.oldkids.cn/blog/blog_con.php?blogid=130576（2011 年 6 月 13 日访问）。

60 1934 年，俞斌祺与中文速记法的发明人杨炳勋合作，拓展其学校的培训课程，不仅教打字，也教速记。这所学校位于卡亿路善昌里。《中文打字速记发明人合办专校》，《申报》1934 年 9 月 5 日，第 16 页。黄厥德是俞斌祺培训学校的毕业生，后于 1935 年成为该校的职工，担任学校的行政管理员和打字助理教员。.

61 俞斌祺的学校还促进了其他中文打字学校的建立，这些学校的教职工均为俞斌祺打字学校的毕业生，并围绕俞氏打字机开展培训。例如，在 1935 年，俞斌祺打字学校的一名毕业生——一个名叫盛济平的男青年受聘去浙江省某中学管理一门新设立的中文打字课程，而这门课程使用的就是“俞式中文打字机”。《商科添设中文打字机课程》，《浙江省立杭州高级中学校刊》第 119 期（1935），第 841 页。

62 见俞硕霖：《两种中文打字机》，老小孩社区，2010 年 2 月 8 日，www.oldkids.cn/blog/blog_con.php?blogid=116181（2013 年 5 月 12 日访问）。

63 《抗日救国运动》，《申报》1931 年 11 月 8 日，第 13—14 页。

64 《俞斌祺向抗日会伸辨》，《申报》1931 年 11 月 9 日，第 11 页。

65 《抗日会常务会议纪 第十七次》，《申报》1931 年 11 月 12 日，第 13 页。关于这一时期的爱国消费运动，详见 Jeffrey N. Wasserstrom, *Student Protests in Twentieth-Century China: The View from Shanghai* (Stanford: Stanford University Press, 1997), 176–178, 190–191；Karl Gerth, *China Made: Consumer Culture and the Creation of the Nation* (Cambridge, MA: Harvard Asia Center, 2003)；以及 Mark W. Frazier, *The Making of the Chinese Industrial Workplace: State, Revolution, and Labor Management* (Cambridge: Cambridge University Press, 2006), 47。

66 《抗日声中之中文打字机》，《申报》1932 年 1 月 26 日，第 12 页。

67 《打字机用钢质活字发明》，《申报》1932 年 9 月 3 日，第 16 页；《发明中文打字机钢质活字》，《申报》1932 年 9 月 10 日，第 16 页；《俞斌祺发明钢质铸字》，《中国实业》第 1 卷第 5 期（1935），第 939 页。

68 《中文打字机抽款捐助东北难民》，《申报》1932 年 12 月 18 日，第 14 页。

69 《抽款捐助东北难民：购中文打字机一架可抽捐三十圆办法》，《申报》1932 年 12 月 23 日，第 12 页。

70 《俞氏中文打字机 提成充水灾义振》，《申报》1935 年 12 月 22 日，第 12 页。

71 《新发明中文打字机觅资本家合作》，《申报》1933 年 8 月 25 日，第 14 页。这些资本企业包括协大、精大、降昌、大明和卢桂记。当时，俞氏打字机已由海上国货工厂制造。

该工厂表示其无法跟上生产要求和消费者需求，因此与上述联营企业订立了按份生产计划。见《中文打字机专利核准五大工厂积极制造》，《申报》1934 年 3 月 17 日，第 13 页。

72 《俞氏中文打字机之大革新》，《申报》1934 年 5 月 9 日，第 12 页。

73 《宏业公司经理俞氏中文打字机畅销》，《申报》1934 年 12 月 8 日，第 14 页。

74 《新发明俞氏打字机蜡纸油印成功》，《申报》1935 年 1 月 28 日，第 12 页。

75 《俞氏中文打字机五倍于缮写》，《申报》1936 年 7 月 7 日，第 15 页。

76 俞斌祺与发明家林泽人筹划成立中国发明人协会，并寻求其他在沪发明家的加入。《俞斌祺等组织中国发明人协会》，《图书展望》第 1 卷第 8 期（1936），第 83 页；《中国发明人协会昨开筹备会》，《申报》1937 年 2 月 1 日，第 20 页。

77 《援绥乒乓赠纪念章》，《申报》1937 年 1 月 9 日，第 10 页。

78 《中国旧海关史料》，北京：京华出版社，2001；中国第二历史档案馆编《中国旧海关史料，1859—1948》，北京：京华出版社，2001，第 112 卷（1932）、第 118 卷（1935）、第 122 卷（1936）、第 126 卷（1937）、第 130 卷（1938）、第 134 卷（1939）、第 138 卷（1940）、第 142 卷（1941）、第 144 卷（1942）。

79 Daqing Yang, "Telecommunication and the Japanese Empire: A Preliminary Analysis of Telegraphic Traffic," *Historical Social Research* 35, no. 1 (2010): 66–89.

80 同上，第 70—71 页。

81 Parks Coble, *Chinese Capitalists in Japan's New Order: The Occupied Lower Yangzi, 1937–1945* (Berkeley: University of California Press, 2003).

82 『天津へ着いた愛国六女性』、『朝日新聞』1938 年 1 月 4 日、第 10 頁；『天津の愛国六女性』、『朝日新聞』1938 年 2 月 5 日、10 頁；『タイピストとして南洋へ』、『朝日新聞』1939 年 8 月 244 日、第 E6 頁。

83 『蒙疆にキーを握る：大場幸子さんを送る』、『タイピスト』第 16 巻第 10 期（1941）、第 10—11 頁。关于打字机和爱国的更多内容，详见『水兵さんのタイプライター見学』、『タイピスト』第 16 巻第 7 期（1940）、第 16 頁。

84 樱田以小说《平贺源内》获得 1940 年的芥川龙之介文学奖。

85 桜田常久：『従軍タイピスト』、東京：赤門書房、1941。

86 牧正：『南支駐軍記』、『タイピスト』第 17 巻第 1 期（1942）、第 16—25 頁。

87 『台湾のタイピスト熱：極めて盛況』、『タイピスト』第 16 巻第 8 期（1941）、第 11 頁。

88 『日本タイプライター株式會社』、『タイピスト』第 17 巻第 10 期（1942）、第 54 頁。

89 《日、满、华、蒙文各种打字机》，《远东贸易月报》第 7 期（1940）：封底。

90 『第一回全満タイピスト競技大會』、『タイピスト』第 16 巻第 10 期（1941）、第 2—7 頁。这场比赛是在 1941 年 5 月 12 日举行的。关于后来的比赛，见『全満鉄浄書競技大會の成績』、『タイピスト』第 17 巻第 10 期（1942）、第 6—11 頁；湯地利市：『満鉄のタイプ競技に就て』、『タイピスト』第 18 巻第 10 期（1943）、第 2—3 頁。

91 《改良舒式华文打字机说明书》，上海：商务印书馆，1938。也有人尝试实现中文打字机的电子化，但成效甚微。至 20 世纪 80 年代，中文打字机仍然保持着机械形式。见《发明电力中文打字机》，《首都电光月刊》第 61 期（1936）第 9 页；《电气中文打字机成功》，《首都电光月刊》第 74 期（1937）第 10 页。

92 舒冲慧于 2010 年 2 月 6 日采访陶敏之后与作者进行的私人交流；陶敏之致作者书信，2010 年 2 月 11 日。

93 《全沪个人乒乓赛 欧阳维冠军 小将杨汉宏得亚军》，《申报》1943 年 6 月 7 日，第 4 页；《乒乓联合会昨正式成立》，《申报》1943 年 12 月 6 日，第 2 页；《庆祝日海军节 今日运动大会 有田径足篮排球等节目》，《申报》1944 年 5 月 27 日，第 3 页。俞氏一家的家庭生活可能也趋于离散了。在父母离婚后不久，俞斌祺之子俞硕霖离开家，携妻子前往苏州组建新的家庭。他随身携带了两台俞氏打字机，或许希望能在苏州开办一所打字学校。至于俞斌祺在上海的产业，则交由一位名叫陶敏之的年轻女士看管，陶敏之有在苏州大中华打字社工作的经验。见俞硕霖《最后的俞式打字机》，老小孩社区，2020 年 6 月 9 日，http://www.oldkids.cn/blog/blog_con.php?blogid=130259（2011 年 6 月 13 日访问）；以及，陶敏之致作者书信，2010 年 2 月 11 日。

94 Coble, *Chinese Capitalists in Japan's New Order: The Occupied Lower Yangzi*, 113. 另见 Poshek Fu, *Passivity, Resistance, and Collaboration: Intellectual Choices in Occupied Shanghai, 1937–1945* (Stanford: Stanford University Press, 1993)。

95 Timothy Brook, *Collaboration: Japanese Agents and Local Elites in Wartime China* (Cambridge, MA: Harvard University Press, 2007); Margherita Zanasi, "Globalizing Hanjian: The Suzhou Trials and the Post-WWII Discourse on Collaboration," *American Historical Review* 113, no. 2 (June 2008): 731–751.

96 赵章云：《赵章云打字机修理部》。见 Memo from Shanghai Municipal Council Secretary to "All Departments and Emergency Offices," signed by Takagi, entitled "Cleaning of Typewriters, Calculators, etc.—1943," SMA U1-4-3586 (April 2, 1943), 35. Receipt from C.Y. Chao for Cleaning Services Sent to Secretariat Office, SMA U1-4-3582 (October 12, 1943), 5. 赵章云提供给秘书办公室的清洁服务费收据，SMA U1-4-3582（1943 年 10 月 12 日），第 5 页。

97 环球华文打字机制造厂位于圆明园路 169 号；张协记打字机公司位于七浦路 187 号；铭记打字机行位于江苏路 412A 号。price quotations from typewriter companies to the General Office, First District of the Government of Shanghai, SMA R22-2-776 (December 21, 1943), 1–28.

98 《中国标准打字机》，SMA U1-4-3582（1943 年 8 月 7 日），11—13 页。

99 Memo from Treasurer to Secretary General, entitled "Public Works Department—Chinese Typewriters," SMA U1-4-3582 (August 12, 1943), 9.

100 Memo from the Secretary's Office, Municipal Council to the Director entitled "Chinese Typewriters," SMA U1-4-3582 (July 13, 1943), 6. 实际上，即使在抗战结束后，为中文打字而改造日式打字机的尝试仍在继续。根据向上海市警察局提交的一份报价单，北京路 279 号的俞式中文打字机制造公司对一盒包含 2500 个铸字和"改造日文打字机一架"的总报价为 32000 元。俞式打字机制造厂致上海市警察局书信，SMA Q131-7-1368（1945 年 12 月 13 日），第 4 页。

101 这所学校旨在培养学前教员工作。见 http://blog.sina.com.cn/s/blog_4945b4f80101rtfb.html。

102 《关于创办北平市私立广德文打字补习学社的呈文及该社简章等以及社会局的批文》，BMA J002-003-00754（1938 年 5 月 1 日）。每天，学生会训练 2 个小时，每次训练都会按照学生自己的课程表以及学校的空课时进行安排。进入快班的学生需继续学习一个半月，每月的学费为 15 元。在普通班的学生需继续学习两个月，每月的学费为 8 元。

103 《北京市私立暨阳华文打字补习学校暂行停办》，BMA J002-003-00636（1939 年 1 月 1 日）。

104 《关于创办北平市私立广德文打字补习学社的呈文及该社简章等以及社会局的批文》，BMA J002-003-00754（1938 年 5 月 1 日）。

105 见《北京市私立东亚华文打字科职业补习学校常年经费预算表》，《北京东亚华文打字职业学校关于创办学校请立案的呈及市教育局的指令》，BMA J004-002-00559（1939 年 9 月 30 日）。

106 《关于创办北平市私立广德文打字补习学社的呈文及该社简章等以及社会局的批文》，BMA J002-003-00754（1938 年 5 月 1 日）。

107 周雅儒在该校的同事，23 岁的绍兴人张孟邻也毕业于东亚华文打字学校。也有资料将张孟邻称为张玉鄰。见《北平市私立育才华文打字科职业补习学校职教员履历表》和《北平市私立广德补习学校学生名籍表》，《北平市私立育才华文打字科职业补习学校职教员履历表、学生名籍表》，BMA J004-002-00662（1939 年 7 月 31 日）。

108 原文并未提供这所日语学校的名称和地址。这位李姓合伙人也曾开办自己的打字学校，即位于天津的晨光打字学校。《北京市私立宝善、广德华文打字补习学校关于学校天办启用钤记报送立案表教职员履历表和学生名籍成绩表呈文及市教育局的指令》，BMA J004-002-00579（1938 年 7 月 1 日）。

109 在亚东日华文打字补习学校里，中文打字课程是由一位 38 岁的名为盛练贞的女士负责教授的，她也来自奉天省辽阳县，也毕业于奉天日华文打字社。见《北京市私立亚东日华文打字补习学校关于第十六期普通速成各组学生成绩表、课程预计及授课时数请鉴核给北京特别市教育局的呈以及教育局的指令》，BMA J004-002-01022（1943 年 1 月 31 日）。

110 Lori Watt, *When Empire Comes Home: Repatriates and Reintegration in Postwar Japan* (Cambridge, MA: Harvard University Asia Center, 2009).

111 民生打字机制造厂编《练习课本》，1940，封面。

112 范继舲：《范氏万能式中文打字机实习范本》，汉口：范氏研究所印行，1949，扉页。

113 《红星打字机厂一九五二年基建计划》，TMA X77-1-415（1952 年），第 13—17、16 页。另见《天津市人民政府地方国营工业局红星工厂》，《华文打字机字表改进报告》，TMA J104-2-1639（1953 年 10 月），第 29—39 页。

114 《上海中文打字机制造厂联营所产销计划》，SMA S289-4-37（1951 年 12 月），第 65 页。经历了"二战"、内战和 1949 年的革命后，国内行业进一步面临着价格竞争和市场不稳定的考验。见中文打字机制造厂商联向上海市文教用品同业公会提交的报告《为调整国产中文打字机售价问题》，SMA B99-4-124（1953 年 1 月 15 日），第 52—90 页。

115 国内的中文打字机制造和零售行业是由多家公司组成的，其中包括俞式打字机制造厂、精艺打字机制造厂、万能打字机行、中国打字机制造厂和民生华文打字机制造厂。此外，在 1949 年至 1951 年间，又成立了至少 5 家新的公司，包括一家新的俞式打字机制造厂，成立于 1949 年 4 月，雇用了 55 个人制造万能式打字机；自求工业厂，成立于 1950 年 1 月 4 日，初期雇用 47 名工人制造中文打字机；精艺打字机制造厂，成立于 1951 年 10 月 1 日，雇用了 16 人，制造中文打字机和办公用品；以及万灵科学机械厂，成立于 1951 年 9 月，雇用 12 人，主要生产打字机。《上海中文打字机制造厂联营所组织章程草案》，SMA S289-4-37（1951 年 12 月）。

116 《上海中文打字机制造厂联营所组织章程草案》，《上海中文打字机制造厂联营所产销计划》，SMA S289-4-37（1951 年 12 月）；《上海新开一家规模巨大的公私打字机店》，新华社新闻稿 2295（1956 年）。

117 《上海中文打字机制造厂联营所组织章程草案》，SMA S289-4-37（1951 年 12 月）。

118 上海计算机打字机厂编《双鸽牌 DHY 型中文打字机鉴定报告》，SMA B155-2-284（1964 年 4 月 24 日）；上海计算机打字机厂编《双鸽牌中文打字机改进试制技术总结》，SMA B155-2-282（1964 年 3 月 22 日），第 11—14 页；上海计算机打字机厂编《双鸽牌中文打字机厂内鉴定报告》，SMA B155-2-282（1964 年 3 月 22 日），第 9—10 页。

119 上海计算机打字机厂编《双鸽牌 DHY 型中文打字机鉴定报告》，SMA B155-2-284（1964 年 4 月 24 日），第 4 页。

120 同上。

121 同上，第 1 页。

6 第六章

QWERTY 已死！QWERTY 万岁！

林语堂发明中文打字机：当前需要一天的工作量，用一个小时就能搞定。

——

《纽约先驱论坛报》，1947 年 8 月 22 日

虽然它是十二万美元换来的，虽然它使我们背了一身债务，但是父亲这个呕心沥血之创造，这个难产的婴儿，是值得的。

——

林语堂之女林太乙

我认为这就是我们所需要的打字机了。

——

赵元任评价明快中文打字机，1948 年

位于加利福尼亚州山景城（Mountain View）的计算机历史博物馆堪称技术爱好者的殿堂。20 个展厅里容纳了众多世界级文物藏品，呈现了包括计算器、打孔卡、编程、存储器、图形处理和网络在内的很多计算机技术领域的历史。其中有著名的 UNIVAC I 型计算机、Cray-2 型超级计算机，而最为精美的藏品或许就是差分机 2 号（Difference Engine No. 2），这是完全按照查尔斯 · 巴比奇一手设计却无力实现的差分机图纸制造的。

在穿过前 5 个世纪的藏品展区后，我们就来到了“输入 / 输出”专题展厅。这里有可穿戴的键盘“手套”，早期的鼠标原型，以及其他几十种稀奇古怪的物品，可以充分满足你的好奇心。在这个展厅中，有一块标牌显得如此不起眼，稍不留神可能就会错过。上面写着：

> **键盘：由于有太多东西等着他们去创造，计算机的设计者可以庆幸不必费心去改进基于文本的输入和输出设备。他们使用已有的电传打字机和自动打字机，包括已经定型的 QWERTY 键盘。**

在这则解释中，我们看到了一种释然，这在充满了“混乱”和无休止的动荡的计算机历史中，可以说是一段难得的平静时刻。而计算机产业之所以能够盈利，就是因为它一直在随机应变。不过谢天谢地，在这部包罗万象、充满躁动的历史中，至少 QWERTY 键盘不需要被重构。

对于中国的历史学家来说，这标志着在以当今硅谷为代表的信息技术史与本书所探讨的信息技术史之间存在着某种根本性分歧。在硅谷，文本的输入和输出问题实在不算什么大问题，也许甚至是无趣的问题，特别是与一些真正的“难”题比起来，例如存储程序计算、磁芯存储器、网络协议等。不过，请设想一下，假如中国也有一个信息技术博物馆，那它会是什么样子？当然，大部分内容还是会与美国的相似，毕竟信息技术在早期拥有共同的谱系和遗产，例如计算、磁带、以太网等。除此之外，肯定还会有算盘。不过，“输入 / 输出”展厅可能会有较大的变化。西方的计算机设计者也许可以“庆幸不必费心去改进基于文本的输入和输出设备”，但中国信息技术相关领域的同行却别无选择，输入和输出问题是其面临的最复杂的挑战之一。在这一问题上，人们一直没有机会发出释然或心满意足的感叹，而且只有投入足够的空间和精力将它解决，中国的信息技术史才可能存续。在中国，文本输入和输出问题占据了中心位置。

很多读者可能会感到惊奇，中国的计算机与美国的看起来一模一样，就连 QWERTY 键盘也是一样的。当你坐在北京、上海或成都的某个咖啡馆，你一定会看到很多新世纪的创业者正在用 QWERTY 输入设备努力工作。不过，中国的 QWERTY 键盘并没有看上去那么简单。

在字母文字世界，QWERTY 键盘是在“所打即所得”的框架下运作的。当你分别敲击 T-Y-P-E-W-R-I-T-E-R 这几个按键时，你会期望同样的符号出现在屏幕上。在大多数其他语言环境下亦是如此：当一个人敲击标有“ш”或“א”的按键时，他也可以期望同样的符号出现在屏幕上，这在世界大部分计算机领域里都是一个毋庸赘言的假定。然而，由于中国在现代信息技术全球史当中的特殊地位（这也是本研究一直在描绘的），QWERTY 键盘在中国不是也不能按照“所打即所得”的方式运作。相反，QWERTY 键盘在中国是在“输入”的语境下被使用的，这是一种构成了 20 世纪 50 年代至今中文计算机和中文信息处理的基础的人机交互形式。在世界其他地区的“打字”模式下，使用者会预想键盘符号与屏显符号之间存在着一一对应的关系，但中文“输入”却并非如此。如果这样不好理解，我们可以换个角度说，我们都知道，在键盘上标有“Q”“W”“E”“R”“T”“Y”的按键都属于简单的促动器(actuators)，与门铃或电灯的开关一样。在世界大部分地区，当我们闭合键盘上的某个开关时，对应的符号便会立即出现在屏幕上，这是经过一系列复杂传导之后产生的结果，其中的原理可能不是一般人能轻易解释的。实际上，众多技艺高超、收入丰厚的工程师和设计者都在极力隐藏这一过程，用马修·富勒（Matthew Fuller）的说法，就是设法遮住这种传导，使它发生在“(屏幕)光点背后”。[1]

在中文计算机环境下，闭合标有“Q”的开关在某些情况下可能会触发对应的拉丁字母，但更多时候它将被用于向名为“输入法编辑器”(input method editor)的软件发出一条指令或标准。输入法编辑器在每台中国计算机的后台运行，捕捉用户的 QWERTY 键盘敲击动作，并根据这些指令，在计算机屏幕上显示出一个候选汉字的菜单，用户可以从中选择。不论用户是用微软 Word 软件编写文件，还是上网或进行其他操作，他都在不断地参与这个“识别—候选—确认”的重复性过程。因此，文本输入的基本传导属性在中文计算机中从未被掩盖。无论何时，这种传导都被清晰、直观、毫无保留地呈现在用户面前，或者说发生在“光点之前”。我们在讨论中文电报技术时所提到的“代码意识”一如既往。

为了阐明中文输入的工作原理，我们不妨利用中国主要的输入法之一——搜狗拼音输入法，来演示如何用 QWERTY 键盘打出一个简单的三字词语：打字机。

由于搜狗输入法是依靠音节拼音输入的，所以我们首先要敲击的按键是“D”，也就是“打”的拼音首字母。当输入系统捕获到第一个字母之后，屏幕上便会出现一个弹窗，系统就开始运作了。通过搜索字库，弹窗里列出了几个拼音以“D”开头的汉字，并按照使用频率排序。排在第一位的是表示属有关系的助词“的”，这也是中文里使用频率最高的汉字之一。第二个候选字是“都”，也是一个十分常用的字。第三个候选字便是我们想要的“打”。此时，如果我们愿意的话，可以不再输入第二个字母“A”，而是可以直接通过按数字键“3”来选择我们第一个目标字(按数字键“3”表示我们想要弹出式菜单中的第三个候选字)。因此，只需按两个键，我们便得到了第一个字。

当然，并非每次输入都是如此。假如我们想找一个不太常用的字，例如“沓”，这时候可能就需要输入它完整的拼音，也就是再输入第二个字母“A”。当输入法编辑器捕获第二个字母后，候选菜单便随之发生变动，推荐的候选字列表被刷新，并限定在发音以“da”开头的范围内，按使用频率排序，这时我们就可以定位和选取我们想要的字符了。输入的本质就是一个不断递归和变换的过程，在这一过程中，输入法编辑器提供了一个动态变化的、越来越精确的备选汉字列表，直到用户找到想要的字。

在输入第三个字母，也就是“字”的拼音首字母“Z”后，输入程序开始变得更加复杂。这时，输入法编辑器不再搜索单个的汉字，而是开始查找由多个汉字构成的序列和词语。一输入“Z”，输入系统的弹出式菜单就加载出一系列高频的二字词语，它们的第一个字的发音为“da”，且第二个字的发音以“Z”开始。排在第一位的二字词语便是我们想要的——“打字”（菜单中的其他候选词还包括“大众”、“打折”等）。接下来，我们只需要依照上述步骤打出最后一个“机”字。

如上所述，通过输入完整拼音来打字只是众多输入方式中的一种，而且也是程序最长、速度最慢的一种。除了输入“d-a-z-i-j-i-1”之外，搜狗输入法中还有至少 6 种其他方式来输入这个三字词语，每种的输入方式都不同，但最终在屏幕上输出的都是这三个字。（图 6.1）其中最短的输入方式是“d-z-j-#”，也就是说，通过在 QWERTY 键盘上敲击 4 次就能得到的这个中文词语，对应的英文单词的输入需要敲击 10 次：t-y-p-e-w-r-i-t-e-r（打字机）。情况明显发生了变化。

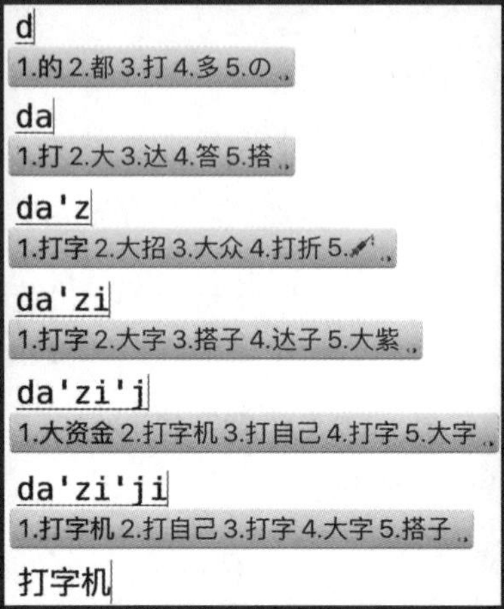

6.1
使用搜狗中文输入法输入“打字机”。

d–a–z–i–#–j–#

d–a–z–i–j–#

d–a–z–#–j–#

d–a–z–j–#

d–z–j–i–#

d–z–i–j–#

d–z–j–#

况且，搜狗拼音输入法还仅仅是众多中文输入法编辑器软件中的一个。谷歌、苹果和 QQ 也分别推出了自己的输入法编辑器程序。除了拼音输入外，也有利用 QWERTY 键盘的字母来表示汉字的结构属性的输入法，例如通过部首或笔画这些要素来拼写特定的汉字。[2] 因此，QWERTY 键盘上的“H”键在表示其与汉语拼音相对应的声母的同时，在基于汉字结构的输入法编辑器中也可以被用来表示部首“木”。因此，当我们敲击“H”键之后，它所生成的就不再是一个拼音字母以“h”开头的备选字菜单了，而是包含这个部首的汉字的菜单。这种输入法尤其受到那些讲方言的老年人的欢迎，因为他们可能讲惯了粤语或闽南语，对基于标准中文发音的拼音输入法不那么习惯。例如，利用仓颉输入法输入“打字机”这三个字时，输入的键位就成了“q-m-n-j-n-d-d-h-n”，其中的每个字母都代表了“打字机”这三个字当中的某个特定的图形要素，而不再是其发音要素。

有了5种最常用的中文输入法编辑器，再加上由独立设计师开发的成百上千个实验性输入法编辑器程序，中文计算机用户可以通过几十种甚至上百种方式来输入“打字机”这三个字。如果再考虑一些篇幅更长的中文文段，字数成百上千，那么可能的输入方式将会多得难以想象。

至此，读者肯定会在以上论述中发现一个明显的缺席：中文打字机去哪儿了？这是不是一个历史节点，至此我们终于可以抛却这种毫无希望的设备，把目光转向现代中文真正的机械救世主——个人电脑了？是否如很多人所认为的那样，个人电脑将汉字从字母文字与非字母文字之间的“鸿沟”中拯救了出来？其实，本章所要讲述的故事恰恰相反：输入法作为一种革命性人机交互新模式，奠定了中国作为这个世界上最大的信息技术市场和活跃的社交环境的基础，但其诞生却与计算机技术毫无关系。其实，最早的输入系统就是一台于20世纪40年代问世的实验性中文打字机——历史上第一台带键盘的中文打字机。

奇异的键盘

“我们怀着复杂的心情（既有惊愕，又抱有一丝希望）得知，林语堂博士，我们最喜爱的东方学者……发明了一台中文打字机。”[3]1945年，《芝加哥每日论坛报》上的一篇文章如此开篇，告诉美国的广大读者，作为著名的文化评论家以及《吾国与吾民》（1935）和《生活的艺术》（1937）等畅销书作者的林语堂，新近有了堂吉诃德式追求。作者解释说，他们对这条消息感到无比震惊，以至于最初都不敢相信，以为是“不可信的”假消息，还好这条消息来自林语堂的出版方。作者继续谈道：

> 为了对此有更准确的认识，我们咨询了我们的洗衣工——Ho Sin Liu。
>
> “Ho，告诉我们，一台中文打字机到底需要多大才能打出你那滔滔不绝的中国话？”
>
> “Ho, ho！”他巧妙地借用自己名字的发音来表达英语中的一种惊叹……“我只能用另一个问句来回答你的问题——你见过博尔德水坝[1]吗？”[4]

林语堂生于1895年，也就是中国甲午战败后被迫割让台湾的那一年。他出生在福建省的一个基督教家庭，于1911年——辛亥

[1] 博尔德水坝（Boulder dam）：美国西南地区最大的水利枢纽工程，位于内华达州和亚利桑那州交界之处的黑峡（Black Canyon），1947年改名为胡佛水坝（Hoover Dam）。——译者注

革命对摇摇欲坠的清朝统治发出致命一击的那一年——进入上海圣约翰大学学习。他的教学事业非常出众，1916 年至 1919 年在清华大学任教，1919 年至 1920 年在哈佛大学读书。到 40 岁的时候，林语堂已成为美国内外知名的学者，是同代人中最有影响力的中国文化评论家之一。

在他首部英文著作问世的好几年前，林语堂就开始思考一个问题，这就是我们在本书中多次提到的那个让很多人苦苦思索的问题：如何制作一台能够与西方打字机齐名的中文打字机？带着这些想法，林语堂走上了一条漫长的道路，虽然很少被人理解，但这条道路在多年以后通向了可谓是历史上最广为人知的中文打字机："明快"中文打字机，它发布于 20 世纪 40 年代。

当明快打字机面世时，《芝加哥每日论坛报》的作者和他的"洗衣工"的看法都被证明是错的：明快打字机要比博尔德水坝小得多。实际上，它看起来颇像一台"真正的打字机"。这台打字机宽 14 英寸（约 35.6 厘米），长 18 英寸（约 45.7 厘米），高 9 英寸（约 22.9 厘米），只比当时常见的西式打字机略大一些。[5] 最重要的是，明快打字机是第一台具备打字机要素——键盘——的打字机。看来，通过一台"和西方一样"的打字机，中文终于同其他语言站在了一起。

虽然看起来像一台常规打字机，但它的操作方式却会让人感到迷惑不解。键盘上有 72 个键，当按下其中的一个键时，机器内部的齿轮就开始转动，但纸上却不会出现任何字迹，至少不会立即出现。按下第二个键，齿轮再次转动，但纸面上仍然没有输出。不过，这时奇妙的事情发生了：8 个汉字出现了，不是出现在纸上，而是

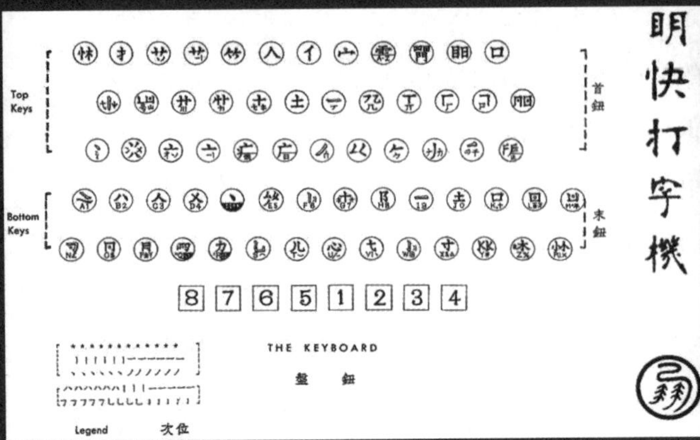

6.2
明快中文打字机的键盘。

在打字机上一个专门的显示框中。只有在按下第三个键，也就是 8 个数字键之一时，一个汉字才最终被印在纸面上。

按三次键，印一个字。到底是怎么回事?

而且，所打出的汉字与之前点击的任何按键上的符号都不存在直接的一一对应关系。这到底是一台怎样的打字机，为何看起来与真正的打字机一样，但表现却如此怪异?

如果说西式打字机的基本设想是对应，按下一个按键便会在打印纸上压印出对应的字符，那么明快打字机的基本设想则与之截然不同。虽然在外观上与标准的雷明顿打字机或好利获得式打字机出奇地相似，但它并不是一台传统意义上的打字机，而主要是一台用于汉字机械书写的机器。虽然书写这些汉字也是必要的，但对它来说这项功能居于次要地位。按下一个按键，这一操作并不会使相应的字符按照经典的“所打即所得”原则被打印出来，而是发出了从该机器的机械硬盘中寻找所需汉字的指令，再将其打印在纸上的过程。

这台打字机是这么工作的：操作者在机器前坐下，会看到72个按键，它们被划分为三组："首钮"、"末钮"、数字键。首先，按下首钮组36个键中的一个，从而触发其内部的传动装置和字辊的运动和旋转——这是在机器内部对汉字布局进行机械排布的过程，操作者是看不到的。之后，在末钮组28个键中再按下一个键，这会触发机器内部进行第二次移动和定位，同时会把8个一组的汉字显示在一个小窗口里，林语堂把这个显示框叫作"魔眼"。（图6.2）[6] 然后，操作者只需从由1至8排列的汉字中找到目标字并按下对应的数字键以完成选字过程，这个字便被压印在纸面上。

林语堂发明的明快打字机不仅脱离了雷明顿打字机、安德伍德打字机等的形式，而且也不同于周厚坤、舒震东、祁暄和罗伯特·麦基恩·琼斯等人提出的中文打字机制造方法。实际上，明快打字机通过将打字过程转化为搜索过程，从根本上改变了机械书写的运作方式。可以说，它在历史上首次将"搜索"与"书写"结合起来，预告了如今中文里被称为"输入"的人机交互模式。

康熙可休矣：民国的"检字法问题"和输入的起源

按三次键，印一个字。这是如何实现的？在深入研究明快打字机的内部机制之前，我们有必要先了解明快打字机相对于其他打字机而言的独特历史谱系，因为这段历史为我们揭示了"输入"的起源。在林语堂着手设计打字机时，他的灵感并非来自活字、电报技术或西式打字机，而是源于20世纪10至30年代发生在中国的一场名为“检字法问题”的语言改革大讨论。在这场争论中，林语堂与一众中国的图书馆学家、教育家和语言学家一起，倡导和试验了一套全新的中文编排系统，应用范围涉及中文字典、图书馆卡片目录、索引、名册和电话簿等，这套系统将帮助中文使用者更加高效地穿行于中文信息环境。不过，在这场关于“检字法问题”的大讨论的参与者中，林语堂是唯一将有关检索的细致讨论导向机械书写的。因此，要理解明快打字机的构造，乃至更广泛的“输入”，我们就必须先深入民国早期的这场关于“检字法”的争论，以及20世纪早期中国遭遇信息危机的历史。

在《工具书的诞生》（*Too Much to Know*）一书中，安·布莱尔从多种角度揭示了当今时代所谓“信息社会”和“信息过载”的概念，其历史比我们想象的要长得多。在计算机和网络尚未出现的近代早期欧洲，知识与真理的传播者就用势不可挡的信息过载来描述他们的时代。日益膨胀的信息环境时刻威胁着承载它的容器，而一旦容器被撑破，人们将陷入信息过载的无知（over-informed ignorance）的讽刺境地。关于这个问题的东亚语境，玛丽·伊丽莎白·贝里（Mary Elizabeth Berry）的研究也表明，近代早期的日本也出现了类似趋势。德川幕府时期的制图者、书志学家、编纂者、编辑等不同行业人士共同制定了一整套新技术，涉及地图、文摘、百科全书和旅行指南等，用以保证自己不至于在海平面不断上涨的信息汪洋里翻船。[7]

清末民初的中国也遭遇了自己的“信息危机”。随着封建社会晚期人口的激增，新的国家监察形式的出现，以及电报等新型信息技术的引入，中国的精英阶层越发担忧其能否跟得上这种新的数据环境。不过，20 世纪早期中国“信息过载”的历史与布莱尔和贝里等考察的欧洲和日本的情况不同。在中国，精英阶层所担忧的既不是信息总量与传播速度的基本问题，也不是国家该如何适应新的信息类型的问题，他们的争论聚焦于中文本身处理“现代信息”的能力（或很多人所谓的“无能”）上。

20 世纪 20 年代前后，现代信息环境的一些最平常的基本要素却在中国引发了持久的焦虑：如何编制现代的中文电话簿、杂志索引、档案索引、名册及其他各种参考资料，以供人们通过汉字编码查找所需信息。当时的一项研究表明，受试者采用一种新式实验性汉字检索系统的查字速度要比使用中国的主流字典快 0.1 至 1 秒。[8] 也有研究发现，查汉字从来都比查字母文字耗时更多。

虽说一两秒的差距似乎也没什么可大惊小怪的，但一些语言改革者认为，像这样的微小延迟可能成为中国在现代面临种种挑战的重要因素。如果查找中文编写的信息要比查找字母文字编写的信息耗时略多，那么这对于浩如烟海的文本集合——例如各种索引、电话簿、名册、词语索引、旅客名单、百科全书、商品目录和图书馆卡片索引等又意味着什么？如此说来，与英文资料库及其使用者相比，中文资料库的使用者需额外付出无数个分钟、小时甚至天。[9] 如果将所有中国人统而观之，那么中国的落后似乎真的是由微观历史下无数的时间延迟构成的宏观历史推断：中国在慢动作中运转。[10] 正如一位语言改革者所说的，一个更加先进的，能使信息查询变得更加快捷的中文编排和检索系统，将为每个中国人节省两年的生命（按照 40 年的工龄计算）。[11]

在这种与日俱增的信息危机意识的驱动下，民国早期出现了一次实验性汉字编排法的大爆发。这一危机就是所谓的“检字法问题”，它吸引了当时一众杰出人物的关注，例如北京大学校长蔡元培、上海商务印书馆总编辑高梦旦、中国图书馆学先驱杜定友，以及其他数十名人士。[12]20 世纪 30 年代，这一“危机”达到顶峰，不少于 72 种实验性检索系统被提出，旨在重组中文语言信息环境，这相当于为汉字创造了 72 种新的“字母顺序表”。这些检索系统像“雨后春笋”一样破土而出，虽然式样繁多、千差万别，但都围绕着一个日益巩固的共识。《康熙字典》及其所依凭的部首 – 笔画编排系统已不能适应现代信息系统的需求。[13] 要使中文信息在每个细节上都与字母文字信息具有同等的现代性，就必须把“康熙”赶下台。

问“道”

“康熙”的竞争者纷纷上场。1912 年，接替张元济担任商务印书馆总编辑的高梦旦提出了他的“归并部首法”，这种检字法需要先大大削减汉字部首的数量。[14]1922 年，黄希声提出了“汉字检字和排叠法”。不久，图书馆学家杜定友提出了“汉字检法”和“汉字排字法”。更为知名的则是由王云五首创的“号码检字法”，后改为“四角号码检字法”。[15] 正是在 20 世纪早期的“检字问题”背景下，林语堂开始研究和提出自己的系统。他在 1918 年发表了“汉字索引制”，[16] 并在 1926 年再次提出两种新的检索系统 :“新韵索引法”和“末笔检字法”。[17]

短短几年中就出现这么多形式各样的实验性汉字检索系统，这未免令人疑惑：难道说，在历史发展到如此程度的时候，汉字的基本属性和内在秩序还尚未显现？英文和法文的字母顺序早就固定下来了，难道说，时至20世纪30年代，中文仍然是一片充满了不确定性、可能性甚至隐藏的秘密的原野？当时中国最杰出的各路人物对汉字的基本看法为何有如此大的分歧？此外，在这70余种实验性检索系统中，是否存在真正的秩序？如果有，它是哪个？哪个效率最高？哪个将占据主导？哪个能够解决中国的信息危机？

检字法专家蒋一前指出，这些实验性检索法的激增恰恰说明中文的“根本方法”尚未被找到，而且，汉字显然要比字母文字更为复杂。他写道：“我国文字因非字母制，故无一定排检之道。因之，我国文化史，遂有各种不同之检字方法。”[18] 蒋一前以达尔文式比喻将所有这些汉字检索系统比作物种，它们的互动与竞争、生存与灭绝，共同构成了一个翻搅、融合与进化的过程，而汉字的根本真理将从中得以揭示。[19] 他认为：

> 七十七种方法之中，孰为最佳，有待考订比较，及长期之试用；暂不能定，而亦不必。盖至相当期间，经过淘汰洗刷，最佳者自必沙尽金来。最佳之方法必为汉字根本方法，因汉字有其组织，自必有其排检之道。换言之，即汉字组织，必有一之定系统，亦必有一个根本排件方法也。

一旦找到“根本方法”，它对于中文的意义就如同字母表对于

表 6.1
在 1912 年至 1927 年间发明的检索系统（部分列表）

年份	发明者	检字系统
1912 年	高梦旦	归并部首法
1916 年	奥托·罗森伯格	五段排列法
1918 年（3 月）	林语堂	汉字索引制
1920（12 月）	教育部	注音字母国音检字法
1922 年	黄希声	汉字检字和排叠法
1922 年	杜定友	汉字检法
1925（6 月）	王云五	号码检字法
1925（12 月）	杜定友	汉字排字法
1925 年	桂质柏	二十六种笔画检字法
1926 年（1 月）	林语堂	新韵索引法
1926 年（1 月）	万国鼎	汉字母笔画排列法
1926 年（1 月）	万国鼎	修正汉字母笔画排列法
1926 年（2 月）	王云五	四角号码检字法
1926 年（10 月）	林语堂	末笔检字法
1927 年（2 月）	张凤	形数检字法
1927 年	张凤	三版订正形数检字
1928 年（5 月）	王云五	第二次改订四角号码检字法
1928 年（10 月）	王云五	第三次改订四角号码检字法

英文的意义：一种明确的、合理的和简明的系统，中文将据以实现其真正的秩序，而各种新的实验性检索系统的旋涡也终将平息，抵达其历史的尾声。

蒋一前可能乐于等待这场进化竞争的最终胜者，但其他人可没有这样的耐心。对于林语堂、王云五、陈独秀、杜定友等人来说，这场汉字检索危机既是一场专业上的竞争，也是个人之间的竞争。胜者的战利品可能不仅仅在经济方面，更重要的是一种象征资本。每个人都力图使自己的系统被教育部门、通信部门等政府机构采纳，都力争与中国的印刷业资本巨头，如商务印书馆等建立联系。不过，最重要的是，“汉字检索问题”的每一位竞争者都怀揣着一个梦想，希望自己的系统能够最终废黜“康熙”并登上皇位。

但这提出了一个明显的问题：当林语堂和同时代的有识之士着手探寻汉字的“根本方法”时，他们要从何处着手？当林语堂和“汉字检索问题”的其他参与者在设计各自的符号系统时，谁来主持这一进程？况且，他们该如何知道这一根本方法是否被找到了？在梳理这场民国早期有关汉字检索的论争时，我们发现了其两大主要势力或流派：一派旨在寻找中文基本的拼写本质，一派旨在寻求中国人的认知或心理本质。从某种意义上说，前者所要探讨的问题是：汉字到底想要怎样被找到？汉字的本质属性是什么？它的基本构成要素是什么？如果说俄文、希伯来文、希腊文、英文和阿拉伯文都拥有基本的、公认的、明确的秩序，那么中文的秩序又是什么？而后者把问题更多地聚焦于人而非文字：中国人到底想要如何搜索？为了制定一套“简明”的系统，一套“人人可用”的系统，民国时期的语言改革者不惜闯入一片政治争议之地，那就是不同派别的政治精英竞相定义中国“民众”的角斗场。作为开发“人人”可用的系统之努力的一部分，民国时期的语言改革也投入到如何定义“中国之人人”的问题当中，包括从能力、限制、倾向和本性的角度定义。在制定各自的检索系统的过程中，每种系统都构成了一种关于汉字和“广大中文使用者”的理论，并相互竞争。

古代中国何以忽视了这一点：中文的本质与汉字检索

我们先从“汉字检索问题”论争的其中一个派别谈起。这个派别将汉字检索理解为寻求中文之道，其代表人物之一是陈立夫（1900—2001）。整个民国时期及 1949 年以后，陈立夫都深入参与了对文化和教育的政治治理。20 世纪 20 年代末，他当选国民党中央执行委员会委员，并于 1929 年被任命为国民党中央党部秘书长。而后他担任过中央政治学校代教育长、国民党中央执行委员会常务委员、国民政府军事委员会调查统计局局长，以及教育部部长等多个职务。

陈立夫也发明了一套汉字检索系统，名为“五笔”。“五笔”诞生于 20 世纪 20 年代的革命战争时期。清朝覆亡后，大片国土被军阀割据，这些军阀顶多就是在名义上拥护中央政府的统治，而共和政府已经名存实亡。驻地广州的国民党联合共产党发起了北伐战争，目的是打败或收编各地军阀，重新把国家统一在同一个首府和政权之下。

陈立夫的“五笔”检索系统就是在北伐时期成形和试验的。当时陈立夫和他的团队负责管理机要文件，包括电报和各种文书，每天要紧迫地处理将近 150 份公文。陈立夫在回忆录中写道：“时间实在是不够用，同时，蒋先生性子急，当他要调阅某件文卷时，我们一定要马上找出来呈上去，因此，我就想到利用中国字的分类来处理档案。”[20] 于是，陈立夫发明了“五笔”检字法，用以归类国民党军队收集的越来越多的敌军作战电码本，大致是按照敌军指挥官的姓氏或其政权或同盟的名字分类的。[21] 当时的国民党面对着多方敌人，每一方都采用不同的数字转换方式加密当时基于四位数电码传输的电文。而一旦截获一通电报，就要非常紧迫地进行解密工作，解密人员需要确定该电报所使用的密码本，并尽快从档案中把它找出来。

1927 年，北伐战争接近尾声，极大地重构了中国的政治格局。1927 年 4 月，当时作为蒋介石和国民党的合作伙伴、统一战线一部分的中国共产党，开始遭到蒋介石长期的暴力清剿，这就是“白色恐怖”。国民党在南京成立了新的国民政府，希望把首都南京打造成一个理性、现代、科学的政府治理高地，于是开展了一场轰轰烈烈的城市发展运动。而陈立夫开始将其军用检索系统推广至国家和民用领域——从学校到监狱，从政治党派到国家的税务和交通基础设施——旨在让一切信息资料都可检索。在这场“汉字检索问题”论争中，陈立夫有着得天独厚的优势。他利用自己在职业和政治上的关系，在国民革命军总司令部机要科的往来公文中，南京市政府之户口调查中，国民党中央执行委员会、中央党部组织部的成员单位等处试行他的检索方案。[22] 陈立夫声称，在户口登记、党员名单、邮电局的地址和数据、学校和工厂的名册、公文档案的管理、纳税登记和收据的整理、土地登记、同监犯人登记或与军政人员的考核评估有关的文件中，“五笔”检字法都可以在“十万人中求一人”。

陈立夫也把他的检字法视为管理现代资本主义经济的手段。他认为，用户需求的多元化和生产的工业化让更多的商品涌入中国市场，其品种数量已经超出现行信息检索系统的处理能力。他指出，在一些大型商场和批发市场，商品的种类名目可以高达数千万种。[23] 同样的情况也见于中国银行业。客户交易节奏日益加快，而每笔交易都要产生相应的记录供银行或客户日后查询。为使汉字继续作为中国现代国家和经济的符号基础，就必然需要一种新的检字和编排系统。一些部门试着采用汉字－拉丁字母混合系统，例如根据汉字的发音按照字母表的顺序排列，但陈立夫认为这种方式有失尊严。他写道：“用汉字，却需求助于西文，实为中国一大耻辱。”[24] 而使用“五笔”检字法，人们可以在保留汉字的同时，使监管部门能够处理成千上万的党员档案、全国的人口数据，以及户口登记文件。

不过，陈立夫并不认为自己只是给现代中国设计了一套新的信息系统。虽然他关于汉字检索系统的文章乍看起来都聚焦于一些琐碎问题，但他的志向是使“五笔”成为中文书写的形而上学。陈立夫自诩为一段历史性对话的参与者，对话者包括一些相当杰出的历史人物，例如著名的晋代书法家王羲之，我们在前文曾多次提到他的“永字八法”理论。（图 6.3）

陈立夫从王羲之的书法理论中获得启示，并试着将其移植到分类学上。如果所有构成汉字的基本笔画数量相当有限，那么有理由相信，人们可以超越《康熙字典》的部首－笔画检索系统以及它的 214 个部首划分，再也不需要和部首打交道了，而只需将精力放在更为经济的笔画之上。

陈立夫认为，尽管王羲之乃一代书圣，但这位晋代的“前辈”似乎忽略了什么东西。它先于“笔画”而存在，所有的笔画都是由此而生——点。所有的笔画，不论其弯曲、粗细或方向如何，均始于书写工具与媒介的接触之时，也就是毛笔最先与纸面接触的时候。正如陈立夫所说的，每个笔画“必始于点而成画”。陈立夫说，王羲之陷入了一个基本误区，它如此微妙，以至于不光王羲之，实际

6.3
“永”字的 8 个基本笔画。

上自他之后历世历代的无数人都未曾察觉。笔画并非汉字的基本要素。因此，陈立夫认为自己不仅促进了加密电报的解密工作，创造了更加高效的电话簿，更是纠正了古代的错误认识。仿佛陈立夫回到了王羲之之前的时代，在后者误入歧途之前，重新发现了中文的失路或“道”，为道阻且长的中文探索之旅开启了新的征程。王羲之确实忽视了这一“点”。[25]

将重点从“笔画”转移到“点”上，这一理念看似无足轻重，却对陈立夫关于中文的理解影响深远。我们所称的笔画，不论其形态如何，其属性均是由起笔动作决定的：运笔的方向、运笔的力度。正是由于没能抓住中文书写的核心要义，王羲之多列了 3 个笔画。陈立夫表示，初始“点”的基本运化形式不是 8 个，而是 5 个，其他所有形式都是这 5 个形式的变体或组合：“点”可以驻留成“点”；可以侧向延伸为水平笔画；可以向下行走成竖直笔画；可以取为斜线，朝向哪里并不重要；也可以走成弯折，弯折的方向

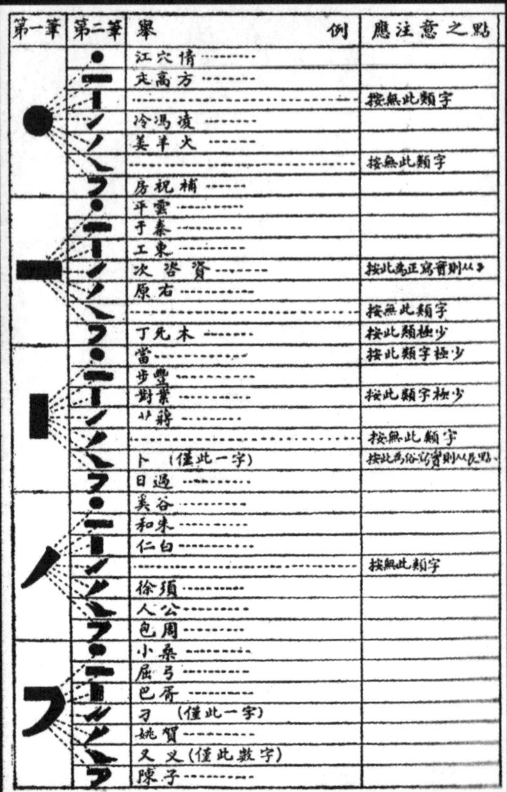

6.4
陈立夫对“点”和“笔画”的关系概述

也并不重要。(图 6.4)

横向看来，陈立夫所处的那个时代，来自各行各业的诸多人士都在从事此类研究。实际上，所有这些花费了多年心血发明实验性汉字检索系统的人，都必然认为自己在中文书写的本质问题上拥有惊人的、前所未有的洞见。“汉字检索问题”的参与者将自己视为语言探险家，闯入一片广袤未知的领地，试着去揭露那难以捉摸的基本真理，那连古代最伟大的先贤都未曾察知的真理。表面看起来，这样做的目的是平凡而谦逊的，不外乎改进文件柜、书架和电话簿等，但在这背后隐含着更加深刻的历史目的和自命不凡感：我不仅仅发明了一套新的卡片目录，我还是在纠正古代的错误。我不仅仅创制了一种新的电话簿，我还是在揭露中文秩序的真相，从而使中文能够与世界上其他的语言，那些基本秩序问题早已得到解决的语言平起平坐。

寻“戀”而不得法：杜定友和检字心理学

在创建理想的汉字检索系统的道路上，提炼正字法的本质只是改革者努力的方向之一。20 世纪二三十年代也是“民众”与“公民”的时代，这些理念很快便成为整个中国的政治、经济和社会思想关注的焦点。不论平民教育还是扫盲运动，中国广大公民的参与对国家的存续都至关重要，因为人民群众构成了中国主权的中心。在此背景下，很多改革者得出结论：解决汉字检索问题的关键在于一种人种志式的焦点，而不是正字法式的。虽然他们的检索系统和方法多种多样，但共同的目标都是创立一种“简明”的中文组织系统，一个在汉字查找上不存在任何模糊性的系统，从而使“人人”都能在尽可能少的训练后熟练掌握。因此，从技术史的角度看，在这种关于“中国之人人”的争论中，中国的设计领域出现了最早的关于人机交互、用户体验分析及相关课题的讨论。

主张以人种志解决汉字检索危机的代表人物之一，便是林语堂的同代人，中国现代图书馆学领域的先驱人物杜定友（1898—

1967)。他 1898 年出生于上海，曾就读于菲律宾大学。1932 年，日军轰炸上海，位于上海的东方图书馆的藏书遭受严重损失，此后杜定友担任过筹备处副主任，协助筹办上海市图书馆。后来又担任过中山大学图书馆馆长等职务。

杜定友一生致力于图书馆学，创立了另一种实验性中文检索系统：汉字形位检字法。1925 年，他发表了一篇题为《民众检字心理论略》的文章，其语言生动诙谐，将批判的目标瞄准了中文检索领域的竞争对手。杜定友认为，他们提出的汉字检索系统不为民众所接受，未能“抓住民众检字的心理”。[26] 他们脱离了大众心理学的客观现实，而之所以没有解决中国文字的问题，归根结底就在于没有解决中国民众的问题。

杜定友用一则现代寓言呈现了这一问题。寓言讲的是一位忙碌的母亲和她的小女儿寻找“爱”的故事。“小女年 12 岁时，有一天忽然向母亲问起‘什么是恋爱？’”杜定友在此插入旁白道：“12 岁便谈恋爱，可惊！”不过令母亲感到庆幸的是，这个小女孩所问的“恋爱”并不是某种情感或经历，而是一个汉字：“戀”（恋）。“当时她母亲正在做活，未便离座，就对她说‘戀’字是当中一个‘言’字，两旁两个‘绞丝’，下面一个‘心’字。”杜定友这里所讲的大家一定不会陌生，那就是周文龙（Joseph Allen）所谓的中文“笔体学”（graphology）或“元语言”（metalanguage）。在日常实践中，人们可以通过用口头描述一个汉字的组成部分来描述这个汉字的结构。例如，中文里的姓氏“李”，可以被描述为“木子李”，以区别于其他的同音字。

接下来的情节是：“她听后了，即刻写出，丝毫不错！”[27] 杜定友由此延伸开来，指出民众对汉字的理解“好像小孩初认母亲，大约是高的矮的，胖的瘦的”。

> **小孩初初识认母亲的时候，他所认识的，是整个的母亲，在他智识未开，辨别力未足的时候，他决不能认识：这一双眼睛是他母亲的，或身体任何一部分。但他对母亲的整个观念，是有的。所以检字法在检字最初时期，应注意这整个律的重要。**[28]

杜定友认为，中文的信息主体一般是一个格式塔（Gestalt）模式的探测者：对这个心灵来说，文字最初是无意义的、空间性的。杜定友认为，在他所设计的检索系统中有一个明显的人种志假设，即在现代的以民众为导向的汉字检索系统中，高深的语源学探究并没有容身之地。他的检索系统完全抛开了对语源学的关注，而建立在这样一种有些反直觉的论点之上：书写系统的最佳组织方式就是，不再把它视为一种书写系统，而视为一种与意义紧密相关的特殊客体。换句话说，人们对字形的解读，同对其他任何占据空间的实体的解读过程并无二致。（图 6.5）

通过分析大量的汉字，杜定友归纳出了汉字的八种空间原型：纵、横、斜、载、覆、角、方和整。为了帮助潜在的使用者辨识这八种类型，他编了一则简单的八字口诀，而且像一个精明的企业家一样，巧妙地将自己的名字融入其中：“杜定友述公開圖史”（杜定友述公开图史）。[29]

杜定友提出的这种等价归纳和分组法在中文历史上前所未有。

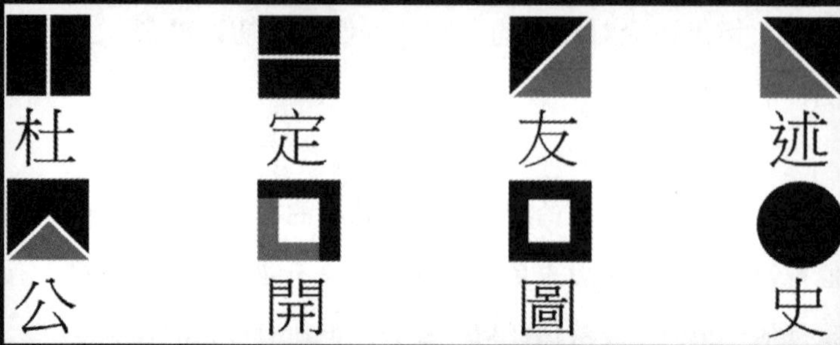

6.5
杜定友的“形位”检字法。

从分类学上看，“林”这个字突然与某些此前毫无瓜葛的汉字有了某种共同点，例如“动”和“排”。它们没有共同的部首，笔画数不同，发音也不一样。但在杜定友看来，“林”的重要属性是它的两个部件“木”的左右联立结构，至于“木”恰巧表示“树木”，从而使“林”这个字有了“森林”的含义，则不是杜定友的关注所在。

不过，我们似乎很难从现实中找到杜定友寓言中所描述的这种“忙碌的母亲和她的小女儿”的原型。她们并不是基于比较和观察的经验主体，而是杜定友想象的投射，即在 20 世纪的语言改革过程中，不断被语言学精英提及的虚构的“中国民众”。如果我们继续分析其他数十种实验性检索系统，分析 20 世纪整个中国文字改革领域，我们还会发现更多基于人种志观点的相关阐述。这些检索系统中都包含一个预设的信息主体——一个全息的中文使用者，这些系统以其名义发挥作用，或者更确切地说，是一组假设，假如这些系统所宣称的“简明”和“易懂”是真实不虚的，则要依赖于这些假设。

根据这些检索系统及其发明者的不同视角，这种全息的一般人（homme moyen）的能力、偏好、可塑性和局限性也各不相同。杜定友的这种全息中国人形象混乱而缺乏系统性，因而无法依据它来执行任何复杂的指令。其他设计者所提出的全息“中国之人人”的形象则更为乐观：他们拥有高度的抽象能力和变通性，关注细节，能够以前所未有的方式重新解读汉字。不过，至于这个“中国之人人”在现实中到底是谁，则完全是另外一回事了。

从搜索到搜索式书写

1931 年秋，正值中国东北被日本侵略军侵占之际，林语堂写了一封信，信中介绍了他当时正在进行的一项大胆的冒险：设计中文打字机。[30] 一直到 20 世纪 30 年代末，他在持续的通信中经常透露自己对这一问题的早期想法。在最初的几封里，林语堂就提出了关于中文打字机的历史和未来的三个论断：

> **任何采用拼音字母的中文打字机是不会有真正的市场的。**
>
> **任何中文打字机都无法按照点画拼合的方式运行。**
>
> **任何中文打字机都无法提供中文印刷和通信所需的一万多个汉字。**[31]

通过这三个论断，林语堂全盘否定了过去半个世纪里众多发明家所秉持的三种研发思路。通过第一个论断，他否定了雷明顿等公司曾寄望的打字机形式。通过第二个论断，他抛弃了祁暄等人提出的拼合活字或拼形的打字机形式。通过第三个论断，他表明了其对常用字法之局限的不满。诚然，这些论断杀伤力极大，乍看起来似乎与钱玄同等汉字废除论者的观点并无二致，根本不像一个未来的中文打字机发明者的发言。照此说来，我们只能放弃，或是推倒重来。[32]

不过，当我们深入探察林语堂关于中文打字机的早期思想，就会发现，他的目的不是抛弃现有的这三种方法，而是将它们结合起来。[33] 更为确切地说，林语堂希望融合这三种方式，创造一种全新的打字机形式，同时也是一种全新的书写模式。他表示："首先，提供的字符数量要减少。"显然，他用到了常用字法，与之前提到的那些打字机一样，他要开发的打字机也将包含一套高频汉字。

拼合法也是必不可少的。林语堂在 1931 年的一封信中解释说，有九成汉字都是通过拼合法构成的，左边的部分叫作"形旁"，右边的部分叫作"声旁"。他说，总体而言，汉字约有 1300 个声旁，而形旁只有 80 多个。林语堂写道："任何汉字都可以拼出来，实际上可以拼出三万多个汉字。"在写这些话的时候，他可能没有意识到，这恰恰体现了李格昂、贝尔豪斯、祁暄等人的观点。为了解释他的方法，他拿英语做了一个类比。他把中文的形旁和声旁比作英文的前缀和后缀，用英文的"com-"和"-bine"来解释其工作原理。[34] 和英文里的"com-"一样，这些"标准左偏旁"可以"与任何右偏旁结合，构成一个完整的方块字"。（图 6.6）类似地，就

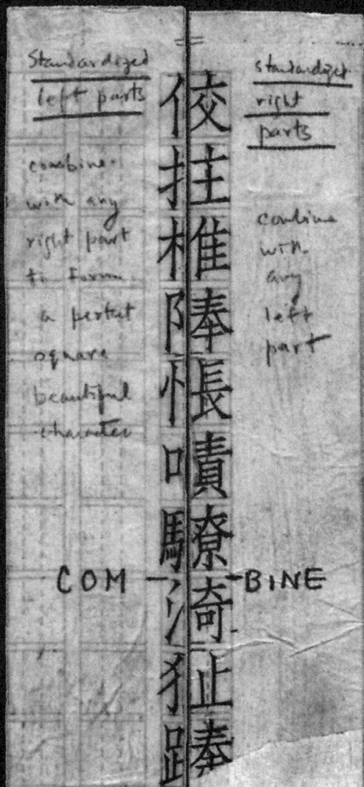

6.6
林语堂在 1931 年的信件，演示他的中文打字机是如何构造汉字的。

像英文的“-bine”一样，他的“标准右偏旁”可以“同任何左偏旁”[35] 结合。林语堂在他的信中还附了一张对折的纸，标注为“用两片纸展示如何用左右偏旁拼合出完整的方块字”[36]。

至此，读者会发现，林语堂所描述的打字机与之前出现的很多中文打字机几乎没有什么区别。既类似于祁暄在 20 世纪 10 年代研制的拼合式打字机，也与商务印书馆制造的中文打字机在设计理念上有着很多相同之处，除此以外似乎已经乏善可陈了。不过，从第三步开始，一些全新的东西出现了。他既没有把所有必要汉字及汉字组件排布在标准的中文打字机字盘上，也不像祁暄和周厚坤那样，把它们铸刻在圆柱形滚筒上，而是借鉴了中文电报技术，将所有的汉字藏在了机器内部，打字员凭肉眼无法看到。第二章所探讨的“代码”也将成为林语堂打字机的核心理念。就像中文电报码一样，林语堂所设想的打字机并不是由操作者直接操纵或运作汉字的，而是间接地通过一种基于键盘的控制系统。因此，从某种意义上说，林语堂的打字机将符合罗伯特·麦基恩·琼斯所说的“没有中文的中文打字机”的理念，其键盘上即使有汉字，也是少之又少的。但与罗伯特的打字机不同的是，林语堂的打字机具有某种汉字输出功能。[37] 打字员并不是用键盘直接打汉字，而是去指示机器他想打的汉字是哪个。林语堂解释道：“打字的过程类似于打一个由三个字母组成的英文单词，例如‘and’或‘the’，只不过前两个键是用来将该字引至打印位的，而在按下第三个键时，整个单词才被打出来。”[38]

林语堂对打字机的兴趣日益浓厚，这一关切自 20 世纪 30 年代起便在通信中有所显露，他开始将研究重心从检索与搜索（也就是字典、电话簿和卡片目录）转移到机械书写。不过，从“搜索”到“搜索式书写”的这种转换，需要林语堂改造他和其他人在 1920 年代里所提出的汉字检索系统。对于林语堂所设想的打字机来说，这些符号系统都是不够的。只有当我们将林语堂的明快打字机拆开，完全弄懂它的工作原理之后，才能体会到这种局限；只有理解林语堂在他的打字机的机械构造和材料使用上的良苦用心，才能明白他的分类思想——这种一度被限制于中文字典和索引世界的分类思想。

在 1931 年的一封信中，林语堂说他已经着手设计一种打字机，既像周厚坤的形式，也像祁暄的形式。也就是说，既带有整字的常用字，又带有拼合活字的汉字部件。但与他们的打字机不同的是，这些汉字或汉字部件都不是打字员所能直接看到或操纵的，而是藏在机器内部。因此，林语堂首先面临的一大挑战就是，如何将这数千个字符以尽可能紧密的方式安装到明快打字机的内部，同时又便于使用。为此，林语堂告别了当时主流的中文打字机设计，也就是大家非常熟悉的矩形字盘结构，转而考虑如何以将字体包裹或堆叠进一个更紧凑的空间。

他最终选择了一种类似于行星运行系统的设计，包含类似于恒星、行星和卫星的结构。其中，充当卫星角色的是一系列八棱柱状金属棒，每一条的表面都刻有汉字和部首，其长度可供每排容纳 29 个汉字或部首，8 个侧面则一共可以容纳 232 个。他把 6 根八棱柱金属棒固定在一个圆形旋转齿轮上，就像围绕同一行星轴旋转的 6 颗卫星，同时，这些金属棒也可以绕自己的中心轴自转。他一共做了 6 组这样的“6 棒套件”，然后将其固定在一个更大的圆形旋转锟上，就像围绕中央恒星旋转的 6 颗行星。这就是它整体的设计结构，总共包含了 43 个独立转轴：36 个金属棒的卫星轴，6 个更高级别滚筒套件的行星轴，1 个最高级别滚筒的恒星轴。（图 6.7）[39] 得益于这种天才的设计，每根八棱柱金属棒的侧面都可以通过一套协同的旋转过程被带至打印位，这使林语堂打字机的字符容量比常用字中文打字机字盘的容量大 3 倍还多，所占空间还更小。明快打字机一共可提供 8352 个字符，用这些字符就可以组成现有的任何汉字。

6.7
明快打字机的机械设计。

第二大挑战在于这些字符的布局和分类法：这 8352 个汉字和字符要根据怎样的分类系统编排到这些金属硬盘上？在这一问题上，林语堂的分类系统与 20 世纪头 20 年人们所试验的种种汉字检索系统在运作方式上大不相同。字典的编排系统在分类法上是不需要体现均等性的，也就是说，“A”开头的单词数量不需要与“G”或“Z”的保持一致，或者说，在《康熙字典》中，“氵”部下包含的汉字数量不需要与“龜”（龟）部相等。但是，想要让林语堂的打字机正常运行，其所采用的分类系统就需要让每个类别所含字符的数量保持一致：总数不能超过8个，而且最好也不要少于8个。我们回想一下明快打字机上的“魔眼”，这个显示框可以提供最多8个候选汉字。一旦任何一个分类单元中出现第9个字，林语堂就只能重新设计，重新投资。不仅如此，他还面临着第二个重大挑战。林语堂需要尽可能地把每个分类单元填满。如果分类单元不能得到充分利用，例如仅包含3、4或5个字符，那么打字机的字符容量将严重缩水，可能会导致数百甚至上千字符的容量损失，或是需要增加键盘的键数以处理更多的字符类别。因此，任何闪失都将摧毁这台机器，让投入的资金付诸东流。

还有更严峻的挑战，那就是林语堂还需要考虑我们如今所说的“用户体验”的问题，或者杜定友在1925年所说的“民众检字心理学”的问题。回想一下当时中国各地办公室所使用的机械式中文打字机，打字员可以在其字盘上直观地看到所有2500个汉字（虽然是以镜像形式呈现的）。他们可以通过扫视、估测和类似于在大城市中寻路的方式到达目的地：从起始点沿着大致的方向出发，利用沿路的地标，一边走一边寻找更多的线索。

但林语堂所设想的打字机，操作者是看不到汉字的，它被隐藏在机器内部，无法被直接地观察和操作。在无法依靠视野和星座导航的情况下，操作者只能完全依靠地图和坐标，也就是协议和符号抽象概念。林语堂的打字机将是一台零容忍的打字机，也就是说，用户对按键的每一个操作要么有效，要么无效。

考虑到这一点，林语堂的打字机在材料使用和机械构造上需要满足这样一个要求，就是它的键盘不能让潜在用户感到迷惑或混淆。林语堂所设计的分类法单元，不仅其包含汉字数量不能超过 8 个（且最好也不少于 8 个），而且“调用”每个 8 字单元时所依据的符号和协议（也就是打字机键盘上的符号）对操作者来说还必须是直观的。

1947 年，明快打字机问世，林语堂在上述方面的良苦用心完全体现在了打字机的键盘设计上。仅有 6 个按键上只印有 1 个符号，除此之外大部分按键上都印有 2 到 5 个符号，这种设置是为了分散和填充他的每一个 8 字分类单元。此外，林语堂还创立了新的分组方式，按照汉字自身的相似特征将一些部首划到一组。举例而言，在其中一个按键上，“忄”和“木”被放在了一起，这主要是因为它们在书写上具有一些共同的特征：一个明显的竖直笔画，两边都带有一些短小的附随笔画。类似的分组还见于“目”和“日”，这两个部首在语源学上毫无关系，但林语堂将它们归入一组，因为它们都是矩形结构。

从书写的角度看，我们会觉得林语堂的这种分类方式是很“自然的”，但在中文的语言学实践中却是史无前例的。林语堂所创立的这些群组完全脱离了语源学或语义学视角，其根据可以被称为“辑形法”（pattern-finding naiveté），这是一种建筑学分类法，例如将“瘦高”的形状归为一类，将“矩形”归为一类，等等。不过，按照一般形状进行的这种分组显然是不够的。林语堂还自创了一种“伪部首”，它们的形状十分古怪，虽然看起来与常见的中文偏旁和部首非常相近，但在中文史上完全是异乎其类的。比如，末钮的最后一行左数第四个按键，是将汉字的“馬”（马）一分为二，仅保留下半截。

6.8
寄给赛珍珠夫妇的明信片。

操作明快打字机：林太乙作为中国之女性“人人”

1947 年 5 月 22 日，这一天将令林家难以忘怀：林语堂和女儿林太乙从工厂里将一台明快打字机带回家，“就像从医院抱婴儿回家一样”。[40] 上午 11 时，父女二人小心翼翼地把打字机抱回家，摆在客厅的桌子上。林太乙后来回忆道：“我坐在打字机前面练习打字时，感到它是个奇迹。”[41] 林语堂示意她的女儿试一下，随便打几个字。[42] 林太乙对当时的感受记忆犹新：“虽然它是十二万美元换来的，虽然它使我们背了一身债务，但是父亲这个呕心沥血之创造，这个难产的婴儿，是值得的。”[43]

林家人在提到明快打字机时，经常将它比喻成一个孩子，这也反映出他们在这台打字机上所倾注的心血和感情。在 1947 年 4 月 2 日的一份私人通信中，林语堂将这一新发明的照片寄给了他的亲密伙伴和朋友赛珍珠（Pearl S. Buck）以及她的丈夫理查德·华尔希（Richard Walsh）。他在照片上方写道：致理查德和赛珍珠，这是孩子的第一张照片。语堂。(图 6.8)

1947 年的夏天，明快打字机开始引起轰动。林语堂开始广泛宣传他的发明，他召开记者发布会，向大众媒体和技术类媒体投稿，并与中国和美国的文化和政治界要人通信。同时，他也与默根特勒莱诺整行铸排机公司的资助者、国际商业机器公司和雷明顿打字机公司的经营者保持着频繁的沟通，他们都对该发明表示了兴趣。林语堂争取到了来自中国的文化名人、军方、政治和金融界人士的赞许和推荐。国民党空军中将毛邦初称明快打字机是“对人类社会的伟大贡献”，中国银行纽约分部的经理李德橘对该发明大加赞赏，表示他“从未想到会有如此紧凑而齐备的机器，它操作简便但功能很强，甚至连最复杂的汉字也能打出来”。中国语言学家兼哈佛大学教授赵元任评价道：“不论是中国人，还是美国人，只要稍加学习，便能熟悉这一键盘。……我认为这就是我们所需要的打字机了。”[44]

在宣传明快打字机的过程中，一个决定性时刻是在雷明顿打字机公司曼哈顿分部的演示。如果明快打字机的表现正如林语堂所承诺的那样出色，那么雷明顿打字机公司将与默根特勒公司合作，为这一项目提供巨大的资金投入。对于林语堂来说，这将是一个极大的成功，在现代信息技术的两大领域——打字技术和整行铸排技术——都是如此。林太乙在关于父亲的回忆录中提到，去雷明顿公司演示的那天上午，外面下着倾盆大雨。“父亲和我提着一个包着油布的木箱，从我们的公寓搭计程汽车到雷明顿打字机公司在曼哈顿的办事处。”“木箱里就是我们的宝贝打字机。”[45] 演示打字机的重

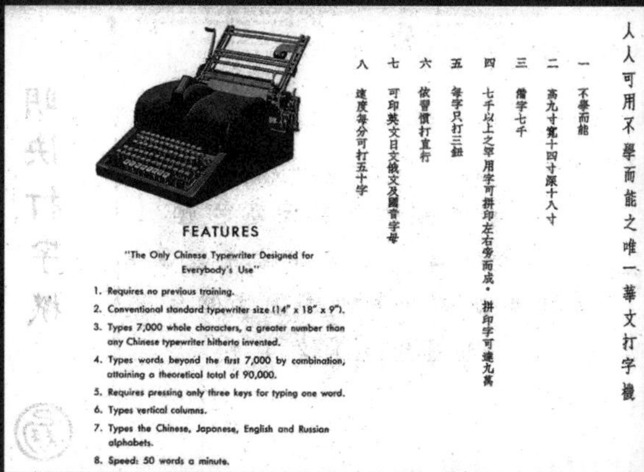

6.9
宣传画："人人可用不学而能之唯一华文打字机"。

任落到了林太乙的肩上。会客厅里气氛安静严肃，坐着雷明顿公司的几位高级职员，打字机就放在一张小桌子上。[46]

林语堂首先向雷明顿公司的高管们做了简单的描述。世界上有1/3的人口使用汉字，有的是完全使用，例如中国（包括台湾、香港），也有的是部分使用，例如日本和朝鲜。一直以来，很多工程师都在努力为这一广大的语言群体研制打字机，然而一直不是很成功。林语堂强调，不论是由上海商务印书馆研制的常用字中文打字机，还是日产中文打字机，都无法为中文信息技术的谜题提供持久的解决方案。而这一难题，最终将由明快打字机来解决。林太乙回忆道："父亲说完之后，便指示我开始打字。"

在林语堂关于明快打字机的各种声明中，最大胆的是将他的打字机形容成"人人可用之唯一中文打字机"。宣传海报上的用语更是简洁："不学而能"。（图6.9）

为了证明这种打字机简单易用，林太乙经常需要向前来林家拜访的记者演示。如果要让大家相信父亲的话，就肯定不能让身为语言学家、《纽约时报》畅销作者和作为发明者本人的林语堂来给大家演示了。操作者必须是林太乙这样的“普通”人，而她需要使这台打字机看起来操作简便。

而且演示打字机的人也需要是一位女性。我们之前提到，在当时的中国，中文打字员的形象都是年轻的女性或男性。不过，在当时美国、欧洲、日本及其他发达国家，文秘工作几乎已经完全由女性来承担了。由于林语堂的宣传和筹资带有明显的国际性，美国的商业人士、文化组织和媒体机构都对林语堂的工作充满了期待，因此，需要认真遵循“打字员”与“年轻女性”相结合的国际惯例。[47]

林太乙对当时演示的细节记忆犹新：

> 在众目睽睽之下，我开电钮，按了一键，打字机没有反应。我再按一键，还是没有反应，我感到尴尬得不得了，口都干了。又再按一键，也仍然没有用。父亲赶快走到我身边试打，但是打字机根本不肯动。会厅里一片肃静，只听见一按再按的按键声，然而这部打字机死也不肯动。再经过几分钟的努力，父亲不得不向众人道歉。于是我们静悄悄地把打字机收入木箱里，包在湿漉漉的油布里，狼狈地退场。[48]

林太乙心里犯嘀咕，不知道雷明顿公司的这些高管当时会怎么想，或许会认为她父亲是个“疯癫的发明家”。[49] 外面依然在下雨，林语堂暗自思索是否应该取消他们第二天召开记者会的计划。这真是一次可怕的尴尬，或许也是一次必经的尴尬。回家后，林语堂给

6.10
林语堂和林太乙的照片，“发明家展示他的中文打字机”，顶点新闻图片社——纽约分局（Acme News Pictures—New York Bureau），1947 年 8 月 21 日。

工厂的工程师打电话。工程师很快便赶了过来，经过一番修理，明快打字机很快便运作如常了。[50] 第二天的记者会照常举行，但这天的窘迫遭遇却是刻骨铭心的。

在之后的三天里，位于格雷西广场 7 号的林家俨然成了明快打字机新闻发布会的现场。来自本地和国际中文报社的记者们簇拥着林太乙，纷纷喊着“林小姐！林小姐！”[51] 父亲在一边静静地看着，人们无疑都对她的演示十分感兴趣，她成了媒体关注的焦点。为了向报社记者展示这台打字机可以打出“任何”文本，林语堂邀请记者“随便选个字”，之后“林小姐就会将这个字快速高效地打出来”。[52] 后来对该事件的报道中，这种关于打字员性别的潜在观念在《纽约世界论坛报》（*New York World Tribune*）中体现得尤为明显，报道中附了一张照片，但记者显然并未意识到这位年轻女士的真实身份。图注 :“身为作家和哲学家的林语堂博士看着一位秘书操作一台可打印中文、英文、日文和俄文的打字机”。（图 6.10）[53]

而且，林太乙的操作在各方面都堪称完美无瑕。[54]她使明快打字机看起来非常简单易用，甚至曾向《洛杉矶时报》（*Los Angeles Times*）表示“只用了两分钟便学会使用”这台打字机了。[55]经过一番成功的展示，明快打字机的推广很快便取得了成果。单在8月22日一天，《纽约时报》、《洛杉矶时报》、《纽约世界论坛报》、《纽约论坛导报》（*New York Herald Tribune*）、《旧金山纪事报》和《中西日报》（*Chung Sai Yat Po*）均刊文报道了明快打字机，后来还有来自《芝加哥论坛报》（*Chicago Tribune*）、《基督教科学箴言报》（*Christian Science Monitor*）、《商业周刊》（*Business Week*）和《新闻周刊》（*Newsweek*）等的报道。[56]在这年秋冬时节，相关文章开始出现在主流的科学、技术杂志上，包括11月的《大众科学》和12月的《大众机械》（*Popular Mechanics*）等。如林语堂所说，明快打字机似乎注定将成为第一台能够在知名度和所获赞誉上与西式打字机平起平坐的中文打字机。

明快打字机的“失败”和输入的诞生

如果你认同明快打字机是现代中文信息技术史上的一个重大突破，那么你可能期望它能横扫中文市场，成为中文打字机历史上第一个应用最广泛的机型。然而现实并非如此。当时仅有的一台明快打字机原型机已经遗失了。大约在20世纪60年代，它被默根特勒莱诺整行铸排机公司的某位员工一声不吭地丢掉了。明快打字机始终未得到量产，或许被送往了纽约或新泽西的某个垃圾场，被深埋在堆积的垃圾之下；或许被拆得七零八落，熔成了一汪铁水。为何它未能得到量产？该如何解释它的失败——这失败在 20 世纪中叶的中文信息技术史中意味着什么，又隐藏了什么？

通过林语堂与其密友赛珍珠夫妇的私人通信，我们可以看到他的明快打字机梦想如何走向破灭。他曾写信给赛珍珠，恳切地向她寻求资金帮助。1947 年 5 月，赛珍珠如是回复道："亲爱的语堂和凤，收到您的来信后，我与理查德辗转难眠，知道您在财务上的困境，却不知如何能帮您。"为了研制明快打字机，由作家转行为发明家的林语堂投入了巨额资金，而且很快便担负了沉重的债务。此前，当明快打字机刚刚研发成功时，他曾兴奋地向多年的合作伙伴兼好友赛珍珠夫妇寄送亲手制作的"出生"卡片，而当他再次来信为之借钱时，想必是非常窘迫的。

赛珍珠细述了自己主办的杂志《亚洲》所面临的财务困境，以及自家农场的经营状况。"我正努力使农场实现自给自足，但就像您的打字机一样，想获得收益就必须先投入。""亲爱的朋友，我不得不说，就像我对我妹说的，我现在有吃有住，这些我可以与您分享，但我没有钱。"[57]

如果说林语堂当时资金困难的加剧使明快打字机项目成功的机会变得前途渺茫，那么 20 世纪 40 年代末的地缘政治形势则使该项目雪上加霜。随着中国内战形势的急剧变化，默根特勒莱诺整行铸排机公司以及美国其他打字机公司越来越担心其专利权在中国共产党战胜之后的命运：公司的一份内部报告推测，"在共产党统治的国家，几乎寻求不到对专利的保护"[58]，而且"可能会施加进口和外汇管制"。[59] 更重要的是，默根特勒莱诺整行铸排机公司看到了久违的“中文字母”来临的曙光，但是这位将“中文字母”传入中国的“卡德摩斯”并不是20世纪20年代的“汉字拼音字母”，而是毛泽东所号召的中文全盘罗马化（虽然后来并未实行）。马丁·里德（Martin Reed）在默根特勒公司的内部报告中提出：“有消息认为共产党倾向于使中文罗马化，这一计划必然会降低人们对于林氏打字机的需求。……如果教育系统以罗马化文字为基础，那么对于明快打字机的需求将会迅速消失。”[60] 报告最后总结道：“鉴于中国当前的政治和军事发展形势，这一研发计划应当进行相应调整，最大限度地降低相关人员投入和资金投入，直到该国形势变得明朗。”[61]

不过，即使在1949年毛泽东向世界宣告中华人民共和国成立之后，认为明快打字机还将拥有一定市场的乐观看法仍然普遍存在。在美国，由哥伦比亚大学教授张钟元（Chung-yuan Chang）主持的华裔高中毕业生群体对明快打字机的测试仍在进行，而且不断传出积极的测试结果。一份内部报告指出：“张博士表示，林语堂的分类系统是迄今为止的各种系统中最好的。”[62]1949年之后，人们对明快打字机的兴趣依旧不减，特别是在美国政府、联合国和当时很多知名的亚洲学者之间。人们觉得，除了打字领域外，明快打字机对其他技术也多有帮助，其中最主要的是在电报传输和平版印刷上。明快打字机“被巧妙地运用到中文电码的加密和解密之上”，而且当与平版印刷技术结合时，“林氏打字机就可以成为一个简单经济的印刷厂的核心部件，而且必要时还可以用中型货车运输”[63]。看来，明快打字机可以被打造成一件强有力的生产工具。[64]

然而，随着朝鲜半岛的局势越发紧张，明快打字机的丧钟还是

6.11
美军宣传片中刻画朝鲜战场上的中文打字员形象的影片（截图）。

响起了。一旦中国决定派遣“志愿军”入朝作战，一旦事实表明中国军队与以美军为首的“联合国军”之间的一场恶战在所难免，明快打字机项目的一切希望就都将破灭。颇为讽刺的是，我们可以从当时在朝的美国陆军第八集团军（EUSAK）心理战部队制作的一段黑白影片中得知明快打字机的死讯。（图 6.11）影片中有一位年轻的女性文员（很有可能是台湾人）正在使用一台带字盘的常用字中文打字机打印传单，以供联军轰炸机在朝鲜半岛的中国人民志愿军控制区散发。传单企图劝诱志愿军战士相信他们的指挥官正在带领他们走向一条“必死之路”。[65] 看来，明快打字机已经失败了。

不过，在试图解释明快打字机为何失败时，我们可能忽略了一个极为重要的事实：它并不失败。虽然明快打字机是在 1940 年代末问世的一台原型机，但它的意义却绝不仅限于此：正如我们在本章开篇探讨的，它是一种全新的人机交互的例证，时至今日仍然与各种中文信息技术有着密不可分的关系。明快打字机标志着“输入”的诞生。如前所述，“输入”的核心意义是一种技术语言环境，操作者在其中并不是用打字机来打出汉字，而是去找出汉字。与“打字”动作不同的是，“输入”动作是操作者利用键盘或其他输入系统向一个受协议支配的中介系统发出指令或提供标准，从而使该系统将符合上述标准的候选汉字呈现给操作者的过程。这些标准的具体特征——不论是语音上的还是字形上的，不论键盘或操作所用设备的形状或设计如何，都与输入的核心概念无关。正如作为整体的书法并不被限定在某支毛笔上，活字并不被限定在某个字体一样，输入也不被限定在任何一种特定的输入系统之上。不论是林语堂的符号系统、仓颉输入法的符号系统，还是由搜狗、谷歌等公司采用的拼音系统，输入法本身都构成了一种新的人机交互模式，这种模式实际上涵盖了无数种可能的方法、协议和符号系统。因此，作为一种开发于 1930 年代、问世于 1940 年代的特定设备，明快打字机可能确实失败了；然而，作为一种新的机械书写和人机交互模式，明快打字机标志着中文信息技术的转变，这种转变可能连其发明者林语堂本人都不曾预料到。

注 释

1 Matthew Fuller, *Behind the Blip: Essays on the Culture of Software* (Sagebrush Education Resources, 2003).

2 此外，用户可以通过多种方式实现个性化输入体验，这极大地拓展了潜在的输入方案。而在英文打字过程中，要想输入“t-y-p-e-w-r-i-t-e-r”这个单词，我们只有一种方式。这让中文输入显得更加有趣了。

3 “Front Views and Profiles: Miss Yin at the Console,” *Chicago Daily Tribune* (October 10, 1945), 16.

4 同上。

5 相比之下，好利获得 MS25 型打字机长约 14.2 英寸（约 36.1 厘米），宽 14.2 英寸（约 36.1 厘米）。

6 “Chinese Project: The Lin Yutang Chinese Typewriter,” Smithsonian, n.d., multiple dates encompassed (1950), 1.

7 Ann Blair, *Too Much to Know: Managing Scholarly Information before the Modern Age* (New Haven: Yale University Press, 2010); Mary Elizabeth Berry, *Japan in Print: Information and Nation in the Early Modern Period* (Berkeley: University of California Press, 2006).

8 陈有勋：《四角号码检字法与部首检字法的比较实验报告》，《教育周刊》第 177 期（1933），第 14—20 页。

9 1916 年，有人主张：“在中文语言的各种难题当中，索引体系的缺乏或许是最严重的一个。”“除非书籍能够得到明智的编排，使其内容及相应位置能够被快速找到，否则大量书籍都将在很大程度上失去用处。” John Wang (H. L. Huang), “Technical Education in China,” *Chinese Students' Monthly* 11, no. 3 (January 1, 1916): 209–214.

10 假如我们要用电影来呈现这种情形，那么最贴切的摄影技术应该是滑动变焦，也就是让摄影机从这个主体（即中国）身上逐渐拉开，但同时保持镜头始终聚焦于其面孔。这样呈现的效果就是：让一个静止主体周围的空间发生扭曲并形成纵深，从而传达出一种突然意识到的疏离感。

11 J. J. L. Duyvendak, “Wong's System for Arranging Chinese Characters. The Revised Four-Corner Numeral System,” *T'oung Pao* 28, no. 1/2 (1931): 71–74.

12 蔡元培：《介绍点直横斜检字法》，《现代学生》第 3 卷第 4 期（1931），第 1—8 页。又见《对于检字法问题的办法》，《东方杂志》第 20 卷第 23 期（1923）第 97—100 页。

13 蒋一前：《中国检字法沿革史略及七十七种新检字法表》，中国索引社，1933。其中至少有 26 种体系都是基于笔画的。

14 关于高梦旦，详见 Reed, *Gutenberg in Shanghai*。

15 林语堂：《汉字索引制说明》，《新青年》第 4 卷第 25 期（1918），第 128—135 页；林语堂：《末笔检字法》，载《语言学论丛》，台北：文星书店出版有限公司，1967，第284页。

16 Lin Yutang, "Explanation of Chinese Character Index," 128–135；林语堂：《末笔检字法》，载《语言学论丛》，第284页。

17 蒋一前：《中国检字法沿革史略及七十七种新检字法表》，第1页。

18 关于进化论及其在现代中国思想中的地位的精彩研究，见 Andrew F. Jones, *Developmental Fairy Tales: Evolutionary Thinking and Modern Chinese Culture* (Cambridge, MA: Harvard University Press, 2011)。

19 蒋一前：《中国检字法沿革史略及七十七种新检字法表》，第1页。

20 Chen Lifu, *Storm Clouds Over China: The Memoirs of Ch'en Li-fu, 1900–1993,* ed. Sidney Chang and Ramon Myers (Stanford: Hoover Institute Press, 1994), 42.

21 同上，第70页。

22 同上，第19—23、71页。

23 为了证明专门化产品种类的激增，陈立夫举了玫瑰味肥皂的例子。

24 Chen Lifu, *Storm Clouds Over China*, 32.

25 《五笔检字法的原理及应用》，上海：中华书局，1928；以及《姓氏速检字法》。在同友人依依饯别，并将机要科的职责移交给陈布雷（1890—1948）之后，陈立夫抽出一部分精力投入到对他提出的"五笔"体系的研发和改进中。他发表了《五笔检字法的原理及应用》和《姓氏速检字法》，运用这种方法编排了500个中文姓氏。

26 杜定友：《民众检字心理论略》，载钱亚新、白国应编《杜定友图书馆学论文选集》，北京：书目文献出版社，1988，第340—350页。原载于《教育与民众》第6卷第9期（1925）。

27 这里杜定友指的是编码0033，按照四角号码检字体系，其对应的汉字是"戀"。

28 杜定友：《民众检字心理论略》。

29 顺便一提，作为资深的企业家，杜定友还宣称自己发明了"圕"这个字，用来作为"图书馆"这个三字词组的简写形式。

30 Lin Yutang, "Features of the Invention," Archives of John Day Co., Princeton University, box/folder 14416, call no. CO123 (c. October 14, 1931), 3.《是是非非：汉文打字机》，《南华文艺》第1卷第7/8期（1932），第103页。

31 Lin Yutang, "Features of the Invention," 3.

32 林语堂从中国教育和文化促进基金会获得了一笔3500美元的特别赠款，用来支持他的打字机项目。见 Edward Hunter, "Increasing Program of China Foundation," *China Weekly Review* (August 8, 1931), 379。

33 Lin Yutang, "Features of the Invention," 3.

34 同上，第5页。

35 同上。

36 资料来源：John Day Company, Princeton University, box 144, folder 6, no. C0123。他首先提出，林语堂的机器的内部构造是以哈蒙德打字机为基础的，这种机型的特点是具有弧形的字体梭。林语堂建议把这些机械的字体梭改造成他的形旁、声旁和整字，然后在纸面上把这些字符组合起来。他把这些部件排列到 30 根字符棒上，每根字符棒上有 32 个字符栏，每栏有 4 个字符位。“这根字符棒和字符栏可以显示某个汉字所属的组别。”如果是左右结构的汉字，进位架不会向前移动。他把这称为“机械设计”。同上，第 4—5 页。

37 同上，第 2 页。实际上，林语堂同麦基恩·琼斯在此处所说的这种关联或许并不只是巧合，当我们把林语堂在 1931 年收到的一封信翻到背面时，我们发现了 5 个无比模糊的字母：RMcKJ，是罗伯特·麦基恩·琼斯的签名，签名旁边有一个印章“Remington Typewriter Company”（雷明顿打字机公司）。这位就是我们在第四章提到的雷明顿公司的“排字大师”，他在若干年前设计了一种基于中文注音符号的中文打字机系统，并申请了专利，但这也是一个失败的设计。

38 同上，第 4 页。林语堂在 1937 年和 1938 年的两个冬天写给小理查德·华尔希（Richard Walsh, Jr.）的三封书信为我们揭开了林语堂早期持续进行中文打字实验的隐秘历史，包括他在研制明快打字机之前的机型。其中第一封信的落款时间为 1937 年 12 月 16 日，林语堂转述了洛克菲勒基金会的约翰·马歇尔（John Marshall）的观点，他认为，该项目要想成为现实，“需要一位具有强大发明头脑的工程学教授”，并推荐说“或许麻省理工学院是合适的地方，再加上其他一些机构（国际商业机器公司，那儿有个能人发明了无线电电传机）”。林语堂对塞尔斯卡·冈恩（Selskar Gunn）坦白说，他“不知道建造第二台模型机需要花多少钱”，而且在手头的书稿（很有可能是《京华烟云》）完成之前，他无法将精力完全投入到该项目上。见林语堂致赛珍珠夫妇书信，1937 年 12 月 16 日，资料来源：John Day Co., box 144, folder 6, call no. C0123。在几乎恰好是一年之后，林语堂又给华尔希写了两封信，进一步探讨了打字机的问题。这两封信是林语堂在自己位于（巴黎）尼古拉路 59 号的家中写就的，在信中，林语堂先概述了他同冈恩和马歇尔的对话，他还计划在第二天与他们会面，继续讨论“我的方案”。第二封信，落款时间是 1938 年 12 月 21 日，回顾了他与冈恩的谈话细节，这封信还提到了一份附件，可惜并未保存在文档记录当中：林语堂所称的“首个模型”的两张照片。“秘密就隐藏在这种键盘和这些语言学成果当中，你可以把所有这些材料展示给感兴趣的方面。专利申请书是由纽约的一位律师，圣约翰大学的霍勒斯·曼（Horace Mann）的兄弟负责提交的，地点是上海，时间是 1931 年冬。”林语堂致赛珍珠夫妇书信，1938 年 12 月 13 日。资料来源：John Day Co., Princeton University, box 144, folder 6, call no. C0123。

39 “Chinese Project: The Lin Yutang Chinese Typewriter,” Mergenthaler Linotype Company Records, 1905–1993, Archives Center, *National Museum of American History*, Smithsonian Institution, box 3628, multiple dates in 1950 listed, 5.

40 林太乙：《林语堂传》，台北：联经出版社，1989，第 235 页。

41 同上。

42 同上。

43 同上。

44 其他的报道包括，杨名时：《林语堂式华文打字机的原理》，《华文国际》第 1 卷第 3 号

(1948)，第 3 页。

45 林太乙：《林语堂传》，第 236 页。

46 同上。

47 对男性打字员理念最熟悉的主管非默根特勒莱诺整行铸排机公司的主管们莫属，因为该公司将这一理念做到了极致，其莱诺整行铸排机自始至终都由男性操作。然而林语堂的明快打字机与之不同，它属于文员型打字机，因此，这些主管无疑也会将该机型与他们办公桌上的机器等而视之，而不似那些奋战在打印车间的"莱诺工"，热火朝天地为全世界的报纸读者忙碌着。

48 林太乙：《林语堂传》，第 236—237 页。

49 同上。

50 纵观我所翻阅的所有史料，这一故障的具体原因均未被述及。

51 林太乙：《林语堂传》，第 237—238 页。

52 转引自 *Chinese Journal* (May 26, 1947), included in Archives of John Day Company, Princeton University, box 236, folder 14, number CO123。

53 "Lin Yutang Invents Chinese Typewriter: Will Do in an Hour What Now Takes a Day," *New York Herald Tribune* (August 22, 1947), 13.

54 在相关庆贺的消息发出后，曾帮助林语堂设计明快机型的意大利工程师（林的传记中并未注明其姓名）开始声称明快打字机其实是他发明的，不是林语堂。他威胁要起诉林语堂。正如林太乙所说，她和父亲都觉得这很可笑，一个连中文都不会讲的意大利人竟然说这是他发明的。林语堂也找了一位律师，但对方威胁起诉的事情最后似乎也不了了之了。在林太乙的传记中，未再提及这位意大利工程师，我翻阅的史料中也无更多记述。Lin Taiyi, *Biography of Lin Yutang* , 238.

55 "Chinese Put on Typewriter by Lin Yutang," *Los Angeles Times* (August 22, 1947), 2.

56 "Just How Smart Are We," *Daily News New York* (September 2, 1947), clipping included in Archives of John Day Company, Princeton University, box 236, folder 14, number CO123; Harry Hansen, "How Can Lin Yutang Make His New Typewriter Sing?," *Chicago Daily Tribune* (August 24, 1947), C4; "Lin Yutang Invents Chinese Typewriter: Will Do in an Hour What Now Takes a Day," *New York Herald Tribune* (August 22, 1947), 13; "New Typewriter Will Aid Chinese: Invention of Dr. Lin Yutang Can Do a Secretary's Day's Work in an Hour," *New York Times* (August 22, 1947), 17.

57 赛珍珠致林语堂书信，1947 年 5 月 4 日。资料来源：赛珍珠国际档案馆（Pearl S. Buck International Archive）。

58 Martin W. Reed, "Lin Yutang Typewriter," Mergenthaler Linotype Company Records, 1905-1993, Archives Center, National Museum of American History, Smithsonian Institution.

59 同上。

60 同上。

61 同上。

62 “Chinese Project: The Lin Yutang Chinese Typewriter,” Mergenthaler Linotype Company Records, 1905–1993, Archives Center, National Museum of American History, Smithsonian Institution, box 3628, multiple dates in 1950 listed, 4.

63 同上，第 4—5 页。

64 同上，第 5 页。

65 “Psychological Warfare, EUSAK Compound, Seoul, Korea (1952),” National Archives and Records Group, ARC identifier 25967, local identifier 111-LC-31798.

7

第七章 打字抵抗

一个人排三、四千字不算多，如果大家都排三、四千字，可就多了。

——

排字工人张继英，1952 年

在着手写作本书之前，我已经留意了中文打字机多年，当时对它的理解还不是那么深刻。在为我的第一本书——关于中国的民族识别史——调研的过程中，我反复研读了一些由云南省的社会科学学者撰写的民族学和语言学研究报告。他们在撰写报告时经常需要用到中文打字机，而这后来也成了我的研究对象。多年以来，人们对中文打字机一直是熟视无睹的。[1]

我联系了相关领域的同事和朋友，组建了一个非正式“搜查团队”，以寻找更多“失窃的”文字。我提供了一个快速识别打字文件的方法（特别是如何将其与印刷文件相区别），请求他们根据这种方法帮我调查他们的个人藏书和馆藏资料。判别的线索包括：在打字文件中，偶尔会夹带一些手写的汉字（例如一些生僻字，这是由于打字机中缺少相应的铅字）；不同段落的字迹深浅交替（这个问题我们在第四章讨论过）；文本的基线轻微起伏；以及字间距比正常的略宽。如果符合上述情况，目标就出现了。

从北京、上海、哈尔滨、昆明等大城市到中国的西部偏远地区，分散在中国各地的同事纷纷找到了中文打字机的痕迹。由此，中文打字机历史中的一段黄金时代跃然眼前。1950 年 5 月之前，哈尔滨市人民政府公安局政治保卫处打印了一份监察报告，内容是对当地天主教信众的调查情况。[2]1952 年以前，北京市副食品商业局党组便有了打字文件。[3]1955 年以前，中共河北省委机要处便有了打字文件。[4] 此外，打字机的使用并不仅限于较大的城市中心。在陕西省宝鸡县，1957 年就出现了关于当地情况调查报告的打字文件。[5] 其中最有说服力的是，我们找到了偏远的农牧区——青海省泽库县在 1956 年至 1957 年间的多份打字文件。[6] 很快，爱国中文打字员的形象也出现了，他们为建设国家、巩固革命成果、规划经济和进行阶级斗争打出相关文件，因而受到赞誉。1956 年 3 月，随着中文打字机的形象首次出现在宣传海报上，中文打字机的历史取得了新的进展。（图 7.1）[7]

中文打字机在 20 世纪 50 年代的活跃程度超乎我的想象，不论在使用范围还是使用方式上，都超过了民国后期。当时一系列蓬勃发展的社会政治运动和经济运动使中文打字员肩负着前所未有的重任。他们需要打印大量经济报告和用低效油印机印刷的文字材料，供全国各个工作单位普遍开展的“学习班”使用。由于打字员的工作实在过于繁重，一些工作单位开始将打字工作外包给非官方的“打字誊写社”，这一现象引起了政府的注意。随着独立经营的小规模打字社的大量出现，政府对技术语言产品的生产工具的控制有所放宽，因此，用于印制和分发讲话稿、政治学习指南和统计资料的“三件套”——打字机、打印蜡纸和油印机，也被用来经营小规模的灰色出版业。

中文打字机也被用来复制整本书刊，这种复制书刊被称为“打印本”（经过打字和油印的版本），这种印刷方式非常普遍，以至于“打印”一词到计算机时代又被用于指称“（电脑）打印”和“激光

7.1
歌颂中文打字员的宣传海报。

打印机”。在 1968 年的一份打印本中，一个红卫兵打出、油印了毛主席诗词，并在国际劳动节上发放。还有更为热忱的，如“云南大学毛泽东主义炮兵团外语分团宣传组”的组员，他们将毛主席在 1957 年至 1958 年发表的讲话从《人民日报》《中国青年报》《新中国双月刊》《河南日报》等报刊上摘录下来，用打字机重新打印。总篇幅长达 28 万字的讲话稿汇编，一页又一页密密地排布成打字机文本，整个打字和油印过程可能需要花费 100 至 200 个小时，也就是 4 至 8 天的时间。(图 7.2)[8]

打印本占据了介于手抄本与出版社印刷本之间的广阔地带，且该状况一直延续到改革开放时期。当时面向全国发行的文学杂志《今天》被人评为“1949 年以来中国第一份非官方杂志”，它也是用打字机加蜡纸油印的方式印制的。[9]

不过，中文打字机在 20 世纪后半叶最令人着迷的地方不在于它流行的程度或范围。在打字员忙碌的工作中，一些天才的革命性创见正在萌发。毛泽东时代的众多秘书和文员在打字机的字盘上做起了文章，他们试着改变字盘中汉字的编排方式，从而有了一系列新的发现。他们不再满足于遵循部首－笔画编排法，或是我们在上一章所提到的由中国知识分子创造的各种实验性的汉字检索系统，而是走上了一条“彻底脱离”[1]的道路。具体而言，为最大限度地体现书面语言中往往成组出现的汉字组合，他们创造了个性化的自然语言汉字编排方式，包括常见的二字组合（即“词”），以及共产主义专有名词和专门用语，例如“革命”“社会主义”“政治”等。[10] 随着成组出现的汉字之间的关联得到加强，同时也由于共产主义语言的重复性特征，利用这种实验性编排方式的打字员每分钟最高可以打 70 个字，或至少比民国时期的打字速度快 3 倍还多。

换句话说，在毛泽东时代的打字员中，我们看到了已知最早的，对当今所谓“预测文本”（predictive text）[2]的信息技术开展的实验和运用，这种技术形式如今已成为中文搜索和输入法的普遍特征。实际上，正如我们在上一章中探讨的，如果说“输入法”已成为现代中文信息技术的一大支柱，那么第二大支柱无疑就是预测文本。想来令人吃惊，我们在数字时代里如此熟悉的一种技术竟然有着如此深厚的根源：中文的预测文本技术是在计算机时代来临之前，在机械式中文打字机的背景下发明、推广和完善的。而且，它的发明无法归功于任何一个发明者，是由无数个不知名的打字员点点滴滴的努力汇合而成的。

[1] 原文为“radical departure”，这里有双关语的意味，既可理解为“彻底脱离”，又可理解为“与部首脱离”。——译者注

[2] 预测文本，一种输入技术，它能根据用户正在输入的单词首字母或句子中的其他词，将所预测的文本建议提供给用户。——译者注

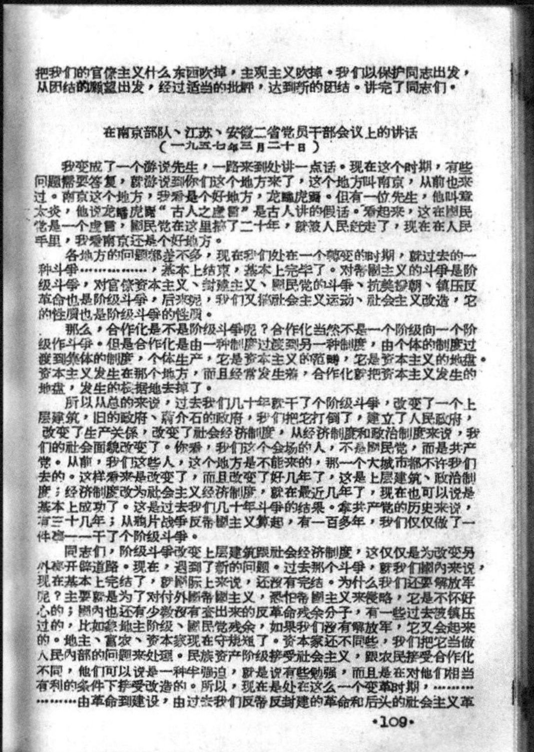

把我们的官僚主义什么东西吹掉，主观主义吹掉。我们以保护同志出发，从团结的愿望出发，经过适当的批评，达到新的团结。讲完了同志们。

在南京部队、江苏、安徽二省党员干部会议上的讲话
（一九五七年三月二十日）

我变成了一个游说先生，一路来到处讲一点话。现在这个时期，有些问题需要答复，就游说到你们这个地方来了，这个地方叫南京，从前也来过。南京这个地方，我看是个好地方，龙盘虎踞。但有一位先生，他叫章太炎，他说龙盘虎踞"古人之虚言"是古人讲的假话。看起来，这在国民党是一个虚言，国民党在这里搞了二十年，就被人民赶走了，现在在人民手里，我看南京还是个好地方。

各地方的问题都差不多，现在我们处在一个转变的时期，就过去的一种斗争……………，基本上结束，基本上完毕了。对帝国主义的斗争是阶级斗争，对官僚资本主义、封建主义、国民党的斗争、抗美援朝、镇压反革命也是阶级斗争，后来呢，我们又搞社会主义运动、社会主义改造，它的性质也是阶级斗争的性质。

那么，合作化是不是阶级斗争呢？合作化当然不是一个阶级向一个阶级作斗争。但是合作化是由一种制度过渡到另一种制度，由个体的制度过渡到集体的制度，个体生产，它是资本主义的范畴，它是资本主义的地盘。资本主义发生在那个地方，而且经常发生着，合作化就把资本主义发生的地盘，发生的根据地去掉了。

所以从总的来说，过去我们几十年就干了个阶级斗争，改变了一个上层建筑，旧的政府、蒋介石的政府，我们把它打倒了，建立了人民政府，改变了生产关系，改变了社会经济制度，从经济制度和政治制度来说，我们的社会面貌改变了。你看，我们这个会场的人，不是国民党，而是共产党。从前，我们这些人，这个地方是不能来的，那一个大城市都不许我们去的。这样看来是改变了，而且改变了好几年了，这是上层建筑、政治制度；经济制度改为社会主义经济制度，就在最近几年了，现在也可以说是基本上成功了。这是过去我们几十年斗争的结果。拿共产党的历史来说，有三十几年；从鸦片战争反帝国主义算起，有一百多年，我们仅仅做了一件事——干了个阶级斗争。

同志们，阶级斗争改变上层建筑跟社会经济制度，这仅仅是为改变另外开辟道路。现在，遇到了新的问题。过去那个斗争，就我们国内来说，现在基本上完结了，就国际上来说，还没有完结。为什么我们还要解放军呢？主要就是为了对付外国帝国主义，恐怕帝国主义来侵略，它是不怀好心的；国内也还有少数没有查出来的反革命残余分子，有一些过去被镇压过的，比如像地主阶级、国民党残余，如果我们没有解放军，它又会起来的。地主、富农、资本家现在守规矩了。资本家还不同些，我们把它当做人民内部的问题来处理。民族资产阶级接受社会主义，跟农民接受合作化不同，他们可以说是一种半强迫，就是说有些勉强，而且是在对他们相当有利的条件下接受改造的。所以，现在是处在这么一个变革时期，…………………由革命到建设，由过去我们反帝反封建的革命和后头的社会主义革

·109·

7.2
打印本的《毛主席思想万岁 1957 年 -1958 年文集》，1958 年。

中国首位"模范打字员"

1956 年 11 月，一位打字员在中国的中部城市洛阳完成了一项壮举：利用一台机械式中文打字机——也就是我们在本书中非常熟悉的打字机形式——在 1 小时内打了 4730 个汉字，平均每分钟将近 80 个字，创下了一项新的纪录。[11] 虽然与操作字母文字打字机相比，这个速度似乎不算什么，但如果与当时中文打字员的平均打字速度（每分钟 20 至 30 字）相比，这项纪录便非常可观了，是当

时平均打字速度的 2 至 4 倍。而且，这项纪录的创造并没有借助电气自动化手段或任何新的打字机形式，而只是通过重新编排字盘上的汉字实现的。这位打字员脱离了长期以来的部首 – 笔画编排系统，也绕开了民国时期的各种实验性汉字检索系统，将字盘中的汉字编排成了一个个自然语言簇（natural-language clusters），从而最大限度地体现了汉语实际书写中倾向于成组出现的汉字之间的邻接性和关联性。

中华人民共和国成立之初的几十年里，一些报纸热衷于报道“模范工作者”的事迹，也就是那些凭借毅力和智慧，创造出前所未有之成绩的无产阶级先进人物。对于此类热情洋溢的报道，我们虽然不能一味地盲目相信，但在洛阳的“模范打字员”事件上，一组特别的档案资料和证物让我有理由相信这个报道的真实性，包括其中的数据。

为简要介绍该打字员的编排系统，我们先来研究一则 1953 年的报道中的一例样本编排表。我们可以从图 7.3 中看出这种实验性编排方式的原理。

先从带有灰色底纹的“告”字开始，在与它毗邻的字框里我们可以看到“报”和“转”两个字，这两个字都可以与“告”联立，组成常见的两个词 :“报告”和“转告”。以这两个汉字为基础，我们可以从这个关联系统中找到更多的关联层次。在“报”字附近，我们可以找到另外三个可以与它构成意义词组的字 :“呈”、“汇”和“转”，分别可以与“报”字搭配形成“呈报”、“汇报”和“转报”。此外，“上”字可以同附近的“下”、“边”和“述”字分别组合形成“上下”、“上边”和“上述”。从总体上看，图片中的这个

到	得	獲	述	…	…	…
何	達	評	邊	上	…	…
轉	告	如	下	准	予	以
呈	報	領	導	批	判	所
匯	並	請	指	示	復	速

7.3
新型汉字编排形式的样本，源自《“新打字操作法”介绍》，《人民日报》1953 年 11 月 30 日，第 3 页。

区域里包含了不少于 25 个完美关联的词语，以及另一套与之关系接近的词语系统。要知道，在这个小小的样本区域里仅有 30 个字（整个字盘有 2450 个字，全都是以类似的关联方式编排的）。若依照常规的部首 – 笔画编排法，这些字不会距离这么近，相对而言这种编排方式的信息密度非常大。利用这种基于新式汉字编排法的中文打字机，1950 年代早期的众多打字员发起了现代最具影响力的技术语言实验之一。

这种变革不仅仅是想象力或认识力上的一种飞跃，更是在特定的政治环境下对机器和人体之间存在的一种长久而深刻的物质关系的明证，这种关系也被英格丽德 · 理查森称为“技术人体学”情结（technosomatic complex）。[12] 只有将其置于我们一直以来所探讨的一段更长的历史进程中，我们才能更好地理解在社会主义革命时期人们为何突然对打字机字盘中的汉字重新编排：它是由成千上万的打字员和排字工人以集体化的、非语言的方式，在与铅字和字盘的互动中，用个人的、触觉的而且大多不为人知的经验汇聚而成的。正是在这种群体活动中，在不计其数微观的历史瞬间，以及，在当时充满歌颂和激励的政治环境下，随着铅字被一次次拣起、放回，随着撳手杆在字盘汉字之间的一次次移动、下压，向自然语言编排方式的这种跨越才最终变得可见、可行。只有结合中文技术语言实践的特性，我们才能更好地理解这段历史，这段“具体的历史，因内化为第二天性而被人们遗忘了的历史”[13]。

中国第二次白话文运动

第二次白话文运动是一次分散的民间运动，虽无从溯源，但我们还是能根据现有的证据在一定程度上把握其轮廓。其中最早的明显证据并非某个打字员，而是一个名为张继英的排字工人的活动。他因1951年《人民日报》上刊载的一篇报道《开封排字工人张继英努力改进排字法创每小时三千余字新纪录》而为人所知。[14]张继英当时已从事排字工作十余年，工作地曾从郑州转到开封，既学习过老式的“二十四盘字架”，也掌握了新式的“十八盘字架”，而且排字速度非常惊人（经过多年实践，每小时可排1200至2200个字）。[15]不过，就在中华人民共和国成立后的几个月里，他经历了一种所谓的灵感迸发，开始对字架进行全面的、实验性重组——正是这种实验让他最终在1951年取得了如此成绩。

张继英注意到同事们的一种习惯，就是把日常工作中经常用到的汉字组合放到一起。例如，他们明显违背了部首 - 笔画编排法，将“新”“华”“社”放在了一起，连起来就是“新华社”。张继英后来解释道：“我想，像这样把一组有关系的字放在一处，拣起来一定好得多。”[16]

于是，张继英开始把这一原则运用到他的整个字架上。字架上很快便有了超过 280 个二字词组，8 个三字词组，甚至还有 7 个四字词组，他把这种编排方式叫作“连串”。[17] 他引入了一些名词和术语，例如“革命”“美帝”“解放军”“农业”，以及其他很多那个年代的说法。这种词语在法语里被称为“cliché”，指的是印刷机的“铅版”，其上蚀刻有常用短语，而非单个字母。[18] 该词源自法语动词“clicher”（铸版、制版）的过去分词，与印刷铅字被排入版位时所发出的声音有关。经年累月，“cliché”衍生出了现在的“陈词滥调”之义。

张继英并没有像他的同事那样只对字架做小范围的特定调整，而是将这种编排方法拓展到几乎整个字架。此外，张继英的连串并不是一成不变的，而是会根据所印文本的特性和整体的政治环境变换。[19] 张继英解释说，如果“工人运动资料”成为一段时期内的主题，那么他会连串摆上“生产”“经验”“劳动”“纪录”等词。有时候，某个具体宣传活动会主导媒体的关注点，张继英便重新调整他的字架，换上“抗美援朝”等词和短语。[20] 如此，张继英开始将自己的身体和字架转变为那个年代修辞的化身，这不是对某些重点词语的简单重复，而是使他身体的每个部位——包括手指、手掌、手腕、手肘、眼睛、余光、关节、动作、预期反应等，都对那个年代修辞的独特韵律产生高度的适应性和敏感性。

后来，张继英进一步改进了他的新式汉字编排系统，打破了自己的纪录：每小时排字 4778 个，每分钟近 80 个，这个纪录在 1952 年 7 月 29 日被中央新闻纪录电影制片厂中南摄影队记录了下来。[21] 与此同时，党和国家也在宣扬这名先进无产阶级劳动者的光荣事迹：张继英作为模范劳动者，发挥个人主动性，利用业余时间将自身工作能力提高到其他人难以想象的高度，敢于打破“旧规程”，并以此向广大人民证明，人的创造力是无穷的，我们永远不能骄傲自满。[22] 由于张继英脱离了习惯做法——敢于打破常规，他的工作效率远高于死板守旧的方法。张继英认为：“一个人（每小时）排三、四千字不算多，如果大家都排三、四千字，可就多了。”[23] 不久，党和国家邀请张继英参加 1952 年的“五一”表彰大会，并帮他出了一本详细解释自己工作方法的书，安排他到全国各地印刷厂推广经验，接受他入党，并鼓励其他人学习甚至超越他的方法。(图 7.4）[24]

张继英的工作方法很快就被效仿。1952 年，上海商务印书馆改革字盘，运用了同样的连串字系统，打字速度有了明显提高。[25] 井冈山报印刷厂也将工业标准的二十四部字盘改为所谓的“八字式”字架，并采用了连串字编排法。开封市出了一个模范排字工人张继英，而井冈山市也有了自己的骄傲：排字工人王新顺在 1958 年 4 月 10 日打破了江西省纪录，每小时排字 3840 个。同年，王新顺又刷新了自己的纪录，达到每小时 4100 个。[26]

1958 年，连串字法得到了广泛应用，中国人民大学新闻学研究所发表了一份关于版面设计和排版的手册，重点介绍了该方法。[27] 其中将该方法称为“连语字盘”或“串连字字盘”，并解释如下：

7.4
张继英。

> 要尽可能把连用的、关联的词放在一块，例如“解”“决”“问”“题”这四个字就分别在互相接连的四个小格中。[28]再如像“建”“设”“祖”“国”，“提”“高”“产”“量”这类的字也分别放在一起，这样拣起字来就方便多了。[29]我们还可以设想用放射性或连锁性式来配置常用字盘，比如“人”“民”“公”“社”→“会”“主”“义”等，[30]如此放射出去，就好像作游戏的“顶针续线”一样，拣字时非常顺手。[31]

其中阐述了另一种类似的方法，就是将相关的词组一同放到主题区。在一个区间内，排字工人可以把“美帝”“侵略”“破坏”等词组放在一起，将其命名为“贬义字盘”。[32]然后把另一个区域命名为“社会主义名称的盘”，将“社会主义”“合作”“毛主席”等词放进去。[33]

在“毛主席”和“社会主义”后面，我们看到了“等等”一词，这有着极为深刻的启示意义，它提示我们要注意人的元认知潜力，因为它就是这种编排法的核心。也就是说，运用这种自然语言编排法时，我们不能像一只呆板的学舌鹦鹉，只知道不假思索地念叨惯常的政治表达和措辞。相反，我们必须对它们的重复性和规律性保持高度敏感——把它们想象成连串，据此编排字架或字盘，以使得效率最大化。张继英的排字法的成功在于对那个年代独特的措辞韵律产生了一种最大程度的敏感和预期，这不仅体现在“毛泽东”和“干部”等词汇上，也涉及政治语境中经常出现的一些中性词，如“教育”“存在”“根据”等。张继英的能力在于他在自身与当时一种公开的、权威的、标准化的语言之间建立了一种非常私人甚至隐秘的关系，从而增强了他为党和国家服务的能力。从这个意义上说，个人主义是对国家权力完全适应且有所贡献的。

中文打字和“民众科学”

前文提到，张继英先是注意到了同事将“新华社”三个字放到一起的习惯，他自己并不是第一个想到将白话文分类法应用于排字工作中的人。不过，他或许是第一个试着将这种方法在逻辑上发展到极致的人：他将“连串字”系统拓展到整个字架，而非某个特定的区域。这种思路也适用于中文打字领域，正如我们在第三章和第四章中提到的，中文打字机字盘里的字模不是固定的，可以移动和替换。虽说自然语言簇的应用实验在 20 世纪 50 年代才达到了前所未有的地位和水平，但实际上，早在民国时期的中文打字机

蘇	洲
浙	江
龍	北
黑	湖

7.5
华文打字机“特用字区”样本（早于 1928）。出自《华文打字机文字排列表》，字表包含在《华文打字讲义》（生产于 1928 年之前，大约 1917 年）。

中，便已有了少量的“预测”属性。有两点值得探讨。第一，我们还记得，民国时期的打字机字盘中有一个“特用文字”区，其中的汉字并非按照部首分类或笔画数排列。实际上，就在这个 4 列宽，34 行长的条状区域里，汉字被编排起来组成常用的二字词和多字短语，例如“中华民国”。[34] 而且，打字员精心编排了该区域的汉字，以组成全国各省的省名。例如，将“蒙”和“古”左右并列，组成“蒙古”。而对于那些在多个地名中出现的汉字来说，排列方式就更加复杂和有意思了，例如“江”、“湖”、“南”、“西”、“東”（东）、“山”。（图 7.5）例如，“江”的左边是“浙”，与之组成“浙江”；它的左上方是“蘇”（苏），与之组成“江苏”；它的左下方是“龍”（龙），正下方是“黑”，它们组成“黑龙江”。[35]

另一个例子来自报社记者、编辑和语言改革者陈光垚于 1928 年 8 月 26 日写给商务印书馆编辑室主任王云五的一封信，王云五就是上一章所提到的“四角号码”检字法的发明者。在了解到商务印书馆有中文打字机部后，陈光垚建议王云五考虑重新编排该公司的打字机字盘，尽量缩小那些自然同现（naturally co-occurring）汉字的间距。陈光垚举了一些例子，既有二字词语，也有多字词语，包括“然则”“中国”“发明”“三民主义”“世界”，以及“意料之外”等更长的成语。[36]他解释说，如此排列后，只需几个字便可实现很多组合。比如简单的“发”“明”“达”“光”四字序列就可以产生“发明”“发达”“光明”等常用词，比部首－笔画编排法要省时省力不少。此外，还可以对一些常用的副词进行更合理的编排，并非按照字典的次序，而是放到那些经常与之同现的汉字附近。

不过，陈光垚的实验性建议并未被商务印书馆采纳，也未见于其他中文打字领域。实际上，从民国时期大量的打字文件中看来，不论在理论上还是应用上，他的方法体系都再也没被提及。相反，所有证据都表明，虽然当时的打字机一直有使用自然语言编排法，但仅仅局限于字盘的“特用字”区域。

不过，到中华人民共和国成立早期，情况就完全不同了。张继英之后，自然语言编排法很快便被借鉴到中文打字领域。1953 年 11 月，《人民日报》报道了沈蕴芬的事迹。[37]她是上海人，1951 年，17 岁的她参加了中国人民解放军。同年 10 月，朝鲜战争期间，她被调到华北军区总部担任打字员。据她讲述，起先她打字很慢，曾因此十分沮丧和焦虑，人也瘦了下去。后来经一位同事指导，她的打字速度提高到了每小时 2113 字。虽然进步很大，但她对此仍然不够满意。

她决定采用刚学会的“新打字操作法”[38]，其发明者王家龙按照与张继英的“连串字”法相同的邻接原则，根据打字机字盘的形状，将张继英的线性一维编排拓展至矩阵状二维编排。新打字操作法的工作原理被称为“副词放射团”，具体而言：“以一字为核心，向外放射。”打字员可以向每个汉字周围 3 至 8 个字空里填入尽可能多的汉字。[39] 得益于这种多维性，打字员就能突破排字工人在排字架前右手拣字的方式，试着竖向编排和斜向编排。这也使得这些毗邻区域之间的关联成为可能，从而构成一个不断延伸的关联网络。

脱离部首 – 笔画编排法之后，一个拥有无限可能的广阔天地便徐徐开启。沈蕴芬的打字速度不断提升，达到了每小时 3012 字。1953 年，她在华北军区的打字竞赛中以每小时 3337 个字的成绩一举夺魁。1953 年 1 月 25 日，年轻的沈蕴芬被授予“一等功臣”荣誉称号和“二级模范”奖章。1955 年 9 月，她在全国青年社会主义建设积极分子大会上受到了毛主席的接见。[40]

民国时期陈光垚关于排字法的建议失败了，20 世纪 50 年代自然语言簇的应用实验却形成了热潮，这种鲜明对比提醒我们思考一个重要的问题：为何一直到了社会主义革命时期，这种早已存在的技术语言方法才成为人们关注和探索的对象？在整个字架中仅占极小部分的“新”“华”“社”序列的逻辑，如何变成整个字架的编排原则？同样地，在民国时期打字机字盘上仅占不足 6% 的“特用字”区域的排字规则，为何最终征服了剩余 94% 的字盘区域？首先可以排除的一种解释就是，民国时期在语言改革上创新性、实验性和反传统性不足。恰恰相反，我们在上一章提到，清末和民国时期，各种汉字编排和检索方法层出不穷，众多改革者对《康熙字典》及其部首 – 笔画编排系统诟病良多。那为何直到 20 世纪 50 年代，这种预测文本的策略才开始在排版车间和中文打字机的字盘上发扬光大？毛泽东时代自然语言实验的迅猛发展又该如何解释？

为理解这一现象，我们必须考虑 1949 年之后在政治上发生的三个关键变化：中国共产党对“民众”知识或“群众”知识的支持和歌颂；当时的措辞虽达不到“可预测”的程度，却也可以说是在日益固定；中华人民共和国刚刚成立不久，对打字员工作效率的要求前所未有地高。[41] 具体说来，首先，党不仅支持、鼓励非精英群体广泛参与到古生物学、医学和地震学等多个领域的研究中，而且号召对中文语言进行一次全面的、自下而上的重组，以寻求一种有别于以往各种汉字分类方式的，属于群众的分类法，它需要更能反映“普通人”是如何组织其语言世界的。[42] 如果连医学和物理科学都能够实现无产阶级化，能够“对‘科学属于精英’这一理念发起挑战”，那么文字编排系统又何尝不可呢？[43] 第二个变化涉及政治话语的高度固定化——“意识形态门类和语言的系统化”在中华人民共和国成立初期开始影响或许整个文本生产领域。[44] 这不仅体现在一些典型的关键词中（例如“斗争”和“无产阶级”），也体现在大量被弗朗兹·舒尔曼（Franz Schurmann）称为“看似普通却具有特殊含义的”词语中，例如“意见”和“讨论”。[45] 第三个变化见于从事政府事务的中文打字员人数的大幅增加，这一点我们在本章开篇便已提到。到 20 世纪 50 年代中后期，中文打字员和中文打字机遍布全国，在政府日常工作以及一系列运动（打字员要为这些运动制作经济报告和油印材料）中，发挥着越来越常态化的作用。特别是在“大跃进”时期，打字员的工作压力不断加重，以致中文打字领域也形成了一种类似的元叙事（metanarrative），打字员也开始用“指标”和“生产”等特色语言来描述他们的工作。各地的打字员及工作单位互相竞赛，以期大幅超越计划，提高“生产”效率，即每月和每年打字的总数量。

在上述三个条件的共同催化下，中文打字机的字盘开始朝一种前所未有的语言学布置转向。这种实验有着无限的可能性。打字员可以按照自己的意愿尝试对字盘上将近 2500 个字体进行无数种编排，这就使汉字编排方式实现了完全的民主化。而且，在这一过程中，有可能建立起一个系统，它同时完全适用于两种事物：一是个人的身体，包括其显著的个人特质和动作习惯；一是那个时期日益标准化的话语。

去中心化，中心化?

看到张继英、沈蕴芬以及其他模范分类学者在大众媒体上被表彰，我们可能会禁不住设想：党、政府和行业精英一定发现了这种新的、去中心化的分类法实验的好处，那么也一定会鼓励中文打字员在这条道路上大步前进，开辟新的未来。但事实并非如此。党和行业精英虽然赞扬了张继英，但其实并不认为其方法可以被各地的中文打字员广泛采用。张继英和沈蕴芬虽然都是模范人物，但党和行业领导并不认为所有的排字工人和打字员都能效仿。毛泽东时代早期的打字机行业并没有进一步推动这种用户主导的白话文分类法实验，而是开始沿着中华人民共和国成立初期很多媒体机构都遵循的一条共同道路走了下去：中心化。他们开始使这种新的白话文分类法走向标准化和中心化。

通过 1953 年 8 月 30 日天津一次会议的记录，我们可以深入了解中华人民共和国成立初期打字行业人士的想法。会议名为“修改打字机字表会议”，与会的有52名代表，分别来自制造商、打字学校、中共天津市委、天津市政府和其他30多个工作单位。他们回顾了中文打字机行业的近况，并对未来的发展发表了看法。

与会者最关心的就是行业的标准化问题。其中一名代表认为，“万能式中文打字机旧的字盘表，在选字和排列方面，都存在一些缺点，并影响了打字效率的提高”。[46] 更多代表则提出，打字机制造商普遍缺乏统一的标准，所用的字表也都不一样。在这个标准化和理性化的时代里，人们再也不能对这种趋势坐视不管了。会议中还特别提到了党的汉字简化运动和废除“异体字”的倡议。[47] 与会代表们认为，如果能在中文打字领域推行同样水平的标准化工作，将会大有裨益。例如，一旦中文打字机字盘能统一装配，编辑就能出版统一适用的检字索引和打字练习课本。“这对于（打字机的）学习和使用有很大的帮助。”一位代表总结说。[48]

此外，天津市打字改革委员会也清楚地注意到了当时的白话文分类法实验，只是他们没想过可以将其大范围地推广。他们在报告中称这些方法为“放射字团”——“以一字为核心，特关联的复词，排在上下左右。”他们虽然对这种排字法表达了一定的赞赏，但也指出了其中存在的至少三个问题。第一，它并没有“一定的次序”，只是依赖于“强记摸索”。第二，由于汉字通过相互联络构成了大量词汇组合，因此放射法很难实现综合性。第三个也是最为关键的问题就是，它明显具有特异性和个性化。采用此法的打字员一旦调离岗位或是生病，很难有人能接替其工作。因此，打字改革委员会认为这种方法无法满足需要，它还算不上是绝佳的。[49] 与张继英、沈蕴芬等人的事迹形成鲜明对比的是，天津市这次会议的与会人员达成了一个重要共识：中文打字机应当保留工业标准的部首－笔画编排法。

不过，如同某种安慰，打字改革委员会也提出了更为温和的建议。他们承认，在一个具体的部首类别中，汉字没有必要严格按照笔画数排列。如果其中两个汉字经常共同出现，那么就可以将它们并排，尽管这样会违反笔画数规则。[50]据了解，应用这种“放宽的”部首－笔画字盘的打字机最早生产于约 1956 年，那就是万能中文打字机。万能打字机原来是日本生产的，但如今已经被中国的制造商所掌握。[51]相对于张继英的排字架，这种字盘要保守得多，与其说是对部首－笔画法的抛弃，不如说是“调整”：部首分类仍然不变，只是同一部首的汉字可以不按照笔画数排序。

我们可以从万能打字机“氵”部首分类内汉字的排列方式上看到这种松动。“泽”的左边是“毛”字：打字员可以连续地将它们打出来，组成伟大领袖毛泽东的名字的前两个字。与此同时，剩下的那个“东”字的位置还是保持不变，仍然位于它在当时所有打字机字盘里应该出现的位置：与另外三个表示方向的字并排放在“特用字”区。因此，从万能打字机中，我们看到了打字行业对于这种自下而上的白话文分类法实验的最初回应。打字机制造商和行业领导不愿意打破部首－笔画编排系统，而是提出了一种折中的观点，认为如果想要更快地打出常用词组和名称，打字员只能从自身技能上下功夫。同时，他们警惕地指出，即使是对部首－笔画系统的放宽，也要慢慢来，使用者还需要时间学习和适应。虽然一定数量的个体化调整是“可行的”，[52]但天津市打字改革委员会同时指出，“最好不要再大改装”。

显然是受到了20世纪50年代中期在地方层面展开的白话文分类法实验的挑战和启发，打字机行业也有一些更大的改变：1956年“改良”的中文打字机首先使用了“开箱即用”的自然语言字盘。就字盘编排而言，部首－笔画分类法完全被打破了，制造商根据在当时的日常用户间最流行的原则创立了自己的白话文编排法。[53]从某种意义上说，这一举动是在支持地方层面白话文分类法实验，但同时，它也进一步维护了打字机行业的中心化和标准化。在这台打字机上，对字符的编排不再从属于某个具体的打字员的身体，而从属于由制造商自己定义的一个假想的、一般化的打字员的身体——一种“一般人”，虽然不同于我们在第六章提及的那种。可以想见，一旦转向了白话文编排法，相应的课本和字表也会跟着大量出现。此外，在打字学校和打字课堂里接受训练的打字员也会像之前记部首－笔画系统一样，开始记这种新的字表。换言之，就像20世纪上半叶中国的精英发起的第一次，也是更为著名的白话文运动一样，打字机行业的人们也怀着同样的热情，希望实现一种白话文的标准化。

打字抵抗

打字机制造商可能会满足于“改良”的字盘而不思进取，但打字员却不会。中文打字员在很多方面都将重组字盘的想法发挥到了极致，这一历史发展过程进一步凸显了用户驱动技术变革的重要性：每个打字员个体根据其自身的种种特性，按照自己的意愿组织其字盘，从而构成了汉字编排在整体上的民主化。[54] 这种组织方式没有标准和中心化可言，实际上其可能的变化也是无穷无尽的(2500 个字符可以有将近 1.6288×107528 种不同的编排方式)。[55]

从这个意义上讲，中国打字员对“模范打字员”和“模范排字工人”的中心化宣传的重视与认真程度远超中央权威的预期，他们创造的打字机形式既能体现其身体向当时的修辞的深入延伸，也能体现其身体对这种措辞的深度摄入。他们完全告别了字盘上的部首－笔画编排系统，同时也脱离了任何得到集中认可的所谓“出发点”，致力于创造一种完全适用于自己身体和 20 世纪 50 年代话语的编排系统。因此，接下要做的就是探索出无数种高度个体化的，通向一套日益僵固的、标准化政治话语的路径。通过让这种语言机械完全从属于身体——这里的人体不是某个集中决定的、想象的身体，而是通过民主的、经验的和个体化的方式确立的所有人的身体，这使人们与当时的修辞装置形成一种更加完美的，甚至更加私人的关联和热忱成为可能。

虽然字盘编排的方式不计其数，但打字员很少对字符进行盲目或随机的重组。白话文分类法的逻辑越发清晰，甚至还形成了一个实践团体，人们可以在其中分享和学习相关原理。实际上，对中文打字行业来说，这种去中心化的、用户驱动的重组实践变得如此重要，以至于从 20 世纪 60 年代起，自然语言实验开始表现出正式化倾向，其目的不是中心化，而是去总结出某些“最佳操作”。1960 年，王桂华与林根生合著了一本书，深入探讨了人们该如何编排白话文字盘的问题。[56] 他们概述了改装字盘时需要考虑的各种影响因素，以及在改装过程中需要时刻注意的某些空间 – 语言因素。

书中比较了白话文字盘的两种改装方式：“逐日改进”和“一次改排”。他们解释说，对字盘的逐日改进就是每天改动一点，仔细地记录哪些汉字的使用频率更高而哪些更低，然后有选择地移动这些高频字和低频字，并详细记录这些改动。王桂华与林根生建议，“逐日改进”法最适用于只有一名打字员的工作单位，因为这样会最小化他对单位的工作流程造成的影响，而且以这种方式重新编排的字盘也更便于记忆。不过，这种方法也有缺点。由于字盘中有 2000 多个汉字，这一改进过程可能会变得相当漫长——如果每天调整 6 到 7 个汉字，需要将近一年的时间。此外，或许最重要的是，这一零敲碎打的渐变过程毫无章法可言。采用这种方法的打字员无法进行通盘的准备或考虑，这就增加了做出不明智决定的风险：某个决定初看起来似乎是适当的，但后来可能被证明是有害的，而且难以补救。

“一次改排”法则更为极端。经过全盘的勘测和筹划，打字员可以在工作之前将字盘完全清空，然后根据一个经过仔细划定的字汇蓝图将铅字逐个填补回去。通过一次性手脑协同作业，这种方法可以实现一步到位。不过，“一次改排”法也有明显的风险。首先，这会给打字员施加巨大的记忆负担，需要其尽快记住一个全新的盘面（这是一项颇有挑战性的任务，即使这个新系统是打字员亲手创制的）。书中解释说，一旦新的编排设置完毕，建议打字员利用业余时间记忆新的字盘表，越准确越好，这样才能跟得上这种变化。如果打字员没有在重排后的第一天就把整个字盘表记住（这几乎是必然的），那么其生产力和打字速度就必定会在一段时间内受

舒式华文打字机（1930 年代）	联合国教科文组织（巴黎）使用的中文打字机（1970—80 年代）[1]			联合国（日内瓦）使用的中文打字机（1983 年代）[2]		
母	委	社	建	东	东	东
每	员	会	议	黑	黑	黑
比	毛	主	席	哥		席
毛	泽	义	谈	河	列	著
毫	东	阵	判			

1 该区域其他明显的组合包括“委员会”“社会主义”“建设”。

2 该区域其他明显的组合包括“黑哥”（Hegel，即黑格尔）和“马列”。

7.6
“毛”字在三种中文打字机字盘上的位置。

到影响。因此，对于只有一名打字员的工作单位而言，“逐日改进”法更为适用。书中总结：“总之，改排字盘必须要细致、认真，不能草率从事。但也要克服各种保守和怕麻烦的思想情绪……”[57]

此外，书中还详细评述了打字员可采用的一些最佳排布系统，主要聚焦于五种空间－语言方案：集团式、放射式、堡垒式、连韵式和重复字式。[58] 按照集团式方案，打字员先往字盘中放入一个字，然后把与之相关的汉字摆放在它的四周，再以四周的每个字作为一个新起点，进一步构建集团群。这里的例子是“时”。以它为核心，将“平”“同”“及”“暂”“小”“随”“临”等字排在周围。这些汉字每个都可以与“时”关联而组成常用的二字词组：“平时”“同时”“及时”“小时”“随时”“临时”。至于按照堡垒式，就是将地名、人名或术语排入字盘上一个专门的区域，即使这些词语彼此之间不能联络成片。例如，将所有的国家名放在字盘的右下区，而将一些人名放在字盘的左下区。[59]

在整个毛泽东时代乃至后续时期，打字员都在采用和钻研由他们总结的这些方案。有两台中国生产的中文打字机，在20世纪70和80年代分别由两个中国打字员在两个地方使用——位于日内瓦的联合国和位于巴黎的联合国教科文组织。在这两台打字机的字盘上，我们发现了一些共同的排列方式和特殊的差异，从中可以看出指引这场白话文运动的因素和策略。[60] 这两个案例表明，打字员参与的是一个持续的、情境性“小修小补和权宜安排”的过程，这种“重构”与阿黛尔·克拉克（Adele Clarke）、琼·藤村（Joan Fujimura）和露西·萨奇曼（Lucy Suchman）等人在其他“用户－机器”情境下所探讨的“重构”并没有什么区别。[61] 我们可以以“毛”字为例比较这两台打字机，并将它们与建国前期按照部首－笔画协议编排的打字机相比较。（图7.6）

如图所示，民国时期的打字机里的“毛”字是按照部首－笔画法编排的，它位于字形中带有“毛”字结构的“毫”字之上。而在联合国教科文组织和联合国使用的打字机上，这两位打字员却有着完全不同的思路。他们将“毛”字置于特定的政治布局内：它的正下方是“泽”和“东”（构成毛泽东的全名）；正左边是“主”和“席”（构成“毛主席”）。按照这种布局，在联合国教科文组织使用的打字机上，仅需移动两个单位距离便可打出“毛泽东”一词。相比之下，若使用民国时期的打字机，则需移动大约57.66个单位距离：从坐标为（34，37）的“毛”，到‘54，5’的“泽”，再到（35，11）的“东”。对于“毛主席”“委员”“独立”“计划”“攻击”“民族”等词，情况也是一样。[62]

将所有这些微小变化加以统筹考虑，我们就会发现一些革命性

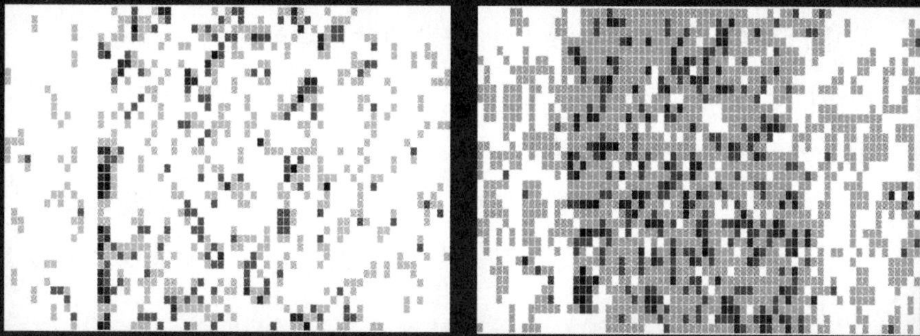

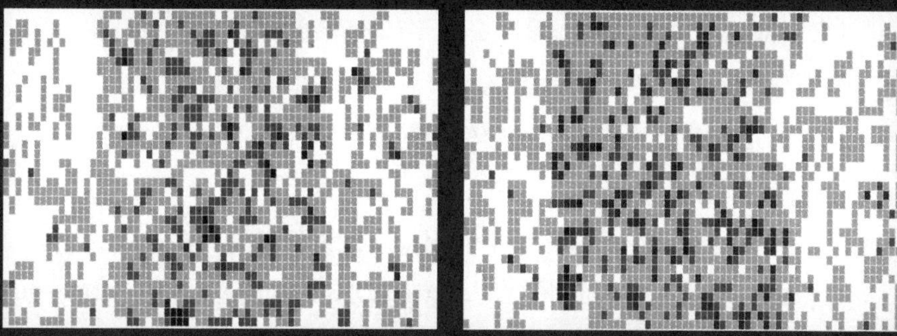

7.7 ∧
“预测性转向”前后两台打字机的热图对比。

7.8 ∨
两台自然语言字盘的热图对比。

的东西。如果将两张字盘——一张来自民国时期，一张来自自然语言编排运动之后——转化为热图，我们就可以看出这种新的分类形式所产生的显著效果。（图 7.7）[63] 在热图中，每个方格的颜色深度代表某个特定汉字可以与之组词的毗邻汉字的数量，其中白色代表 0（表示该汉字无法与其他任何毗邻汉字组词），灰色由浅到深按照 1 至 8 的级别显示（8 表示该汉字可以与所有毗邻汉字组词）。

从中，我们可以看到中文信息技术的“预测性转向”（predictive turn）——一个革命性的白话文分类法，它从概念和实践的层面构成了我们如今称为“预测文本”的基础。

由此看来，毛泽东时代的人们用中文打字机开展的实验最终产生了一个明显“热度更高”的字盘，在其中，无法与毗邻汉字组词的汉字只占很小的部分。

再来比较联合国教科文组织使用的字盘与联合国使用的字盘（它们都运用了预测文本编排法），结果两者的“热度”都很高，我们可以由此看到这种实验性运动所具有的去中心化和民主性。虽然其目的是充分利用当时措辞的僵固性和重复性，但每一张字盘都是极度个体化和私人化的。（图 7.8）

这种实践中存在巨大的个性化空间，也就是说，在这些词汇之外，还有很多因素需要考虑。创建预测文本字盘时，人们必须考虑很多问题，例如该将哪些汉字纳入其中；将哪些二字、三字和四字序列组成毗邻结构；在什么位置、如何构建这些毗邻结构；把最核心的汉字置于何处（以避免拥挤或堆叠）；如何安排某些“死胡同”汉字，即那些只能与少数特定汉字组词的汉字（如“天津”的“津”）；如何排布这些组合的走向，等等。而且，预测文本字盘很可能还存在一个助记维度，由此，打字员不仅能利用关联字团提高打字的速度，还能用其“辅助记忆”特定字团中的特定汉字（例如，通过记住“美帝国”的位置，来记住“美”字的位置）。创建预测文本字盘绝不是对僵化措辞的简单重复，而是一种极为灵活的“记忆练习”。[64]

到 20 世纪 80 年代末，自然语言编排法的使用在打字员中已

7.9 ∧
预测文本字盘排列表，1988。

7.10 ∨
一本打字手册中对“放射式”排列法的解释，1989 年。

经非常普遍，以至于打字机的制造商开始为顾客提供空白字盘表。制造商不再印刷 20 世纪 10 年代出现过的那种标注大约 2500 个汉字位置的传统的字盘指南，而是改印新的指南，其中有故意留出空白的字盘表，以及关于构建自然语言布局的一般原理的“建议”。（图 7.9）[65] 也有手册提供了关于如何构思自然语言布局的详细建议，但仍是让打字员自行决定如何将自然语言编排系统运用到自己的设

备上。（图 7.10）[66]

出版商和打字机公司曾经迫切地想将排字和打字领域的这些新的实验活动标准化和中心化，如今他们却不得不向这些基层的、用户主导的变化妥协，在中文打字行业的最后几年中，竭尽全力去沿着这条由“群众”所开辟的道路追赶。

注 释

1 Thomas S. Mullaney, *Coming to Terms with the Nation: Ethnic Classification in Modern China* (Berkeley: University of California Press, 2010).

2 哈尔滨市人民政府公安局政治保卫处。特别感谢沈迈克允许我查阅部分档案记录。

3 正如安东篱（Antonia Finnane）所言。

4 例如，1955 年由中共河北省委机要处出具的名为《请示国庆节抬像顺序问题》的 1955 年 8 月 30 日打字版报告。正如丹尼尔 · 莱瑟（Daniel Leese）编纂的档案藏本所示。

5 《中共宝鸡县委关于农民思想情况的调查报告》，1957 年 8 月 17 日。来自雅各希 · 艾费特（Jacob Eyferth）的档案收藏。

6 正如本诺 · 韦纳（Benno Weiner）的工作所显示的。

7 宣传画《任何劳动，都是完成五年计划不可缺少的劳动，都是光荣的劳动！》，周道悟绘制，1956 年 3 月，PC-1956-013，私人收藏，中国宣传海报艺术网（chineseposters.net.）。

8 《毛主席诗词》，1968。自称是红卫兵的人员打字油印版，国际工人节前后发行，作者私人收藏；《毛主席思想万岁 1957 年—1958 年文集》，1958。云南大学毛泽东主义炮兵团外语分团宣传组成员打字油印版，作者私人收藏。

9 Liansu Meng, "The Inferno Tango: Gender Politics and Modern Chinese Poetry, 1917–1980," PhD dissertation, University of Michigan, 2010, 1, 233–234.

10 《打字新记录》，《人民日报》1956 年 11 月 23 日，第 2 页。

11 同上。

12 Ingrid Richardson, "Mobile Technosoma: Some Phenomenological Reflections on Itinerant Media Devices," *fiberculture* 6 (December 10, 2005); Ingrid Richardson, "Faces, Interfaces, Screens: Relational Ontologies of Framing, Attention and Distraction," *Transformations* 18 (2010).

13 Pierre Bourdieu, *The Logic of Practice* (Stanford: Stanford University Press, 1992), 57.

14 《开封排字工人张继英努力改进排字法创每小时三千余字新纪录》，《人民日报》1951 年 12 月 16 日。原载于《河南日报》报道文章。

15 张继英最初是在郑州新华印刷厂工作。

16 张继英：《我的工作效率是怎样提高的》，载中南人民出版社编《张继英拣字法》，汉口：中南人民出版社，1952，第 20 页。

17 《开封排字工人张继英的先进工作法》，《人民日报》1952 年 3 月 10 日，第 2 页。

18 感谢卡姆兰 · 纳伊姆（Kamran Naim）提示我这个词语的词源。

19 Franz Schurmann, *Ideology and Organization in Communist China* (Berkeley: University of California Press, 1966), 59–68; Alan P.L. Liu, *Communications and National Integration in Communist China* (Berkeley: University of California Press, 1971), 139.

20　《开封排字工人张继英努力改进排字法创每小时三千余字新纪录》。

21　张继英：《我的工作效率是怎样提高的》。

22　Sigrid Schmalzer, *The People's Peking Man: Popular Science and Human Identity in Twentieth-Century China* (Chicago: University of Chicago Press, 2008), 126–128.

23　张继英：《我的工作效率是怎样提高的》，第 21 页。

24　《各地来京参加“五一节”观礼的劳动模范　决心进一步搞好生产回击美国细菌战罪行》，《人民日报》1952 年 3 月 7 日；张继英：《我的工作效率是怎样提高的》，载《张继英拣字法》，第 21 页。

25　何继曾：《排字浅说》，上海：商务印书馆，1959，第 41 页。

26　虽然井冈山报印刷社取得了一定的成功，但令家乡引以为豪的张继英仍然保持着记录。他一举打破了自己在 1952 年创造的每小时排字 3820 个的记录，在大跃进时期据称达到了每小时排字 4890 个、5538 个和 6252 个的纪录。见《张继英再创拣字新纪录》，《河南日报》，1959 年 3 月 30 日，第 1 页。

27　中国人民大学新闻学研究所编《报纸的排字和拼版》，上海：商务印书馆，1958。

28　这四个字放在一起就组成了“解决问题”这个短语。

29　这些字组成了“建设祖国”和“提高产量”这两个短语。

30　通过共同的“社”字，这些字组成了“人民公社”和“社会主义”两个短语。

31　中国人民大学新闻学研究所编《报纸的排字和拼版》，第 29 页。书中认为这种方法类似于“顶针续线”，其更常见的说法是“顶针续麻”。这是一种中文文字游戏，一组选手轮流说四字成语，每个人所说的成语必须以上个成语的尾字作为头字。这种游戏可追溯至《诗经》，并流行于宋元时期，它可能出自口占诗歌的传统，作为一种助记方式。其与中世纪普罗旺斯的游吟诗人的“首尾叠韵”技巧有几分相似，也就是将一句诗末尾的字作为后一句诗的开头。Nicholas Morrow Williams, “A Conversation in Poems: Xie Lingyun, Xie Huilian, and Jiang Yan,” *Journal of the American Oriental Society* 127, no. 4 (2007): 491–506.

32　Journalism Research Institute of the People's University of China, ed., *Typesetting for Newspapers*, 29.

33　同上，第 30 页。

34　《华文打字机文字排列表》；以及《华文打字讲义》（约 1917 年）。

35　同样的排列体系也适用于对“南”字。位于“南”字正上方的是“湖”字，组成“湖南”；左侧是“雲”（云）字，组成“雲南”；正下方是“河”字，组成“河南”。关联和排布最精密的可能就是“西”字了，与该字毗邻的有“藏”、“陜”（陕）、“廣”（广）和“山”字，构成“西藏”、“陜西”、“廣西”和“山西”等名称。

36　陈光垚：《简字论集》，上海：商务印书馆，1931，第 91—92 页。

37　沈蕴芬：《我热爱党分配给我的工作》，《人民日报》1953 年 11 月 30 日，第 3 页。

38　《“新打字操作法”介绍》，《人民日报》1953 年 11 月 30 日，第 3 页。

39　同上。

40　全国青年社会主义建设积极分子大会。胡耀邦在纪念五四运动 35 周年的讲话中提到了沈蕴芬的名字，这次讲话内容刊载于1954年5月4日的《人民日报》上。见胡耀邦：《立志作社会主义的积极建设者和保卫者》，《人民日报》1954年5月4日，第2页。她的名字也见于程养之编《中文打字练习课本》，上海：商务印书馆，1956；邓智秀：《北京劳模沈蕴芬的事迹》，北京：电力劳模网2006年3月6日，www.sjlmw.com/html/beijing/20060306/2193.html（2010年1月23日访问）。

41 Fa-ti Fan, "Redrawing the Map: Science in Twentieth-Century China," *Isis* 98 (2007): 524–538; Schmalzer, *The People's Peking Man*, 8; Joel Andreas, *Rise of the Red Engineers: The Cultural Revolution and the Origins of China's New Class* (Stanford: Stanford University Press, 2009).

42 Fan, "Redrawing the Map"; Schmalzer, *The People's Peking Man*.

43 Schmalzer, *The People's Peking Man*, 126.

44 Franz Schurmann, *Ideology and Organization in Communist China* (Berkeley: University of California Press, 1966), 59; Michael Schoenhals, *Doing Things with Words in Chinese Politics* (Berkeley: Institute of East Asian Studies, University of California, 1992).

45 Schurmann, *Ideology and Organization in Communist China*, 58.

46 程养之编《万能式打字机适用中文打字手册》，上海：商务印书馆，1956，第1—2页。

47 同上。

48 同上，第2页。

49 天津市人民政府地方国营工业局红星工厂，《华文打字机字表改进报告》，TMA J104-2-1639（1953年10月），第10页。

50 天津市人民政府地方国营工业局红星工厂，第31页。举例而言：如果在实际使用当中，"手"字旁类别内有两个汉字需要组合在一起，构成一个常用的词汇，例如"打"和"拳"组成"打拳"，那么字盘设计者就需要把它们放在一起，哪怕这会影响到手字旁的其他汉字的笔画排序。

51 《万能式中文打字机基本字盘表》，载程养之编《万能式打字机适用中文打字手册》序言。

52 天津市人民政府地方国营工业局红星工厂。《华文打字机字表改进报告》，第10—11页。

53 1956年"革新"中文打字机字盘。

54 Ronald Kline and Trevor Pinch, "Users as Agents of Technological Change: The Social Construction of the Automobile in the Rural United States," *Technology and Culture* 37 (1996): 763–795.

55 这种做法也在很大程度上帮助打字员免于丢工作。虽然国家机关和制造商热衷于推动字盘的标准化以及标准化下的可替换性，可一旦打字员以极具个人性和个性化的方式对字盘进行了重排，那么他就不会被轻易替换掉。

56 王桂华、林根生编《中文打字技术》，南京：江苏人民出版社，1960。

57 同上，第11页。

58 需要强调的是，在1960年左右，预测文本字盘的发展已经明显达到了足够高的通用度和复杂度，王桂华与林根生所能演示的技巧也不止一种，而是有五种。

59 王桂华、林根生编《中文打字技术》，第8页。

60 现存瑞士洛桑打字机博物馆，均为上海计算机打字厂生产的双鸽打字机。联合国（日内瓦）所用的产于 1972 年，联合国（巴黎）所用的产于 1971 年。

61 关于“小修小补”，见 Adele E. Clarke and Joan Fujimura, “What Tools? Which Jobs? Why Right?” in *The Right Tools for the Job: At Work in Twentieth Century Life Sciences*, ed. Adele E. Clarke and Joan Fujimura (Princeton: Princeton University Press, 1992), 7。关于“重构”，见 Lucy Suchman, *Human-Machine Reconfigurations: Plans and Situated Actions* (Cambridge: Cambridge University Press, 2006)。

62 中华人民共和国成立后，中国的打字员们将这种白话文分类法实验推向了极致，甚至连标点符号和数字都被排成了预测性字符串。在标点符号方面，他们并没有像 20 世纪前半叶那样，把逗号、句号、问号、分号等放在一起，联合国教科文组织和联合国的打字员们将这些标点符号放在那些频繁或经常与之伴随出现的汉字附近。最能说明问题的是问号。由于中文是通过若干语气助词来表达疑问的，而且这些语气助词后面通常会跟着一个问号，所以联合国教科文组织的打字员决定把这些语气助词和问号放在一起。具体而言，在字盘上与问号相邻的汉字有：“吗”，最常用的疑问词，可以在不改变字词顺序的情况下直接把陈述句改成疑问句；“吧”，用在表示“……如何？”的语句末尾；“呢”，用在句尾，表示反问、建议和其他某些语境下的特殊含义。另外，与之前的“毛泽东”的例子一样，联合国教科文组织和联合国的打字机之间的差异也是非常明显的。哪怕这些打字员拥有某种共同的分类直觉，但这种直觉是可以由截然不同的字盘配置方式体现的。Song Mei Lee-Wong, “Coherence, Focus and Structure: The Role of Discourse Particle *ne*,” *Pragmatics* 11, no. 2 (2001): 139–153.

63 Geoffrey Bowker and Susan Leigh Star, *Sorting Things Out: Classification and Its Consequences* (Cambridge, MA: MIT Press, 1999). 热图是一种视觉化的数据，其数值用图中的色值来表示。

64 Geoffrey C. Bowker, *Memory Practices in the Sciences* (Cambridge, MA: MIT Press, 2005).

65 《中文打字机字盘字综合排列参考表》，载朱世荣编《中文打字员手册》，重庆：重庆出版社，1988。

66 实际上，自然语言字盘在当时已经非常流行了，甚至都传到了剑桥大学的办公室里。我在 2013 年 7 月访问剑桥大学时，剑桥大学图书馆中文馆的主任查尔斯 · 艾尔默就向我展示了他在几十年前自行设计的自然语言中文打字机字盘。

结语：

通往中文计算机历史与输入时代

继本书之后，我下一本书将研究中文计算机的历史。它发端于战后早期，从 20 世纪 70 年代起，随着中国（包括台湾地区）和日本的计算机科学家迅速成长，中文计算机领域迎来全面发展时期。这段历史涵盖了一系列五花八门的课题，例如机器翻译、计算机制图、计算机编程的兴起、软件革命、女性脑力劳动者的增多，以及个人电脑的发展等。这段故事的中心是一系列非同寻常的人物，包括国际商业机器公司（IBM）、美国无线电公司（RCA）、麻省理工学院（MIT）、美国中央情报局（CIA）、美国空军、美国陆军、美国国防部、美国兰德公司（RAND Corporation）、英国电信巨头大东电报局（Cable and Wireless）、硅谷、图形技术研究基金会（Graphic Arts Research Foundation）、苏联军方、日本工业界，以及中国的知识、工业和军事领域高层。

在考察这段历史时，我们仍然要从机械式中文打字机的实验说起，因为进入信息技术领域的门槛就是文字处理和早期计算机。借助各种输入设备，包括定制型键盘、QWERTY 键盘、压感触控面板，甚至早期的数位板，中国、美国、西欧和苏联的发明家和公司投入到一场更为复杂的对中文技术语言现代性的探索当中。随着中文计算机时代的来临，常用字法、拼合法和代码法这些曾经相对独立的模式之间本已松动的边界如今完全消融了，各种以其为基础的策略和实体也开始走向融合，汇聚成为新的技术语言形态。更重要的是，长期存在于书写与检索之间的边界——对它的首次跨越还是林语堂研发明快打字机时——现在完全消失了。与中文打字、活版排版、字典编排、电报技术及其他领域有关的方法和操作，也开始以各种组合形式出现在单个设备中。

最为重要的是，这本书将首次出现关于**输入**的探讨。作为一种新的技术语言环境，它正在悄悄地改变着人、机器和语言的关系——不仅在中国，也在全世界。输入构成了中文的一个新的历史时期的核心技术语言情境，且该情境不再依附于一个多世纪前作为字母文字世界想象力坍缩之产物的种种假想——那些随处可见的虚构的“嗒记”及其巨型中文键盘。这些虚构曾向全世界宣称，每个符号都有对应的按键，因此字母文字在技术语言方面具有内在的高效率和即时性，这是基于汉字的中文书写永远无法企及的。

如果说“嗒记”的出现标志着这种虚构的形成，那么明快打字机和输入的出现则宣告了它的灭亡，同时也打破了那些顽固的神话（所谓的某些书写系统比其他书写系统更高效，或者所有文字都是即时性的），拯救了中文，或许也拯救了文字本身。因此，如果说我们的故事始于“中文键盘”还被视为笑话的时代，那么现在我们来到了键盘在中国无所不在的时代，此时单纯的“打字”已经不复存在了——即便 QWERTY 键盘在中国随处可见，但它已徒有其表。不仅是对于语言，对于键盘来说也是一样：想要一切保持不变，就必须改变一切。

输入的兴起绝非顺水推舟，它的历史比我们想象的更为沉重。

输入的诞生，源自一段长达150多年辗转反侧、忍辱负重，当时，生活在中文信息环境中的人们从不被允许溜入即时性的美梦中，就像生活在字母文字世界的人们那样。当字母文字世界沉湎于QWERTY式、AZERTY式键盘等提供的便利和安逸时，中文世界的警报声却响个不停：莫尔斯电码、盲文、机械打字、整行铸排、单字铸排、穿孔卡片存储、文本编码、点阵打印、文字处理、个人电脑处理、光学字符识别，以及奥运会上按照字母顺序编排的各国代表团的入场顺序，汉字一次又一次地被排斥在“普遍性”之外。每一次排斥的发生，都促使人们进一步认清一个基本事实：中文，以及所有文字具有内在的任意性。这是对符号学基础原理的重现，即我们使用的能指与我们想指出的概念之间不存在固有的、一成不变的或自然的关联。从总体上看，中文在技术语言方面的这种不安状态持续了一个多世纪，在此期间，来自不同国家的工程师、语言学家、电报员、教育改革者、电话簿编制者、图书馆学家和打字员做出了各种尝试，最终只得无奈地放弃“即时性”神话，将非同一性作为键盘与显示屏之关系的出发点。由此，解决这一难题才变得可能。[1]

输入的兴起可能不太容易被理解和把握，特别是对于生活在“所打即所得”框架下的西方人而言。在我们置身的这个新时代，有三种可资类比的事物有助于认识“输入”与“打字”的区别：速记、远程通信和乐器数字化接口（MIDI）。在一台速记机的键盘上，例如用于法庭速录或其他事务的机器，只有一小部分拉丁字母。如果要打出缺少的字母，例如“b”“d”“f”“g”等字母，速记员必须用现有的字母来表示。例如，键盘上没有“f”，只能通过按下两个键——“t”和“p”来加以表示。而“b”是通过按下由“p”和“w”组成的“和弦”来表示的。当速记员回过头来阅读文本记录时，当他看到单独出现的“p”，他就知道这里的“p”代表“p”，而当“p”与“w”连在一起，速记员就知道这两个字母不再是其本身，而是在表示另一个字母。看到特定的字母组合，速记员就能知道其表示的是什么字母，进而将这些带编码的初级文本转译为易读的二级文本。

从某种意义上说，计算机时代的中国就是一个速记员的国度。人们想在纸面或屏幕上看到的符号并没有被直观地呈现在键盘上；相反，在“初级文本”上打出的所有内容只是一种临时性指令，需要根据一套协议转译为二级“明文”文本。在输入的情形下，出现在纸面上的是“二级文本”，也是人们的目标文本，而对于那些初级文本，也就是被输入法编辑器所捕获的按键记录，一旦转译完成，便用后即弃，永远不会被人看到。

另一种类比是远程通信。在中国，所有的文本输入（甚至包括用看起来“非传输性”的微软 Word 软件实现的文本输入）实际上都是一种“与远处的自己通信”的活动，也被称为“自我远程通信”(auto-telecommunication)。虽说这种人机交互似乎完全发生在“本地”，仅介于人与其使用的机器之间，但其模式却属于经典的远程通信：操作者虽然不是给其他人发电报，也不是从船上向岸上发信号，但他是在向输入法编辑器发送加密传输信息，输入法编辑器将其转译为中文“明文”后，再发回操作者。其中包含了一个检索过程：中文文本被从其他地方调用。由此可见，中文输入是一种检索—组合过程，而非打字的打字—组合过程。

第三种，也是最为生动的类比，来自电子音乐领域。在 20 世纪后半叶，随着 MIDI 的出现，一种全新的演奏和乐谱编曲形式成为现实。虽然钢琴、吉他、鼓和木管乐器等形式的 MIDI 设备从外观上看起来与常规乐器没有太大区别，但实际上它们都是一种无关器材的控制器，演奏者可以用其中一种设备的演奏形式（例如钢琴）来演奏另一种乐器（例如小提琴）。钢琴形式的 MIDI 可以演奏大提琴乐，木管乐器形式的 MIDI 可以演奏打击乐，吉他形式的 MIDI 可以演奏钢琴乐，等等。实际上，MIDI 控制器与输出信息之间的关系非常具有可塑性，它根本就不需要体现出任何传统乐器的形制。通过将促动器植入各种物品，人们可以演奏任何声音。比如，植入衣服（例如编舞师格里·吉鲁阿尔［Gerry Girouard］的《带电人体之歌》［*Songs for the Body Electric*］）、香蕉（例如音频香蕉［Sonic Banana］设计），甚至整座大楼（例如大卫·伯恩［David Byrne］在斯德哥尔摩、纽约、伦敦和明尼阿波利斯建造的《演奏建筑》［*Playing the Building*］装置作品）。[2]

不论我们选择何种类比，有一个事实是明确的：在中国，我们熟知的 QWERTY 键盘和打字已死，而且它们在一种全新造物上重生了，那就是输入。在中文环境下，QWERTY 键盘早就被转化为一种“智能的”计算机外围设备，随着个人电脑、平板电脑、智能手机等设备在处理能力、算法复杂度和存储容量上的不断提升，它们发展出了与之相适应的速度、性能和准确度。同时，在字母文字世界，正如我们之前所说，“计算机的设计者可以庆幸不必费心去改进基于文本的输入和输出设备”，所以 QWERTY 键盘从打字时代至今基本上没有变化。

而随着时间的推移，中文输入技术正在变得越来越复杂，正在预测文本、自动完成（autocompletion）和新近出现的联网输入系统（“云输入”）等方面稳步发展。在云输入模式下，输入法编辑器会将用户的输入情况同网络中其他用户的输入情况进行在线比较，通过云计算的方式为当前用户提供越来越智能化的“建议”。它类似于我们在谷歌搜索栏中见到的自动提示（autosuggestion），但另有一个极为重要的特点：这种联网过程并不局限于网络，而正在成为所有文本输入的核心部件——即使是发生在表面看起来“本地的”或“非传输性”程序里的输入。不论是使用百度搜索，还是在编辑 Word 文档，用户的键盘输入情况都被实时捕获后传入第三方的云服务器，并回传选词建议。随着中文输入向云计算方向深入发展，仅存于用户个人电脑或设备中的所谓“完全本地”的文本已经越来越少了。[3]

当我们深入挖掘中文输入实践的历史时，我们还需注意一个事实，那就是我们的想象力还将受到假想的中文巨兽——“嗒记”的袭扰。中文打字机被中文计算机和文字处理技术取代之后，在很长时间里，那种巨大的、反现代的机器仍旧时隐时现。1973 年英国《泰晤士报》（*The Times*）上的一篇文章写道：“中文打字机在西方是一个由来已久的笑话，它几乎等同于‘自相矛盾’或‘不可能之事’。”人们把中文打字机的字盘比喻成辽阔、奇异的月球表面（虽然实际上字盘的“陆地”面积只有 18 英寸 ×9 英寸［约 45.7 厘米 ×22.9 厘米］），而把中文打字的过程形容成“堪比登月”。[4] 还有一个英国记者在 1978 年将中文打字机比作一种“费时费力的微型‘俯冲轰炸’作业，即使最熟练的打字员在一分钟里也只能打出

10 个汉字”。[5] 牛津的科学历史博物馆甚至还举办了一场名为《古怪：意外之物与非常行为》（“Eccentricity: Unexpected Objects and Irregular Behavior”）的特别展览，中文打字机赫然在列。[6] 此外，位于瑞典斯德哥尔摩的国家科学技术博物馆里也长期展览着一台中文打字机[7]，它似乎享有特殊地位，被摆放在印刷及其他书写技术展区起始位置的展柜中。不过，附带的描述却完全是另一番口吻：

> **象形文字属于图形文字、象形图。……当今的交通标志就属于象形图。中文文字是象形文字，包含上万个汉字。……与象形文字不同，字母文字只有几个字符，也被称为“字母”。采用字母文字书写系统是非常易于研发印刷技术的。**[8]

甚至连《辛普森一家》也在 2001 年加入了这场讨论。剧中的霍默·辛普森有了一份新工作，是为幸运签饼店抄写幸运签。他即兴创作精炼的箴言警句，再由其女儿用一台中文打字机打印出来。“你将发明一个有趣的马桶盖”“你将在国旗纪念日这天找到真爱”“你的店铺正在被抢劫，阿普”……说了几条之后，他停下来确认女儿是否跟得上。“你都记下来了吗，莉萨？”画面切换到莉萨，她正站在一台极其复杂的机器前，小心翼翼地按着键盘，显得非常犹豫不决。她拉着长音回答道：“我不知道——”[9]

巨型中文打字机的形象不仅阴魂不散，还被强化而成为假想的巨型中文计算机。在 1995 年的一次网络问答交流中，我们可以看到，中文打字领域里的很多比喻会被人们不知不觉地从一个信息技术领域移植到另一个信息技术领域：

——亲爱的塞西尔（Cecil），中国人和日本人要用数千个不同的字符写字，那他们到底是怎么使用电脑的？电脑键盘肯定不比沃利策（Wurlitzer）管风琴小。

——亲爱的诺拉（Nora），不是的，它看起来和其他键盘一样，使用起来也非常容易。你只需严格按照以下 600 个步骤做就是了。你可能需要先备一份午饭。[10]

因此，当我们继续探讨计算机和新媒体时代下中国和全球的信息技术时，我们仍然面临着一项巨大的挑战：把我们的想象力从一段从未发生过的历史中解放出来。

注 释

1 Brian Rotman, *Becoming Beside Ourselves: The Alphabet, Ghosts, and Distributed Human Being* (Durham: Duke University Press, 2008).

2 Eric Singer, "Sonic Banana: A Novel Bend-Sensor-Based MIDI Controller," *Proceedings of the 2003 Conference on New Interfaces for Musical Expression*, Montreal, Canada, 2003.

3 需要指出的是，由于这些击键信号是通过光纤来回传输的，从理论上讲，它们非常容易受到监视，随着近年来曝出的一些内幕［其中最令人感到惶恐不安的或许就是斯诺登事件］，我们也加深了对这种网络监视的认识。不过，尽管公众在个人通信受监视方面的防范意识有所增强，但我们都忽视了技术变革使新的，而且可能更具攻击性的监视形式成为可能：监视人们使用 Microsoft Word 或 TextEdit 软件，监视人们发送 SMS 消息或电子邮件，或许都很容易。见 Thomas S. Mullaney, "How to Spy on 600 Million People: The Hidden Vulnerabilities in Chinese Information Technology," *Foreign Affairs* (June 5, 2016), https://www.foreignaffairs.com/articles/china/2016-06-05/how-spy-600-million-people。

4 David Bonavia, "Coming to Grips with a Chinese Typewriter," *Times* (London) (May 8, 1973), 8.

5 Philip Howard, "When Chinese Is a String of Two-Letter Words," *Times* (London) (January 16, 1978), 12.

6 展览说明："一次专门展示博物馆里千奇百怪藏品的特别展览。其中，一只发条惊鸟器、一箱灰尘、一台中文打字机和一个破损的旧手提箱都是有故事的藏品。""Eccentricity: Unexpected Objects and Irregular Behavior," special exhibition, Museum of the History of Science, Oxford, England, 2011.

7 原由王硕霖在乌普萨拉（Uppsala）使用的双鸽牌中文打字机，约制于 1970 年，收藏于斯德哥尔摩的技术博物馆（Tekniska Museet），编目于"打字机/中文打字机"（Skrivmaskin/Chinese Typewriter）编号：TM44032 Klass 1417。

8 原文为："Hieroglyfer är bildtecken, picktogram... Dagens trafikskyltar är en sorts piktogram. Även kinesisk skrift är piktografisk och har tiotusentals tecken... Till skillnad från den piktografiska skriften har de alfabetiska ganska få tecken, 'bokstäver.' Det gor att det är mycket lättare att utveckla tryckteknik om man använder alfabetisk skrift."（2010 年夏访问）。

9 *The Simpsons*, season 13, episode 1304, "A Hunka Hunka Burns in Love," December 2, 2001.

10 1995 年诺拉与西塞尔在网站 straightdope.com 上的交流。

参考资料

一、机器

阿吉·萨卡·帕那瓦打字机（Adji Saka Pallava Typewriter）。1911 年由德国流星公司（Meteor Co.）制造。意大利帕奇尼斯的彼得·米特霍夫打字机博物馆（Peter Mitterhofer Schreibmaschinen Museum）收藏。

布利肯斯德弗东方希伯来文打字机（Blickensderfer Oriental Hebrew Typewriter）。约 1900 年制造于美国。意大利帕奇尼斯的彼得·米特霍夫打字机博物馆收藏。

卡利古拉夫打字机（Caligraph Typewriter）。约 1892 年制造于美国。意大利帕奇尼斯的彼得·米特霍夫打字机博物馆收藏。

超级写手中文打字机。曾在位于中国的伦敦教会中使用，1971 年由商业机器中国打字机制造仓（日本经营株式会社的子公司之一）制造。作者个人收藏。

双鸽牌中文打字机。曾在位于加州旧金山的华人浸会所使用，1971 年由上海计算机打字机厂制造。作者个人收藏。

双鸽牌中文打字机。曾在位于日内瓦的联合国使用，1972 年由上海计算机打字机厂制造。瑞士洛桑的打字机博物馆（Musée de la Machine à Écrire）收藏。

双鸽牌中文打字机。曾在位于巴黎的联合国教科文组织使用，1971 年由上海计算机打字机厂制造。瑞士洛桑的打字机博物馆收藏。

双鸽牌中文打字机。曾由译员菲利普·坎特（Philippe Kantor）在巴黎的矿业学校和其他一些机构使用，1972 年由上海计算机打字机厂制造。巴黎的工艺博物馆（Musée des Arts et Métiers）收藏，类别为“亚洲打字机”（Machine à écrire asiatique），馆藏编号 43582-0000，展位编码 ZAB35TRE E02。

双鸽牌中文打字机。曾由 Wang Shuo-ling 在乌普萨拉大学使用，制造于 1970 年左右。斯德哥尔摩的科学技术博物馆（Tekniska Musee）收藏，类别为“打印机 / 中文打字机”（Skrivmaskin/Chinese Typewriter），馆藏编号 TM44032 Klass 1417。

双鸽牌中文打字机。曾由乔治·夏帕克（Georges Charpak）持有，1992 年由上海计算机打字机厂制造。巴黎工艺博物馆收藏，类别为“中文打字机”（Machine à écrire à caractères chinois），馆藏编号 44566-0001，展位编码 ZAB35TRE E02。

霍尔打字机（Hall Typewriter）。约 1880 年制造于美国。意大利帕奇尼斯的彼得·米特霍夫打字机博物馆收藏。

黑迪指针式打字机（Heady Index Typewriter）。1924 年制造。意大利帕奇尼斯的彼得·米特霍夫打字机博物馆收藏。

理想德俄文多语种打字机（Ideal Polyglott German-Russian Typewriter）。约 1904 年制造于德国。意大利帕奇尼斯的彼得·米特霍夫打字机博物馆收藏。

改良舒式华文打字机。约 1935 年制造。美国加利福尼亚州圣马力诺的亨廷顿图书馆（Huntington Library）收藏。

日文打字机。曾由 H. S. 渡边持有。20 世纪 30 年代由日本东京的日文打字机公司制造。作者个人收藏。

马林－汉森打字机（Malling Hansen typewriter）。约 1867 年由汉斯·拉斯穆斯·约翰·马林－汉森（Hans Rasmus Johan Malling-Hansen）制造，制造地疑为丹麦。意大利帕奇尼斯的彼得·米特霍夫打字机博物馆收藏。

米扬 2 型打字机（Mignon Schreibmaschine Model 2）。1905 年制造于德国。意大利帕奇尼斯的彼得·米特霍夫打字机博物馆收藏。

好利获得 1 型打字机（Olivetti M1）。约 1911 年制造于意大利。意大利帕奇尼斯的彼得·米特霍夫打字机博物馆收藏。

奥加私营公司希腊文打字机（Orga Privat Greek Typewriter）。约 1923 年制造于德国。意大利帕奇尼斯的彼得·米特霍夫打字机博物馆收藏。

雷明顿 2 型打字机（Remington 2）。约 1878 年制造于美国。意大利帕奇尼斯的彼得·米特霍夫打字机博物馆收藏。

雷明顿 10 型希伯来文打字机（Remington 10 Hebrew Typewriter）。约 1910 年制造于美国。意大利帕奇尼斯的彼得 · 米特霍夫打字机博物馆收藏。

雷明顿暹罗文打字机（Remington Siamese Typewriter）。约 1925 年制造于美国。意大利帕奇尼斯的彼得 · 米特霍夫打字机博物馆收藏。

单一打字机（Simplex Typewriter）。约 1901 年制造于美国。意大利帕奇尼斯的彼得 · 米特霍夫打字机博物馆收藏。

为米扬打字机配置的指针式键盘。德国柏林的 AEG 德国工厂制造。意大利帕奇尼斯的彼得 · 米特霍夫打字机博物馆收藏。

东芝日文打字机。约 1935 年制造。意大利帕奇尼斯的彼得 · 米特霍夫打字机博物馆收藏。

安德伍德 5 型俄文打字机（Underwood 5 Russian Typewriter）。约 1900 年制造于美国。意大利帕奇尼斯的彼得 · 米特霍夫打字机博物馆收藏。

约斯特 2 型打字机（Yost 2）。约 1882 年由乔治 · 华盛顿 · 牛顿 · 约斯特（George Washington Newton Yost）制造于美国。意大利帕奇尼斯的彼得 · 米特霍夫打字机博物馆收藏。

约斯特 10 型打字机（Yost 10）。约 1887 年制造于美国。瑞士洛桑的打字机博物馆收藏。

二、中文资料

《山西学生祁暄所发明打字机品准予专利五年》，《中华全国商会联合会会报》第 3 卷第 1 期（1916），第 8 页。

《中共宝鸡县县委关于农民思想情况的调查报告》，1957 年 8 月 17 日。

《北京市私立宝善、广德华文打字补习学校关于学校天办启用钤记报送立案表教职员履历表和学生名籍成绩表呈文及市教育局的指令》，BMA J004-002-00579（1938 年 7 月 1 日）。

《北京市私立暨阳华文打字补习学校暂行停办》，BMA J002-003-00636（1939 年 1 月 1 日）。

《标准正楷明密电码新编》，大北电报公司－大东电报公司，1937。

《俞斌祺生平》，《上海市名人录》，1943。

《商科添设中文打字机课程》，《浙江省立杭州高级中学校刊》第 119 期（1935），第 841 页。

《商场消息》，《申报》1926 年 10 月 27 日，第 19—20 页。

陈光垚：《简字论集》，商务印书馆，1931。

陈望道：《陈望道语文论集》，上海教育出版社，1980。

陈有勋：《四角号码检字法与部首检字法的比较实验报告》，《教育周刊》第 177 期（1933），第 14—20 页。

程养之：《万能式中文打字机基本字盘表》，载《万能式打字机适用中文打字手册》，商务印书馆，1956。

中国标准打字机公司：SMA U1-4-3582（1943 年 8 月 7 日），第 11—13 页。

《中国发明人协会昨开筹备会》，《申报》1908 年 7 月 3 日，第 21 页。

《华文打字机器》，《半星期报》第 18 期（1908 年 7 月 3 日），第 39 页。

《中国打字机器之新发明》，《通问报》第 656 期（1915），第 8 页。

《华文打字机文字排列表》，《华文打字讲义》，约 1917。

《华文打字机续免出口税》，《工商半月刊》第 2 卷第 17 期（1930），第 12 页。

《中文打字机：林语堂改良成功，需时与英文相等》，《大众文化》第 3 期（1946），第 21 页。

《华文打字机推销南洋》，《申报》1924 年 5 月 2 日，第 21 页。

《抗日声中之中文打字机》，《申报》1932 年 1 月 26 日，第 12 页。

《中文打字机字盘字综合排列参考表》，载朱世荣编《中文打字员手册》，重庆出版社，1988。

周厚坤："Specifications for Asphalt Cement"，《中国工程学会会刊》第5卷第4期（1930），第517—521页。

《商务印书馆九十五年——我和商务印书馆》，商务印书馆，1992。

《商务印书馆商设华文打字机练习科》，《教育与职业》第10期（1918），第8页。

天津市政府教育局，峻德华文打字职业补习学校：TMA J110-1-808（1948年3月5日），第1—12页。

天津市政府教育局、国际打字传习所：TMA J110-838（1946年7月6日），第1—15页。

《领事馆置汉文打字机》，《大汉公报》1925年5月18日，第3页。

《北平市私立育才华文打字科职业补习学校职教员履历表、学生名籍表》，BMA J004-002-00662（1939年7月31日）。

《建议改进中文打字机字盘排列方法》，《人民日报》1952年7月23日，第6页。

邓智秀：《北京劳模沈韵芬的事迹》，电力劳模网（2006年3月6日）。

《创制中国打字机图说》，《国货月报》第2期（1915），第1—12页。

《创制中国打字机图说》，《中华工程学会会刊》第2卷第10期（1915），第15—29页。

《打字机廉价即将截止》，《申报》1927年4月24日，第15页。

《考试留美学生草案》，《申报》1910年8月8日，第5—6页。

杜定友：《民众检字心理论略》，钱亚新、白国应编《杜友定图书馆学论文选集》，书目文献出版社，1988，第340—350页，《教育与民众》第6卷第9期（1925年）。

中华书局编辑部：《我与中华书局》，中华书局，2002。

《电气中文打字机成功》，《首都电光月刊》第74期（1937年4月1日），第10页。

《国人新发明事物展览会之经过》，《浙江民众教育》第 4 卷第 1 期（1936 年），第 15—16 页。

《中国打字机之说明与二十世纪之战争利器》，《环球》第 1 卷第 3 期，（1916 年 9 月 15 日），第 1—2 页。

《是是非非：汉文打字机》，《南华文艺》第 1 卷第 7/8 期（1923），第 103 页。

范继舲：《范氏万能式中文打字机实习范本》，范氏研究所印行，1949。

《编制中文书籍目录的几个方法》，《东方杂志》第 20 卷第 23 期（1923），第 86—103 页。

甘纯权、徐怡芝：《华文打字文书要诀》（又名《书记服务必备》），上海职业指导所，1935。

《每小时拣字五千多》，《人民日报》1958 年 6 月 27 日，第 4 页。

《华北军区政治部印刷厂党支部是怎样领导推广先进排字法的》，《人民日报》1952 年 7 月 18 日，第 3 页。

何公敢：《单体检字法》，《东方杂志》第 25 卷第 4 期（1928），第 59—72 页。

何躬行：《我国之铸字工人》，《时兆月报》第 29 卷第 4 期（1934），第 16—17 页。

何继曾：《排字浅说》，商务印书馆，1959。

洪秉渊：《合理的排字方法之研究》，《浙江省建设月刊》第 4 卷第 8/9 期（1931），第 22—45 页。

《宏业公司经理俞氏中文打字机畅销》，《申报》1934 年 12 月 8 日，第 14 页。

胡适：《藏晖室札记（续前号）》，《新青年》第 3 卷第 1 期（1917 年 3 月），第 1—5 页。

胡适：《中文打字机——波士顿记》，《胡适学术文集 · 语言文字研究》，中华书局，1993。

《立志作社会主义的积极建设者和保卫者》，《人民日报》1954 年 5 月 4 日，第 2 页。

《市商会主办的国货展览会巡礼》，《申报》1936 年 10 月 5 日。

《改良舒式华文打字机说明书》，商务印书馆，1938。

《水利电力部上海电力设计部打字女工小组事迹介绍》，SMA A55-2-326。

《“新打字操作法”介绍》，《人民日报》1953 年 11 月 30 日，第 3 页。

《发明电力中文打字机》，《首都电光月刊》第 61 期（1936），第 9 页。

《中文打字机的发明》，《小朋友》第 859 期（1947），第 22 页。

《一个排字工人的苦话》，《上海伙友》第 3 期（1920 年 10 月 10 日），第 2—3 页。

蒋一前：《中国检字法沿革史略及七十七种新检字法表》，中国索引社，1933。

《苏实业厅聘周厚坤为顾问》，《申报》1923 年 10 月 21 日，第 15 页。

中国人民大学新文学研究所：《报纸的排字和拼版》，商务印书馆，1958。

《高产喜报》，《人民日报》1958 年 8 月 11 日，第 3 页。

《开封排字工人张继英努力改进排字法创每小时三千余字新纪录》，《人民日报》1951 年 12 月 16 日。

《上海新开一家规模巨大的公私合营打字机店》，新华社新闻稿 2295（1956）。

李圭：《环游地球新录》，湖南人民出版社，1980。

《教育文化基金会与图事业》，《中华图书馆协会会报》，第 7 期（1931 年 8 月），第 10 页。

李献廷：《最新公文程式》，奉天打字专门学校，1932。

李中原、刘兆兰：《开封排字工人张继英的先进工作法》，《人民日报》1952 年 3 月 10 日，第 2 页。

林太乙：《林语堂传》，联经出版社，1989。

林语堂：《中文打字机》，林太乙译，《西风》第 85 期（1946），第 36—39 页。

林语堂、陈厚士：《中文打字机之发明》，《世界与中国》第 1 卷第 6 期（1946），第 32—34 页。

《林语堂发明新中文打字机》，《文理学报》第 1 卷第 1 期（1946），第 102 页。

《林语堂新发明中文打字机》，《申报》1947 年 8 月 23 日，第 3 页。

《林语堂发明中文打字机　高仲芹发明电动打字机》，《申报》1947 年 9 月 19 日，第 6 页。

《林语堂氏的检字新法》，《北新》第 8 期（1926 年），第 3—9 页。

潞河乡村服务部：《日常应用基础二千字》，1938。

《博物通书》，真神堂，1851。

《对于检字法问题的办法》，《东方杂志》第 20 卷第 23 期（1923），第 97—100 页。

交通部：《交通部规定国音电报法式》，1928。

交通部：《明密电码新编》，南京印书馆，1933。

交通部：《明密电码新编》，《交通部刊行》，1946。

交通部：《明密码电报新编》，1916。

《美国麻省理工学校中国学生毕业纪》，《申报》1915 年 7 月 19 日，第 6 页。

《各地来京参加“五一节”观礼的劳动模范　决心进一步搞好生产回击美国细菌战罪行》，《人民日报》1952 年 5 月 7 日，第 3 页。

惠氏华英打字专校：SMA Q235-1-1847（1932），第 26—49 页。

《取定游美学生名单》，《申报》1910 年 8 月 9 日，第 5 页。

中华平民教育促进会：《农民千字课》，1933。

南京打字机行：《最新中文打字字汇》。

《新发明》,《国防月刊》第 2 卷第 1 期(1947),第 2 页。

《中国打字机之新发明》,《申报》1915 年 8 月 16 日,第 10 页。

《中国打字机器新发明》,《通问报》第 656 期(1915),第 8 页。

《中国物产贸易公司消息》,《申报》1931 年 8 月 29 日,第 20 页。

《打字新记录》,《人民日报》1956 年 11 月 23 日,第 2 页。

《实业部核准俞制中文打字机专利》,《申报》1934 年 8 月 1 日,第 16 页。

彭玉雯:《十三经集字摹本》,1849。

民生打字机制造厂:《练习课本》,1940 年代。

《北京市私立亚东日华文打字补习学校关于第十六期普通速成各组学生成绩表、课程预计及授课时数请鉴核给北京特别市教育局的呈以及教育局的指令》,BMA J004-002-01022(1943 年 1 月 31 日)

屏周:《参观商务印书馆制造华文打字机记》,《商业杂志》第 2 卷第 12 期(1927),第 1—4 页。

《俞氏中文打字机之好评》,《中国实业》第 1 卷第 6 期(1935 年),第 1158 页。

《筹办华文打字机训练班》,《河南教育》第 1 卷第 6 期(1928 年),第 4 页。

《五笔检字法的原理及应用》,中华书局,1928。

《北京市私立树成打字科职业补习学校学生名籍表》,BMA J004-002-01091(1942 年 3 月 23 日)。

《北京市私立亚东日华文打字补习学校学生名籍表》,BMA J004-002-01022(1942 年 11 月 7 日)。

《北京私立燕京华文打字补习学校学生名籍表》,BMA J4-1-805(1946 年 11 月 1 日)。

钱玄同：《中国今后之文字问题》，《新青年》第 4 卷第 4 期（1918）。

钱玄同：《为什么要提倡国语罗马字？》（1926 年 12 月 24 日），《钱玄同文集》第三卷，中国人民大学出版社，1999 年，第 385—391 页。

《南洋大学工程会近讯》，《申报》1922 年 11 月 10 日，第 14 页。

《关于创办北平市私立广德文打字补习学社的呈文及该社简章等以及社会局的批文》，BMA J002-003-00754（1938 年 5 月 1 日）。

《关于誊写打字社》，SMA Q235-3-503。

《为调整国产中文打字机售价问题》，SMA B99-4-124（1953 年 1 月 15 日），第 52—90 页。

《商业打字速记传习所简章》，SMA Q235-1-1844（1932 年 6 月），第 49—56 页。

《中国排字法之研究》，《东北文化月报》，第 6 卷第 2 期（1927），第 40—49 页。

《抗日救国运动》，《申报》1931 年 11 月 8 日，第 13—14 页。

《抗日会常务会议纪　第十七次》，《申报》1931 年 11 月 12 日，第 13—14 页。

《对人民日报读者批评建议的反映》，《人民日报》1952 年 8 月 27 日，第 6 页。

《第二回天津邦文炼成竞技大会》，TMA J128-3-9615（1943 年 10 月 9 日）。

上海计算机打字机厂：《中文打字机字盘字表》。

上海计算机打字机厂：《双鸽牌中文打字机改进试制技术总结》，SMA B155-2-282（1964 年 3 月 22 日），第 11—14 页。

上海计算机打字机厂：《双鸽牌 DHY 型中文打字机鉴定报告》，SMA B155-2-284（1964 年 4 月 24 日），第 4—8 页。

《上海中文打字机制造厂联营所产销计划》，SMA S289-4-37（1951 年 12 月），第 65 页。

上海市私营企业财产重估评审委员会：《重估财产报表：富胜华文打字机制造厂》，SMA S1-4-436（1950 年 12 月 31 日），第 22—23 页。

谢卫楼：《第八章太子断定良民叛的报应》，《小孩月报》第 5 卷第 2 期（1879），第 2—3 页。

谢卫楼：《第二章民受诱惑违背皇帝》，《小孩月报》第 5 卷第 3 期（1878），第 5 页。

谢卫楼：《神道要论》，《通州文魁齐刊印》，1894。

谢卫楼：《赏罚喻言第六章良民劝人放瞻悔改》，《小孩月报》第 4 卷第 10 期（1879），第 5 页。

谢卫楼：《赏罚喻言第三章民受诱惑犯罪更甚》，《小孩月报》第 4 卷第 4 期（1878），第 6—7 页。

谢卫楼：《赏罚喻言第一章岛民受霸王辖制》，《小孩月报》第 4 卷第 2 期（1878），第 3 页。

《我热爱党分配给我的工作》，《人民日报》1953 年 11 月 30 日，第 3 页。

沈禹钟：《排字人》，《红杂志》第 2 卷第 16 期（1923），第 1—11 页。

舒昌瑜（舒震东）：《中国打字机》，《同济》第 2 期（1918），第 73—82 页。

舒昌瑜（舒震东）：《研究中国打字机时之感想》，《同济》第 2 期（1918），第 153—156 页。

《既有打字技术可到社会服务处登记》，《人民日报》1949 年 3 月 30 日，第 4 页。

宋明德：《华文打字机》，《同舟》第 3 卷第 1 期（1934），第 11—12 页。

《中华铁路学校暑假志盛》，《申报》1916 年 7 月 5 日，第 10 页。

孙礼干：《万能式中文打字机修理法》，上海科学技术出版社，1954。

《游泳专家俞斌祺男士》，《男朋友》第 1 卷第 10 期（1932）。

《华文打字讲义》，约 1917。

天津中华打字机公司：《中华打字机实习课本 上册》，东华齐印书局，1943。

天津中华打字机公司：《中华打字机实习课本 下册》，东华齐印书局，1943。

《天津市立第八社教区民众教育馆第八期华文打字速成班毕业学生名册》，TMA J110-3-740（1948 年 11 月 25 日），第 1—2 页。

天津市人民政府地方国营工业局红星工厂，《华文打字机字表改进报告》，TMA J104-2-1639（1953 年 10 月），第 29—39 页。

《中文打字机两起新发明》，《科学月刊》第 15 期（1947 年），第 23—24 页。

《打字班开课》，《金陵光》第 6 卷第 2 期（1914 年 4 月），第 33 页。

《平国民通用词表》，哥伦比亚大学善本与手稿图书馆。

《上海印书馆制造华文打字机说明书》，商务印书馆，1917 年。

《捷成打字专校》，SMA Q235-1-1848（1933 年），第 50—70 页。

《电报书籍》，上海，1871。

威基谒：《电报新书》，1871。

《电信汇字》，电机信局，1870。

万国鼎：《汉字母笔排列法》，《东方杂志》第 2 期（1926），第 75—90 页。

绡章：《汉文打字机之新发明》，《进步》第 6 卷第 1 期（1914），第 1—10 页。

王桂华、林根生：《中文打字技术》，江苏人民出版社，1960。

汪怡：《速记在文化上的价值》，《读书季刊》第 2 卷第 1 期（1936），第 87—92 页。

汪怡：《中国新式速记术》，新式速记传习所，1919。

吴启中、曾昭抡：《国人新发明》，《时事月报》第 11 卷第 3 期（1934），第 18 页。

吴跃、管洪林：《中文打字》，高等教育出版社，1989。（附录包括《中文打字机革新字盘表》）

《武昌检厅咨查汉冶萍解款》，《申报》1922 年 8 月 26 日，第 15 页。

徐冰：《从天书到地书》，广西师范大学出版社，2020。

薛振东：上海市《南汇县志》，上海市南汇县县志编纂委员会，1992。

杨名时：《林语堂式华文打字机的原理》，《华文国际》第 1 卷第 3 期（1948），第 3 页。

《俞斌祺等组织中国发明人协会》，《图书展望》第 1 卷第 8 期（1936 年 4 月 28 日），第 83 页。

《俞斌祺中文打字机字表》，上海，1930 年代（早于 1928 年）。作者私人收藏。

《俞斌祺向抗日会伸辨》，《申报》1931 年 11 月 9 日，第 11 页。

《俞斌祺发明钢质铸字》，《中国实业》第 1 卷第 5 期（1935），第 11 页。

英君：《中国之打字机：周厚坤创造》，《青声周刊》第 4 期（1917），第 2—3 页。

俞硕霖：《俞式打字机的诞生》，老小孩社区，2010 年 6 月 3 日。

俞硕霖：《最后的俞式打字机》，老小孩社区，2010 年 6 月 9 日。

俞硕霖：《两种中文打字机》，老小孩社区，2010 年 2 月 8 日。

俞硕霖：《俞式中文打字机的专利》，老小孩社区，2010 年 6 月 3 日。

俞硕霖：《俞式打字机无限公司》，老小孩社区，2010 年 6 月 7 日。

俞硕霖：《俞式打字机制造厂》，老小孩社区，2010 年 6 月 6 日。

《俞式中文打字机提成充水灾义振》，《申报》1935 年 12 月 22 日，第 12 页。

《俞式打字机字汇》，俞氏中文打字机发行所，1951。

张风：《笔顺检字法》，《一般》第 1 卷第 4 期（1927）。

张继英：《我的工作效率是怎样提高的》，中南人民出版社；《张继英拣字法》，中南人民出版社，1952，第 19—22 页。

张继英：《我要把我的拣字法教给大家》，《人民日报》1952 年 6 月 3 日，第 2 页。

张继英：《准备向全国拣字工人提出友谊挑战》，《人民日报》1952 年 6 月 9 日，第 2 页。

张秀民：《中国印刷史》，上海人民出版社，1989。

张元济：《张元济全集》，商务印书馆，2009。

《张邦永先生国音邦永速记术》，《新世界》第 50 期（1934 年），第 57 页。

《中国电报新编》，上海电报局，1881。

周厚坤：《创制中国打字机图说》，《东方杂志》第 12 卷第 10 期（1915 年 10 月），第 28—31 页。

周厚坤：《通俗打字盘商榷书》，《教育杂志》第 9 卷第 3 期（1917 年 3 月），第 12—14 页。

周厚坤、陈霆锐：《新发明中国字之打字机》，《中华学生界》第 1 卷第 9 期（1915 年 9 月 25 日），第 1—11 页。

周厚坤：《华文打字法》，拔提印刷所，1934。

《周王两君之绝学》，《申报》1916 年 7 月 24 日，第 10 页。

《中国旧海关史料：1859—1948》，京华出版社，2001。

三、英文资料

"Accuracy: The First Requirement of a Typewriter." *Dun's Review* 5 (1905): 119.

Adal, Raja. "The Flower of the Office: The Social Life of the Japanese Typewriter in its First Decade." Presentation at the Association for Asian Studies Annual Meeting, March 31–April 3, 2011.

"Additional Japanese Typewriters and the Engagement of Typists." Memo from Shanghai Municipal Council Secretary to the Co-ordinating Committee. SMA U1-43796 (February 15, 1943), 36.

Adler, Michael H. *The Writing Machine: A History of the Typewriter.* London: Allen and Unwin, 1973.

"An Agreement entered into the 10th day of August, 1887 between the Imperial Chinese Telegraph Company and Great Northern Telegraph Company of Copenhagen and the Eastern Extension, Australasia and China Telegraph Company, Limited." Cable and Wireless Archive DOC/EEACTC/1/304 E.Ex.A&C.T. Co. Ltd Agreements with China and Great Northern Telegraph Co. etc. (August 10, 1887), 185–195.

Ahvenainen, Jorma. *The European Cable Companies in South America before the First World War*. Helsinki: Finnish Academy of Sciences and Letters, 2004.

Allard, J. Frank. "Type-Writing Machine." United States Patent no. 1188875. Filed January 13, 1913; patented June 27, 1916.

Allard, J. Frank. "Typewriting Machine." United States Patent no. 1454613. Filed June 8, 1921; patented May 8, 1923.

Allen, Joseph R. "I Will Speak, Therefore, of a Graph: A Chinese Metalanguage." *Language in Society* 21, no. 2 (June 1992): 189–206.

"An American View of the Chinese Typewriter." *Shanghai Puck* 1, no. 1 (September 1, 1918): 28.

Anderson, Benedict. *Imagined Communities: Reflections on the Origin and Spread of Nationalism*. Rev. ed. New York: Verso, 1991.

Andreas, Joel. *Rise of the Red Engineers: The Cultural Revolution and the Origins of China's New Class*. Stanford: Stanford University Press, 2009.

"Annual Report of the Philadelphia Museums, Commercial Museum." Philadelphia: Commercial Museum, 1923.

Arbisser, Micah Efram. "Lin Yutang and his Chinese Typewriter." Princeton University

Senior Thesis no. 13048 (2001).

Arnold, David. *Everyday Technology: Machines and the Making of India's Modernity*. Chicago: University of Chicago, 2013.

"At Last—A Chinese Typewriter—A Remington." Remington Export Review, n.d., 7. Hagley Museum and Library. Accession no. 1825. Remington Rand Corporation. Records of the Advertising and Sales Promotion Department. Series I Typewriter Div. Subseries B, Remington Typewriter Company, box 3, vol. 3. [No date appears on the copy housed in the Hagley Museum collection, although the drawing of a Chinese keyboard diagram included within the article is dated February 10, 1921.]

Baark, Erik. *Lightning Wires: The Telegraph and China's Technological Modernization, 1860–1890*. Westport, CT: Greenwood Press, 1997.

Bachrach, Susan. *Dames Employées: The Feminization of Postal Work in Nineteenth Century France*. London: Routledge, 1984.

Bailey, Paul J. *Reform the People: Changing Attitudes towards Popular Education in Early Twentieth-Century China*. Edinburgh: Edinburgh University Press, 1990.

Barr, John H., and Arthur W. Smith. "Type-Writing Machine." United States Patentno. 1250416. Filed August 4, 1917; patented December 18, 1917.

Bayly, Christopher. *Empire and Information: Intelligence Gathering and Social Communication in India, 1780–1870*. Cambridge: Cambridge University Press, 1999 [1996].

Beeching, Wilfred A. *Century of the Typewriter*. New York: St. Martin's Press, 1974.

Behr, Wolfgang. "Early Medieval Philosophical Crabs." Presentation at the "Literary Forms of Argument in Pre-Modern China" Workshop, Queen's College, Universityof Oxford, September 16–18, 2009.

Bektas, Yakup. "Displaying the American Genius: The Electromagnetic Telegraph in the Wider World." *British Journal for the History of Science* 34, no. 2 (June 2001): 199–232.

Bektas, Yakup. "The Sultan's Messenger: Cultural Constructions of Ottoman Telegraphy, 1847–1880." *Technology and Culture* 41 (2000): 669–696.

Bellovin, Steve. "Compression, Correction, Confidentiality, and Comprehension: A Modern Look at Commercial Telegraph Codes." Paper presented at the Cryptologic History Symposium (Laurel, MD), 2009.

Benjamin, Walter. *The Work of Art in the Age of Mechanical Reproduction. In Illuminations*. Translated by Harry Zohn. New York: Schocken Books, 1968, 217–252.

Bijker, Wiebe E. "Do Not Despair: There Is Life after Constructivism." *Science, Technology and Human Values* 18, no. 1 (Winter 1993): 113–138.

Bijker, Wiebe E. *Of Bicycles, Bakelites, and Bulbs: Toward a Theory of Sociotechnical Change*. Cambridge, MA: MIT Press, 1997 [1995].

Bijker, Wiebe E., and John Law, eds. *Constructing Stable Technologies: Towards a Theory of Sociotechnical Change*. Cambridge, MA: MIT Press, 1992.

Bloom, Alfred H. "The Impact of Chinese Linguistic Structure on Cognitive Style." *Current Anthropology* 20, no. 3 (1979): 585–601.

Bloom, Alfred H. *The Linguistic Shaping of Thought: A Study in the Impact of Language on Thinking in China and the West*. Hillsdale, NJ: L. Erlbaum, 1981.

Bodde, Derk. *Chinese Thought, Society, and Science: The Intellectual and Social Background of Science and Technology in Pre-Modern China.* Honolulu: University of Hawai'i Press, 1991.

Boltz, William G. "Logic, Language, and Grammar in Early China." *Journal of the American Oriental Society* 120, no. 2 (April–June 2000): 218–229.

Bonavia, David. "Coming to Grips with a Chinese Typewriter." *Times* (London) (May 8, 1973), 8.

Borgman, Christine L. *From Gutenberg to the Global Information Infrastructure: Access to Information in the Networked World.* Cambridge, MA: MIT Press, 2003 [2000].

Bourdieu, Pierre. *The Logic of Practice.* Stanford: Stanford University Press, 1992.

Bowker, Geoffrey C. *Memory Practices in the Sciences. Cambridge*, MA: MIT Press, 2005.

Bowker, Geoffrey C., and Susan Leigh Star. *Sorting Things Out: Classification and Its Consequences. Cambridge*, MA: MIT Press, 1999.

Brokaw, Cynthia. "Book History in Premodern China: The State of the Discipline." *Book History* 10 (2007): 253–290.

Brokaw, Cynthia J. "Reading the Best-Sellers of the Nineteenth Century: Commercial Publishers in Sibao." In *Printing and Book Culture in Late Imperial China*, edited by Cynthia Brokaw and Kai-wing Chow. Berkeley: University of California Press, 2005.

Brokaw, Cynthia, and Kai-wing Chow, eds. *Printing and Book Culture in Late Imperial China*. Berkeley: University of California Press, 2005.

Brokaw, Cynthia, and Christopher Reed, eds. *From Woodblocks to the Internet: Chinese Publishing and Print Culture in Transition, Circa 1800 to 2008*. Boston and Leiden: Brill, 2010.

Brook, Timothy. *Collaboration: Japanese Agents and Local Elites in Wartime China*. Cambridge, MA: Harvard University Press, 2007.

Brown, Alexander T. "Type-Writing Machine." United States Patent no. 855832. Filed June 29, 1904/reapplied August 8, 1905; patented June 4, 1907.

Brown, Alexander T. "Type-Writing Machine." United States Patent no. 911198. Filed June 29, 1904; patented February 2, 1909.

Brown, William Norman. "Report on the Chinese Typewriter." May 16, 1948. University of Pennsylvania Archives—W. Norman Brown Papers (UPT 50 B879), box 10, folder 5.

Brumbaugh, Robert S. "Chinese Typewriter." United States Patent no. 2526633. Filed September 25, 1946; patented October 24, 1950.

Bryson, Bill. *Mother Tongue: The English Language*. New York: Penguin, 1999.

Bull, W. "A Short History of the Shanghai Station." Shanghai: n.p., 1893. [Handwritten

Manuscript] Cable and Wireless Archive DOC/EEACTC/12/10.

Bunnag, Tej. *The Provincial Administration of Siam, 1892–1915: The Ministry of the Interior under Prince Damrong Rajanubhab*. Kuala Lumpur: Oxford University Press, 1977.

Burgess, Anthony. "Minding the Ps and Qs of our ABCs." *Observer* (April 7, 1991), 63.

Buschmann, Theodor Eugen. "Letter-Width-Spacing Mechanism in Typewriters." United States Patent no. 1472825. Filed March 23, 1921; patented November 6, 1923.

Canales, Jimena. *A Tenth of a Second. A History*. Chicago: University of Chicago Press, 2009.

Carter, John. "The New World Market." *New World Review* 21, no. 9 (October 1953): 38–43.

Carter, Thomas Francis. *The Invention of Printing in China and Its Spread Westward.* New York: Ronald Press Co., 1955.

Cartoon of Chinese Typewriter. *St. Louis Globe-Democrat* (January 11, 1901), 2–3.

Chan, Hok-lam. *Control of Publishing in China, Past and Present*. Canberra: Australian National University Press, 1983.

Chang, C. C. "Heun Chi Invents a Chinese Typewriter." *Chinese Students' Monthly* 10, no. 7 (April 1, 1915): 459.

Chang, Kang-i Sun, Haun Saussy, and Charles Yim-tze Kwong, eds. *Women Writers of Traditional China: An Anthology of Poetry and Criticism*. Stanford: Stanford University Press, 1999.

Characters Formed by the Divisible Type Belonging to the Chinese Mission of the Board of Foreign Missions of the Presbyterian Church in the United States of America. Macao: Presbyterian Press, 1844.

Chartier, Roger. *The Cultural Uses of Print in Early Modern France*. Translated by Lydia

G. Cochrane. Princeton: Princeton University Press, 1987.

Chartier, Roger. *Forms and Meanings: Texts, Performances, and Audiences from Codex to Computer.* Philadelphia: University of Philadelphia Press, 1985.

Chartier, Roger. "Gutenberg Revisited from the East." Translated by Jill A. Friedman. *Late Imperial China* 17, no. 1 (1996): 1–9.

Chartier, Roger. "Texts, Printing, Readings." In *The New Cultural History*, edited by Lynn Hunt, 154–175. Berkeley: University of California Press, 1989.

Chen, Jianhua. "Canon Formation and Linguistic Turn: Literary Debates in Republican China, 1919–1949." In *Beyond the May Fourth Paradigm: In Search of Chinese Modernity,* edited by Kai-wing Chow, Tze-ki Hon, Hung-yok Ip, and Don C. Price. Lanham, MD: Lexington Books, 2008, 51–67.

Chen, Li. *Chinese Law in Imperial Eyes: Sovereignty, Justice, and Transcultural Politics*. New York: Columbia University Press, 2015.

Chen Lifu. *Storm Clouds Over China: The Memoirs of Ch'en Li-fu, 1900–1993*. Edited by Sidney Chang and Ramon Myers. Stanford: Hoover Institute Press, 1994.

Cheng, Linsun. *Banking in Modern China: Entrepreneurs, Professional Managers, and the Development of Chinese Banks, 1897–1937*. Cambridge: Cambridge University Press, 2007.

Chi, Heuen [Qi Xuan]. Chinese Exclusion Act File. National Archives and Records Administration, Washington, DC.

Chi, Heuen [Qi Xuan]. "Apparatus for Writing Chinese." United States Patent no. 1260753. Filed April 17, 1915; patented March 26, 1918.

Chia, Lucille. *Printing for Profit. The Commercial Publishers of Jianyang, Fujian*. Cambridge, MA: Harvard University Asia Center, 2003.

Chiang, Yee. *Chinese Calligraphy: An Introduction to Its Aesthetics and Techniques.* Cambridge, MA: Harvard University Press, 1973 [1938].

"Child of the Quarantine: One More Passenger on the Nippon Maru List—Baby Born During Angel Island Stay." *San Francisco Chronicle* (July 11, 1899), 12.

"China." *Atchison Daily Globe* (April 11, 1898), 1.

China As It Really Is. London: Eveleigh Nash, 1912.

"China, Commercial Press Exhibit." City of Philadelphia, Department of Records. Record Group 232 (Sesquicentennial Exhibition Records), 232-4-8.1 "Department of Foreign Participation," box A-1474, folder 8, series folder 29.

"Chinaman Invents Chinese Typewriter Using 4,000 Characters." *New York Times* (July 23, 1916), SM15.

"China Oct 1926." City of Philadelphia, Department of Records. Record Group 232 (Sesquicentennial Exhibition Records), 232-4-8.1 "Department of Foreign Participation," box A-1474, folder 7, series folder 28.

"Chinese Characters Sent by Telegraph Machine." *Los Angeles Times* (November 22, 1936), 5.

"Chinese Divisible Type." *Chinese Repository* 14 (March 1845): 124–129.

"Chinese Language and Dialects." *Missionary Herald* 31 (May 1835): 197–201.

"Chinese Phonetic on a Typewriter." *Popular Science* 97, no. 2 (August 1920): 116.

"Chinese Project: The Lin Yutang Chinese Typewriter." Mergenthaler Linotype Company Records, 1905–1993, Archives Center, National Museum of American History, Smithsonian Institution, box 3628. Multiple Dates in 1950 Listed.

"Chinese Put on Typewriter by Lin Yutang." *Los Angeles Times* (August 22, 1947), 2.

"Chinese Romanized—Keyboard no. 141." Hagley Museum and Library. Accession no. 1825. Remington Rand Corporation. Records of the Advertising and Sales Promotion Department. Series I Typewriter Div. Subseries B, Remington Typewriter Company, box 3, vol. 1.

"A Chinese Type-Writer." *Chinese Times* (March 1888), 143.

"A Chinese Typewriter." *Peking Gazette* (November 1, 1915), 3.

"A Chinese Typewriter." *San Francisco Examiner* (January 22, 1900).

"A Chinese Type-Writer." *Scientific American* (March 6, 1899), 359.

"A Chinese Typewriter." *Semi-Weekly Tribute* (June 22, 1897), 16.

"A Chinese Typewriter." *Shanghai Times* (November 19, 1915), 1.

"Chinese Typewriter Printing 4,000 Characters." *Chicago Daily Tribune* (June 7, 1899), 6.

"Chinese Typewriters." Memo from "The Secretary's Office, Municipal Council" to "The Director." SMA U1-4-3582 (July 13, 1943): 6–8.

"Chinese Typewriter, Shown to Engineers, Prints 5,400 Characters with Only 36 Keys." *New York Times* (July 1, 1946), 26.

Chow, Kai-wing. *Publishing, Culture, and Power in Early Modern China*. Stanford: Stanford University Press, 2004.

Chow, Rey. "How (the) Inscrutable Chinese Led to Globalized Theory." *PMLA* 116, no. 1 (2001): 69–74.

Chun, Wendy Hui Kyong. "Introduction: Race and/as Technology; or, How to Do Things to Race." *Camera Obscura* 24, no. 170 (2009): 7–35.

"Chu Yin Tzu-mu Keyboard—Keyboard no. 1400." (February 10, 1921.) Hagley Museum and Library. Accession no. 1825. Remington Rand Corporation. Records of the Advertising and Sales Promotion Department. Series I Typewriter Div. Subseries B, Remington Typewriter Company, box 3, vol. 3.

City of Philadelphia, Department of Records. Record Group 232 (Sesquicentennial Exhibition Records), 232-2.6 "Photographs." Photograph 2427.

Clark, Lauren, and Eric Feron. "Development of and Contribution to Aerospace Engineering at MIT." *40th AIAA Aerospace Sciences Meeting and Exhibit* (January 14–17, 2002), 2.

Clarke, Adele E., and Joan Fujimura, eds. *The Right Tools for the Job: At Work in Twentieth-Century Life Sciences*. Princeton: Princeton University Press, 1992.

Clarke, Adele E., and Joan Fujimura. "What Tools? Which Jobs? Why Right?" In *The Right Tools for the Job: At Work in Twentieth-Century Life Sciences*, edited by Adele E. Clarke and Joan Fujimura. Princeton: Princeton University Press, 1992, 3–47.

Clarke, Stephan P. "The Remarkable Sheffield Family of North Gainesville." n.p.: manuscript provided by author.

"Cleaning of Typewriters, Calculators, etc." Memo from Shanghai Municipal Council Secretary to "All Departments and Emergency Offices." SMA U1-4-3586 (April 2,1943), 35.

Coble, Parks. *Chinese Capitalists in Japan's New Order: The Occupied Lower Yangzi, 1937–1945*. Berkeley: University of California Press, 2003.

Conn, Steven. "An Epistemology for Empire: The Philadelphia Commercial Museum, 1893–1926." *Diplomatic History* 22, no. 4 (1998): 533–563.

Conrad, Frank, and Yasudiro Sakai. "Impedance Device for Use with Current-Rectifiers." United States Patent no. 1075404. Filed January 10, 1912; patented October 14, 1913.

The Cornell University Register 1897–1898. 2nd ed. Ithaca: The University Press of Andrus and Church, 1897–1988, 18.

Cost Estimates for Lin Yutang Typewriter. April 20, 1949. Located within File Marked "Lin Yutang Typewriter." Mergenthaler Linotype Company Records, 1905–1993, Archives Center, National Museum of American History, Smithsonian Institution, box 3628.

"Cost for a Japanese Typewriter." SMA U1-4-3789 (February 25, 1943), 9. Cousin, A. J. C. "Typewriting Machine." United State Patent no. 1794152. Filed July13, 1928; patented February 24, 1931.

Cowan, Ruth Schwartz. *A Social History of American Technology*. New York: Oxford University Press, 1997.

Creel, Herrlee Glessner. "On the Nature of Chinese Ideography." *T'oung Pao* 32 (second series), no. 2/3 (1936): 85–161.

Culp, Robert. "Teaching Baihua: Textbook Publishing and the Production of Vernacular Language and a New Literary Canon in Early Twentieth-Century China." *Twentieth-Century China* 34, no. 1 (November 2008): 4–41.

David, Paul A. "Clio and the Economics of QWERTY." *American Economic Review* 75, no. 2 (1985): 332–337.

Davies, E. *Memoir of the Rev. Samuel Dyer; Sixteen Years Missionary to the Chinese*. London: J. Snow, 1846

Davies, Margery W. *A Woman's Place Is at the Typewriter: Office Work and Office Workers 1870–1930*. Philadelphia: Temple University Press, 1982.

Davis, John Francis. *The Chinese: A General Description of the Empire of China and Its Inhabitants*. Vol. 2. London: Charles Knight, 1836.

DeFrancis, John. *Nationalism and Language Reform in China*. New Jersey: Princeton University Press, 1950.

DeFrancis, John. *Visible Speech*. Honolulu: University of Hawai'i Press, 1989.

Derrida, Jacques. *Of Grammatology*. Baltimore: Johns Hopkins University Press, 1976.

"Descriptions of the Commercial Press Exhibit." Shanghai: Commercial Press, n.d. (c. 1926). City of Philadelphia, Department of Records. Record Group 232 (Sesquicentennial Exhibition Records), 232-4-8.1 "Department of Foreign Participation," box A-1474, box folder 8, series folder 29 ("China, Commercial Press Exhibit").

Desnoyers, Charles. *A Journey to the East: Li Gui's A New Account of a Trip Around the Globe*. Ann Arbor: University of Michigan Press, 2004.

"Did NBC Alter the Olympics Opening Ceremony?" *Slashdot* (August 9, 2008) http://

news.slashdot.org/story/08/08/09/2231231/did-nbc-alter-the-olympics-opening-ceremony (accessed March 1, 2012).

Dodd, George. *The Curiosities of Industry and the Applied Sciences*. London: George Routledge and Co., 1858.

Dodge, Elbert S. "Typewriting Machine." United States Patent no. 1411238. Filed August 19, 1921; patented March 28, 1922.

"Doings at the Philadelphia Commercial Museum." *Commercial America* 19 (April 1923): 51.

Dolezelová-Velingerová, Milena. "Understanding Chinese Fiction 1900–1949." In *A Selective Guide to Chinese Literature, 1900–1949*. Vol. 1, edited by Milena Dolezelová Velingerová. Leiden: Brill, 1988.

Dong, Madeleine Yue, and Joshua L. Goldstein, eds. *Everyday Modernity in China*. Seattle: University of Washington Press, 2006.

Douglas, Mary. "Introduction." In *How Classification Works: Nelson Goodman Among the Social Sciences*, edited by Nelson Goodman and Mary Douglas. Edinburgh: Edinburgh University Press, 1992.

Drucker, Johanna. *The Visible Word: Experimental Typography and Modern Art, 1909–1923*. Chicago: University of Chicago Press, 1997.

Du Ponceau, Peter S. "A Dissertation on the Nature and Character of the Chinese System of Writing." *Transactions of the Historical and Literary Committee of the American Philosophical Society* 2 (1838).

"Du Ponceau on the Chinese System of Writing." *North American Review* 48 (January 1839): 271–310.

Duyvendak, J. J. L. "Wong's System for Arranging Chinese Characters. The Revised Four-Corner Numeral System." *T'oung Pao* 28, no. 1/2 (1931): 71–74.

Dyer, Samuel. *A Selection of Three Thousand Characters Being the Most Important in the Chinese Language for the Purpose of Facilitating the Cutting of Punches and Casting*

Metal Type in Chinese. Malacca: Anglo-Chinese College, 1834.

Eisenstein, Elizabeth. *The Printing Press as an Agent of Change: Communications and Cultural Transformations in Early-Modern Europe.* Cambridge: Cambridge University Press, 1980.

Engber, Daniel. "What Does a Chinese Keyboard Look Like?" *Slate* (February 21, 2006), http://www.slate.com/articles/news_and_politics/explainer/2006/02/what_does_a_chinese_keyboard_look_like.html

Escayrac de Lauture, Comte d'. *On the Telegraphic Transmission of Chinese Characters*. Paris: E. Brière, 1862.

Esherick, Joseph. *Reform and Revolution in China: The 1911 Revolution in Hunan and Hubei*. Berkeley: University of California Press, 1976.

"Facsimile May Solve Chinese Telegram Problem." *New York Times* (August 8, 1957), 39.

Fan, Fa-ti. "Redrawing the Map: Science in Twentieth-Century China." *Isis* 98 (2007): 524–538.

Fan, Fa-ti. "Science, Earthquake Monitoring, and Everyday Knowledge in Communist China." Paper delivered at Stanford University, History and Philosophy of Science and Technology program, April 22, 2010.

Febvre, Lucien, and Henri-Jean Martin. *The Coming of the Book: The Impact of Printing, 1450–1800*. London: Verso, 2010.

Fenn, Courtenay Hughes. *The Five Thousand Dictionary.* Cambridge, MA: Harvard University Press, 1940.

Ferrier, Claude-Marie, and Sir Hugh Owen. *Exhibition of the Works of Industry of All Nations: 1851 Report of the Juries*. London: William Clowes and Sons, 1852.

Fine, Lisa M. *The Souls of the Skyscraper: Female Clerical Workers in Chicago*, 1870–1930. Philadelphia: Temple University Press, 1990.

Flox, O. D. "That Chinese Type-Writer: An Open Letter to the Hon. Henry C. Newcomb,

Agent of the Faroe Islands' Syndicate for the Promotion of Useful Knowledge." *Chinese Times* (March 31, 1888), 199.

Fourteenth Census of the United States, 1920. National Archives and Records Administration, Washington, DC, Records of the Bureau of the Census, Record Group 29, NARA microfilm publication T625.

"4,200 Characters on New Typewriter; Chinese Machine Has Only Three Keys, but There Are 50,000 Combinations. 100 Words in TWO HOURS. Heuen Chi, New York University Student, Patents Device Called the First of Its Kind." *New York Times* (March 23, 1915), 6.

Frazier, Mark W. *The Making of the Chinese Industrial Workplace: State, Revolution, and Labor Management*. Cambridge: Cambridge University Press, 2006.

"Front Views and Profiles: Miss Yin at the Console." *Chicago Daily Tribune* (October 10, 1945), 16.

Fu, Poshek. *Passivity, Resistance, and Collaboration: Intellectual Choices in Occupied Shanghai, 1937–1945*. Stanford: Stanford University Press, 1993.

Fuller, Matthew. *Behind the Blip: Essays on the Culture of Software*. Sagebrush Education Resources, 2003.

Furth, Charlotte. "Culture and Politics in Modern Chinese Conservatism." In *The Limits of Change: Essays on Conservative Alternatives in Republican China*, 22–56. Cambridge, MA: Harvard University Press, 1976.

Galison, Peter. *Einstein's Clocks, Poincaré's Maps: Empires of Time*. New York: W. W. Norton and Co., 2003.

Gamble, William. *List of Chinese Characters in the New Testament and Other Books*. n.p., 1861. Library of Congress. G/C175.1/G15.

Gamble, William. *1878 Chinese Characters in William Gamble's List which can be Formed by Divisible Type* (Liangbian pin xiaozi). Manuscript. n.p., 1863. Library of Congress. G/C175.1/G18.

Gamble, William. *Two Lists of Selected Characters Containing All in the Bible*. Shanghai: n.p., 1861.

Gellner, Ernest. *Nations and Nationalism*. Ithaca: Cornell University Press, 1983.

Gerth, Karl. *China Made: Consumer Culture and the Creation of the Nation*. Cambridge, MA: Harvard Asia Center, 2003.

Gilbert, Paul T. "Putting Ideographs on Typewriter." *Nation's Business* 17, no. 2 (February 1929): 156.

Gitelman, Lisa. *Scripts, Grooves, and Writing Machines: Representing Technology in the Edison Era*. Stanford: Stanford University Press, 2000.

Goldman, Merle, and Leo Ou-fan Lee, eds. *An Intellectual History of Modern China*. Cambridge: Cambridge University Press, 2001.

Goodman, Nelson. *Ways of Worldmaking*. Indianapolis: Hackett Publishing, 1978.

Goodman, Nelson, Mary Douglas, and David L. Hull, eds. *How Classification Works: Nelson Goodman Among the Social Sciences*. Edinburgh: Edinburgh University Press, 1992.

Goody, Jack. *The Interface between the Written and the Oral*. Cambridge: Cambridge University Press, 1987.

Goody, Jack. "Technologies of the Intellect: Writing and the Written Word." In *The Power of the Written Tradition*. Washington: Smithsonian Institution Press, 2000: 133–138.

Gottlieb, Nanette. "The Rōmaji Movement in Japan." *Journal of the Royal Asiatic Society* 20, no. 1 (2010): 75–88.

Grant, John Cameron, and Lucien Alphonse Legros. "A Method and Means for Adapting Certain Chinese Characters, Syllabaries or Alphabets for use in Type-casting or Composing Machines, Typewriters and the Like." Great Britain Patent Application no. 2483. Filed January 30, 1913; patented October 30, 1913.

Greene, Stephen Lyon *Wakeman. Absolute Dreams.* Thai Government Under Rama VI,

1910–1925. Bangkok: White Lotus, 1999.

Grose, Thomas K. "London Admits It Can't Top Lavish Beijing Olympics When It Hosts 2012 Games." *U. S. News* (August 22, 2008), http://www.usnews.com/news/world/articles/2008/08/22/london-admits-it-cant-top-lavish-beijing-olympics-when-it-hosts-2012-games

Gunn, Edward. *Rewriting Chinese: Style and Innovation in Twentieth-Century Chinese Prose*. Stanford: Stanford University Press, 1991.

Guy, R. Kent. *The Emperor's Four Treasuries: Scholars and the State in the Late Ch'ien-lung Era*. Cambridge, MA: Council on East Asian Studies, Harvard University, 1987.

Haddad, Selim S. "Types for Type-Writers or Printing-Presses." United States Patentno. 637109. Filed October 13, 1899; patented November 14, 1899.

"The Hall Typewriter." *Scientific American* (July 10, 1886), 24.

Hannas, William C. *Asia's Orthographic Dilemma.* Honolulu: University of Hawai'i Press, 1996.

Hannas, William C. *The Writing on the Wall: How Asian Orthography Curbs Creativity.* Philadelphia: University of Pennsylvania Press, 2003.

Hansen, Harry. "How Can Lin Yutang Make His New Typewriter Sing?" *Chicago Daily Tribune* (August 24, 1947), C4.

Harrison, Samuel A. "Oriental Type-Writer." United States Patent no. 977448. Filed December 15, 1909; patented December 6, 1910.

Harrist, Robert E., and Wen Fong. *The Embodied Image: Chinese Calligraphy from the John B. Elliott Collection*. Princeton: Art Museum, Princeton University in association with Harry N. Abrams, 1999.

Havelock, Eric A. *The Literate Revolution in Greece and its Cultural Consequences*. Princeton, NJ: Princeton University Press, 1981.

Havelock, Eric A. *The Muse Learns to Write: Reflections on Orality and Literacy from*

Antiquity to the Present. New Haven: Yale University Press, 1986.

Havelock, Eric A. *Origins of Western Literacy*. Toronto: Ontario Institute for Studies in Education, 1976.

Hay, John. "The Human Body as a Microcosmic source of Macrocosmic Values in Calligraphy." In *Self as Body in Asian Theory and Practice*, edited by Thomas Kasulis, Roger Ames, and Wimal Dissanayake. Albany: State University of New York Press, 1993, 179–212.

Hayford, Charles W. *To the People: James Yen and Village China*. New York: Columbia University Press, 1990.

Hayles, N. Katherine. *How We Think: Digital Media and Contemporary Technogenesis*. Chicago: University of Chicago Press, 2012.

Headrick, Daniel. *The Invisible Weapon: Telecommunications and International Politics, 1851–1945*. Oxford: Oxford University Press, 1991.

Headrick, Daniel. *The Tentacles of Progress: Technology Transfer in the Age of Imperialism, 1850–1940*. Oxford: Oxford University Press, 1988.

Headrick, Daniel. The Tools of Empire: *Technology and European Imperialism in the Nineteenth Century*. Oxford: Oxford University Press, 1981.

Headrick, Daniel, and Pascal Griset. "Submarine Telegraph Cables: Business and Politics, 1838–1939." *Business History Review* 75, no. 3 (2001): 543–578.

Hearn, Maxwell, and Judith Smith. eds. *Arts of the Sung and Yuan.* New York: Metropolitan Museum of Art, 1996.

Hedtke, Charles H. "The Sichuanese Railway Protection Movement: Themes of Change and Conflict." *Bulletin of the Institute of Modern History, Academia Sinica (Zhongyang yanjiuyuan jindaishi yanjiusuo jikan)* 6 (1977): 353–407.

Hegel, Georg Wilhelm Friedrich. *The Philosophy of History*. Translated by John Sibree. New York: Wiley Book Co., 1900.

Heijdra, Martin J. "The Development of Modern Typography in East Asia, 1850–2000." *East Asia Library Journal* 11, no. 2 (Autumn 2004): 100–168.

Hernisz, Stanislas. *A Guide to Conversation in the English and Chinese Languages for the Use of Americans and Chinese in California and Elsewhere.* Boston: John P. Jewett and Co., 1854.

"Highlights of Syracuse Decade by Decade." *Syracuse Journal* (March 20, 1939), E2.

Hill, Michael G. "National Classicism: Lin Shu as Textbook Writer and Anthologist, 1908–1924." *Twentieth-Century China* 33, no. 1 (November 2007): 27–52.

"Hiring Telegraphers for China." *New York Times* (September 30, 1887), 1.

Hirth, Friedrich. "Western Appliances in the Chinese Printing Industry." *Journal of the China Branch of the Royal Asiatic Society* (Shanghai) 20 (1885): 163–177.

"The History of the Typewriter Recited by Michael Winslow," http://www.filmjunk.com/2010/06/20/the-history-of-the-typewriter-recited-by-michael-winslow/ (accessed September 5, 2010).

Hoare, R. "Keyboard Diagram for Chinese Phonetic." Mergenthaler Linotype Collection. Museum of Printing, North Andover, Massachusetts, February 4, 1921.

Hoare, R. "Keyboard Diagram for Chinese Phonetic Amended." Mergenthaler Linotype Collection. Museum of Printing, North Andover, Massachusetts, March 3, 1921.

O. Fuchs Engineering Case Program: Case Files. Department of Special Collections, Stanford University Archives, SC 269, box 1—J. E. Arnold, A. T. Ling, MIT, "Chinese Typewriter."

Holcombe, Charles. *In the Shadow of the Han: Literati Thought and Society at the Beginning of the Southern Dynasties*. Honolulu: University of Hawaiʻi Press, 1995.

Hon, Tze-ki, and Robert Culp, eds. *The Politics of Historical Production in Late Qing and Republican China*. Leiden: Brill, 2007.

Honolulu, Hawaii Passenger and Crew Lists, 1900–1959. National Archives and Records

Administration, Washington, DC, Series A3422, Roll 49.

"How Can the Chinese Use Computers Since Their Language Contains So Many Characters?" *Straight Dope* (December 8, 1995), http://www.straightdope.com/columns/read/1138/how-can-the-chinese-use-computers-since-their-language-contains-so-many-characters (accessed January 7, 2010).

Howland, Douglas. *Borders of Chinese Civilization: Geography and History at Empire's End*. Durham: Duke University Press, 1996.

H.R.H. The Crown Prince of Siam. *The War of the Polish Succession*. Oxford: Blackwell, 1901.

Hughes, Thomas P. "The Evolution of Large Technical Systems." In *The Social Construction of Technical Systems: New Directions in the Sociology and History of Technology*, edited by Wiebe E. Bijker, Thomas P. Hughes, and Trevor Pinch, 51–82. Cambridge, MA: MIT Press, 1989.

Hull, Matthew. *Government of Paper: The Materiality of Bureaucracy in Urban Pakistan*. Berkeley: University of California, 2012.

Humphrey, Henry Noel. *The Origin and Progress of the Art of Writing: A Connected Narrative of the Development of the Art, its Primeval Phases in Egypt, China, Mexico, etc*. London: Ingram, Cooke, and Co., 1853.

Hunter, Edward. "Increasing Program of China Foundation." *China Weekly Review* (August 8, 1931), 379.

Hunter, Janet. "Technology Transfer and the Gendering of Communications Work: Meiji Japan in Comparative Historical Perspective." *Social Science Japan Journal* 14, no. 1 (Winter 2011): 1–20.

Huters, Theodore. *Bringing the World Home: Appropriating the West in Late Qing and Early Republican China*. Honolulu: University of Hawai'i Press, 2005.

Innis, Harold. *Empire and Communications*. Toronto: University of Toronto Press, 1972.

Inoue, Miyako. "Stenography and Ventriloquism in Late Nineteenth-Century Japan." *Language and Communication* 31 (2011): 181–190.

International Telegraph Convention of Saint-Petersburg and Service Regulations Annexed (1925). London: His Majesty's Stationery Office, 1926.

International Telegraph Convention with Berlin Revision of Service Regulations and Tariffs (1885). London: Blackfriars Printing and Publishing Co., 1885.

"Invents Typewriter for Chinese Language; First Machine of the Kind Ever Built Is Announced by the Underwood Company." *New York Times* (May 16, 1926), 5.

Ip, Manying. *Life and Times of Zhang Yuanji*, 1867–1959. Beijing: Commercial Press, 1985.

Ishii, Kae. "The Gendering of Workplace Culture: An Example from Japanese Telegraph Operators." *Bulletin of the Health Science University* (Kenkō kagaku daigaku kiyō) 2 (2005): 37–48.

Ismail, Ibrahim bin. "Samuel Dyer and His Contributions to Chinese Typography." *Library Quarterly* 54, no. 2 (April 1984): 157–169.

"It Takes Four Thousand Characters to Typewrite in Chinese." *Popular Science Monthly* 90, no. 4 (April 1917): 599.

Jacobowitz, Seth. *Writing Technology in Meiji Japan: A Media History of Modern Japanese Literature and Visual Culture*. Cambridge, MA: Harvard Asia Center, 2015.

Jacobsen, Kurt. "A Danish Watchmaker Created the Chinese Morse System." *NIASnytt (Nordic Institute of Asian Studies) Nordic Newsletter* 2 (July 2001): 17–21.

"Japanese Typewriters Cleaning and Repair Service." Memo from Sanwa Shoji Company. SMA U1-4-3789 (February 12, 1943), 6.

Jin Jian. *A Chinese Printing Manual*. Translated by Richard C. Rudolph. Los Angeles: Ward Ritchie Press, 1954 [1776].

Johns, Adrian. *The Nature of the Book: Print and Knowledge in the Making*. Chicago: University of Chicago Press, 1998.

Jones, Robert McKean. "Typewriting Machine." United States Patent no. 1687939. Filed May 19, 1927; patented October 16, 1928.

Jones, Robert McKean. "Urdu—Keyboard no. 1130—No. 4 Monarch." (March 13, 1918) Hagley Museum and Library. Accession no. 1825.

Jones, Stacy V. "Telegraph Printer in Japanese with 2,300 Symbols Patented." *New York Times* (December 31, 1955), 19.

Judge, Joan. *Print and Politics: Shibao and the Culture of Reform in Late Qing China*. Stanford: Stanford University Press, 1996.

"Judging Eastern Things from Western Point of View." *Chinese Students' Monthly* 8, no. 3 (1913): 154.

"Just How Smart Are We?" *Daily News New York* (September 2, 1947). Clipping included in Archives of John Day Co. Princeton University. Box 236, folder 14, call no. CO123.

Kadry, Vassaf. "Type Writing Machine." United States Patent no. 1212880. Filed January 15, 1914; patented January 30, 1917.

"Kamani Eng. Corporation Ltd. Agent of the Olivetti in India." *Rivista Olivetti* 6 (December 1951): 12–13.

Kara, György. "Aramaic Scripts for Altaic Languages." In *The World's Writing Systems*, edited by Peter T. Daniels and William Bright. New York: Oxford University Press, 1994, 536–558.

Kaske, Elisabeth. *The Politics of Language in Chinese Education*, 1895–1919. Leiden: Brill, 2008.

Keenan, Barry C. *Imperial China's Last Classical Academies: Social Change in the Lower Yangzi, 1864–1911*. Berkeley: China Research Monographs, University of California, 1994.

Keep, Christopher. "The Cultural Work of the Type-Writer Girl." *Victorian Studies* 40, no. 3 (Spring 1997): 401–426.

Kennedy, George A., ed. *Minimum Vocabularies of Written Chinese*. New Haven: Far Eastern Publications, 1966.

Khalil, Seyed. "Typewriting Machine." United States Patent no. 1403329. Filed April 14, 1917; patented January 10, 1922.

Kittler, Friedrich A. *Gramophone, Film, Typewriter*. Translated by Geoffrey Winthrop Young and Michael Wautz. Stanford: Stanford University Press, 1999.

Kline, Ronald. *Consumers in the Country: Technology and Social Change in Rural America*. Baltimore: Johns Hopkins University Press, 2000.

Kline, Ronald, and Trevor Pinch. "Users as Agents of Technological Change: The Social Construction of the Automobile in the Rural United States." *Technology and Culture* 37 (1996): 763–795.

Knorr-Cetina, Karin. *Epistemic Cultures: How the Sciences Make Knowledge*. Cambridge, MA: Harvard University Press, 1999.

Ko, Dorothy. *Teachers of the Inner Chambers: Women and Culture in Seventeenth Century China*. Stanford: Stanford University Press, 2004.

Kraus, Richard Kurt. *Brushes with Power: Modern Politics and the Chinese Art of Calligraphy*. Berkeley: University of California Press, 1991.

"Kurita, Shunjiro." *Who's Who in Japan* 13–14 (1930): 8.

Labor and Cost Estimates Associated with Lin Yutang Typewriter, n.d. (circa late 1948/early 1949). Located within File Marked "Lin Yutang Typewriter." Mergenthaler Linotype Company Records, 1905–1993, Archives Center, National Museum of American History, Smithsonian Institution, box 3628.

Latour, Bruno. *Reassembling the Social: An Introduction to Actor-Network-Theory*. Oxford: Oxford University Press, 2007 [2005].

Latour, Bruno. *Science in Action: How to Follow Scientists and Engineers through Society*. Cambridge, MA: Harvard University Press, 1987.

Latour, Bruno, and Steve Woolgar. *Laboratory Life: The Construction of Scientific Facts*. Princeton: Princeton University Press, 1986 [1979].

Law, John. "Technology and Heterogeneous Engineering: The Case of Portuguese Expansion." In *The Social Construction of Technological Systems: New Directions in the Sociology and History of Technology*, edited by Wiebe E. Bijker, Thomas P. Hughes, and Trevor Pinch. Cambridge, MA: MIT Press, 1989 [1987]: 111–134.

Lee, En-han. "China's Response to Foreign Investment in Her Mining Industry." *Journal of Asian Studies* 28, no. 1 (November 1968): 55–76.

Lee, Leo Ou-fan. *Shanghai Modern: The Flowering of a New Urban Culture in China 1930–1945*. Cambridge, MA: Harvard University Press, 1999.

Lee-Wong, Song Mei. "Coherence, Focus and Structure: The Role of Discourse Particle *ne*." *Pragmatics* 11, no. 2 (2001): 139–153.

Lent, John A., and Ying Xu. "Chinese Animation Film: From Experimentation to Digitalization." In *Art, Politics, and Commerce in Chinese Cinema,* edited by Ying Zhu and Stanley Rosen. Hong Kong: Hong Kong University Press, 2010.

Leslie, Stuart. "Exporting MIT." *Osiris* 21 (2006): 110–130.

Letter from Lin Yutang to M. M. Reed, circa February 23, 1949. Mergenthaler Linotype Company Records, 1905–1993, Archives Center, National Museum of American History, Smithsonian Institution, box 3628.

Letter from Lin Yutang to M. M. Reed, n.d. (Precedes/Prompts March 10, 1949 Response—Likely Date of February 23, 1949). Found within file marked "Lin Yutang Typewriter." Mergenthaler Linotype Company Records, 1905–1993, Archives Center, National Museum of American History, Smithsonian Institution, box 3628.

Letter from Lin Yutang to Richard Walsh and Pearl S. Buck, December 16, 1937. Archives of John Day Co. Princeton University. Box 144, folder 6, call no. C0123.

Letter from Lin Yutang to Richard Walsh and Pearl S. Buck, December 13, 1938, sent from Paris. Archives of John Day Co. Princeton University. Box 144, folder 6, call no. C0123.

Letter from Mirovitch to Chung-yuan Chang. August 12, 1949. Mergenthaler Linotype Company Records, 1905–1993, Archives Center, National Museum of American History, Smithsonian Institution, box 3628.

Letter from Mirovitch to Chung-yuan Chang. October 1, 1949. Mergenthaler Linotype Company Records, 1905–1993, Archives Center, National Museum of American History, Smithsonian Institution, box 3628.

Letter from Mirovitch to G. B. Welch. March 8, 1949. Mergenthaler Linotype Company Records, 1905–1993, Archives Center, National Museum of American History, Smithsonian Institution, box 3628.

Letter from M. M. Reed to Lin Yu-tang [Yutang]. March 10, 1949. Found within File-Marked "Lin Yutang Typewriter." Mergenthaler Linotype Company Records, 1905–1993, Archives Center, National Museum of American History, Smithsonian Institution, box 3628.

Letter from Pearl S. Buck to Lin Yutang. May 4, 1947. Pearl S. Buck International Archive, record group 6, box 3, folder 29, item 10.

Letter from Tao Minzhi to author, February 11, 2010.

Letter from Yu's Chinese Typewriter Mfg. Co. to the Shanghai Municipal Police Administration (Shanghai shi jingchaju) . SMA Q131-7-1368 (December 13, 1945), 4.

Levering, Gilbert. "Chinese Language Typewriter." *Life* 2311 (February 17, 1927): 4.

Li Yu. "Character Recognition: A New Method of Learning to Read in Late Imperial China." *Late Imperial China* 33, no. 2 (December 2012): 1–39.

Li Yu. "Learning to Read in Late Imperial China." *Studies on Asia: Series II* 1, no. 1 (2004): 7–29.

Lichtentag, Alexander. *Lichtentag Paragon Shorthand. A Vast Improvement in the Art of Shorthand*. New York: Paragon Institute Home Study Department, 1918.

Lin Yutang. "At Last: A Chinese Typewriter." Reprint from *New York Post*, n.d. ("May 24, 1946 Received" stamped on top). Mergenthaler Linotype Company Records, 1905–1993, Archives Center, National Museum of American History, Smithsonian Institution, box 3628.

Lin Yutang. "Chinese Typewriter." United States Patent no. 2613795. Filed April 17, 1946; patented October 14, 1952.

Lin Yutang. "Features of the Invention." Archives of John Day Co. Princeton University. Box/folder 14416, call no. CO123 (circa October 14, 1931).

Lin Yutang. *My Country and My People*. New York: Reynal and Hitchcock, 1935.

Lin Yutang. "Newly Invented Chinese Typewriter Has Sixty-Four Keys." *Washington Post* (December 5, 1945), C1.

"A Line O'Type or Two." *Chicago Daily Tribune* (August 31, 1949), 16.

"The Lin Yutang Chinese Typewriter." n.d. Mergenthaler Linotype Company Records, 1905–1993, Archives Center, National Museum of American History, Smithsonian Institution, box 3628.

"Lin Yutang Invents Chinese Typewriter: Will Do in an Hour What Now Takes a Day." *New York Herald Tribune* (August 22, 1947), 13.

"Lin Yutang Solves an Oriental Puzzle: Newly Invented Chinese Typewriter Has Sixty-Four Keys." *Washington Post* (December 5, 1945), C1.

"Lin Yutang Typewriter." Mergenthaler Linotype Company Records, 1905–1993, Archives Center, National Museum of American History, Smithsonian Institution, box 3628. Dates include January 14, 1949; January 19, 1949.

"List of Awards-General, n.d." City of Philadelphia, Department of Records. Record-Group 232 (Sesquicentennial Exhibition Records), 232-4-6.4 (Jury of Awards-Files), box a-1472, folder 17, series folder 1.

"List of Chinese Characters Formed by the Combination of the Divisible Type of the Berlin Font Used at the Shanghai Mission Press of the Board of Foreign Missions of the Presbyterian Church in the United States." Shanghai: n.p., 1862.

"List of Vendors Who Submitted Quotations." February 2, 1949. Found within File Marked "Lin Yutang Typewriter." Mergenthaler Linotype Company Records, 1905–1993, Archives Center, National Museum of American History, Smithsonian Institution, box 3628.

Littell, John Stockton. *Some Great Christian Jews*. 2nd ed. n.p., 1913.

Liu, Alan P.L. *Communications and National Integration in Communist China*. Berkeley: University of California Press, 1971.

Liu, James T.C. "The Classical Chinese Primer: Its Three-Character Style and Authorship." *Journal of the American Oriental Society* 105, no. 2 (April–June 1985): 191–196.

Liu, Lydia. *The Clash of Empires: The Invention of China in Modern World Making*. Cambridge, MA: Harvard University Press, 2004.

Liu, Lydia. *Translingual Practice: Literature, National Culture, and Translated Modernity—China, 1900–1937*. Stanford: Stanford University Press, 1995.

Logan, Robert K. *The Alphabet Effect: The Impact of the Phonetic Alphabet on the Development of Western Civilization*. New York: William Morrow & Co., Inc., 1986.

Lovett, R. *History of the London Missionary Society, 1795–1895*. 2 vols. London: Henry Frowde, 1899.

Ma, Sheng-mei. *Immigrant Subjectivities in Asian American and Asian Diaspora Literatures*. Albany: State University of New York Press, 1998.

Maclachlan, Patricia L. *The People's Post Office: The History and Politics of the Japanese Postal System, 1871–2010.* Cambridge, MA: Harvard Asia Center, 2012.

Maddox, Brenda. "Women and the Switchboard." In *The Social History of the Telephone*, edited by Ithiel de Sola Pool. Cambridge, MA: MIT Press, 1977, 262–280.

Maher, John Peter. "More on the History of the Comparative Methods: The Tradition of Darwinism in August Schleicher's Work." *Anthropological Linguistics* 8 (1966): 1–12.

Markwyn, Abigail. "Economic Partner and Exotic Other: China and Japan at San Francisco's Panama-Pacific International Exposition." *Western Historical Quarterly* 39, no. 4 (2008): 439–465.

Marshall, John. Email communication, October 21, 2011.

Marshman, Joshua. *Elements of Chinese Grammar, with a Preliminary Dissertation on the Characters and the Colloquial Medium of the Chinese*. Serampore: Mission Press, 1814.

Martin, W. A. *The History of the Art of Writing*. New York: Macmillan, 1920.

Marvin, Carolyn. *When Old Technologies Were New: Thinking about Electric Communication in the Late Nineteenth Century*. Oxford: Oxford University Press, 1998.

Massachusetts Institute of Technology Alumni Association, ed. *Technology Review* 18, nos. 7–12 (1916). Cambridge: Association of Alumni and Alumnae of the Massachusetts Institute of Technology, 1916.

Mathews, Jay. "The Chinese Language: Sounds and Fury." *Washington Post* (December 28, 1980), C1.

Mathias, Jim, and Thomas L. Kennedy, eds. *Computers, Language Reform, and Lexicography in China. A Report by the CETA Delegation.* Pullman, WA: Washington State University Press, 1980.

Matsusaka, Y. Tak. "Managing Occupied Manchuria." In *Japan's Wartime Empire*, edited by Peter Duus, Ramon H. Myers, and Mark R. Peattie. Princeton: Princeton University Press, 1996, 112–120.

McDermott, Joseph P. *A Social History of the Chinese Book: Books and Literati Culture in Late Imperial China*. Hong Kong: Hong Kong University Press, 2006.

McFarland, *George B. Reminiscences of Twelve Decades of Service to Siam, 1860–1936.* Bancroft Library. BANCMSS 2007/104, box 4, folder 14, George Bradley McFarland

1866–1942.

McNair, Amy. "Engraved Calligraphy in China: Recension and Reception." *Art Bulletin* 77, no. 1 (March 1995): 106–114.

Medhurst, Walter Henry. *China: Its State and Prospects, with Especial Reference to the Spread of the Gospel*. London: John Snow, 1842.

Memo from N. Inagaki, Commissioner, Commodity Control Department to "The Secretary, Shanghai Municipal Council." SMA U1-4-3796 (February 4, 1943), 43.

Meng, Liansu. "The Inferno Tango: Gender Politics and Modern Chinese Poetry, 1917–1980." PhD diss., University of Michigan, 2010.

Mergenthaler Linotype Company. *China's Phonetic Script and the Linotype*. Brooklyn: Mergenthaler Linotype Co., April 1922. Smithsonian National Museum of American History Archives Center. Collection no. 666, box LIZ0589 ("History—Non-RomanFaces"), folder "Chinese," subfolder "Chinese Typwriter."

Meyer-Fong, Tobie. "The Printed World: Books, Publishing Culture, and Society in Late Imperial China." *Journal of Asian Studies* 66, no. 3 (August 2007): 787–817.

Milne, W. *A Retrospect of the First Ten Years of the Protestant Mission to China*. Malacca: Anglo-Chinese Press, 1820.

"Missionaries of the American Board." *Congregationalist* (September 26, 1872), 3.

Mittler, Barbara. *A Newspaper for China? Power, Identity, and Change in Shanghai's Mass Media, 1872–1912.* Cambridge, MA: Harvard University Asia Center, 2004.

Mizuno, Hiromi. *Science for the Empire: Scientific Nationalism in Modern Japan.* Stanford: Stanford University Press, 2009.

"Monarch Arabic Keyboard—Haddad System—Keyboard no. 724." (October 16, 1913.) Hagley Museum and Library. Accession no. 1825. Remington Rand Corporation. Records of the Advertising and Sales Promotion Department. Series I Typewriter Div. Subseries B, Remington Typewriter Company, box 3, vol. 2.

Morrison, E. *Memoirs of the Life and Labours of Robert Morrison, D. C.* 2 vols. London: Orme, Brown, Green and Longmans, 1839.

Morrison, Robert, comp. *A Dictionary of the Chinese Language, in Three Parts.* 6 vols. Macao: East India Co., 1815–1823.

Mullaney, Thomas S. *Coming to Terms with the Nation: Ethnic Classification in Modern China*. Berkeley: University of California Press, 2010.

Mullaney, Thomas S. "Controlling the Kanjisphere: The Rise of the Sino-Japanese Typewriter and the Birth of CJK." *Journal of Asian Studies* 75, no. 3 (August 2016): 725–753.

Mullaney, Thomas S. "How to Spy on 600 Million People: The Hidden Vulnerabilities in Chinese Information Technology." *Foreign Affairs* (June 5, 2016), https://www.foreignaffairs.com/articles/china/2016-06-05/how-spy-600-million-people

Mullaney, Thomas S. "The Movable Typewriter: How Chinese Typists Developed Predictive Text during the Height of Maoism." *Technology and Culture* 53, no. 4 (October 2012): 777–814.

Mullaney, Thomas S. "Semiotic Sovereignty: The 1871 Chinese Telegraph Code in Historical Perspective." In *Science and Technology in Modern China, 1880s–1940s*, edited by Jing Tsu and Benjamin Elman. Leiden: Brill, 2014, 153–184.

Mullaney, Thomas S. "'Ten Characters per Minute': The Discourse of the Chinese Typewriter and the Persistence of Orientalist Thought." Association for Asian Studies Annual Meeting 2010.

Müller, Friedrich Wilhelm. "Typewriter." United States Patent no. 1686627. Filed January 22, 1925; patented October 9, 1928.

Needham, Joseph. "Poverties and Triumphs of the Chinese Scientific Tradition." In *Scientific Change (Report of History of Science Symposium, Oxford, 1961),* edited by A. C. Crombie. London: Heinemann, 1963.

Needham, Joseph. *Science and Civilisation in China.* Vol. 2. Cambridge: Cambridge University Press, 1956.

Needham, Joseph. *Science and Civilisation in China*. Vol. 5, part 1. Cambridge: Cambridge University Press, 1985.

"New Chinese Typewriter." China Trade News (July 1946), 5. Mergenthaler Linotype Company Records, 1905–1993, Archives Center, National Museum of American History, Smithsonian Institution, box 3628.

"New Chinese Typewriter Triumphs over Language of 43,000 Symbols." *New York Times* (October 18, 1952), 26, 30.

Newcomb, Henry C. "Letter to the Editor: That Chinese Type-writer." *Chinese Times* [Tianjin] (March 17, 1888), 171–172

"The Newest Inventions." *Washington Post* (March 21, 1917), 6.

"New Typewriter Will Aid Chinese. Invention of Dr. Lin Yutang Can Do a Secretary's Day's Work in an Hour." *New York Times* (August 22, 1947), 17.

Nineteenth Annual Report of the American Tract Society. Boston: Perkins and Marvin, May 29, 1833.

"No Chinese Typewriters." *Gregg Writer* 15 (1912): 382.

"Nothing Serious." *Utica Observer* (April 10, 1900), 1.

"Obituary: Robert McKean Jones. Inventor of Chinese Typewriter Was Able Linguist." *New York Times* (June 21, 1933), 18.

Official Congressional Directory. Washington, DC: United States Congress, 1916 (December).

Ogasawara, Yuko. *Office Ladies and Salaried Men: Power, Gender, and Work in Japanese Companies*. Berkeley: University of California Press, 1998.

Olwell, Victoria. "The Body Types: Corporeal Documents and Body Politics Circa 1900." In *Literary Secretaries/Secretarial Culture,* edited by Leah Price and Pamela Thurschwell. Aldershot: Ashgate, 2005.

Ong, Walter J. *Orality and Literacy.* New York: Routledge, 2013 [1982].

Oudshoorn, Nelly, and Trevor Pinch, eds. *How Users Matter: The Co-Construction of Users and Technology*. Cambridge, MA: MIT Press, 2005 [2003].

"Our Benevolent Causes." *Southwestern Christian Advocate* (July 8, 1897), 6.

Passenger and Crew Lists of Vessels Arriving at Seattle, Washington, 1890–1957. National Archives and Records Administration, Washington, DC, Record Group 85, NARA microfilm publication M1383_109.

"Passenger Lists of Vessels Arriving or Departing at Honolulu, Hawaii, 1900–1954." National Archives and Records Administration, Washington, DC, Records of the Immigration and Naturalization Service, Record Group 85. Series/roll no. m1412:6.

Passport Applications January 2, 1906–March 31, 1925. National Archives and Records Administration, Washington, DC, ARC Identifier 583830, MLR, Number A1534, NARA Series M1490, Roll 109.

Paterno, Roberto. "Devello Z. Sheffield and the Founding of the North China College." In *American Missionaries in China,* edited by Kwang-ching Liu. Cambridge, MA: Harvard East Asian Monographs, 1966, 42–92.

Payment Slip for Chung-yuan Chang. Mergenthaler Linotype Company Records, 1905–1993, Archives Center, National Museum of American History, Smithsonian Institution, box 3628, January 17, 1950.

Peeters, Henry. "Typewriter." United States Patent no. 1528846. Filed February 20,1924; patented March 20, 1925.

Peeters, Henry. "Typewriter." United States Patent no. 1634042. Filed February 20, 1924; patented June 28, 1927.

"Phonetic Chinese." Letter from R. Hoare (Foreign Department) to Chauncey Griffith (January 7, 1921). Mergenthaler Linotype Collection. Museum of Printing, North Andover, Massachusetts.

Photograph of Fong Sec. *Asia: Journal of the American Asiatic Association* 19, no. 11

(November 1919): front matter.

Photograph of Lin Yutang and Lin Taiyi. From "Inventor Shows His Chinese Typewriter." Acme News Pictures—New York Bureau (August 21, 1947).

Photograph of Woman Using Chinese Typewriter at Trade Fair in Munich. November 25, 1953. Author's personal collection.

Photographs. George Bradley McFarland Papers, box 3, folder 15, October 23, 1938. Bancroft Library. University of California, Berkeley.

Poletti, Pietro. *A Chinese and English Dictionary Arranged According to Radicals and SubRadicals.* Shanghai: American Presbyterian Mission Press, 1896.

Price Quotes from Typewriter Companies to the General Office, First District of the Shanghai Government. SMA R22-2-776 (circa December 21, 1943), 1–28.

"Psychological Warfare, EUSAK Compound, Seoul, Korea (1952)." National Archives and Records Administration, Washington, DC, ARC Identifier 25967, Local Identifier 111-LC-31798.

"Public Works Department—Chinese Typewriters." Memo from Treasurer to Secretary General. SMA U1-4-3582 (August 12, 1943), 9.

Qi Xuan [Heuen Chi]. "The Principle of My Chinese Typewriter." *Chinese Students' Monthly* 10, no. 8 (May 1, 1915): 513–514.

Rankin, Mary Backus. "Nationalistic Contestation and Mobilization Politics: Practice and Rhetoric of Railway-Rights Recovery at the End of the Qing." *Modern China* 28, no. 3 (July 2002): 315–361.

Rawski, Evelyn. *Education and Popular Literacy in Ch'ing China.* Ann Arbor: University of Michigan Press, 1979.

"A Reason Why the Chinese Business Man May Soon Be Tired." *Life* 68 (1916): 272.

Receipt from C. Y. Chao for Cleaning Services Sent to Secretariat Office. SMA U1-43582 (October 12, 1943), 5.

"Reducing Chinese Letters from 40,000 Symbols to 40: New Typesetting Machine Expected Greatly to Facilitate Elimination of Illiteracy in China—American Invention Will Take Place of Twelve Men." *New York Times* (March 2, 1923), X3.

Reed, Christopher A. *Gutenberg in Shanghai: Chinese Print Capitalism, 1876–1937*. Honolulu: University of Hawai'i Press, 2004.

Reed, Martin W. "Lin Yutang Typewriter." Mergenthaler Linotype Company Records, 1905–1993, Archives Center, National Museum of American History, Smithsonian Institution.

Reich, Donald. "Freezing Assets of Nationalistic China." June 3, 1949. Mergenthaler Linotype Company Records, 1905–1993, Archives Center, National Museum of American History, Smithsonian Institution, box 3628.

Reid, Robert A. *The Panama-Pacific International Exposition.* San Francisco: Panama Pacific International Exposition Co., 1915.

Reply to Tore Hellstrom. January 20, 1944. Mergenthaler Linotype Company Records, 1905–1993, Archives Center, National Museum of American History, Smithsonian Institution, box 3628.

Review of Dianbao xinshu. Chinese Recorder and Missionary Journal 5 (February 1874): 53–55.

Richards, G. Tilghman. *The History and Development of Typewriters: Handbook of the Collection Illustrating Typewriters*. London: His Majesty's Stationery Office, 1938.

Richardson, Ingrid. "Faces, Interfaces, Screens: Relational Ontologies of Framing, Attention and Distraction." *Transformations* 18 (2010).

Richardson, Ingrid. "Mobile Technosoma: Some Phenomenological Reflections on Itinerant Media Devices." *fibreculture* 6 (December 10, 2005).

Robbins, Bruce. "Commodity Histories." *PMLA* 120, no. 2 (2005): 454–463.

Rogers, Everett M. *Diffusion of Innovations*. New York: Free Press, 2003 [1962].

Rotman, Brian. *Becoming Beside Ourselves: The Alphabet, Ghosts, and Distributed Human Being*. Durham: Duke University Press, 2008.

Said, Edward W. *Orientalism*. New York: Vintage Books, 1979.

Sakai, Yasudiro. "Armature Winding." United States Patent no. 1156711. Filed February 3, 1910; patented October 12, 1915.

Sakai, Yasudiro. "Electrical Terminal." United States Patent no. 1049404. Filed January 7, 1911; patented January 7, 1913.

Sakai, Yasudiro. "Vapor Electric Apparatus." United States Patent no. 1148628. Filed June 14, 1912; patented August 3, 1915.

Sakai, Yasudiro. "Vapor Electric Device." United States Patent no. 1101665. Filed December 30, 1910; patented June 30, 1914.

"Salmis Journalier." *Milwaukee Journal* (May 3, 1897), 4.

Sammons, Thomas. "Chinese Typewriter of Unique Design." Department of Commerce Bureau of Foreign and Domestic Commerce. *Commerce Reports* 3, nos. 154–230 (May 24, 1916): 20.

Sampson, Geoffrey. *Writing Systems*. Stanford: Stanford University Press, 1985.

Schleicher, August. "Darwinism Tested by the Science of Language." Translated by Max Müller. *Nature* 1, no. 10 (1870): 256–259.

Schmalzer, Sigrid. *The People's Peking Man: Popular Science and Human Identity in Twentieth-Century China*. Chicago: University of Chicago Press, 2008.

Schmid, Andre. *Korea between Empires, 1895–1919*. New York: Columbia University Press, 2002.

Schoenhals, Michael. *Doing Things with Words in Chinese Politics*. Berkeley: Institute of East Asian Studies, University of California, Berkeley, 1992.

Schurmann, Franz. *Ideology and Organization in Communist China.* Berkeley: University of California Press, 1966.

Schwarcz, Vera. "A Curse on the Great Wall: The Problem of Enlightenment in Modern China." *Theory and Society* 13, no. 3 (May 1984): 455–470.

"Science and Industry." *Arkansas Democrat* (October 10, 1898), 7.

Scott, Edward Benjamin. *Sixpenny Telegrams. Scott's Concise Commercial Code of General Business Phrases.* London: n.p., 1885.

"Secretariat Purchase of Japanese Typewriter." Memo from "S. Ozawa Secretary" to "The Treasurer." SMA U1-4-3582 (February 15, 1943), 3.

Seeley, Christopher. *A History of Writing in Japan.* Leiden: Brill, 1991.

Seybolt, Peter J., and Gregory Kuei-ke Chiang. *Language Reform in China: Documents and Commentary.* White Plains, NY: M. E. Sharpe, 1979.

Shah, Pan Francis. "Type-Writing Machine." United States Patent no. 1247585. Filed October 20, 1916; patented November 20, 1917.

Shay, Frank. *Cipher Book for the Use of Merchants, Stock Operators, Stock Brokers, Miners, Mining Men, Railroad Men, Real Estate Dealers, and Business Men Generally.* Chicago: Rand McNally and Co., 1922.

Sheehan, Brett. *Trust in Troubled Times: Money, Banks, and State-Society Relations in Republican Tianjin.* Cambridge, MA: Harvard University Press, 2003.

Sheffield, Devello Z. "The Chinese Type-writer, Its Practicabillity and Value." In *Actes du onzième Congrès International des Orientalistes,* vol. 2. Paris: Imprimerie Nationale, 1898.

Sheffield, Devello Z. *Selected Lists of Chinese Characters, Arranged According of Frequency of their Recurrence.* Shanghai: American Presbyterian Mission Press, 1903.

Sheridan, Dave. Memo to Sales Staff regarding Remington Japanese Typewriter. Hagley Museum and Library. Accession no. 1825. Remington Rand Corporation. Records of the

Advertising and Sales Promotion Department. Series I Typewriter Div. Subseries B, Remington Typewriter Company, box 3, folder 6 "Keyboards and Typestyles–Correspondence, 1906."

"The Shrewd Buyer Investigates." *New Metropolitan* 21, no. 5 (1905): 662.

"A Siamese Typewriter." *School Journal* (July 3, 1897), 12.

"Siam's Future King Guest in Syracuse." *Syracuse Post-Standard* (November 4, 1902), 5.

Siegert, Bernard. *Cultural Techniques: Grids, Filters, Doors, and Other Articulations of the Real*. Translated by Geoffrey Winthrop-Young. New York: Fordham University Press, 2015.

"Simplified Chinese." *The Far Eastern Republic* 1, no. 6 (March 1920): 47.

The Simpsons. Season 13, episode 1304. "A Hunka Hunka Burns in Love." December 2, 2001.

Sinensis, Typographus. "Initial Notes on Estimate of Proportionate Expense of Xylography, Lithography, and Typography." *Chinese Repository* 3 (May 1834–April 1835).

Slater, Robert. *Telegraphic Code to Ensure Secresy [sic] in the Transmission of Telegrams*. London: W. R. Gray, 1870.

Smith, A. H. "In Memoriam. Dr. Devello Z. Sheffield." *Chinese Recorder* (September 1913), 564–568.

So, Richard Jean. "Chinese Exclusion Fiction and Global Histories of Race: H. T. Tsiang and Theodore Dreiser, 1930." *Genre* 34 (2006): 1–21.

So, Richard Jean. "Collaboration and Translation: Lin Yutang and the Archive of Asian American Literature." *Modern Fiction Studies* 56, no. 1 (2010): 40–62.

Soothill, William Edward. *Student's Four Thousand 字 and General Pocket Dictionary*. Shanghai: American Presbyterian Mission Press, 1908.

Specimen of Cuts and Types in the Printing Office of the Shanghai Mission of the Board of Foreign Missions of the Presbyterian Church in the United States. Shanghai: n.p., 1865. Library of Congress. G/C175.6/P92S2.

Spurgin, Richard A. "Type Writer." United States Patent no. 1055679. Filed August 11, 1911; patented March 11, 1913.

Standage, Tom. *The Victorian Internet: The Remarkable Story of the Telegraph and the Nineteenth Century's On-line Pioneers.* New York: Berkeley Books, 1999.

Star, Susan Leigh. "Introduction: The Sociology of Science and Technology." *Social Problems* 35, no. 3 (June 1988): 197–205.

Staunton, George Thomas. *Ta Tsing Leu Lee: Being the Fundamental Laws, and a Selection from the Supplementary Statutes, of the Penal Code of China.* London: Printed for T. Cadell and W. Davies, in the Strand, 1810.

Steele, H. H. "Arabic Typewriter." United States Patent no. 1044285. Filed October 24, 1910; patented November 12, 1912.

Stellman, Louis John. *Said the Observer.* San Francisco: The Whitaker & Ray Co., 1903.

"Stenographer Has a Tough Job." *Ludington Daily News* (April 8, 1937), 5.

Stephen J. Cannell. The Chinese Typewriter. Directed by Lou Antonio. Starring Tom Selleck and James Whitmore, Jr. 78 mins. 1979. Universal City Studios.

Steward, J. *The Stranger's Guide to Paris.* Paris: Baudry's European Library, 1837.

Stewart, Neil. "China at the Leipzig Fair." *Eastern World* 7, no. 10 (October 1953): 42–44.

Stickney, Burnham. "Typewriting Machine." United States Patent no. 1549622. Filed February 9, 1923; patented August 11, 1925.

Strom, Sharon Hartman. *Beyond the Typewriter: Gender, Class, and the Origins of Modern American Office Work, 1900–1930.* Chicago: University of Illinois Press, 1992.

Su, Ching. "The Printing Presses of the London Missionary Society among the Chinese."

PhD diss., University College London, 1996.

Suchman, Lucy. *Human-Machine Reconfigurations: Plans and Situated Actions.* Cambridge: Cambridge University Press, 2006.

Su Tow, Julius. *The Real Chinese in America.* New York: Academy Press, 1923.

Tai, Evelyn. Interview. July 11, 2010. London, United Kingdom.

Tao, Wen Tsing. "Mr. H. Chi's New Contribution." *Chinese Students' Monthly* 12 (1916): 101–105.

Tcherkassov, Baron Paul, and Robert Erwin Hill. "Type for Type-Writing or Printing." United States Patent no. 714621. Filed November 21, 1900; patented November 25, 1902.

"Telegraphy of the Chinese." *San Francisco Chronicle* (July 5, 1896), 14.

Temporary Catalogue of the Department of Fine Arts Panama-Pacific International Exposition: Official Catalogue of Exhibitors. Rev. ed. San Francisco: The Wahlgreen Co., 1915.

Tsu, Jing. *Sound and Script in Chinese Diaspora*. Cambridge, MA: Harvard University Press, 2011.

Turkle, Sherry, ed. *Evocative Objects: Things We Think With.* Cambridge, MA: MIT Press, 2007.

Turkle, Sherry. "Inner History." In *The Inner History of Devices,* edited by Sherry Turkle, pp. 2–31. Cambridge, MA: MIT Press, 2008.

Twelfth Annual Report of the American Tract Society. Boston: Perkins and Marvin, 1837.

"Typewriter in Chinese." *Denver Evening Post* (May 29, 1897), 1.

"Typewriter Made for Chinese After 20 Years of Toil." *Washington Post* (April 18, 1937), F2.

"Typewriter Notes." *Phonographic Magazine and National Shorthand Reporter* 18 (1904): 322.

"Typewriters Built to Correspond with Merchants of China, Servia [sic], Armenia, Russia and Other Countries." *Washington Post* (November 17, 1912), M2.

"Typewriters to Orient: Remington Rand Sends Consignment of 500 in the Mongolian Language." *Wall Street Journal* (April 26, 1930), 3.

"Typewrites in Chinese; Oriental Student at New York Invents Machine." *Washington Post* (March 28, 1915), B2.

"Typewriting in Chinese. Machine Developed upon Which Forty Words a Minute May Be Written by an Expert Operator." *Washington Post* (May 23, 1915), III, 17.

Unger, J. Marshall. "The Very Idea: The Notion of Ideogram in China and Japan." *Monumenta Nipponica* 45, no 4 (Winter 1990): 391–411.

University of Illinois Urbana-Champaign, ed. *University of Illinois Directory: Listing the 35,000 Persons Who Have Ever Been Connected with the Urbana-Champaign Departments, Including Officers of Instruction and Administration and 1397 Deceased.* Urbana Champaign, 1916.

Vella, Walter Francis. *Chaiyo! King Vajiravudh and the Development of Thai Nationalism.* Honolulu: University Press of Hawai'i, 1978.

Wager, Franz X. "Type-Writing Machine." United States Patent no. 829494. Filed November 9, 1905; patented August 28, 1906.

Wagner, Rudolph G. "The Early Chinese Newspapers and the Chinese Public Sphere." *European Journal of East Asian Studies* 1, no. 1 (2001): 1–33.

Wang, Chih-ming. "Writing Across the Pacific: Chinese Student Writing, Reflexive Poetics, and Transpacific Modernity." *Amerasia Journal* 38, no. 2 (2012): 136–154.

Wang, Chin-chun. "The New Phonetic System of Writing Chinese Characters." *Chinese Social and Political Science Review* 13 (1929): 144–160.

Wang Hui. "Discursive Community and the Genealogy of Scientific Categories." In *Everyday Modernity in China,* edited by Madeleine Yue Dong and Joshua L. Goldstein.

Seattle: University of Washington Press, 2006, 80–120.

Wang, John [H. L. Huang]. "Technical Education in China." *Chinese Students' Monthly* 11, no. 3 (January 1, 1916): 209–214.

Wang Kuoyee. "Chinese Typewriter." United States Patent no. 2534330. Filed March 26, 1948; patented December 19, 1950.

Wang Zheng. *Women in the Chinese Enlightenment: Oral and Textual Histories.* Berkeley: University of California Press, 1999.

Wang Zuoyue. "Saving China through Science: The Science Society of China, Scientific Nationalism, and Civil Society in Republican China." *Osiris* 17 (2002): 291–322.

Wasserstrom, Jeffrey N. *Student Protests in Twentieth-Century China: The View from Shanghai.* Stanford: Stanford University Press, 1997.

Waterman, T. T., and W. H. Mitchell, Jr. "An Alphabet for China." *Mid-Pacific Magazine* 43, no. 4 (April 1932): 343–352.

Watt, Lori. *When Empire Comes Home: Repatriates and Reintegration in Postwar Japan.* Cambridge, MA: Harvard University Asia Center, 2009.

Wershler-Henry, Darren. *The Iron Whim: A Fragmented History of Typewriting.* Ithaca: Cornell University Press, 2007.

Weston, Timothy B. "Minding the Newspaper Business: The Theory and Practice of Journalism in 1920s China." *Twentieth-Century China* 31, no. 2 (April 2006): 4–31.

"William P. Fenn, 90, Protestant Missionary." *New York Times* (April 25, 1993), A52.

Williams, R. John. "The Technê-Whim: Lin Yutang and the Invention of the Chinese Typewriter." *American Literature* 82, no. 2 (2010): 389–419.

Williams, Samuel Wells. "Draft of General Article on the Chinese Language." Samuel Wells Williams Family Papers, box 13, folder 38. Yale University Library, n.d.

Williams, Samuel Wells. *The Middle Kingdom: A Survey of the Chinese Empire and Its Inhabitants.* New York: Wiley & Putnam, 1848.

Williams, Samuel Wells. "Movable Types for Printing Chinese." *Chinese Recorder and Missionary Journal* 6 (1875): 22–30.

Williams, Samuel Wells, family papers. Yale University Library Manuscripts and Archives. MS 547 Location LSF, series II, box 13.

"Will Typewrite Chinese." *Atchison Daily Globe* (June 1, 1897), 3.

Wilson, Mary Badger. "Fleet-Fingered Typist." *New York Times* (December 2, 1923), SM2.

World War I Draft Registration Card. United States, Selective Service System. World War I Selective Service System Draft Registration Cards, 1917–1918. National Archives and Records Administration, Washington, DC, M1509.

World War II Draft Registration Card. United States, Selective Service System. Selective Service Registration Cards, World War II: Fourth Registration. National Archives and Records Administration Branch locations: National Archives and Records Administration Region Branches.

Wu, K. T. "The Development of Typography in China During the Nineteenth Century." *Library Quarterly* 22, no. 3 (July 1952): 288–301.

Wyckoff, Seamans & Benedict. *The Remington Standard Typewriter.* Boston: Wyckoff, Seamans & Benedict (Remington Typewriter Co.), 1897.

Yamada, Hisao. "A Historical Study of Typewriters and Typing Methods; from the Position of Planning Japanese Parallels." *Journal of Information Processing* 2, no. 4 (February 1980): 175–202.

Yamada, Hisao, and Jiro Tanaka. "A Human Factors Study of Input Keyboard for Japanese Text." *Proceedings of the International Computer Symposium* [Taipei] (1977), 47–64.

Yanagiwara, Sukeshige. "Type-writing Machine." United States Patent no. 1206072. Filed

February 1, 1915; patented November 28, 1916.

Yang, Daqing. *Technology of Empire: Telecommunications and Japanese Expansion in Asia, 1883–1945.* Cambridge, MA: Harvard University Asia Center, 2011.

Yang, Daqing. "Telecommunication and the Japanese Empire: A Preliminary Analysis of Telegraphic Traffic." *Historical Social Research* 35, no. 1 (2010): 66–89.

Ye, Weili. *Seeking Modernity in China's Name: Chinese Students in the United States, 1900–1927.* Stanford: Stanford University Press, 2001.

Yee, James. Email communication, July 6, 2009.

Yen, Tisheng. "Typewriter for Writing the Chinese Language." United States Patent no. 2471807. Filed August 2, 1945; patented May 31, 1949.

Yu, Pauline, Peter Bol, Stephen Owen, and Willard Peterson, eds. *Ways with Words: Writing about Reading Texts from Early China.* Berkeley: University of California Press, 2000.

Zacharias, Yvonne. "Longest Olympic Torch Relay Ends in Vancouver." *Vancouver Sun* (February 12, 2010).

Zhang Longxi. *The Dao and the Logos*. Durham: Duke University Press, 1992.

Zheng, Xiaowei. "The Making of Modern Chinese Politics: Political Culture, Protest Repertoires, and Nationalism in the Sichuan Railway Protection Movement in China." PhD diss. University of California, San Diego, 2009.

Zhou Houkun. "The Problem of a Typewriter for the Chinese Language." *Chinese Students' Monthly* (April 1, 1915), 435–443.

Zhu Jiahua. *China's Postal and Other Communications Services.* Shanghai: China United Press, 1937.

四、日文资料

桜田常久:『従軍タイピスト』、『タイピスト』第 18 巻第 3 期（1943 年 3 月）、第 35 頁。

『タイピストとして雄雄しく大陸へ』、『タイピスト』第 17 巻第 5 期（1942 年 5 月）、第 36 頁。

『タイピストとして南洋へ』、『朝日新聞』（1939 年 8 月 24 日）。

『東京大阪両市に於ける職業婦女調査』、1927 年。

『タイピスト』第 17 巻第 10 期（1942 年 10 月）。

黒澤澄子:『南京の雪の夜』、『タイピスト』第 16 巻第 4 期（1940 年 4 月）、第 20—21 頁。

牧正:『南支駐軍記』、『タ イ ピ ス ト』第 17 巻第 1 期（1942 年 2 月）、第 16—25 頁。

滿洲能力研究會:『邦文タイプライターの能率』、1936 年。

『全満鉄淨書競技大會の成績』、『タイピスト』第 17 巻第 10 期（1942 年 10 月）、第 6—11 頁。

森田虎雄:『邦文タイプライター教科書』、『東京女子外國語學校』、1934 年。

『最新発明漢文タイプライター』、『新青年』（1927 年 6 月）。

日本イプライター株式會社:『邦文タイプライター用文字の索引』、1917 年。

『日本タイプライター株式會社』、『タイピスト』第 17 巻第 10 期（1942 年 10 月）、第 54 頁。

西田正秋:『今日の日本的女性美』、『タイピスト』第 17 巻第 7 期（1942 年 7 月）、第 2—5 頁。

小見博信:『日本文化と邦文タイプライターの使命』、『タイピスト』第 17 巻第 11 期（1942 年 11 月）、第 12—13 頁。

『東洋タイプライター文字便覧：弐号機用』、『東洋タイプライター』、1923年。

日本語タイピングスクール卒業生の写、『タイピスト』第17卷第1期（1942年2月）、第27頁。

日本語タイピングスクール卒業生の写、『タイピスト』第17卷第3期（1942年3月）、第31頁。

日本語タイピングスクール卒業生の写、『タイピスト』第17卷第10期（1942年10月）、第27頁。

『常用漢字遍覧推薦の言葉』、『タイピスト』第16卷第5期（1940年5月）、第4頁。

『水兵さんのタイプライター見学』、『タイピスト』第16卷第7期（1940年7月）、第16頁。

『天津へ着いた愛国六女性』、『朝日新聞』（1938年1月4日）、第10頁。

『上海支部春季大會』、『タイピスト』第16卷第7期（1940年7月）、第21頁。

渡部久子：『邦文タイプライター讀本』、崇文堂、1929年。

湯地利市：『満鉄のタイプ競技に就て』、『タイピスト』第18卷第10期（1943年10月）、第2—3頁。

五、法文资料

"A Beyrouth la Olivetti." *Rivista Olivetti* 5 (November 1950): 54

Bembanaste, V. "Turquie d'hier …" *Rivista Olivetti* 2 (July 1948): 56–58.

"Cérémonie d'ouverture des jeux olympiques" in "Règlements et Protocole de la Célébration des Olympiades Modernes et des Jeux Olympiques Quadriennaux" (1921), 10.

Châh Nameh, sous le titre: Le livre des rois par Aboul'kasim Firdousi, publié, traduit et commenté par M. Jules Mohl. 7 vols. Paris: Jean Maisonneuve, 1838–1878; "Le Clavier Arabe." Rivista Olivetti 2 (July 1948): 26–28.

Christian, Arthur. *Débuts de l'Imprimerie en France*. Paris: G. Roustan and H. Champion, 1905.

Convention télégraphique internationale de Berlin (1885): Publiée par le Bureau International des Administrations Télégraphiques. Bern: Imprimerie Rieder & Simmen, 1886.

Convention télégraphique internationale de Paris, révisée à Vienne (1868) et *Règlement de service international (1868)—Extraits de la publication: Documents de la conférence télé-graphique internationale de Vienne*. Vienna: Imprimerie Impériale et Royale de la Cour et de l'Etat, 1868.

Convention télégraphique internationale de Saint-Pétersbourg et Règlement et tarifs y annexés (1875). Extraits de la publication—Documents de la Conférence télégraphique internationale de St-Pétersbourg: Publiés par le Bureau International des Administrations Télégraphiques. Bern: Imprimerie Rieder & Simmen, 1876.

Convention télégraphique internationale et règlement et tarifs y annexés révision de Londres (1903). London: The Electrician Printing and Publishing Co., 1903.

Convention télégraphique internationale et règlement y annexé—Révision de Paris (1925). Bern: Bureau International de l'Union Télégraphique, 1926.

Dictionnaire télégraphique officiel chinois en français. Shanghai: Dianhouzhai, n.d. Rigsarkivet [Danish National Archives]. Copenhagen, Denmark.10619 GN Store Nord A/S. 1870–1969 Kode- og telegrafbøger. Kodebøger 1924–1969.

Documents de la conférence télégraphique internationale de Berlin: Bureau International des Administrations Télégraphiques. Bern: Imprimerie Rieder & Simmen, 1886.

Documents de la conférence télégraphique internationale de Lisbonne. Bern: Bureau International de l'Union Télégraphique, 1909.

Documents de la conférence télégraphique internationale de Madrid (1932). Vol. 1. Bern: Bureau International de l'Union Télégraphique, 1933.

Documents de la conférence télégraphique internationale de Paris. Bern: Imprimerie Rieder & Simmen, 1891.

Documents de la conférence télégraphique internationale de Paris (1925). Vol. 1. Bern: Bureau International de l'Union Télégraphique, 1925.

Documents de la conférence télégraphique internationale de Paris (1925). Vol. 2. Bern: Bureau International de l'Union Télégraphique, 1925.

Drège, Jean-Pierre. *La Commercial Press de Shanghai, 1897–1949*. Paris: Publications Orientalistes de France, 1979.

Escayrac de Lauture, Comte d'. *Grammaire du télégraphe: Histoire et lois du langage, hypothèse d'une langue analytique et méthodique, grammaire analytique universelle des signaux*. Paris: J. Best, 1862.

Imprimerie Nationale. *Catalogue des caractères chinois de l'Imprimerie Nationale, fondus sur le corps de 24 points*. Paris: Imprimerie Nationale, 1851.

Legrand, Marcellin. *Spécimen de caractères chinois gravés sur acier et fondus en types mobiles par Marcellin Legrand*. Paris: n.p., 1859.

Legrand, Marcellin. *Tableau des 214 clefs et de leurs variantes*. Paris: Plon frères, 1845.

"La Olivetti au Viet-Nam, au Cambodge et au Laos." *Rivista Olivetti* 5 (November 1950): 70–72.

Pauthier, Jean-Pierre Guillaume. *Chine ou Description historique, géographique et littéraire de ce vaste empire, d'après des documents chinois. Première partie*. Paris: Firmin Didot Frères, Fils, et Cie., 1838.

Pauthier, Jean-Pierre Guillaume. *Foe Koue Ki ou Relation des royaumes bouddhiques*. Paris: Imprimerie Royale, 1836.

Pauthier, Jean-Pierre Guillaume. *Sinico-Aegyptiaca. Essai sur l'origine et la formation des écritures chinoise et égyptienne*. Paris: F. Didot Frères, 1842.

Pauthier, Jean-Pierre Guillaume. *Le Ta-Hio ou la Grande Étude, ouvrage de Confucius et de ses disciples, en chinois, en latin et en français, avec le commentaire de Tchou-hi*. Paris: n.p., 1837.

Pauthier, Jean-Pierre Guillaume. *Le Tào-te-Kîng, ou le Livre de la Raison Suprême et de la Vertu, par Lao-Tseu, en chinois, en latin et en français, avec le commentaire de Sie-Hoèi, etc*. Paris: F. Didot Frères, Libraires, 1838.

Pauthier, Jean-Pierre Guillaume. *Ta thsîn Kîng-Kiao; l'Inscription Syro-chinoise de Sin-gan-fou, monument nestorien élevé en Chine l'an 781 de notre ère et découvert en 1625. En chinois, en latin et en français, avec la prononciation figurée, etc*. Paris: Librairie de Firmin Didot Frères, Fils, et Cie, 1858.

Pelliot, Paul. *Les débuts de l'imprimerie en Chine*. Paris: Librairie d'Amérique et d'Orient Adrien-Maisonneuve, 1953.

"Règle 69, 'Cérémonies d'ouverture et de clôture,'" *Charte Olympique* (1991), n.p.

Rosny, L. Léon de. *Table des principales phonétiques chinoises*. Paris: Maisonneuve et Cie, 1857.

Viguier, Septime Auguste. *Memoir on the Establishment of Telegraph Lines in China(Mémoire sur l'établissement de lignes télégraphiques en Chine)*. Shanghai: Imprimerie Carvalho & Cie., 1875.

六、意大利文资料

"Diagramma per Tastiera M. 80: Hindi." August 19, 1954. Simbolo 205-B (46 Tasti). Fase 220. Olivetti Historical Archives.

"Diagramma per Tastiera M. 80: Inglese per Shanghai." July 12, 1950. Simbolo -B. DCUS. Fase 220. Olivetti Historical Archives.

"Diagramma per Tastiera M. 80: Italia." December 17, 1953. Simbolo 1-B. DCUS. Fase 220. Olivetti Historical Archives.

"Diagramma per Tastiera M. 80: Londra." October 13, 1948. Simbolo 118-B. DCUS. Fase 220. Olivetti Historical Archives.

"In India con l'Olivetti ." *Giornale di fabbrica* 4–5 (August September 1949): 8.

"La Lexicon oltre il Circolo Polare." *Rivista Olivetti* 5 (November 1950): 16–17.

"Le macchine Arabe Scrivono a Ritroso: A Beirut l'Olivetti vince in Arabo e in Francese." *Rivista Olivetti* 5 (November 1950): 52–53.

"Le macchine Olivetti scrivono in tutte le lingue." *Notizie Olivetti* 55 (March 1958): 1–4.

"Notizie dall'estero." *Notizie Olivetti* 36 (April 1956): 13–15.

"Notizie dall'estero ." *Notizie Olivetti* 38 (June 1956): 14–16.

"La Olivetti nei mercati del Medio Oriente: Incontro con gli Arabi." *Notizie Olivetti* 11 (November 1953): 8–9.

"La Olivetti nel mondo." *Notizie Olivetti* 21 (November 1954): 3.

"Radio Olivetti." *Rivista Olivetti* 4 (April 1950): 78–101.

"Un po' d'Europa nel cuore dell'Africa: il Congo ." *Notizie Olivetti* 32 (December 1955): 6–8.

七、其他语言资料

Marakueff, Aleksandr Vladimirovitch. Kitaisckaya pishutcaya mashina. Memoirs of the Far Eastern State University (Vladivostok) 1 (1932).